# 国共谈判六十年

鞠海涛　朱晓艳 ◎ 编著

人民出版社

# 国共谈判六十年

鞠海涛　朱晓艳◎编著

人民出版社

目录 CONTENTS

# 引 言

1894 年，兴中会在檀香山成立，习惯上被认为是中国国民党的创党之年。1905 年 8 月，中国第一个资产阶级革命政党——同盟会在日本东京诞生。在孙中山的领导下，以革命手段推翻了清王朝的统治，建立了中华民国。但辛亥革命的成果很快被袁世凯为首的北洋军阀窃取。

民国初肇，西方政党政治学说在中国十分流行，同盟会籍的宋教仁为争取议会中的多数，进而组阁，将同盟会改组为国民党，并在第一届国会选举中获胜，但为袁世凯所不容，1913 年 3 月宋教仁在上海被刺杀。

为反对袁世凯专制独裁和出卖国家利益，孙中山等人发动二次革命，但很快被袁世凯镇压，孙中山再次流亡日本，在日本，他又另组新党——中华革命党，但参加者较少。

以后，孙中山又进行两次护法斗争。1919 年 10 月 10 日，孙中山在广州将中华革命党改组为中国国民党。这个党在当时大体上是代表资产阶级和城市小资产阶级的政党，在中国社会上还有一定威信，在中国南方有一块革命根据地，孙中山本人也感到国民党内部已日趋腐败，中国革命必须改弦易辙。所以他欢迎中国共产党合作和接受苏联的援助。

1921 年 7 月，中国共产党在上海诞生，党一成立后，就投入了实际的斗争，尤其是开展工人运动。但 1923 年 2 月二七罢工的失败，使中国共产党认识到，要想取得革命的成功，需要与其他革命党派进行合作。所以中国共产党成立后，便与中国国民党接触，然后进行了第一次合作，以后又有抗战后的第二次合作。

中国近现代史相当部分是国共接触、交往的历史，其中也包含有各种会谈、商谈和谈判，一直延续到今天，以后还会继续下去。为叙述方便，我们把各种会谈、商谈和谈判通称为谈判，以展现国共两党全面接触和交往的另一个侧面。

# 第一章
# 第一次国共合作中的商谈

## 一、共产党员加入国民党

为了打倒军阀、统一中国，1922 年 9 月初，在孙中山亲自主盟下，成立不久的中国共产党领袖人物李大钊、陈独秀、蔡和森、张太雷等人相继正式加入了中国国民党。共产党员以个人身份加入国民党，共同推进革命事业，创造了不同政党间密切合作的新模式。这种合作离不开共产国际的帮助，同时也是国共双方不断谈判的结果。

### 1. 共产国际的帮助

帮助中国建立革命统一战线，实现国共两党的合作，是 20 世纪 20 年代初期共产国际在东方的一项战略决策。1920 年 7 月，列宁在共产国际第二次代表会议上提出共产国际应当同殖民地和落后国家的资

◎ 共产国际代表马林

产阶级民主派结成临时联盟，并且共产党员可以参加资产阶级政党的主张。第二年6月的共产国际第三次代表大会上，列宁又专门阐述了关于统一战线问题的重大意义。这些观点成为共产国际制定中国共产党与中国国民党建立统一战线策略的基本原则。因此，中国共产党与国民党的接触和谈判，主要是在共产国际及其代表的帮助下进行的。

在共产国际这一战略指导下，早在中国共产党成立之前的1920年4月，经共产国际批准，俄共（布）远东局海参崴处就派俄共（布）党员维经斯基、其妻库兹涅娃和翻译杨明斋到中国，了解中国国内的情况，并且与中国的进步力量取得联系。维经斯基一行到达北京后，会见了李大钊，讨论了建党的问题，并到上海同陈独秀进行会谈，在陈独秀处知道了中国国民党的一些情况。为了进一步了解国民党，维经斯基决定结识孙中山。11月，维经斯基去上海法租界的寓所拜访了国民党领袖孙中山，双方进行了亲切友好的交谈。

据维经斯基回忆：会谈开始时孙中山询问了俄国的革命和俄共（布）的情况，并对怎样才能把刚刚从广州反革命桂系军阀手中解放出来的中国南方的斗争与远方俄国的斗争结合起来深感兴趣，他还抱怨广州的地理位置使国民党没有可能与俄国建立联系，他还详细地询问是否可能在海参崴或满洲里建立大功率的无线电台，与苏俄建立联系的可能性。这是共产国际派赴中国的代表同孙中山的第一次会见，双方交谈了将近两个多小时。这次会谈使双方对彼此都有了初步的认识，建立起了共产国际同孙中山的直接联系。

1921 年 7 月，中国共产党成立。共产国际代表马林更是积极热心倡导国共合作，把建立革命统一战线，作为他在中国工作的主要内容。在中国共产党第一次全国代表大会以后，马林就开始同国民党中央机关进行接触，会见了国民党党员张继，促成了国民党和共产党一道组成 30 多人的代表团参加了远东各国共产党和各革命团体第一次代表大会。

12 月，马林在张太雷的陪同下，不辞辛劳南下广西桂林与孙中山见面会谈，在那里停留了 9 天。马林作为孙中山的客人受到热情的款待，孙中山与马林、张太雷进行了三次会谈。国民党主要人物邓家彦、许崇智、孙科、陈少白、林云陔、曹亚伯、朱卓文等也参加了这三次会谈。会谈中，孙中山介绍了国民党的斗争历史及其所信奉的三民主义。马林向孙中山介绍了苏俄革命及实行新经济政策的情况后，便很直截了当地向孙中山提出共产党与国民党建立统一战线的问题。

马林向孙中山提出三条建议，即改组国民党，联合社会各阶层，尤其是工农大众；创办军官学校，作为建立革命武装的基础；与中国共产党合作，以尽快掀起革命的高潮。孙中山对马林的建议表示欣赏与钦佩，特别是对于建立军官学校表现出浓厚的兴趣，但在与中国共产党建立统一战线问题上，还犹豫不决，只是表示允许在国民党党内进行共产主义宣传，其他有关合作办法，得慢慢实行。这说明孙中山对共产主义及新成立的中国共产党还缺乏充分了解和足够信任。但是对于同马林的会见，孙中山还是相当的愉快。孙中山会见马林后不久，便打电报到广州给廖仲恺等人，说见过马林后，心里非常高兴。

马林则通过与孙中山的长谈得出一个结论：虽然孙中山的原则是依据传统的中国哲学，但是以他为首的中国国民党有明显的社会主义倾向。与孙中山的会谈，以及国民党当时所显示出来的力量，显然对马林产生了重要影响。他回到上海后不久，就接连同中共中央和国民党在上海的领导人，就共产党员加入国民党的可能性问题进行商谈。

中共中央赞成国共合作，但以何种方式与国民党合作，党内还存在着分歧。

几乎与此同时，远在莫斯科的列宁对国共双方表达了两党合作的希望。1922年1月，共产国际在莫斯科召开远东各国共产党和各革命团体代表大会，共产党和国民党共同组团参加了这次大会。大会期间，列宁十分关心中国革命、关心国共两党的合作，他抱病接见了中共代表张国焘和国民党代表张秋白及工人代表邓培。他关心地询问中国国民党和中国共产党合作的可能性，国共双方都认为可以进行合作。

为了帮助国共两党尽快实现合作，青年共产国际代表达林被授予以正式全权代表的身份同孙中山进行谈判。中共中央指派张太雷、瞿秋白同他一起去广州。4月29日，达林首次见到孙中山。从4月末到6月中旬，达林每周至少会见孙中山两次。孙中山对苏俄的形势表示关心，并询问苏俄能否帮他建设一条经过苏俄土耳其斯坦连接莫斯科和广州的铁路。孙中山告诉达林，一旦打败吴佩孚，就要进攻张作霖，那时苏俄的帮助就特别重要。在谈到承认苏俄问题时，孙中山说，由于香港就在旁边，现在就承认苏俄，英国必将采取敌对行动。但是，等到占领汉口之后，便一定正式承认苏俄。在谈话中，孙中山对广东距离苏俄边境太远深表遗憾。

在双方的多次谈话中，主要是围绕中国国民党问题、国共关系和建立革命军队等问题。陈炯明问题也是孙中山和达林谈话的重要内容之一。6月中旬，陈炯明在广州发动武装叛乱，炮轰总统府，企图谋害孙中山。陈炯明叛乱后，在达林和陈友仁的会见中，孙中山要陈友仁转告达林：在这些日子里，他对中国革命的命运想了很多，对以前所信仰的一切几乎都失望了。而现在他深信，中国革命的唯一实际的真诚的朋友便是苏俄。

到了下半年，共产国际认为建立国共合作的时机已经成熟。在马林向共产国际执行委员会作报告的第二天，共产国际执委会主席团作出一项决定，这项由维经斯基签发、打印在马林的一件衬衣上的决定大致的内容是中共中央委员会在接到通知后，必须立即把地址迁到广州，所有的工作都必须在和菲利普同志（即马林）紧密联系下进行。

共产国际同时指出了中国国民党的性质，并第一次以文件的形式阐明了共产国际对待中国国民党的态度，表达了共产国际希望以"党内合作"的方式实现国共合作的愿望，规定了中国共产党在合作中需绝对保持自己的独立性，强调了共产党人的主要任务是组织劳工群众。共产国际第四次代表大会通过的《东方问题总提纲》和《共产国际执行委员会关于中国共产党与国民党的关系问题的决议》这两个文件，标志着共产国际在经过一番探索之后采纳了马林的建议，决定正式联合孙中山。

在共产国际的指示精神下，中共中央于8月底在杭州西湖举行特别会议，中共中央执行委员陈独秀、李大钊、蔡和森、张国焘、高君宇，共产国际代表马林及翻译张太雷参加了这次会议。会议讨论了共产党同国民党建立革命统一战线的问题。会上共产国际代表马林建议中共应该加入中国国民党，但是要保持自己的组织和报纸。在会议的讨论过程中，大多数中央委员是反对这个建议的，认为中共要加入一个资产阶级的政党是违反共产国际二大精神的，同时也不利于自身制定独立的政策。会议经激烈的争论，最后尊重共产国际的提议，原则上确定只要国民党能够按照民主原则进行改组，共产党员可以加入国民党，以实现国共两党合作。

8月12日，苏俄政府的特使越飞来华，也是经过李大钊、林伯渠的联络介绍，与孙中山进行合作谈判。孙中山与越飞相见之下，极为高兴，当即在楼上客厅开始了会谈。这次会谈整整持续了6天，双方进一步商讨了以俄为师、改组国民党与建军，以及苏俄援助中国革命等问题。之后，孙中山又派廖仲恺同越飞继续会谈，并在1923年1月发表了《孙文越飞宣言》。这个宣言促进了孙中山"三大政策"的确立和国共第一次合作的形成。

### 2. 孙中山的良苦用心

孙中山早期对中国共产党的轻视以及无意与共产党联合的情况是显而易见的。在桂林,孙中山明确告诉马林:他对苏俄革命的经验很感兴趣,但对中国一些青年知识分子刻意模仿苏俄的做法不以为然,认为这些年轻人的小集团对于中国的政治生活毫无用处。而他在这里特别批评的所谓小集团,无疑也包括中国共产党在内。对于共产主义和苏维埃制度,孙中山也认为不适合于中国,与青年共产国际代表达林的一段谈话,最能典型地反映出孙中山对共产主义和苏维埃制度的看法。

当达林再三宣传共产主义和苏维埃制度的好处时,孙中山却形象的给达林打了一个比喻:我给你一个山区,一个最荒凉的没有被现代文明所教化的县。那儿住着苗族人。他们比我们的城里人更能接受共产主义,因为在城里,现代文明使城里人成了共产主义的反对者。你们就在这个县组织苏维埃政权吧,如果你们的经验是成功的,那么我一定在全国实行这个制度。而在标志着联俄政策形成的《孙文越飞宣言》中,第一条就是共产党主义组织甚至苏维埃制度,事实上均不能引用于中国。

孙中山轻视共产党,反对在中国实行苏维埃制度的态度是很明确的,那么孙中山怎么会同意国共合作,吸收共产党员加入国民党呢?这是一个很矛盾的问题,孙中山这么做有着深刻的思想动机,表现了他的良苦用心。

孙中山同意吸收共产党员加入国民党,首先与他这时对党的认识有关。长期以来,孙中山始终认为,党不过是传播主义的工具,多一些人入党，就多一些主义的传播者和同情者。比较孙中山以往动辄宣布接受整队士兵入党，而毫不在意这些士兵实际上仍在军阀势力指挥、控制之下的做法，不难想象此时他对共产党人加入国民党，也会有同样心理。

孙中山同意国共合作还与苏俄因素密切相关。孙中山在革命过程中屡遭失败，尤其是 1922 年陈炯明的反叛，更使孙中山备感挫折，感到奋斗 30 年革命失败的残酷，没有比这次失败更甚的。孙中山在绝望困苦中逐步认识到帝国主义是害怕中国强大的，尤其畏惧国民党得志之后会阻碍帝国主义蚕食中国的阴谋。所以帝国主义列强多次帮助封建军阀抑制国民党的发展，以达到永远欺压中国的目的。而现在能够同情中国革命的，只有俄国及受屈之人民。今后革命，只有以俄为师，不然不能取得成功。所以，他提出要联合世界平等待我之民族。孙中山从苏俄的一系列对内对外政策中，看到苏俄是反对帝国主义的一支重要力量，也是唯一平等待我之民族。

孙中山迫切需要得到苏俄的援助。苏俄和共产国际也确实通过各种途径，采取多种方式对孙中山进行真诚的支持和帮助。陈炯明的叛乱一发生，青年共产国际代表达林就通过孙中山的代表陈友仁转告孙中山，共产国际和苏俄是站在孙中山一边。马林也在上海法租界与孙中山再次见面商谈，告诉孙中山共产国际并没有因为孙中山的挫折而改变关于共产党党员加入国民党的决定，并对孙中山当前面临的情况，提出了善意的劝诫，希望孙中山不要单纯用军事行动去夺回广州，而要开展群众性的宣传运动，还建议孙中山对国民党进行改组。这些都使当时处于困境中的孙中山大为感动。

1922 年 7 月，苏俄政府任命越飞为驻华全权代表，来华与孙中山商谈双方的合作问题。此后，孙中山和越飞还在通信中继续就中俄两国的国际和国内各种迫切问题交换意见。而孙中山也观察到从列宁开始，一直到来华的共产国际代表、青年共产国际代表、苏俄代表，与

◎ 苏俄代表越飞

孙中山会谈时，都再三提议国共进行合作。孙中山此时虽然未改变对共产党轻视的看法，但是这中间的轻重缓急，孙中山当然能明白。

从现实的角度考虑，要获得苏俄的援助，联合苏俄，首先必须理顺共产国际，特别是与共产国际下属支部中共的关系。毕竟，在这个时候的孙中山等人看来，让中共党员加入国民党受其约束，至少要比让中共置身于国民党之外，利用苏俄和共产国际的力量，与国民党竞争政治资源来的有利。因此，当中共中央和国民党就共产党员加入国民党的可能性进行商谈时，在国民党人看来无疑是件好事，时任国民党宣传部长的张继就明确对共产党员加入国民党表示了欢迎。

需要苏俄的援助当然是孙中山接受国共合作的一个重要原因，除此之外，孙中山还对俄国共产党很感兴趣，以期通过学习俄国共产党，改组国民党，振兴国民党，使国民党能够适应革命的需要。

在内外交困的情况下，孙中山对俄国共产党的组织模式方法发生了兴趣。孙中山公开指出，俄国革命短短六年，但取得的成绩却如此伟大；而我国已经革命十二年，却没有什么成绩，关键就在国民党缺乏组织，缺少革命精神和巩固基础，所以十年来党务不能尽量发展。为此，他明确提出以后要效法俄人、以党治国。而要实现以党治国的目标，就只能借助于俄国的经验，必须有效地发展党员，聚拢人心，扩大宣传。

对于宣传的作用，孙中山的解释是：党的进行，当以宣传为重。宣传的结果，便是要招致许多好人来和本党做事。宣传的效力，大抵比军队还大。古人说："攻心为上，攻城为下。"宣传即是攻心。又说：

"得其民者，得其心也。"我们能够宣传，使四万万人的心都倾向于我党，那便是大大成功了。而俄国五六年来，革命之所以能够取得成功，是和宣传分不开的。我们要晓得宣传这种武器，服一人便算一人，传入一地便算有了一地。不比军队夺了城池，取了土地，还是可以被人推翻的，还是很靠不住的，所以我们要对宣传切实下番功夫。不如此，这目的就很难达到。

在扩大宣传，发展组织方面，共产党人比国民党人更具有奋斗精神，更有才干些。用孙中山的话来说：彼共产党成立未久，已有青年同志二百万人，可见彼等奋斗之成绩。引入共产党为我所用，理所当然。因此，孙中山不仅允许中国共产党人加入国民党，而且一上来就赋予共产党人相当职务和权力的原因之一，多少含有试图利用共产党，以汲取俄国共产党的宣传组织经验的尝试。

孙中山采纳共产国际的建议，允许共产党员加入国民党，其另外一个用心，是要向国民党输入新鲜血液，使国民党不至于在堕落中死亡。孙中山谈到国民党的现状时表示：本党分子此刻过于复杂，党内的人格太不齐，令外人看不起，所以外人都不情愿加入，帮助本党来奋斗，大多数党员都是加入本党为做官的终南捷径。因此国民党党员的威信不高，精神涣散，党员成分复杂，这些与孙中山对国民党要集合有献身精神的党员的期望大相背离。国民党的这种状况无法适应革命发展的要求。

所以，孙中山意识到要振兴中国，就必须振兴国民党；要振兴国民党就必须改造国民党，在改造中去恶留良，把那些不良分子设法淘汰，容许共产党员和共青团员以个人身份加入国民党就是改造国民党的目的。孙中山强调：本党党员若是确为人才，能胜大任的，自当优先任用，以便实行本党的主义，若本党中求不出相当人才，非借才于党外不可。孙中山后来在解释他将共产党员谭平山引入国民党中央执行委员会担任要职时就说过，他看重谭平山就是因为他有能力和有才智。可见，孙中山接受共产党员，在一定程度上也多少含有想要借助共产党来振兴国民党的意思。

总之，无论是为了接受苏俄的援助和汲取苏俄的经验而接受共产党也好，还是为了振兴国民党而接受共产党也好，在孙中山看来都是为了实现自己的政治理想。这个理想就是通过国民党，借助苏俄的帮助在中国实现三民主义，它与共产党所主张的阶级斗争和阶级专政是完全不同的。实质上，孙中山和他的国民党希望建立的未来中国，仍旧是一个能够和现存的国际政治经济秩序相适应的国家，而不是苏俄式的与国际资本主义体系相对立的国家。因此，国共两党是存在分歧的，并且以后的合作中也多有表现，在谈判时尤其明显。但这一切，并不妨碍国共合作的实行。

### 3. 李大钊与孙中山相见甚欢

对于国共合作，中国共产党这一方也有着自己不同的考虑。中国共产党成立初期，在"一大"上就曾有决议主张对现有各政党，应采取独立的攻击的政策，甚至要求党的各级组织和党员始终站在完全独立的立场上，不同其他党派建立任何关系。因此，当共产国际代表马林向中共中央提出国共两党合作的建议，提议改变对国民党的排斥态度并在国民党内部开展工作时，中共的领导人是极力反对的，特别是中共中央总书记陈独秀反对尤为激烈。1922 年 4 月 6 日，他给共产国际东方部负责中国问题的维经斯基写了一封态度强硬的信，反对马林提出的国共合作计划，详细说明不同意见。

对于中国共产党及社会主义青年团均加入国民党，陈独秀反对的理由主要有六点，即（一）共产党与国民党革命之宗旨及所据之基础不同；（二）国民党联美国，联张作霖、段祺瑞等政策和共产主义太不相容；（三）国民党未曾发表党纲，在广东以外之各省人民视之，仍是一争权夺利之政党，共产党倘加入该党，则在社会上信仰全失（尤其是青年社会），永无发展之机会；（四）广东实力派之陈炯明，名为国民党，实则反对孙逸仙派甚烈，我们倘加入国民党，立即受陈派之敌视，即在广东亦不能活动；（五）国民党孙逸仙向来对于新加入之分子，绝不能容纳其意见及假以权柄；（六）广东、北京、上海、长沙、武昌各区同志对于加入国民党一事，均已开会决议，绝对不赞成，在事实上亦无加入之可能。

根据这些理由，陈独秀表示，中国共产党不应该和国民党建立合作关系，他反对国共合作。但随着对中国现状的清醒认识和对当前革命任务的深入分析，中国共产党人也逐步意识到目前最主要的工作，还应该联络民主派共同反对封建式的军阀革命，以达到军阀覆灭能够建设民主政治为止。从这种现实的态度出发，自然不能不看到联络民主派共同推进中国革命是目前最主要的工作。共产党对国民党的评价也是明确肯定的，认为中国现存的各政党，只有国民党是比较革命的民主派，是比较真的民主派。因此，在 1922 年 7 月 16 日至 23 日召开的中国共产党第二次全国代表大会上通过了民主的联合战线的决议，强调了必须联合民主派，也就是当时的国民党，以打倒公共的敌人本国的封建军阀和国际帝国主义的主张。

此后，随着思想认识的转变，陈独秀也逐渐成为当时中共党内比较看重和支持国共合作的领导人了。他在再次给维经斯基的一封信中，写到我们很希望孙文派之国民党能觉悟改造，能和我们携手，向维经斯基表达了希望和国民党尽快建立国内联合战线的愿望。

而此时的孙中山由于 6 月份陈炯明的叛乱受到了最为沉重的打击，国民党的革命中心广州再度丧失。孙中山被迫离粤，退居上海。在这次叛乱中，中国共产党坚定地站在了孙中山一边，开除了支持和投靠陈炯明的中共党员陈公博的党籍以表明这一立场，也没有因为孙中山遭到失败而改变与国民党合作的原有立场，中国共产党的诚意也

◎ 孙中山和李大钊（油画）

最终打动了孙中山。经过这次挫折，孙中山亦反思过去，思想上发生了重大转变，下定决心与共产党进行合作。孙中山在抵抗陈炯明叛军的时候，就给苏俄外交人民委员契切林写信，明言苏俄是唯一的朋友，表明了孙中山决定走联俄联共的道路。

国共双方在联合问题上的思想达到了统一。但是，对于如何联合及联合的方式上，两党却是各有主张。共产党起初希望与国民党进行对等联合，主张国共两党及其革命团体共同建立一个民主主义的联合战线，向封建式的军阀继续战争。国民党则认为中国共产党刚刚成立，规模和影响都较小，不愿与中共实行平等的合作，不赞成"党外合作"，而是主张"党内合作"，即中国共产党和社会主义青年团员以个人身份加入中国国民党，可以保持中国共产党在组织上和政治上的独立性。

孙中山认为，国民党的三民主义的民生中本身包含了社会主义和共产主义的内容，因此两党只能是"党内合作"的形式，这也是他唯一能够接受的合作方式。孙中山并不是把中国共产党看作对等的谈判对象，而只是把共产党看作是一种能够挽救老气横秋的国民党，使其不致于在堕落中死亡的一种新生力量和新鲜血液。国共两党在合作的形式上存在着严重的对立，谈判似乎陷入了僵局。

为此，中共在杭州西湖召开特别会议讨论国共合作的形式问题，在中国共产党第三次全国代表大会上也对这种合作方式进行了充分的讨论，经过冷静的思考和分析，中国共产党认识到"党内合作"是孙中山唯一能够接受的国共合作的方式。从大革命的大局出发，中共接受了"党内合作"的方式。但同时，中共也向国民党提出了一定的条件，如：取消打手模及宣誓服从孙中山个人等原有的入党方法；根据革命的原则改组国民党。这些条件，孙中山都表示同意。

为了使国共两党尽快合作，1922 年 8 月 23 日，中共主要领导人李大钊在林伯渠的陪同下代表共产党与避居上海的孙中山进行谈判，商讨国共合作，讨论振兴国民党、振兴中国的种种问题。会谈中，李大钊首先介绍了中共三大的一些情况，表示中共接受"党内合作"的方式，愿与国民党进行真诚的合作。孙中山也表示了尊重中共提出的合作条件，即取消陈旧的入党办法，改组国民党等。

与李大钊的这次会见，给了孙中山积极的影响和帮助，使他对国共合作的兴趣更加浓厚。8 月 25 日，在国共合作形式基本解决的情况下，为了进一步确定国共合作后的政治纲领，孙中山与李大钊和林伯渠再次在孙中山寓所进行谈判，共产国际代表马林也参加了谈判。谈判在孙中山住所楼上的客厅秘密的进行，孙中山还吩咐，在会谈期间，任何人不得上楼。经过紧张的会谈，双方随后确定：国共合作后，将以俄为师，发动工农群众，在苏俄帮助下，打倒军阀，打倒帝国主义，进行中国革命。

之后，孙中山和李大钊又进行了多次接触和会谈。据宋庆龄回忆：李大钊和孙中山两人交谈甚欢，经常畅谈不倦，几乎忘食。孙中山特别钦佩和尊敬李大钊，我们总是欢迎他到我们家来……孙中山在见到这样的客人后常常说，他认为这些人是他的真正的革命同志。他知道，在斗争中，他能依靠他们的明确的思想和无畏的勇气。正是在这样一种相互信任的谈判氛围中，孙中山更加坚定了与中国共产党合作的决心，他要求共产党人迅速加入国民党，加快合作的步伐，帮助国民党进行改组。尤其是他对李大钊同志的为人也极为倾慕，希望他能加入国民党，李大钊当即向孙中山表示愿意加入国民党，并向孙中山说明自己是第三国际的党员，是不能脱离第三国际党籍的。孙中山明确表示：这不打紧，你尽管一面作第三国际党员，一面加入本党帮助我。这表明了孙中山尊重共产党的独立性，欢迎共产党以个人身份加入国民党。

到了9月初，经张继介绍，孙中山亲自主盟，李大钊、陈独秀、蔡和森、张太雷等人正式加入国民党。当时的中共领导人张国焘因事不在上海，所以未能参加。后来张国焘回到上海后，由张继主盟，举行了简单的入党仪式，也加入了国民党。中共加入国民党所宣读的入党誓词，已不是什么服从孙中山先生，而是拥护孙中山的三民主义。宣读之后，是共同签名，而不是打手模了。张国焘回忆：当时负责主盟的张继笑容满面，尤其兴奋，虽然后来张继变成著名的反共者，但那一天却象征了国共水乳交融的初期情景。

孙中山和李大钊的会谈，使国共双方的合作，实现了从意向性转向了实质性的行动——中国共产党领袖加入了国民党，第一次国共合作真正能够得以实现，这既有利于国民党的改组和发展，也有利于中国共产党从原来狭小的圈子里走出来，在大革命中得到锻炼和成长，把中国革命事业推向前进和高潮。

# 二、围绕合作形式的谈判

在苏俄和共产国际的大力推动下，共产党员纷纷加入国民党，第一次国共合作由此拉开序幕。虽然国共两党确定了两党合作的基本原则，但在具体合作形式上，两党仍然存在一些认识差别，在一些具体问题上两党仍有较大分歧。由于国共合作的大背景，两党分歧基本都能通过较为平和的辩论、协商和谈判来得以妥善解决。

## 1. 共产党帮助国民党改组

辛亥革命后，一批官僚政客混进了国民党，许多投机分子想凭借国民党这块招牌来谋取个人的权势和私利，原先的部分党员也发生了蜕变，从而使国民党的纪律全无，组织系统如同虚设。孙中山对国民党的这种状况十分不满。中国国民党的现状不能适应中国革命形势发展的需要，必须对其进行彻底改造。不进行彻底改造，中国国民党不仅不能在中国革命中发挥作用，甚至它自身也会因内部各种腐败因素的侵蚀而死亡。基于这种认识，孙中山下决心对国民党进行彻底改组。

为了推动中国国民党的改组，中国共产党中央委员会于 1923 年 12 月 25 日发出《中央通告十三号》。通告指出，中共中央正在努力进行复活中国国民党的工作，要求各级党组织和党员切实做到以下四点：

第一，在有中国国民党组织的地方，同志们立时全体加入；在没有中国国民党组织的地方，立即将同志非同志可以加入国民党之人数及何人可以负责，报告中局，以便中局向国民党接洽，请其派人前往成立分部。

第二，各地党组织在已有中国国民党组织的地方，应立即与社会主义青年团的地方组织合组国民党改组委员会，以主持目前即应进行诸事。

第三，各地党组织要安排好即将出席中国国民党全国代表大会的代表，希望每省至少当选一人，当选的同志政治头脑清晰并且要有比较好的口才，以便在大会中纠正国民党旧的错误观念。在中国国民党员中，我们也应该出力帮助其比较的急进分子当选。

第四，对于中国国民党第一次全国代表大会上将要讨论的党纲章程及对于时局之策略，代表动身前各区均应详加讨论。由于中共中央高度重视国民党改组工作，各级党组织认真贯彻执行中共中央的十三号通告。在帮助孙中山改组中国国民党、建立和扩大中国国民党地方组织方面做出了重要贡献。

中国国民党的改组面临一些十分复杂的问题，它不仅涉及进行党的组织整顿、制定党的组织原则，而且也涉及确定党的奋斗目标、明确与中国共产党人合作的政治基础。关于这些，李大钊与孙中山会谈时，也并没有提出具体方案，对此也没有举行正规谈判。中共主要是通过内部交谈、争论，给国民党领导人写信，或是通过在报刊上发表文章提出自己的看法。孙中山等国民党人分别在不同场合表示自己的意见，这种方式是将报刊作为谈判桌，将自己的意见以文章的形式发表，实际上是一种特殊形式的谈判。

中国共产党认为对国民党改组的帮助，不仅要在全中国努力扩大国民党的组织，使全中国革命分子集中于国民党，而且首先要矫正国民党的政治观念。共产党中央机关报《向导》周报自1922年9月创刊后，发表大量政论文章，在肯定国民党是真正民主派，并号召全国革命者集中在三民主义旗帜下的同时，也对孙中山进行善意的批评，帮助他认清形势。

关于革命对象，这是国民党改组的一个重要问题。孙中山过去对封建军阀有所认识，但对西方帝国主义国家多寄予幻想。共产党人以事实指出，列强是军阀的后台，是中国的乱源。孙中山的革命事业屡次受挫，根子在帝国主义：袁世凯得到外国借款扑灭南方革命党、陈炯明得着香港英国朋友的物质的支援打走国民党，英国报纸现在正出全力使陈炯明和吴佩孚联合，《字林西报》且特别鼓吹吴佩孚和陈炯明联合，处处谋害孙中山。陈独秀还在《向导》上发表文章《帝国主义的列强与军阀》指出：帝国主义和军阀是一丘之貉，若不相信外国帝国主义者和中国军阀勾结为患，若还相信外国帝国主义者现在痛恨中国军阀了，以后不援助曹吴了，那真昏蛋的程度还在曹吴之上。

因此，帝国主义和封建军阀都是中国人民的敌人，中国现时的革命应该是以反帝反封建为其主要任务。1922年9月13日，中国共产党发表对时局宣言，明确指出：现在中国军阀的内乱固然是和平统一与自由之最大的障碍，而国际帝国主义的外患，在政治上，在经济上，更是钳制我们中华民族不能自由发展的恶魔。共产党人旗帜鲜明地提出了反对封建军阀，反对帝国主义的口号。

在中国共产党的帮助下，孙中山反省了自己自辛亥革命以来，革命之所以不成功的原因，是由于反革命的力量太大，这种反革命的力量，就是军阀。而军阀之所以有这样大的力量，是因为军阀的背后，有帝国主义的帮助。基于以上的教训，要取得革命的胜利，必须打倒军阀，打倒帝国主义。所以当后来国民党右派邓泽如等联名上书孙中山，说将打倒帝国主义、打倒军阀的主张列入新政纲是共产党的阴谋时，孙中山对这些右派的谬论进行了严厉的批驳，指出我国革命向为各国所不乐闻，故尝助反对我者，以扑灭吾党。坚决把打倒帝国主义、打倒军阀的口号写入了国民党的党纲。

关于革命的依靠力量，孙中山在中共的帮助下也逐步明确起来。孙中山因陈炯明叛变离粤赴沪后，曾幻想利用吴佩孚来完成统一中国的大业，于是孙、吴携手之声，甚嚣尘上。对此，蔡和森发表《统一、借债与国民党》一文，指出：政治上的统一，显然不是混合或调和各大军阀的旧势力可以做成的，乃须经过不停的革命奋斗才能真正成功。若舍却革命的宣传与行动，只与军阀谋统一，结果只有上当。

9月中旬，共产党人蔡和森在党的机关刊物《向导》上发表文章，对孙中山幻想依靠军阀力量而忽视民众力量，企图联络一派军阀打倒另一派军阀的错误，提出了善意的批评，他诚恳地指出：国民党过去的生命在革命，今后的生命还是在革命，建议孙中山认真吸取辛亥革命的教训，大大宣传民众，大大结合民众，轰轰烈烈地继续做推倒军阀和国际帝国主义之压迫的民主革命……万万不宜苟且将就以上当。

针对孙中山此时仍不断发表废督裁兵、工兵计划、和平统一等主张，并且派人联络奔走，密令各省党员，停止军事进行，联合黎、曹、吴等军阀，共商和平统一的方法。蔡和森又撰文批评：用和平方法去与军阀谋裁兵是做不到的，必须用革命手段根本破坏旧军事组织，由民众武装去解除旧支配阶级——军阀的武装。

1923年1月1日，中国共产党发表宣言，强调了人民群众在革命中的作用，宣言指出：今日革命，则立于民众之地位，而为之向导，革命事业由民众发之，亦由民众成之。指出只有发动群众推翻军阀，才是能实现革命的民主和民族的统一。

对中国共产党人善意的批评和意见，孙中山虚心表示接受，他认为今后，国民党应广泛发动和组织群众，必使广东3000万同胞，以至于4万万同胞，有过半数变为革命党。因此孙中山决心扩大国民党的阶级基础，改组国民党的第一步，就是把广大工农群众吸引到自己的革命旗帜下。

对于国民党自身的现状，中国共产党人也提出了切中要害的批评。陈独秀就曾认为国民党是一争权夺利的党，他坚持对国民党进行改组是共产党加入国民党的条件之一。周恩来在国民党旅欧支部成立大会上发表演说时，亦对国民党内存在的腐败现象提出直率的批评。他说，国民党内有许多入册而不尽义务的党员，专做不利于党的事，甚至勾结别有用心的党外人专做落井下石的可卑之举，如果不改变这种状况，国民党是没有希望的。

事实也正像周恩来所说的那样，孙中山深有同感，他自己也对这种现状十分不满，曾痛切地表示：本党分子此刻比过去复杂，党内的人格太不齐……真正的为本党主义去奋斗的固然不少，但大多数党员都是以加入本党为做官的终南捷径。所以多年革命之不能成功，则以组织未备，训练未周之故。夫意志不明，运用不灵，虽有大军，无以取胜。因此，他接受共产党人的建议，下决心改组国民党，使国民党获得新生。

在国民党改组过程中，孙中山热忱欢迎共产党人参与工作，共同制定改组的详细计划。中国共产党人陈独秀、李大钊、谭平山、瞿秋白、阮啸仙等在参与国民党改组工作中，与国民党人一起研究改组方案，并坦诚提出自己的意见。孙中山聘请鲍罗廷担任顾问，在鲍罗廷帮助下，国共两党的关系更加密切，共同制定了一个完整的国民党改组计划。并向孙中山提出了几点建议：如在国民党改组前修改党纲，并在人民群众中广泛宣传党纲，力求取得按党纲改组国民党的一致意见；制定国民党党章；在广州和在第二中心上海组织党的坚强团结的核心，然后在全国建立国民党的地方组织；尽快召开国民党全国代表大会，以便讨论和通过党纲党章，选举新的执行委员会。派出最优秀最积极的国民党员在广州进行国民党的改组工作；在召集全国代表大会时，必须使每一个代表懂得，他今后要做的事情是什么，怎样按照新的方式建立基层组织。

孙中山欣然接受了中国共产党的建议，并按此程序加紧了国民党的各项改组工作。这样，国共两党通过非正规的谈判形式，确定了国民党改组的种种程序、计划和内容，使国民党改组能够顺利完成。

## 2. 国民党一大上的争论

经过长时间的筹备，在中国共产党的积极支持和具体帮助下，中国国民党第一次全国代表大会于1924年1月20日至30日在广州举行，这是国民党通过党内改组方式实行联共的大会。

在讲到中国国民党改组的目的时，孙中山说明此次国民党改组，有两件事：第一件是改组国民党，要把国民党再来组织成一个有力量有具体（政纲）的政党；第二件是用政党的力量去改造国家。所以这次国民党改组，第一件是改组国民党的问题，第二件是改造国家的问题。改组的目的虽然很明确，但是对于如何改组、怎样实现国共合作等一些重大问题，直到国民党一大召开，都没有得到完全解决，甚至在国共双方的高层领导中还存在着争议。

国民党一大召开前夕，孙中山在大元帅府接待李大钊、张国焘等十几位中国共产党代表，将他亲笔拟定的《建国大纲》进一步征求共产党人的意见，希望他们提出意见。张国焘当即向孙中山问道：国民政府本革命之三民主义、五权宪法以建设中华民国，不知道在这种硬性规定之下，是否允许其他党派存在？孙中山听了张国焘的话之后，不置答复，转而征询其他在座者的意见。叶楚伧表示，这一个大纲是经孙先生长期研究而写成的，其中一切问题必有妥善解决办法，我们如能详加研究，便可获得深一层的了解。李大钊表示待他详细研读之后，再行提供意见。于是，谈话便转到交换消息以及其他较次要的问题上去了。

在国民党一大召开的第一天，在国民党举行的宴会上，江苏代表茅祖权说：如果共产党员接受我们的纲领，那么他们就应该放弃自己的纲领，解散自己的政党，否则就不要加入国民党。他的话受到孙中山的严厉驳斥。

之后，中国共产党深入研究了孙中山的《建国大纲》，鲍罗廷对于在国民革命中应允许其他革命政党存在这一点，表示原则上的赞成，但认为这不是提出辩论的问题，而是实际做的问题。如果中共有力量存在，是没有人能够抹煞的。多数同志都附和鲍罗廷的意见，要求张国焘不要提出这个难以解决的问题。虽然如此，国共之间的这些争论还是被带到国民党一大上来了。

1月24日晚，在国民党章程审查委员会会议上，上海代表何世桢再次提出：任何其他政党的党员，不得成为国民党党员。这项动议

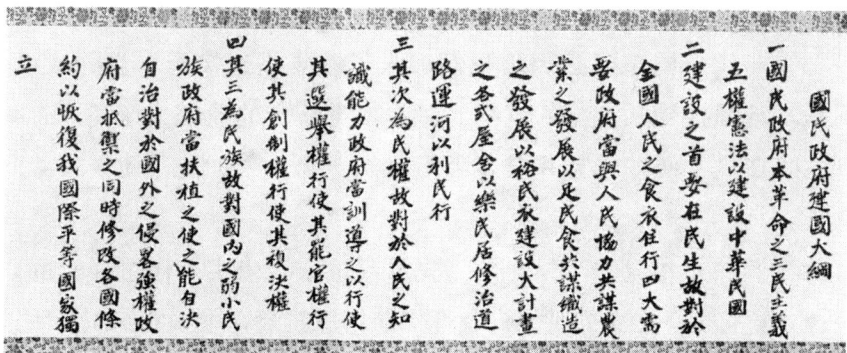

◎《建国大纲》( 部分 )

遭到汪精卫等的反对，迫使何世桢撤销自己的提议。汪精卫建议，将这个问题提交代表大会决定。1 月 28 日上午，广州代表方瑞麟经过同林森、邓泽如、谢持商议，发言表示党员不许跨党，反对共产党员在保持原党籍的情况下加入国民党，主张在第一章第二条之后增加一条文，为本党党员不得加入他党。他的发言和提议得到少数代表如江伟藩、黄季陆等人的附和。李大钊立刻登坛发言，作了严肃而诚恳的回答。

他在会上发表的《意见书》中首先声明，兄弟深不愿在本党改造的新运动中，潜植下猜疑与不安的种子。接着便说道：我们相信在今日列强的半殖民地的中国，也就是本党总理所说的次殖民地的中国，想脱除列强帝国主义及那媚事列强的军阀的二重压迫，非依全国国民即全民族的力量去做国民革命运动不可。我们认为在这种国民革命运动中，不宜使国民革命的势力分歧而不统一，以减弱其势力，以迟阻其进行，非以全民族之心力，集中于一党不可。

我等之加入本党（指中国国民党），是为有所贡献于本党，以贡献于国民革命的事业而来的，断乎不是为取巧讨便宜，借国民党的名义作共产党的运动而来的。因为在今日经济落后沦为帝国主义下半殖民地的中国，只有国民革命是我民族唯一的生路。所以国民革命的事业便是我们的事业，本党主张的胜利，即是我们的胜利。

有一部分同志疑惑因为我们加入了本党是来接受本党的政纲，不是本党强接受共产党的党纲。试看本党新定的政纲，丝毫没有共产主义在内，便知本党并没有因为我们一部分人加入，便变成共产党了。

我们加入本党的时候，自己先从理论上、事实上作过详密的研究。本党总理孙先生亦曾允许我们仍跨第三国际在中国的组织，所以我们来参加本党而兼跨固有的党籍，是光明正大的行为，不是阴谋鬼祟的行动。

李大钊发言后，虽仍有代表江伟藩、黄季陆等人坚持错误观点，但这一声明却赢得了广大代表的同情。叶楚伧发言表示：凡加入本党者，只要能行本党主义，能守本党党章，就是我们的同志。本党为什么要宣传，宣传即是要使人知道联袂来归，今既有人来归，加入我们的团体，为什么又不要他？随后汪精卫也发言表示：曩者吴稚晖，李石曾、张溥泉诸君都是无政府党，我们已承认他为国民党员。如何对于共产党员又不允许他，这是什么道理？廖仲恺也讲到：对于方君之提案表示反对。他说：吾人第一要问，我们的党是什么党？是不是国民党？第二要问，我们的党是否有主义的？是否要生命的？如对于我们的主义不能服膺，革命能彻底，则一切皆不可生问题。凡加入本党的人，我们只认他个人的加入，不认他团体的加入。只要问加入的人是否诚意来革命的，此外即不必多问。此次彼等之加入，是本党一个新生命。……且彼等亦不是来拖累我们的，是与我们同做国民革命功夫的。胡汉民也不同意方瑞麟的提议。

通过争论，最后国共两党终于达成一致意见：党员不得加入他党，不必用明文规定于章程，惟声明纪律可也。承认共产党员以个人名义加入国民党的《中国国民党章程草案》终于获得通过。

29 日上午，大会讨论《本党设立研究会案》议案，设立研究会和研究部，其职责是对于政治、经济、社会诸问题进行研究，国民党中央对于一些重大问题，非经研究部研究后不得执行。这实际上是要用研究部取代中央代表决策权，排除国共合作的中央领导权。对于这个议案毛泽东表示反对。他说道，本席反对本案，因本案根本意思，是把执行与研究分开，但本党为革命党，不能如此，本席意思，本案精神，可以成立，条文则不能成立。夏曦也发表意见说：本席不主张本案成立。因中央执行委员会为本党最高机关，此外不能另有所组织，致将实行与研究分开为二部。

在这个问题上，经共产党人的据理力争，一些国民党人也表示赞同共产党的意见。戴季陶也明确表示：不必在形式上另有研究部，只要中央执行委员会在其可能中行之可耳。经过反复讨论交流，国民党人接受了共产党的意见，设立研究部的提议案被否决。国民党中央执行委员会成为国共合作的统一的最高组织机构。

另外，当天还讨论了《请采比例选举制为本党政纲之一案》等议案。比例选举制是指各政党派别依据竞选中所得的选票在总票中的比例而分享议员之席，这是国民党右派人物黄季陆等人提出的，目的是为了限制共产党人进入国民党中央及地方各级领导机关。在讨论选举中国国民党中央机构要不要实行比例选举制的提案时，毛泽东发言表示现时比例选举制，系少数党所运动出来的结果，本党为革命党，凡利于革命的可采用，有害于革命的，即应摒弃。比例制有害于革命党。因少数人当选，即有力量可以破坏革命事业，是予少数派机会也。本席根本反对本案，以为不能讨论，不能表决。接着他又说：此制很有害于革命之本身，盖以自由给与反对党，革命事业，便十分危险。由于中国共产党人的反对，国民党方面作出了退让，主持会议的戴季陶便提出：本席曾有见于本案之不能仓促表决，故主保留作为明年大会时必须提出之议案。这样，大会没有接受黄季陆比例选举的议案。

国民党一大上虽然出现了这样那样的反对国共合作的不同声音，但是由于中共领袖对此采取了有理有节的谈判，国共双方在一些具体的合作细节上还是达成了共识。

### 3. 关于"党团"问题的谈判

国共合作建立之时，共产党人虽然以个人身份加入国民党，但共产党作为一个完整的组织仍然保持其独立性；共产党员虽然加入国民党，其党籍仍然保留。这一点很早就得到孙中山的同意，并在国民党一大上得到确认。国共合作建立后，加入国民党的共产党员仍然保持他们在共产党内的独立活动，然而这却成为国民党右派分子攻击共产党，反对国共合作的借口。

从1924年二三月间，国民党右派冯自由、刘成禹、谢英伯等人陆续向孙中山写信或当面汇报，控告共产党，要求取消共产党的党团组织。他们还炮制了所谓的警告李大钊等不得利用跨党机会以攘窃国民党党统案，提出为本党发展起见，认为绝对不宜党中有党。1925年5月中旬，国民党领导人汪精卫和张继一起到中共总书记陈独秀的寓所就共产党在国民党内的党团问题进行谈判。

汪、张两位在谈话一开始，就先发制人将他们所获得的社会主义青年团关于国民党内组织党团的决议和团刊等交给他看，并向陈独秀表示，胡汉民和谢持两位也不赞成在国民党内组织党团的办法，认为这是违反李大钊先生向国民党第一次代表大会所作的声明。因为声明中曾明白宣称：共产党员以个人资格加入国民党，只是跨党，而不是党内有党。现在中共党员在国民党内有党团组织，岂非党内有党吗？因此，汪精卫、张继一致要求陈独秀取消共产党在国民党内的党团组织。

对于这个问题，陈独秀态度比较坚决。他承认中共党员和社会主义青年团团员在国民党内确有党团组织，但是否认这个措施违反了李大钊的声明；既不是党内有党，也不会危害国民党。中共在国民党内的党团组织，用意是指导它的同志们遵守国民党的决议和纪律，积极工作；并不是要他们在国民党内争权势、闹派系捣和其他不利于国民党的事。陈独秀反对取消共产党和社会主义青年团在国民党内的党团组织。事后，他曾对张国焘说过：中共如果遵照国民党的意见，取消在国民党内的党团组织，这无异于是将我们的组织熔化在国民党内，没有独立性了，这是我们做不到的事。

汪精卫和张继对陈独秀的这种解释并不满意。为了缓和矛盾，避免合作出现裂痕，陈独秀表示，中共中央将举行会议商讨，等讨论之后再行答复。此次谈判没有结果，也未解决任何问题。

为了商讨应付办法，陈独秀召开了共产党高级干部会议。通过充分讨论，大家一致表示：中共在国民党内的党团组织不能取消，中央无论如何不能答应国民党的要求，将自己的组织取消。

但是，还没有等到共产党方面的答复，国民党的一些右派人物就迫不及待地开始发难。6月18日，国民党中央监察委员邓泽如、张继、谢持三人以中央监察委员名义，向孙中山提出弹劾共产党案，指控中国共产党员及中国社会主义青年团员之加入本党为党员者，实以共产党党团在本党中活动，其言论行动皆不忠实于本党，违反党义，破坏党德，确于本党之生存发展，有重大妨害。要求孙中山督促中央执行委员会从速严重处分，以维根本。

弹劾案出笼后，国民党内各地右派分子活动更为猖獗。广州、上海、港澳等地的国民党右派，纷纷上书攻击跨党的共产党员和青年团员。何世桢等人甚至要求孙中山命令共产党员全数退出本党，并予倾向共产党者以严重制裁。国共合作的大潮中涌起了一股反动逆流。

为了及时解决这个问题，维护国共合作，消弭对立。共产国际代表鲍罗廷代表中国共产党在广州东山寓所会见国民党领导人谢持、张

◎ 共产国际代表鲍罗廷

继，就共产党在国民党内的党团问题与他们进行谈判。

谢持、张继在谈判开始，态度就十分强硬，他们认为国共合作只见有害，不见有利，并公然提出共产党全体既加入国民党，实行国民党革命主义，又何必另挂中国共产党招牌，保留共产党组织耶？声称共产党在国民党内的党团作用，万不能答许，扬言国共两党如果性质不相容，不如索性分道扬镳，以分裂相威胁。

鲍罗廷在这种形势下，保持了冷静的头脑，发言中态度平和，却不妥协。他针对谢、张提出的党团作用问题进行了分析，指出党中分派是不能避免的。解释共产党在国民党内组织党团是为了便于开展工作，以振作国民党；共产党组织党团，对于整个国民党来说，不会产生坏的影响，相反由于引起旧党员之竞争心，而能使国民党复活，因此组织党团只会带来好的结果。鲍罗廷还指出，两党只能开展团结，开展合作，不能分裂，合作于两党都有利，分裂只能使两党遭受损失。他说：假令将共产党分裂出去，徒分离革命实力也，前途必不利。但谢持、张继根本不听解释，鲍罗廷也不肯让步。这样双方的谈判再次不欢而散。

鲍罗廷与张继、谢持谈判失败后，共产党对国民党极度失望，陈独秀对国民党几乎已经不抱什么希望了。他写信给维经斯基：必须停止至今为止的形式来支持国民党，我们要把主动权掌握在自己手中。国共合作刚刚开始，却又似乎走到了尽头。

但这种紧张气氛没有维持多久。7月3日，国民党中央委员会举行第四次工作会议，审议邓泽如等提出的弹劾案，以制止事态的发展。

随后，根据会议精神，国民党中央执行委员会发表《中国国民党关于党务宣言》，说明弹劾案的严重性在于破坏国共合作的关系：数月以来，党内党外，间多误会，以为已加入本党之共产党人，其言论行动尚有分道而驰之倾向，于反对派得肆其挑拨，同志间遂于怀疑而发生隔阂。并郑重声明，本党既负有中国革命之使命，即有集中全国革命分子之必要。故对于规范党员，不问其平日属何派别，惟以其言论行动能否一依本党之主义政纲及党章为断。

然而，此次风波并未平息。一些右派分子继续坚持其破坏国共合作的立场，一再向孙中山表示反对"联共"政策。为了统一思想，国民党中央执行委员会在此后又曾多次开会辩论共产派问题。8月15日至9月1日，国民党召开的一届二中全会上，邓泽如等弹劾共产党案又作为一个重要议案在会上讨论。张继在发言中重申了弹劾案的意见，并公然提出国共分立的主张。覃振发言支持张继的意见。瞿秋白在会上也发了言，他先就国共合作的必要性和可能性作了说明，接着围绕弹劾案的核心问题，即所谓党团作用（一致行动）之嫌疑问题，尖锐地批驳了右派的谬论。

瞿秋白说，既准跨党，便不能无党团之嫌疑。国民党外既然有一个共产党存在，则国民党便不能使共产派无一致之行动。况既谓之派，思想言论必有相类之处；既有党外之党，则其一致行动，更无可疑，何待团刊之发现乎？……若其行动有违反宣言及章程之处，则彼辈既以个人资格加入本党，尽可视为本党党员，不论其属于共产派与否，即以本党之纪律绳之。……若此次会议决分立，大可谓共产派之发展足以侵蚀国民党，若不分立，则共产党之发展，即系国民党中一部分之发展，何用疑忌？瞿秋白严正指出，监察委员职权只问案由，不宜问共产派与否，应该以纪律为准。

瞿秋白的发言，坦率地承认国民党内有共产派党团，并肯定了共产党在国民党中党团的作用，有力地揭露了国民党右派妄图借口共产党在国民党中的党团作用，破坏国共合作的险恶用心也使部分国民党人士深表赞同。李石曾就表示：两党既已合作如前，不宜分裂于后。胡汉民也在会上发言：细察团刊内容，用语不当之处固多，而内容确无其他恶意，不能即认为是一个有阴谋的党团。

8月20日，孙中山主持召开了国民党中央政治委员会第六次会议，会议通过了《国民党内之共产党问题》、《中国国民党与世界革命运行之联络问题》两个草案。关于国民党中共产党党团组织的问题，草案指出：谓本党因有共产党员之加入，而本党主义遂以变更者，匡谬极戾；另有谓本党因有共产党之加入，而本党团体将以分裂，亦有类于杞忧。证之本党改组以后发展情形，益可无疑。希望凡我党员当知所负革命责任之重大，与同志间感情固结，为团体生命所不可缺之条件，前此争议，付之澹（淡）忘，惟相与努力于将来，以完成国民革命的工作。

这样，国共两党经过正式谈判、理性协商、会议辩论，在孙中山的支持下，对国民党右派进行了有力的回击。共产党的党团组织得以在国民党内保留，国民党坚持了联共政策。由弹劾案引起的轩然大波终于暂时平息。

# 三、矛盾不断，谈判艰难

孙中山的逝世给国共两党合作投下了巨大阴影，统一战线当中一些原本潜在的内部矛盾和冲突逐渐激烈化和表面化。国民党内的右派分子乘机发难，不断破坏国共两党合作。面对国民党内右派分子的攻讦和破坏，共产党人做出了有力回应，使国共合作的革命统一战线得以延续，推进了北伐的顺利进军。

## 1. 联合战线上领导权的争论

通过谈判和斗争，国共合作中的"党团"组织问题得以顺利解决。不久，领导权问题开始浮现，成为国共两党关系中的新焦点。孙中山逝世后不久，不仅一贯反对国共合作的老右派活动更为猖狂，而且隐藏在革命阵营内部的新右派势力也日渐形成，其标志是"戴季陶主义"的出笼。戴季陶主义是适应国民党右派的政治需要，由新右派戴季陶炮制出来的、旨在分裂国共合作的国民党右派理论，它为新老右派的活动提供了理论基础。

戴季陶，名良弼，又名传贤，字季陶，笔名天仇，号称是国民党的"理论家"。1925 年夏，戴季陶以阐述孙中山的思想为名，先后在上海写出《孙文主义之哲学基础》、《国民革命与中国国民党》等小册子，连同他之前发表的《民生哲学体系表》，构成完整的国民党右派理论体系，标志着戴季陶主义的形成。"戴季陶主义"的核心是反对孙中山的"联共"政策，主张国共分裂。鼓吹用所谓"纯正的三民主义"作为指导国民革命的最高原则，竭力反对用马克思主义指导中国革命；宣扬团体的独占性和排他性，反对共产党人加入国民党，反对国共合作。

与戴季陶主义遥相呼应，邹鲁、谢持等国民党中央执行委员和监察委员中的部分右派分子，在西山碧云寺孙中山灵前，召开了所谓的国民党一届四中全会，结成被称

◎ 戴季陶

为"西山会议派"的反革命小集团，"解决共产派"问题。会议通过了《取消共产派在本党党籍案》、《顾问鲍罗廷解雇案》等反共议案，发表《为取消共产派在本党的党籍告同志书》，声言就中国共产党人在本党污蔑调拨的事来说，已属不能任其长久渗混在本党里头，况又利用本党的招牌来鼓吹他们的阶级革命，又阴谋破坏本党，所以本党取消他们在本党的党籍，是丝毫不可迟疑的。国民党右派分子的挑衅，使国共合作再度面临分裂的危险。

对于国民党新老右派的分裂活动，中国共产党人进行了坚决的斗争。1925 年 12 月，共产党中央发出 67 号通告，要求各地党的组织推动国民党各级党部发表通电，痛斥西山会议派，批评他们的反动言论，揭露他们反共分裂的实质。同时，中共领导人利用各种场合，与国民党人进行接触和谈判，利用一切机会促进国共合作，反击国民党内新老右派的反动分裂行径。

通过共产党的斗争和帮助，11 月 27 日，国民党中央执行委员会致电各级党部，进一步指出西山会议的非法性质，批判西山会议派的错误。并决定于第二年元旦召开国民党二大，以处理西山会议派的问题。这一决定受到共产党人的欢迎，但西山会议派邹鲁、谢持等也悍然决定在上海或北京召开非法的国民党二大来和广州的中央争夺领导权。国民党内一部分党员徘徊于广州会议和上海会议之间，加上广州一些右派的阻挠和汪精卫等人的优柔寡断，广州会议迟迟不能筹备。

因此，当共产党人吴玉章 12 月率出席会议的四川代表团到达广州，本以为一定要迟到了，但到达后发现，大会的一切准备工作还没有展开，各地代表除了四川代表外，只有湖北的代表 5 人，华侨代表来了 30 余人；其他地方的代表要么没到，要么甚至连代表都没选出来。见此情景，吴玉章立即去找汪精卫，就召开二大的有关问题与之谈判。一见面，汪精卫就愁眉苦脸地担心大会恐怕开不成。吴玉章认

为，假使大会开不成就会大大助长西
山会议派的气焰，对革命带来十分严
重的后果，他严肃地对汪精卫表示：
现在邹鲁等人这样猖狂，他们不但排
斥共产党，也排斥广东的国民党，不
跟他们斗一斗，怎么成？否则，许多
同志流血牺牲换来的这块根据地就要
垮台，只怕你这国民政府主席的位子
也坐不住了！要求汪精卫尽快召开国
民党中央会议，加紧进行国民党二大
的筹备工作。吴玉章的这番话，增强
了汪精卫召开二大的决心。这样，两
党决定排除一切阻力，按期召开国民党
二大。

◎ 吴玉章在巴黎

　　关于国民党二大的目标，鲍罗廷与共产党人陈延年、周恩来等商
议，确定了打击右派、孤立中派、扩大左派的政策，准备在大会上开
除一批反共的国民党新老右派的党籍，使中央执行委员会中左派占绝
对优势。但中共中央总书记陈独秀对国内形势作了估计后，提出应该
联络中派，甚至一部分西山会议的参加者也可以争取。根据这个目标，
共产党决定采取步骤，争取国民党中派，来分化西山会议派。

　　在共产国际代表维经斯基的主持和协助下，12月，中共代表陈独
秀、蔡和森、张国焘与国民党代表孙科、叶楚伧、邵元冲在上海外白
渡桥苏俄领事馆内商谈国共关系问题。双方代表见面时，仍和平常一
样，互相寒暄，气氛却有些严肃。没有人谈到广东、上海、西山等地
最近发生的事情，大家都很谨慎，避免说惹起是非的话。

　　会谈开始，陈独秀先发言，他表示中共并没有包办国民党事务的
企图，而且反对这种企图。中共中央已通知各地党部，多推选国民党

人士出席国民党第二次代表大会；中共亦不希望在大会的中央委员改选中，增加中共方面的国民党中央委员人数。中共主张国民党的事应由国民党员来负责。除了表明中共的立场，陈独秀还澄清了一些谣言，他说广东方面的情形并不如外间所谣传，要排斥某些人士参加；广东负责当局希望各位先生能步调一致，担负起国民党中央和国民政府的各项责任。陈独秀表示了上述态度之后，希望他们能回广东参加国民党二大。

孙科、叶楚伧、邵元冲听完陈独秀诚恳的发言后，相继发表简短声明。主旨是说他们爱护广东的一切，只要情况许可，他们都愿去广东参加大会。最后在双方反复协商交涉下，在国共关系问题上，达成了七点协议。内容大致是：号召团结，在孙中山的三民主义和国民党改组以来的既定政策之下，大家都应支持国民党中央及其领导的国民政府；中共以国民革命为中心任务，继续与国民党共同努力，但不包办民党事务，不排斥国民党忠实党员等。协议制定后，双方一致签字同意。至于若干具体问题，双方都认为应由国民党第二次代表大会解决，不愿详加计议，以免节外生枝。

对于此次谈判的结果，孙科等人是比较满意的，效果也是不错的，多数国民党人因而改变了对中共的态度，不再坚持广州政府实行共产统治，为中共所包办等等论调。大家要求团结一致，要回广州参加国民党二大，并表示要共维广州的革命局面。

上海谈判后，中共中央认真执行协议。曾将协议方针再三向党员训示。并派张国焘到广州去，代表中央在国民党第二次代表大会上指导中共党团的活动，执行协议原则。

一切准备就绪后，1926 年 1 月 1 日，国民党第二次代表大会虽然在乐观左倾的气氛中召开，但大会期间，国共两党再次展开了激烈的辩论。如何对西山会议派进行处理是国民党二大的重要议题，也是国共双方斗争的焦点。毛泽东在会上呼吁对于右派要有严厉的处置，而蒋介石却不同意，极力主张从宽处理西山会议派分子，甚至想将此问题搁置起来，不作讨论。后来，因为西山会议的影响太大，与会代表又多数主张要求处理，蒋介石无奈，只好屈从于形势，但还是设法减轻对西山会议派的处理：林森、张继等12人只是给予书面警告，对戴季陶只令其反省，其余右派分子如孙科等完全没有处分。会议通过的《弹劾西山会议案》也基本采纳了蒋介石的意见。

国民党二大的另一项重大问题是关于国民党中央执行委员会和中央监察委员会的选举。由于之前在上海谈判中，陈独秀等已确立了扩大左派、分化右派、联络中派的原则，并向孙科等承诺将不包办国民党事务，因此在选举中采取了妥协与退让，在这次大会选举中，中共对右派和左派作了让步。在当选的中央执行委员和候补委员中，共产党员所占比例不足1/3，在当选的中央监察委员和候补中央监察委员中，中间派、右派占了绝大多数。

国民党第二次代表大会在共产党的努力之下，团结了左派，维护了国共两党的团结。但是由于对于形势估计的失误，导致在谈判中过于软弱和妥协，造成中间派力量的强大，并在左派和右派的斗争中越来越起着举足轻重的作用，这是共产党在联合战线上谈判中的失误。

## 2. 围绕黄埔军校的斗争和谈判

1924年6月16日，在苏联共产党和共产国际帮助下，在广州黄埔岛，国共合作建立了现代中国第一所军事政治学校。作为国共合作创办起来的军校，黄埔军校在相当程度上体现了国共不同性质的两党在合作过程中意识形态上的矛盾和分歧。随着孙中山逝世后绝对权威的消失，国共两党的关系陷入了一种极其微妙并且危险的境地。在军校内部则主要表现为以信仰不同为由引发的学生之间的派别争斗，以中国青年军人联合会和孙文主义学会的对峙为高潮。

1925年2月，在周恩来的提议和主持下，经过军校党代表廖仲恺的批准，校长蒋介石的同意，青年军人联合会建立起来了。青年军人联合会的成员多为共产党员和社会主义青年团团员。他们遵守军校的纪律和制度，宣传国共合作的政策方针，宣传孙中山的革命三民主义，支持工农群众运动，揭露和反对国民党右派的反共阴谋，在整个国民革命运动中发挥越来越大的政治影响。

此时，国民党右派分子谢持等人来校煽动反共，宣称青年军人联合会是发展共产党组织的据点。为对付青年军人联合会的兴起，1925年4月，贺衷寒、缪斌等人以努力研究中山主义为名成立中山主义学会，之后发展为孙文主义学会。孙文主义学会在国民党右派的暗示、

◎ 孙中山在黄埔军校开学典礼致词

怂恿、支持下，经常无故在军校内找共产党员惹是生非，寻衅肇祸，攻击共产党，压制工农运动，用各种形式反对国共合作。于是，在两个组织之间，出现了激烈的斗争。开始只是互相辩论，继而发生口角，再而双方斗打。

第一次东征期间，孙文主义学会会员林振雄和青年军人联合会会员李汉藩发生口角，林竟然向李开枪，此事在当时掀起了大风潮。在东征前线梅县的一次集会上，青年军人联合会会员李之龙和孙文主义学会会员贺衷寒之间又打了一架，形成势如水火、不可调和的局面，造成军校内的混乱和人心浮动。军校党代表廖仲恺对黄埔军校内的矛盾进行了严厉的批评，指出：青年军人联合会与孙文主义学会的同志大多数没有把目前革命的任务搞清楚，没有认识到谁是朋友，谁是敌人。都是黄埔军校的同学，都是革命的同志，各立门户，互相摩擦，把革命的精神实力在内部闹小宗派抵消了，这对得起总理，对得起革命吗？

在这种情况下，中国共产党认真分析了黄埔军校内青年军人联合会与孙文主义学会的摩擦后认为，国共两党由于代表不同阶级的利益，在合作的过程中，矛盾与斗争将是不可避免，黄埔军校内所发生的事情正是这种矛盾和斗争的反映。中国共产党在对国民党的工作中，需努力保存阶级斗争的意识，极力反对阶级的妥协。同时，中国共产党又认为，国共两党坚持合作，保持统一战线内的团结是当时的大局，应从各方面予以维护。因此，中共决定，一方面由中共广东区委领导，以辩论揭露的方式，对孙文主义学会给予坚决的回击；另一方面，中共领导人又通过种种方式，与国民党人开展对话，进行晤谈，以改善两党关系。

当黄埔军校内青年军人联合会与孙文主义学会激烈辩论时，在汕头前线工作的周恩来立即与蒋介石进行交涉。周恩来义正词严的指出：孙文主义学会的做法，是对国共合作的破坏，是分裂革命的统一战线，最终只对帝国主义和封建军阀有利。对此蒋介石不以为然，指出：并不是孙文主义学会，而是共产党在黄埔军校中进行的独立活动，才引起了两派的斗争，责任应该在青年军人联合会，在共产党方面。蒋介石之后还函告周恩来，指示他把黄埔军校中的共产党员以及加入国民党中的共产党员的名单交给他，由他去处置。

周恩来对蒋的无理解释进行了批驳，指出：共产党的活动是为了国民革命，并不是出于一党之私，是符合国共双方利益的。黄埔军校两学生会之间的争斗，责任也完全不在共产党这边，而在国民党方面。至于交出共产党名单的问题，周恩来以"此事关系到两党的大事，要请求中央才能决定。"予以婉言的拒绝。

蒋介石对此回答甚不甘心，又以所谓的保证黄埔军校的统一和安定为名，提出了更为无理和荒谬的要求：共产党员或者退出共产党，或者退出黄埔军校与国民党。其实际意图是要限制共产党，破坏国共间的合作，在黄埔军校内和军队中，首先使国共合作破裂。对此事关大局的原则问题，周恩来坚决的和蒋介石进行了斗争，严词拒绝了蒋介石的无理要求。蒋介石的阴谋没有得逞。由于蒋介石的这种态度，周恩来和蒋介石的此次谈判没有取得实质性进展。

为了平息军校内两派的矛盾，不使军校内的争斗加剧。中共广东区委书记陈延年与国民党左派代表人物、时任黄埔军校党代表的廖仲恺进行商谈。陈延年表示，他听到两派争斗的汇报后，也对黄埔同学会的青年学生进行了劝诫，不可意气用事，更不能用打架等简单的方式来处理同学间观念不同的问题，造成了同学间的矛盾和冲突。廖仲恺则表示，他对共产党人在黄埔军校中的工作总体上是满意的，但对黄埔军校中两派的斗争十分忧虑，认为这会抵消革命的实力。为此，他要求中共能否再派一名得力人才到黄埔军校任政治部主任，以处理两派矛盾，并指名要陈延年就任。

陈延年答复廖仲恺，由于自己当时担任中共广东区委书记，工作繁忙，恐怕难以脱身。但是，他自己虽不能来，可另派共产党人来担任这一职务。随后，中共广东区委就派出包惠僧去担任黄埔军校政治部主任这一职务，并向包惠僧说明了如何处理黄埔军校内两派之间斗争的三项原则：一是要斗争；二是不能采取打架的方式；三是要维护国共两党的团结。

包惠僧就任后，立即与廖仲恺就如何处理军校内两派矛盾进行了磋商。廖仲恺强调今后的政治部要改组，要加强政治工作的作用，把青年军人联合会和孙文主义学会团结起来。廖还对如何加强团结提出了三条意见：一是要建立同志间的友谊；二是要建立革命工作上的纪律，有不同意见可以在工作和学习的会议上争辩，可以向校长、党代表、政治部提意见，而不许冷言热语地吵架甚至打架；三是政治部主任要明确职权，即有执行党代表的职权。包惠僧表示赞同廖仲恺的意见，认为工作后将尽己所能达成军校中两派的互相谅解，以对付共同的敌人。由于国共双方维持国共合作的基本立场一致，通过会谈，国共两党领导人就如何解决军校内两派的矛盾达成了一致。

包惠僧担任政治部主任后，基本按照国共两党达成的基本原则处理军校内两派的矛盾，开展工作。这样一段时间后，学生浮动的情绪安定了下来，两派学生势如水火的矛盾渐渐平息了下来。

但到了1925年底与1926年初，两派学生又燃战火，且蔓延到东征军中。蒋介石见势不妙，便再次约见周恩来商谈。但是，就如何处理两派矛盾未取得共识。蒋介石因此强硬规定了限制共产党活动的两条措施：（一）校内共产党员活动均应公开；（二）国民党员如有愿加入共产党者，需向校特别党部声明并批准。周恩来虽表示不能接受，但蒋介石坚持一意孤行。实施的结果却是并没有消弭两派的矛盾和争斗。

1926年1月，两派斗争愈演愈烈，蒋介石急从前线赶回广州处理两派矛盾。2月2日，由蒋介石与汪精卫主持，召开青年军人联合会与孙文主义学会联席会议，进行谈判。共产党员李之龙、周逸群等及国民党右派缪斌、张静愚等参加了会议。会上，双方互不相让，进行了激烈的争论。最后，在蒋介石的压力下，双方达成四项协议：（一）两会干部准互相加入；（二）两会在军校及党军须承本军校长及党代表之指导；（三）团长以上高级长官除党代表外，不得加入两会；（四）两会会员，彼此有不谅解时，得请校长及校党代表解决之。

以上两次就黄埔军校论争所举行的国共会谈，均未取得好的结果，军校内两派依然存在，矛盾依然突出，争斗依然激烈。为此，1926年4月7日，蒋介石发布解散军校内诸团体的命令，此后不得再有各种组织发生。同月16日、21日，青年军人联合会和孙文主义学会分别解散。随后，经过若干准备，以校长蒋介石为会长，军校全体学员为成员的黄埔军校同学会于6月27日成立，此后尤其不准进行共产主义的宣传。

围绕黄埔军校论争展开的国共会谈，表面看似乎平和公允，通过的协议似乎对国共双方都有约束力，实质上却使共产党的活动单方面受到了限制。孙文主义学会虽然表面解散，但其自恃有蒋介石等国民党右派的支持，活动完全不受限制，以后历史发展的事实也说明了这一点。

### 3. 围绕三二〇事件的谈判

三二〇事件亦称中山舰事件。1926年3月18日，蒋介石为了排斥共产党人，夺取国民革命军第一军的军权，指使欧阳格以黄埔军校驻广东省办事处的名义，命令海军的代理局长、共产党员李之龙调派中山舰到黄埔候用。第二天，中山舰开到黄埔。蒋介石却诬指中山舰擅自开入黄埔，是共产党阴谋暴动。20日，蒋介石以此为借口，命令逮捕了李之龙，扣押中山舰，包围省港罢工委员会，收缴工人武装，拘留第一军第二师中的左派党代表和政工人员40多人，宣布广州全市戒严，还包围苏联顾问团住处。

◎ 中山舰舰长李之龙

蒋介石制造中山舰事件，是为了向共产党进攻，向革命群众示威。中山舰事件发生后，蒋介石反苏、反共擅自行动的做法，在国民党和国民革命军的领导层中，同样引起了强烈的不满，汪精卫愤慨地表示自己是国府主席，又是军事委员会主席，蒋介石这样举动，事前一点也不通知他，这不是造反吗？当时，各军都想同蒋介石干一下。共产党领导人周恩来更是在事件发生当晚就到蒋介石办公室与其进行交涉，质问蒋介石为什么要扣押捆绑共产党人，要求蒋介石释放被扣押的共产党员，但是周恩来的正面交涉，并没有使事件得到圆满的解决。当时，在广州的一些共产党人如毛泽东等都主张对蒋介石予以坚决反击，但这一正确意见没有被中央和苏联顾问团所采纳。如果这时党中央的政策是给蒋介石以有力的回击，毫无问题，事情是有办法的。但当时却采取了继续退让的政策。

陈独秀为首的中共中央却主张采取退让政策。此时的苏联顾问团也不想对蒋介石的反共行为进行反击，而是主张采取退守—让步的策略。陈独秀认为，目前中共实力还不足以镇压蒋介石，再加上蒋介石的反革命面目还没有完全暴露，不希望革命势力发生分裂。

在这种妥协退让方针的指导之下，中共中央派出张国焘作为共产党代表到广州与国民党蒋介石方面进行谈判。抵达广州后，张国焘在周恩来的陪同下，会见了蒋介石，就三二〇事件举行正式会谈。

张国焘首先告诉蒋介石，他是代表中央来看望蒋介石的，向蒋介石表明了中共中央是始终支持他的，希望彼此仍能精诚无间的合作，使广州局面更加稳定，进而达成统一全国的革命愿望。张国焘的这种妥协态度，使蒋介石摸清了中共的底牌，因而在谈判中表面上十分客气，口气却很强硬。他说国民党内要求限制共产党的呼声很高，都是由他顶着，以此向共产党施压。张国焘对此也只是一味地委曲求全。

接着，张国焘向蒋介石提出两个具体的问题：一是三二〇事变的发生打击了汪精卫，使汪对蒋的行为深感不满，加剧了蒋汪矛盾。虽然如此，外界都希望蒋介石能与汪精卫继续合作，不知他对此有何意见；二是黄埔同学中的中共党员一向是爱戴和服从蒋介石的，但在这次三二〇事变中也被驱逐，不知道他将如何教导他们。谈到具体问题，蒋介石故意板起脸孔，装出一副严肃的样子，久久沉默，不愿正面回答。对于第一个问题，蒋介石认为是国民党内部事务，没有给出具体的答复；对于第二个问题，蒋介石表明了他并无彻底排斥中共的意向，并且假惺惺的表示，黄埔学生中的中共党员都是我的好学生，我素来爱护他们，一定要重用他们。对于这样的会谈，这样的回答，张国焘认为谈判使彼此间的关系趋于和缓，而且蒋介石也表明要重用黄埔同学中的中共党员，因此谈判目的已经达到，于是与蒋的谈判就此草草收场。

张国焘与蒋介石的这次谈判，缓和了国共关系，但是两党之间的一些具体问题并没有获得根本解决。为此，张国焘又与当时任国民政府代主席的谭延闿进行接触谈判，谈论的问题涉及联俄、国共关系和国民党的领导等双方关心的话题。

关于联俄这一政策，谭延闿担心中山舰事件会影响中俄关系，进而影响到苏俄军火的援助，使国民革命成为空谈。因此，他强调蒋介石不会放弃联俄政策。张国焘对此也向谭延闿表示，鲍罗廷对蒋介石的友谊也是不会改变的。

关于国共关系问题，张国焘向谭延闿表示不希望孙中山所定的联共政策会走样子。对此，谭延闿安慰张国焘，说蒋介石对于这个问题，已在回心转意。但他提出要共产党和国民党左派吃一点亏，例如中共党员甚至左派人物不好再在第一军中工作，但仍旧可在其他各军工作。谭延闿并向张国焘保证，他所统率的第二军就能这样办。对于党部工作，也要允许蒋介石换几个新人进来等等。

关于国民党的领导问题，谭延闿指出要蒋介石和汪精卫再合作是有困难的；汪精卫既然不愿再当国民政府主席，旁人也不好强人所难。张国焘表示中共在道义上支持汪精卫，但也无意拥汪抑蒋，对于国民党内部事务，中共也不愿过多卷入。

谭延闿一向与蒋介石过往甚密，张国焘与谭延闿谈话的内容，迅速传到了蒋介石那里。由于此时蒋介石自感羽翼未丰，反共时机尚未成熟；也由于中共方面所作的妥协退让；外加上还需要苏俄的援助和民众的支持，国共之间的关系终于渐渐缓和下来了。

蒋介石在黄埔发表演说，除指斥黄埔主任政治教官高语罕言论不当之外，又再三声明中山舰事件整个事件与中共政策无涉，与中共无关。随后，释放了中山舰事件的主角共产党员李之龙，并将事变中被调离职守的中共党员集中起来，组织一个高级训练班，进行训练，以示履行与张国焘谈判中提到的重用共产党员的承诺。

张国焘与蒋介石、谭延闿的谈判，虽然暂时缓和了国共之间的矛盾，但总的来说是一次妥协的谈判。纵容了蒋介石，使蒋通过中山舰事件达到了一石二鸟的目的：第一，打击了中国共产党，把共产党员排挤出黄埔军校和国民革命军第一军。4月初，蒋介石公开提出了《请整军肃党准期北伐建议》，要求军队中的共产主义分子应暂时退出军队，在妥协政策指导下，共产党员从第一军中退出。自此，蒋介石把第一军控制在自己手里；第二，打击了国民党左派，挤走了与他有矛盾的国民政府主席汪精卫。中山舰事件后，汪精卫对蒋介石的行为深感不满，称病避居他处，不再负政治责任。这样蒋介石一跃而成为国民党政界和军界的首脑。

中山舰事件发生后，鲍罗廷也立即返回广州，回来后即代表共产党同蒋介石举行会谈。谈判中蒋介石气焰嚣张，鲍罗廷则一再退让，最后双方达成了"三项君子协定"：中国共产党接受蒋介石的建议，限制在国民党的活动；蒋介石同意反对右派的措施；共产党支持蒋介石北伐。这为蒋介石着手从国民党党务向共产党发动新的进攻，篡夺国民党党权的二届二中全会铺平了道路。

5月5日，国民党召开二届二中全会，蒋介石以"消除疑虑、杜绝纠纷"为借口，提出了四个旨在压制共产党、排挤共产党的"整理党务"的提案。而此时的共产党在蒋介石的进攻面前已经束手无策，只好继续妥协退让，向蒋介石表示对《整理党务案》决不反对，蒋介石听后更是高兴至极，频频表示欣慰。从而，使得《整理党务案》得以在全会上获得通过。

为了落实限制共产党的协定，蒋介石于5月12日、13日、14日、16日四次与鲍罗廷进行谈判。鲍罗廷在未经与中共中央商量的情况下，就擅自代表中共与蒋介石达成了"整理党务"的八条协定。《整理党务案》的实质是对中国共产党员在中国国民党内的活动施加种种限制，削弱了中国共产党在国民党内的地位和作用，为右派篡夺国民党的领导权做好了准备。

由于中共中央在中山舰事件和整理党务案上的妥协退让，使得共产党在国民政府中的影响力大大的下降，为蒋介石逐渐攫取国民党的党、政、军大权扫清了道路。国民党右派开始利用自己的有利地位，在国民党中央各党部及各省市党部发展势力，排挤共产党和国民党左派，并为蒋介石最后的叛变革命作了准备。

# 四、从合作到分裂中的会谈

由于党的领导人陈独秀缺乏斗争经验，没有认清国民党右派分子蒋介石、汪精卫的真实面目，加上共产国际此时的错误指导，使中共中央对局势作出了错误判断，对国民党右派分子的疯狂进攻不敢进行果断的反击，犯了右倾机会主义错误，使国共合作的革命统一战线走向破裂。蒋介石和汪精卫先后叛变革命，武装屠杀共产党人和革命群众，给中国革命造成了巨大损失。

## 1. 迁都和军党之争

随着北伐的胜利进军，革命势力也迅速由中国的南方向中北部扩展，革命重心开始逐渐北移。革命形势大好，革命统一战线内部却出现了不和谐的因素。以蒋介石为首的国民党右派，开始在迁都、军党等问题上做起"文章"，使原本就不平静的革命阵营内部更加波涛汹涌。

军事上的胜利使中国国民党的许多领导人希望推进政治中心的北移。1926 年 10 月，在革命军攻占了湖南、湖北，继续向江西、福建进军的重要时刻，中国国民党党中央执行委员、各省区、各特别市、海外总支部代表联席会议认真讨论了"国民政府现在要不要迁移"这一重要问题。

国民党内孙科等人主张立即迁都武汉，他们认为：第一，随着革命势力的北上发展，武汉必将成为政局中的一个中心点，而国民政府留在广州则鞭长莫及；第二，湖南、湖北、江西虽然已基本占领，工农运动已经兴起，但局势仍不稳固。国民政府立即迁往武汉不仅可以就近指挥，而且可以安定人心。第三，广东一带的革命基础已相当巩固，国民政府北迁，不会影响革命的基础。

孙科等人的迁都主张，与蒋介石这时的意见大体一致。基于抑制"实力派"唐生智和迫使汪精卫不能回国复职，蒋介石此时的立场是主张迁都武汉的，认为政府迁鄂，有益无损，意图将国民党政府和中国国民党中央迁离革命根据地广东，从而将党和政府置于自己的控制之下，进一步进行篡权活动。

中共中央此时并不支持立即迁都。1926 年 9 月，中共中央指出：蒋欲迁移中央政府，抬高党的权威（照现时党、政、军三权集中于总司令手的局面，此种办法即是以抬高蒋之权威），以统制实力强大的唐生智等。因此，中共中央明确地提出了应反对国民政府迁移武汉的主张，以免国民政府迁往武汉后，左派群众的影响越少，政策愈右，行动愈右。

参加广州十月联席会议的中共党员吴玉章、恽代英、毛泽东等，认真贯彻中共中央的指示。他们同国民党左派宋庆龄、何香凝、陈友仁等密切配合，使会议通过了暂不迁都武汉的决定。

当时远在江西国民革命军总司令部行营的蒋介石得知联席会议的决定后，还不甘心，仍要求迁都武汉。特别是北伐军攻克南昌后，蒋介石迁都的态度趋于强硬。11 月 19 日，他再次致电中国国民党中央党部：中央如不速迁武昌，非但政治、党务不能发展，即新的革命根据地亦必难巩固。

蒋介石时任国民革命军总司令，掌握了军事大权，他坚决要求迁都武汉的主张，不能不对军事将领产生很大的政治影响，李济深、张发奎、邓演达、陈铭枢也力主迁都。苏联顾问鲍罗廷本来反对迁都，这时也改变主意，不顾中共中央的反对，不仅主张国民政府应马上迁往武汉，而且"还发出一篇必须迁移的大议论"。于是，主张迁都的呼声越来越高。

随着形势的变化，中共中央缓和了反对迁都的态度。1926 年 11 月 18 日，在迁都势在必行的形势下，中共中央要求全党做好应对准备工作。11 月 26 日，中国国民党中央政治会议正式作出了迁都武汉的决定，国民党中央和国民政府负责人也分 4 批陆续前往武汉。12 月 10 日，第一批由粤汉路北上的国民党中央执行委员和国民政府委员到达武汉。13 日，在武汉成立国民党中央执行委员和国民政府委员临时联席会议，代行国民党中央党部和国民政府职权。

国民党中央和国民政府迁到武汉以后，两湖地区工农运动日益高涨，特别是武汉地区革命势力蓬勃发展，国民政府为国民党左派和共产党人共同掌握，表现出坚决地反帝反封建倾向。这大大出乎了蒋介石的原先意料，使他原来以军统党、以军统政的愿望落空。本来主张迁都武汉的蒋介石此时的态度发生了急剧转变，提出迁都南昌，挑起了迁都之争。

12 月底，蒋介石突然把国民党中央执行委员会常务委员会代理主席张静江和国民政府代理主席谭延闿接到南昌，还截留了部分取道南昌去武汉履职的国民党中央执监委员和国民政府委员。1927 年 1 月 3 日，蒋介石在没有经过国民党中央的同意下，擅自在南昌召开了国民党 "中央政治会议第 6 次临时会议"，非法决定中央党部和国民政府暂移南昌。5 日，蒋又用国民党中央名义发表通电：现因政治军事发展便利起见，中央党部及国民政府暂驻南昌，待 3 月 1 日中央执行委员全体会议公决中央党部及国民政府驻地后，再行迁移。公开以 "南昌中央" 与武汉中央相对抗。1 月 10 日和 21 日，蒋介石又两次操纵南昌政治会议作出决定，要求武汉成立政治分会，解散联席会议。遭拒绝后，他又提出在南昌召开国民党中央全会，以便诱惑国民党中央委员到南昌来。

蒋介石迁都南昌的图谋受到了武汉方面的坚决反对。1927 年元旦，国民政府明令以武汉为首都。7 日，武汉中央联席会议重申坚持国民党中央政治会议在广州作出的迁都武汉决议，不接受迁都南昌的主张。2月9日，武汉国民党针对蒋介石的军事独裁，举行了一次高级干部会议，提出了"实行民主，反对独裁，提高党权，扶助工农"，开展了一次以党权抵制军权的斗争。

2月21日，国民党在武汉召开中央执监委员和候补执监委员及国民政府委员扩大联席会议，决定从即日起结束武汉临时中央党政会议，中国国民党中央党部及国民政府即日在汉正式开始办公，并请南昌委员即日赴鄂。在形势逼迫和大多数左派人士说理斗争的情况下，蒋介石不得不决定于3月6日让被阻留在南昌的国民党中央执行委员和国民政府委员赴武汉履职。

迁都之争是革命阵营内部的一场严重斗争，实质是争夺领导权。迁都之争以武汉国民党左派的胜利、蒋介石的失败而告终。

改都南昌的失败并未使蒋介石收敛其独裁和分裂的野心，相反，由于其在北伐战争中极力扩充嫡系和收编倒戈军阀部队，军事实力猛增，使其更加有恃无恐。蒋介石继续坚持其以军驭党、以军干政的活动，进一步挑起党权之争。

从1926年底起，共产党人和国民党左派人士发起了打倒军阀、提高党权的呼声，形成了以反对蒋介石军事独裁为主要内容的恢复党权活动。1927年2月9日，在武汉的中国国民党中央高级干部集会，决定由徐谦、吴玉章、邓演达、孙科、顾孟余五人组成行动委员会，从事党权集中。会议要求：实行民主，反对独裁，提高党权；拥护三大政策，扶助农工运动；召开中国国民党二届三中全会。这次集会，不点名的谴责了蒋介石的军事独裁，指出了维护党权的必要性。2月13日，中国国民党湖北省党部和武汉市党部召开会议，指出中国国民党已经出现了一种危机，不仅失去民主集中制性质，而且具有一种独裁趋势。一些机关、团体也纷纷集会和通电，要求打倒昏庸老朽分子，一切权力属于党。在共产党和国民党左派的领导推动下，反对蒋介石军事独裁、恢复党权运动广泛地开展起来。

蒋介石对武汉地区国民党左派恢复党权运动非常生气。在南昌，蒋介石多次发表演讲，进行自我表白和辩解，自称是本党的忠实党员、总理忠实的信徒。2月21日，蒋介石在演讲中猛烈地攻击武汉的国民党左派和共产党人：现在武汉本党的一部分同志，有一种运动，有一种宣传，所谓要提高党权，集中党权……今日提出这集中党权，提高党权的口号，不过拿这一个口号，来排除异己的同志，做他们真正要想把持党权的武器就是了。……若要提高党权，就要取消汉口的联席会议！蒋介石的演讲充满杀气，但由于当时还不具备同武汉国民党左派的决裂条件，因此态度不得不较为收敛。

3月10日，国民党二届三中全会在武汉正式开幕。会议认为，自北伐军兴，军事、政治、党务之集中个人，愈使政治之设施不能受党的指导，而只受军事机关之支配。此种制度，弊害甚多，不但使党内之昏庸老朽分子盘踞于内，官僚、市侩及一切投机分子乘虚而入，因此纵成个人独裁军事专政之谬误，妨害中央执行委员会在政治上之威权，形成党内投机腐化之倾向。且亦使军事呈纷争与复杂之象，而不能收整齐统一之效。

在中国共产党的参与、帮助和推动下，国民党二届三中全会通过了《统一党的领导机关决议案》、《中央执行委员会军事委员会组织大纲案》、《国民革命军总司令条例案》等，决定废除常委会主席制，改为常委会集体领导。政治委员会和国民政府不设主席，实行主席团和常委的集体领导。军委会不设主席，国民革命军总司令，前敌总指挥、军长等须军委会提出，由中央委员会任命，国民革命军总司令只是军委会的委员之一。军人部裁撤；所有军事院校均改校长制为委员制等等。这样，蒋介石担任的中央常务委员会主席、军委会主席、军人部长、中央军事政治学校校长等职务，实际上被剥夺了。蒋介石的总司令职务仍保留，而权力也受到了严格的限制。

但是，这次会议还保留蒋介石的国民革命军总司令、中央执行委员会常务委员、中央军事委员会主席团成员的职务，表明对蒋介石的可能叛变缺乏应有的警觉。事实上，在会议召开的前夕，蒋介石已开始破坏和镇压工农运动。周恩来后来曾总结说：右的错误常常把敌人当成朋友。最明显的是北伐到了武汉，蒋介石在江西杀了陈赞贤，向共产党开了刀以后，一天天地走向反动，很清楚的是要走到敌人方面去，但是那时候我们党内像陈独秀这样的人，还主张继续和蒋介石合作，就没有认识这个转变关头的变动。

国民党二届三中全会通过的上述限制蒋介石的决议，把维护党权运动推向最高潮，是国民党左派和共产党人的一次胜利。但是，这些决议对于手握重兵、远离武汉中央的蒋介石来说，已经是鞭长莫及，无济于事，丝毫不能抑制他的背叛活动了。

## 2. 迷惑人的汪陈会谈

为了应对蒋介石日益显露的叛变杀机，中国共产党联合国民党左派，发起迎汪抑蒋运动，试图在蒋介石、汪精卫之间均衡力量，抑制蒋介石势力的发展，以便汪蒋相互制约，以此来维持统一战线不致破裂。

意图夺取最高权力的蒋介石却对"老上级"汪精卫的回国复职感到不安，他深知中共的用意，便秘密派人赴上海与中共领导人陈独秀会谈，试图阻止共产党迎汪精卫回国。在劝说无效的情况下，蒋介石决定拉拢汪精卫共同反共。

汪精卫，原名汪兆铭，字季新，其笔名为精卫。早年追随孙中山，获得信任和重用，在国民党内有一定的地位和影响。孙中山逝世后，汪精卫以拥护三大政策的"左派"和孙中山的信徒面目出现，博得共产党和国民党左派人士的支持。为了与蒋介石进行争权斗争，汪精卫刻意把自己装扮成"左派领袖",以获取反蒋势力的支持。然而,汪精卫却是一个隐藏在革命队伍当中的反共投机分子。

◎ 汪精卫

1927 年 4 月 1 日,汪精卫从法国回到上海。当日,在蒋介石的策划安排下,蒋汪在上海进行秘密会议,与吴稚晖、李宗仁等共商反共大计。蒋汪在共同反共问题上一拍即合,但在具体反共方法上发生分歧。蒋介石主张立即反共,汪精卫原则上也同意蒋介石的反共主张,但在反共时间与方式上与蒋不同,汪精卫是因为共产党迎汪抑蒋运动才得以回国的,他不想就此与共产党闹翻,还想依靠共产党及革命力量制约蒋介石,达到他重掌国民党领导权的目的。

另外,汪此时刚刚回国,对国共两党政治力量对比尚不清楚,怕操之过急反而不能成功。因此,汪精卫赞成"反共",但主张"清党"不宜过急,要经过一定程序,应待 4 月 15 日召开中央执行委员会全体会议以"合法"的手续来解决。但汪精卫的主张同样不为蒋介石所接受,两人在会上发生激烈争执,双方互不相让。最后,汪精卫表示,他不赞成蒋立即反共的主张,却可以代表国民党去会见共产党首领陈独秀,与之进行最后通牒式的谈判。

中共领导人陈独秀在蒋介石即将叛变革命的重要时刻,表现出了严重的右倾机会主义思想。他一相情愿地维护合作而忽视了必要的斗争,始终信任蒋介石、汪精卫,完全没有应付突然事变的思想准备。在国民党右派分子向工农群众挥起屠刀的前夜,陈独秀仍然轻信汪精卫,而与其在温和的气氛中进行秘密会谈。

4 月 4 日,汪精卫与陈独秀就国共两党关系问题举行秘密会谈。会谈一开始,汪精卫别有用心地将吴稚晖等人诬蔑中国共产党的谣言责问陈独秀:共产党已提出打倒国民党,打倒三民主义的口号,并要主使工人冲入租界，引起冲突，使国民革命在外交上造成一个不可解的纠纷，以造成大恐怖的局面。陈独秀听后十分惊讶，极力表白这是国民党右派的造谣，连称决无此事。

面对汪精卫的质问，陈独秀正色说道：外面所传者是谣言，共产党人光明磊落，决不会骗人。共产党无论如何错误，也不至于主张打倒自己的友党。陈独秀诚恳的态度使汪精卫有所放心，气氛一下子缓和下来，双方都向对方作出承诺。陈独秀保证：国民党与三民主义为今日中国所必需，中共目前无意实行无产阶级专政。汪精卫则保证：国民党将继续与共产党合作，实行联共政策。

会谈结束时，为了表明共产党的诚意，陈独秀还亲笔起草了汪陈联合宣言。4月5日，汪陈联合发表《汪精卫、陈独秀联合宣言》。宣言指出，我们强大的敌人，不但想以武力对待我们，并且想以流言离间我们，因此，国共两党党员应该站在革命观点上，立即抛弃相互间的怀疑，不听信任何谣言，相互尊敬，事事商协，开诚进行。为此，宣言强调，中共不会打倒国民党，中共现在和将来都不会实行无产阶级独裁制。宣言表示，中共无论如何错误，也不至于主张打倒自己的友党，主张打倒我们敌人（帝国主义与军阀）素所反对之三民主义的国民党，使敌人称快。

同时，宣言还声称：中国国民党多数同志，凡是了知中国共产党的革命理论，及其对于中国国民党真实态度的人，都不会怀疑孙总理的联共政策，现在国民革命发展到帝国主义的最后根据地上海，警醒了国内外一切反革命者，造谣中伤离间，无所不用其极！甲则曰：共产党组织工人政府，将冲入租界，贻害北伐军，将打倒国民党。乙则曰：国民党领袖将驱逐共产党，将压迫工会与工人纠察队。这类谣言，不审自何而起。国民党最高党部全体会议之议决，已昭示全世界，决无有驱逐友党摧残工会之事。上海军事当局，表示服从中央，即或有些意见与误会，亦未必终不可解释。

《汪陈宣言》的发表，表明了共产党人光明磊落的胸怀和维护国共合作的一片苦心，驳斥了国民党右派对共产党人的造谣污蔑，反映了当时国共双方错综复杂的矛盾：汪精卫打算利用陈独秀来抬高自己的地位，以实现他当中国国民党领袖的野心；而陈独秀则想要通过汪精卫揭露国民党右派的阴谋，制止蒋介石进一步反动。

《汪陈宣言》在当时特定的历史条件下，有着一定的积极作用。陈独秀为了维护国共联合战线，利用汪精卫与蒋介石的矛盾，争取发表了这个联合宣言，以达到联汪制蒋，继续进行国民革命的目的，不失为一种斗争策略。当时武汉地区革命还在向深入发展，反对蒋介石独裁的斗争也是方兴未艾。如果抓住时机，充分运用有利条件，即使不能制止蒋介石的分裂活动，也可推迟蒋介石发动政变的时间，从而大大减少革命的损失。革命力量的保存和巩固，又对汪精卫有抑制作用。

然而，仅仅依靠《汪陈宣言》来威慑、制约蒋介石显然又是十分天真的想法。《汪陈宣言》本身也是非常软弱的，其消极作用是主要的。宣言不敢公开揭露蒋介石的反革命罪行，反而为蒋介石辩护，使工人阶级放松了对蒋介石背叛革命的警惕。陈独秀也被汪精卫的两面投机性和刻意表现出来"左"的一面所欺骗，误认为汪是真正的国民党左派。这种过分地相信和依赖汪精卫，使陈独秀未对可能发生的事变采取任何预防措施。

在革命战线激烈斗争的情形下，陈独秀没有首先考虑组织和扩大共产党所领导的工农武装力量，以为有了一纸联合宣言就万事大吉，这对工人阶级和广大共产党员起了麻醉与解除思想武装的作用。结果蒋介石一发动政变，就把人民淹没在血泊中。陈独秀把挽救时局的希望完全寄托在汪精卫身上，继续采取妥协退让的政策，革命失败的结局就不可避免了。

### 3. 谈判中断和合作破裂

中国共产党虽然一再妥协退让，试图维护两党团结，但国民党右派坚持反共立场。陈独秀的右倾机会主义反而给以蒋介石为首的右派分子以充分的时间来酝酿和准备反革命政变。

1927年3月26日，蒋介石到达上海，加紧与帝国主义者勾结，取得了列强的支持和帮助。4月12日，蒋介石在上海发动反革命政变，许多著名的共产党员和工人领袖英勇牺牲。在四一二反革命政变的血腥推动下，全国各省市的国民党右派也相继举行反共"清党"和屠杀，革命遭到局部失败。

蒋介石公开背叛革命，激起了革命人民的无比愤怒。中国共产党、国民党左派和武汉国民政府都对蒋介石的大屠杀表示了强烈的抗议和声讨，武汉地区掀起了群众性的讨蒋浪潮。

在革命的紧急关头，中国共产党认为，要应付危局，必须加强国共两党合作，两党主要领导人必须经常交换意见，就两党关系中的一些分歧与矛盾进行谈判。4月13日，针对蒋介石的反共"清共"，武汉恢复了国共两党联席会议，以加强两党的合作，协调合作中的问题，稳定反蒋联合阵线。

4月27日至5月9日，中国共产党在汉口召开第五次全国代表大会，国民党领导人汪精卫、谭延闿、徐谦等人应邀出席了会议。在五大上，国共双方展开了进一步交流，共产国际代表罗易在致词中表示共产党不拟领导无产阶级走分裂路线，使汪精卫十分满意，并表示国共两党是可以携手合作。两党在中共五大上出现了久违和短暂的和谐氛围。

中国共产党的五大虽然批评了以陈独秀为首的党中央在指导上的右倾机会主义，提出了无产阶级的革命领导权，但对当时迫切需要解决的问题，如改造武汉国民政府，建立和扩大党领导的革命武装等问题，都没有作出切合实际的回答，对于维护和巩固两党革命统一战线也缺乏有力的举措。

革命形势进一步恶化。随着武汉内外反革命势力的压迫，中共领导的工农运动深入发展并显示巨大威力的情况下，汪精卫等国民党领导人逐渐右转，开始公开压制工农运动和攻击共产党人。

5月份，国民党右派分子又相继发动了夏斗寅叛乱和马日事变，一时间，白色恐怖弥漫两湖大地，革命形势更加严峻。

事变发生后，中国共产党内多数党员主张对叛乱予以坚决反击，号召工农群众采取更激烈的手段，反抗国民党的屠杀政策，揭露蒋介石等右派分子向革命反攻倒算的罪行。中国共产党也组织革命军队和工农群众，采取了一些具体举措，来阻止和反击叛乱。但共产国际代表鲍罗廷却竭力把叛乱解释为个人行为与地方事件，认为现在国民党的左派还是好的，他们没有什么错误和不好的倾向。一切错误都是工农运动过火，领导湖南农民运动的是地痞与哥老会，而不是我们。他提出，在目前的情况下，要与国民党领导人进行谈判，用谈判解决问题。共产党主要领导人陈独秀也认为绝对不能以武力对付，否则会引起整个政局之纠纷，他也主张与国民党谈判来平息马日事变。

◎ 许克祥

于是，中共中央按鲍罗廷的主张，派人向汪精卫转达意见，明确提出，两党领导人坐下来谈判，以商讨解决马日事变的办法。但汪精卫不予理睬，反于5月24日以武汉政府名义发布命令，指责农民运动幼稚过当，将事变发生的原因归结于工农运动"过火"。6月1日，汪精卫在武汉国民党中央政治委员会第二十六次会议上公开污蔑农民协会是一个空前的错误，工商业家都被打跑光了，上不要中央，下不要人民，像这样逼得人家无路可走，也难怪许克祥他们要起来造反，认为马日事变等均是由农民运动引起，应由中共方面承担责任。武汉国民党中央还发布了一系列压制、摧残工农运动的命令。

汪精卫颠倒黑白的指责，引起了共产党人的愤怒，毛泽东在6月3日国民党中央扩大会议上发言，提出尽快解决马日事变，保护工农运动，国民党应执行以下六条政策：（一）没收贪官污吏、土豪劣绅及一切反革命的土地财产；（二）保护革命军人的土地及财产；（三）保护中小地主商人的利益；（四）从速实现中央关于农民运动的政策；（五）建设革命民主的乡村政权；（六）武装农民自卫。

对于毛泽东所提的要求，汪精卫并不直接回答，仍然是企图继续将责任推到共产党一边。他说中央知道21日晚所发生的事，是军队的错误居多，但同时农民协会也有错误。各位的请求，大略可以达到。讨伐许克祥一点，刚才在军事委员会已经说过，许克祥的长官是唐总指挥，现在唐总指挥已自请处分。但中央能原谅他，不下处分，仍责成他根据中央历次的训令同决议，全权办理此案，以谋一个根本的解决。

汪精卫虽说要谋认真解决，实现上只是敷衍共产党，而总的说来，国民党领导人汪精卫、谭延闿、唐生智等对马日事变是祖护、纵容的。但是在事变后，他们见共产党人纷纷加以指责，工农群众气愤难平，深恐工农群众在共产党组织下推翻湖南政权，而威胁武汉中央政权，所以认为眼下公开反共的时机还未成熟，必须在一定程度上暂时与共产党敷衍周旋。

当汪精卫集团日益反动的时候，共产国际和以陈独秀为首的中共中央仍然对汪精卫抱有幻想。为了维护国共两党的合作，稳定武汉国民政府的局势，中国共产党再次派人向国民党提出，两党领导人应立即举行谈判。6 月 4 日中共中央发表《中国共产党致中国国民党书》，指出湖南的事变这是明白的反革命行动，国民党的责任到此情形之下，非常明显，宜立即下令讨灭此少数叛徒，以维系最高权威，还是和他们妥协？国民党如果采取第二种办法，国民党的历史，国民党的主义，国民党的政纲，都将推翻，将在国民党政治的生命发生非常严重的影响。

中共并向国民党提出 6 项谈判条件：（一）国民政府明令宣布长沙叛徒许克祥等所组织之委员会系反革命，并令军队联合革命的民众共同推翻之。（二）解散叛徒的委员会另委合法的省政府。（三）火速派兵讨伐叛乱，与唐总指挥以派兵之权削平之。（四）取消叛徒窃据之省党部，另由国民党中央下令改选新省党部行使职权。（五）国民政府明令宣布工农组织及其共产党在湖南得享完全的自由。（六）武装农民以防御反革命叛乱之发生。

此时，中国共产党完全把希望寄托在国共两党的谈判上，寄托在国民党方面，说什么中国革命的将来，中国人民的命运，全靠贵党在此时期之坚决的行动，并错误地认为汪精卫、唐生智会同共产党一起，决心平叛，维护两党团结，把国民革命进行到底。而事实上却完全相反，在叛军压力和反共潮流的影响下，汪精卫等人的政治态度急剧右转，他们根本拒绝与共产党举行谈判，而且还派人前往湖南去慰问叛军，并大肆攻击中国共产党，压制工农运动。这样，国共两党完全失去谈判的基础，最后分裂就不可避免了。

6 月 28 日，在汪精卫、唐生智的背后指使和密令下，国民革命军第 35 军军长何键、第 8 军军长兼武汉卫戍司令李品仙分别在汉口、武昌逮捕共产党员及查封共产党机关，并将俄籍顾问集中看管准备遣送出境。与此同时，汪精卫、孙科等人连续发表文章，歪曲孙中山的三民主义和三大政策，为叛变革命做舆论准备。

与此同时，江西出现了朱培德"礼送"共产党员出境，并暗中屠杀共产党员的反共事件。共产党人向忠发以湖北省总工会的名义，要求汪精卫立刻严令朱军长立即恢复被驱逐革命民众团体，保护工农运动，并再次希望国共两党能够举行谈判，共商处理江西事变的办法。结果，共产党人的要求再次为汪精卫所断然拒绝，汪精卫已磨刀霍霍，准备向共产党人开刀了。

面对严重的局势，中共中央的决策却一再出现失误。6月28日，中共中央政治局召开紧急会议，为应对何键暴动，竟公开宣布解散工人纠察队。根据会议决定，湖北省总工会立即发布《湖北省总工会解散纠察队的布告》，企图以此换取汪精卫集团的信任，这种做法造成了革命队伍的混乱，助长了反革命的气焰。以陈独秀为代表的中共中央部分领导人，企图以让步来拉住汪精卫等人，事实证明这种做法是十分错误的。中国共产党内越来越多的有识之士强烈反对陈独秀的错误领导。7月12日，共产党中央改组，停止了陈独秀的领导职务。

7月13日，《中国共产党中央委员会对政局宣言》发表，严正宣布：鉴于武汉国民党中央已公开准备反革命政变，背叛孙中山的根本主义与政策，将使国民革命陷于澌灭，因此，中共中央决定撤回参加国民政府的共产党员。同时声明，中国共产党将不退出国民党，不抛弃与国民党合作的政策。共产党将继续支持反帝反封建的革命斗争，愿意同国民党革命分子继续合作。这里，中国共产党对国民党仍抱最后一线希望。但撤回国民政府中的中共党员这一点，表明国共两党已经完全对立，谈判是再也解决不了问题的。

7月14日晚，武汉中国国民党中央政治委员会主席团秘密会议，策划"分共"，兼有国民党党籍的共产党员都被排除不得出席。汪精卫立即实行"分共"的主张得以通过。同日，国民党左派的杰出代表宋庆龄发表声明，坚决抗议武汉国民党中央违反孙中山的革命原则和革命政策。

7月15日下午，汪精卫召开武汉中国国民党中央常务委员会扩大会，讨论和具体布置"分共"行动。汪精卫集团叛变后，中共中央于7月24日发出《中央对于武汉反动时局之通告》，强烈抗议七一五分共会议所做的决定。汪精卫集团的"和平分共"很快就发展到"武力清党"，针对共产党人的血腥屠杀随之展开。于是，代表中国人民解放事业的国共两党和各界人民的民族统一战线及其一切革命政策，就被国民党当局的叛卖性的反人民的"清党"政策和屠杀政策所破坏了。但是，面对国民党反动派的镇压和屠杀，中国共产党人并没有被吓倒，他们高举起革命大旗，拿起武器，走上了通过武装斗争来争取全国革命胜利的新道路。

# 第二章
# 为合作抗战的谈判

## 一、西安事变前国共双方的接触

九一八事变后，特别是随着日本侵略者不断向华北渗透，直接威胁到国民党政府的统治和美、英等国的在华利益，这使得以英、美为靠山的蒋介石政府不得不调整对日政策，开始秘密寻求与共产党合作抗日。在这种背景之下，双方之间开始秘密接触和谈判，先是国民党方面邓文仪在莫斯科先后与潘汉年、王明谈，后是周小舟奉命四下南京与曾养甫谈，再后是潘汉年与陈立夫在南京谈。虽然这时的接触是有限的，相互之间也没有达成什么具体协议，但是这种接触毕竟为第二次国共合作打开了一扇门。

### 1. 潘汉年、王明会见邓文仪于莫斯科

1927 年，大革命失败后，国共两党就断绝了来往。1931 年九一八事变，特别是随着日本对中国华北侵略的加深，从当时的国际、国内

环境来看，国民政府的压力是比较大的。对内，中共问题和国民党内部派系的斗争都比较的棘手；对外，日本企图灭亡中国的野心已经昭然若揭，中日之战已经不可避免，但是蒋介石清楚地知道仅凭国民党的力量是无法和日本帝国主义相抗衡的。在民族矛盾逐渐上升为主要矛盾的时候，蒋介石也只好顺应历史的潮流，开始密谋与中共洽谈，使之共同抗日。

但是对于蒋介石来说，从当时的条件来看，与共产党人谈判是带有一定的风险的。主要原因有二：其一，此时的国共之间还处于军事斗争的阶段，国民党军队正在奋力的"围剿"红军，如果谈判的消息传到军队中，难免会瓦解军心；其二，蒋介石一直期望延缓日本对中国发动全面进攻，如果与中共谈判的消息被日本人知道了，那么日军势必会加速侵华的脚步。在这种背景之下，国共双方的和谈注定是要在一种极为隐秘的方式下进行了。

当时的国共双方都还处于敌对交战的状态，因此双方想一下子重拾已经割断了近 10 年的联系还是非常困难的。所以，蒋介石转换了思维的角度，既然在国内联系不上共产党，那就到国外去找，而最有可能在国外找到中国共产党的国家就是苏联了。为此，蒋介石于 1935 年特地安排他的亲密侍从邓文仪去莫斯科，担任中国驻苏联大使馆武官，而邓文仪的实际任务则是与中共驻共产国际代表团建立联系，并最好能够与其领导达成和谈的初步条件。邓文仪是湖南醴陵人，黄埔军校第一期毕业生，曾经在莫斯科中山大学学习。上海四一二反革命政变后，追随蒋介石，先后担任蒋介石的随从参谋、书记、侍从秘书，是蒋介石值得信任的黄埔嫡系。

当然，蒋介石将这么重要的一件事情交给邓文仪来单独完成显然是不够放心的，因此，就在邓文仪被派往莫斯科不久后，蒋介石便安排他的得力干将——时任国民党中央常委、中央组织部长陈立夫和中央委员张冲一起秘密出使苏联。以陈立夫和蒋介石的叔侄关系以及其才智来看，陈立夫的确能够胜任这份重任，更何况还有张冲这位智囊帮助。但又因为陈立夫身处要职，平常自然是生活在政治舞台的中心人物，如果陈立夫离开中央时间过长，那么一定会引起其他人的注意，尤其是时刻关注国民党动静的日本特务们。为此陈、张二人除了用化名以遮人耳目外（陈立夫化名李荣清，张冲化名江帆南），陈立夫还特地在走之前写了十几封亲笔信，让他儿子每隔几天就从杭州向他的亲友寄出一封，以造成他在杭州养病的假象。

尽管陈立夫如此的掩饰自己的行踪，但是还是走漏了消息，日本特务真是无孔不入。在陈立夫走后没有多久，就有日本报纸登出了新闻，说"陈立夫去苏俄"，要重新"联俄联共"，借此向蒋介石施压。日本人的这一招使得蒋介石十分的被动，再加上莫斯科方面对于陈立夫等人秘密访问苏联一事也不是很积极的响应，因为苏联也怕日本人知道苏中两国联合后，日本会去进攻苏联，那么苏联就有可能面临两线作战的威胁。因此蒋介石再三考虑，还是决定让还没有到苏联的陈立夫、张冲立即回国。

虽然陈立夫、张冲的莫斯科之行不算成功，没能够和苏联方面有所接触，还被日本人发现了国民党有可能联合苏联对抗日本的意图。但是在另一方面的邓文仪却是在蒋介石的指示下有条不紊的积极与中共驻共产国际代表团取得联系。功夫不负有心人，在邓文仪的多方奔走后，邓终于通过胡秋原与王明取得了联系。

胡秋原，湖北黄陂人，早年曾经留学日本。九一八事变后主张抗日，福建事变后任福建人民政府文化部部长。事变失败后，奔赴欧洲，后经人介绍在莫斯科为《救国报》撰稿，由于他的特殊经历和身份，因而能够成为国共双方的牵线人。1936年1月10日左右，邓文仪拜访了胡秋原，向他说明了蒋介石想与中共合作共同抗日的主张，由于在国内很难找到共产党，而在莫斯科自己又无法直接与共产党人见面，因此想让胡能够从中给予一些帮助。对于邓的这种请求，胡秋原自然很是高兴地答应了，因为胡本人是十分支持国共之间能够早日停止内战、一致抗日的。

就在邓文仪拜访胡秋原的第二天，胡秋原便亲自赶往中共驻共产国际代表团住地，转达了邓文仪要求与共产党有关方面的领导人进行面谈的请求，由于顾及国共双方还处于战争状态，胡秋原表示双方会谈的地点可在胡的寓所中进行，胡起了谈判担保人的作用。在胡秋原告知中共代表团邓文仪的意图后，代表团经商议后决定先由原中华苏维埃共和国中央临时政府外交人民委员会副委员长潘汉年与邓展开初步会谈，先探探邓文仪的意图后再决定王明是否与邓进行谈判。

◎ 潘汉年

1936年1月13日晚，这是双方约定会谈的时间，邓文仪作为谈判的邀请方自然早早地来到了胡秋原的寓所，焦急地等待着潘汉年的到来。对于潘汉年，邓文仪是再也熟悉不过的，这位红军中的传奇人物出身于江苏宜兴，19岁就加入了中国共产党，1927年四一二反革命政变后，潘汉年由中共中央宣传部调入特科，从此以后中国大地上就出现了一位让国民党特务十分头疼、恨之入骨，让叛徒、汉奸闻风丧胆的"红色间谍"。纵览潘氏的一生，他总是能在危急的时刻圆满地完成党和组织交给他的任务，惩治叛徒、保卫中共中央首长、收集敌情、参加谈判，潘汉年都能够应付自如。面对这样一个老辣的谈判对手，邓文仪自然要小心对付了。就在邓文仪心思重重地回忆潘汉年的种种传奇经历时，潘汉年准时来到了胡秋原的寓所与邓文仪会面，这一次见面可以说是自 1927 年国共分裂后，两党高级代表的第一次接触与谈判。

潘汉年见到邓文仪后直接开门见山地问道：先生的这次举动，是仅仅代表个人呢，还是作为南京政府当局的正式代表？并继续追问邓，国民党与南京政府在全国同胞一再要求停止内战，一致抗日的今天到底有什么表示没有？邓文仪的回答也很谨慎，他表示这次来莫斯科前，蒋校长曾反复叮嘱，一定要找到王明先生，同他商讨两党彼此合作抗日的问题。因此，他可以代表蒋校长与你们谈判，当然，谈判过程中，有很多问题还要随时请示。

接着，邓文仪向潘汉年转达了蒋介石的苦衷与希望。即蒋介石认为日本给我们的时间已经不多了。现在要抗日，非首先集中 80 个师的人马不可，否则必受日本先发制人的危险，而现在这 80 个师人马却被红军牵制住了。现在国内只有国共两党两种武装力量，假如能够联合起来，像 1924 年的合作，一定有办法。可惜现在我们两党还没有找到联合的道路。邓文仪接着讲到我们与红军停战之日，即为与日本宣战之时。所以我希望能早与你们谈妥。

对于蒋介石将国民党推迟抗战的责任推卸到了红军身上的这种说法，潘汉年很是不高兴，但是为了圆满地完成谈判，潘汉年也没有与之争论，而是急切地问邓文仪：国民党与中共谈判，有什么条件？邓文仪表示蒋介石对于国共合作要解决两个主要的问题，即（一）统一指挥；（二）取得苏联援助。很显然，蒋介石是想将苏联的问题和中共问题联系起来解决，即要求中国共产党及其所领导的红军武装部队应该在蒋介石的统一指挥领导之下，同时希望利用中国共产党与苏联的特殊关系以尽快取得苏联的对华援助。

在听完邓文仪的讲述之后，潘汉年已经基本知道了邓文仪此次谈判的主要意图，为了推动谈判的进一步深入，同时也是显示中共方面对于谈判的态度如何。潘汉年向邓文仪表达了中国共产党关于建立抗日民族统一战线的真诚愿望。他表示：全国民众都知道，两党继续内战必将便利日本由北向南地并吞整个中国。红军是中国人民的军队，抗日救国是其一贯的主张，虽然我们过去政见不同，但遭受亡国之耻辱，我们大家是一样的。所以我们认为，在内政问题上的歧见，彼此可以暂时放在一边，首先来救国。

潘汉年为了使邓文仪进一步相信中共对于和谈的诚意，表示他可以代表中国苏维埃与红军的领袖朱、毛两同志和王明同志，向全体国民党员以及南京军队的全体将士宣布只要你们立即停止进攻红军，表示抗日，我们愿意与你们谈判合作抗日问题。

潘汉年接着询问了对于国共合作进行抗日所面临的问题，邓文仪向他简单介绍了三个比较棘手的问题：一是联合以后对日作战非统一指挥不可；二是我们现在子弹和粮饷都只够三个月的，如果打持久战，就非另想办法不可；三是外交方面我们对英美方面是有些办法的，但英美离中国太远，远水不救近火。无论如何没有苏联与我们那样方便。

对于邓文仪所说的那三方面的困难，潘汉年给予了积极正面的回答，在潘看来，如果国民党能够真心实意的抗日，那么这些问题都将不是很大的问题。总的来说，潘、邓之间的会谈还是在一种和谐、融洽的氛围下进行的，会谈结束时，邓文仪提出还是希望见一见王明，因为来莫时蒋先生特别叮嘱要我会见王明的。对于邓文仪的请求，中共代表团给予了积极响应，毕竟潘汉年已经对邓的谈判意图有所掌握，这也有利于接下来王明与邓文仪的谈判，于是，同月17日及22日，王明与邓文仪秘密进行了两次会晤。

1月17日，也就是在潘、邓会谈后的第四天，王明会见了邓文仪，开始进行正式的谈判。邓文仪见到王明后便以道歉的口吻说道：蒋介石先生过去对日本的侵略作了错误的估计，他原以为日本会首先进攻西方，以后事实证明，日本首要的目标是侵略中国，这都影响到国民党的内外政策。王明此时并不想翻旧账，因此对邓文仪表示过去的一切不必纠缠，关键是现在以及将来。

接着王明便询问邓蒋介石对于国共合作提出了什么具体的条件。邓回答，蒋先生的意思是：第一，关于政府问题，取消苏维埃政府，邀请所有苏维埃政府的领导人和工作人员参加南京政府的工作。第二，关于军队，红军应当改编为国民革命军，当然，红军不会接受南京政府的军事工作人员，但政府可以和红军交换他们的政工人员，政府派政工人员到红军中去，红军也可以派他们的政工人员到南京的军队里去，以表示相互间的信任与尊重。第三，关于党的问题，蒋先生考虑了两个办法，首先是恢复1924年至1927年的两党合作形式，其次是共产党独立存在。蒋先生知道红军没有军事装备和食品，南京政府可以提供一批军事装备和食品给红军。第四，关于防线问题，南京政府打算派一些军队和红军一起到内蒙参加抗日战争。因为南京政府的军队要用来保卫长江流域，因此它不能派更多的军队到其他地方去。针对邓文仪的讲话，王明提出了关于国共合作抗日的两个前提条件，即互相信任和停止内战。

王明和邓文仪的会谈持续了两个小时，其中，王、邓两人还就两个重要的问题展开了讨论：一是争取苏联援助问题。二是双方派代表回国内谈判问题。关于第一个问题，邓文仪是想让共产党帮助国民政府获取苏联的援助，而王明的答复是，你是外交官，应当自己去进行谈判，同时也希望你们继续与英美方面进行谈判。关于第二个问题，王明强调：关于这个问题，我们代表团已经讨论过，并且决定，第一，我们不在这里提出具体的建议，因为我们不能确切地了解国内战线的变化情况，红军的领导人在国内了解得具体得多，得由他们提出具体条件；第二，我们党无论什么时候是遵守党的章程的，要解决有关我们谈判的问题，需要政治局的大多数做出决定，而政治局的大多数并不在莫斯科，因此要提出具体的谈判条件，必须要根据苏区中央政治局的决定。因此，有关具体的谈判条件问题，你们必须同毛泽东和朱德他们去谈。最终，双方经过协商决定派代表回国内谈判，而南京政府则要保证中共方面代表的人身安全。

在潘、邓第一次会谈后的第二天，中共驻共产国际代表团讨论了王明与邓文仪的谈判，大多数同志对于国民党提出的四项条件持反对意见，认为王明在下次与邓文仪谈判时应该坚持以《八一宣言》中提出的"国防政府"和"抗日联军"为政治目标，代表团的这些意见可以说是给王明与邓文仪的第二次会谈定下了一个基调。

1月22日，王明和邓文仪举行了第二次谈判。在会谈过程中，王明向邓文仪再次强调了《八一宣言》中共产党的政治立场，并对国民党过分的要求给予了有力的回击。如王明对邓说道，只是对红军有害。比如政府，你们建议取消苏维埃政府；关于军队，你们建议改编红军；关于抗日战线，你们建议给最困难的内蒙的防线。邓对此也表示歉意。当谈判结束时，王明郑重地对邓文仪说：邓先生，我必须提醒你，红军的事必须在国内谈。如果蒋先生确有诚意的话，他应该派亲信大员到苏区去，见见朱德、毛泽东、王稼祥、张闻天等同志。我们这几天的会晤，只能算是开了个头。双方商定派潘汉年和邓文仪回国继续谈判，并拟于24日或25日由莫斯科启程。

对于邓文仪说过关于在国内难以找到共产党，进入苏区又怕得不到安全的保障，因此王明在次日交给了邓文仪三封亲笔信。这三封信是王明以中共驻共产国际代表的名义写给毛泽东、王稼祥、朱德的。信中，王简单地通报了与邓文仪的会谈情况，并介绍邓前往苏区，与中共中央协商国共合作抗日的具体办法。同时，潘汉年还受王明委托，以"中华苏维埃中央政府外交部副部长"的身份致信蒋介石，代表中华苏维埃政府主席毛泽东和红军总司令朱德，保证邓文仪进入苏区谈判时的人身安全。

此时此刻，潘、邓两人无不憧憬着能够尽快回到国内展开新一轮的谈判，为早日结束国内的内战局势和抗日救国贡献出自己的一份力量。尤其是邓文仪，此刻拿着王明和潘汉年给他的几封信更是觉得此行的收获颇丰，也没有辜负蒋校长对自己的厚望。虽然后来由于蒋介石的一封电报使得潘、邓无法同时回国，邓文仪不得不取消了前往苏区的计划，这也使得潘汉年不得不另寻他人作进一步的接触，但是不可否认邓文仪与王明、潘汉年在莫斯科会谈所具有的历史意义，这次谈判既打破了两党多年来互不交往的坚冰，也为国共两党之间在国内的正式谈判起了一个很好的推动作用。

## 2. 周小舟四下南京

蒋介石为了能够确保与中共领导人取得联系，以商讨国共合作、共同抗日之大计，除了在苏联试图与共产党人取得联系外，还在国内积极地寻找共产党人，蒋介石把这项任务交给了宋子文和刚从欧洲被蒋介石召回的陈立夫。

陈立夫领命之后，由于自己身份特殊，不便亲自出面来与共产党接触，便安排自己的得力干将铁道部次长曾养甫来办理，让他具体负责打通与国内共产党人的联系，最好能够与高层取得联系。曾养甫和陈立夫之间除了上下级这一层关系外，还兼有同学和朋友的关系。陈立夫和曾养甫既是天津北洋大学时的同班同学，也是留学美国匹兹堡大学时的同学，有了这两层关系，陈立夫自然对将这件重要的事情交给曾养甫来做十分的放心，当然他也会在暗中给予曾养甫必要的指示和帮助。

曾养甫深知这件事情责任重大，既要能够设法与国内的中共党员，最好是高层领导取得联系，又要在一种极为隐秘的方式下去寻找共产党。曾养甫虽然是国民党 CC 系的重要骨干，可是让他现在就给陈立夫找一个共产党员，确是一件比较困难的事情。就在他为这件事情愁苦之时，他想到了自己在北洋大学的另一位同班同学，当然也是陈立夫的同学谌小岑。谌小岑虽然和陈立夫、曾养甫是同窗好友，但是他的政治理念却和陈、曾二人有一定的分歧，谌小岑在五四时期曾是觉悟社社员，同周恩来、邓颖超相识。虽然他后来的实际工作已经和革命没有太多的联系，但是仍然同一些左派人士保持交往，和他经常联系的有进步历史学家翦伯赞、吕振羽等人。

所以当曾养甫请求谌小岑帮助他寻找国内的共产党人时，谌小岑第一个就想到了北平中国大学教授吕振羽，因为吕振羽是当时著名的马克思主义历史学家，有"红色教授"之称，因此谌小岑认为通过他一定可以接触到一些共产党人。事实也是这样，因为当时吕振羽的另一个身份是中共北平市委领导下的外围组织自由职业者大同盟书记，他虽然还没有在组织上加入中国共产党，但却早在思想上入了党，同时他所教过的学生有很多也加入了中国共产党，因此谌小岑找他算是找对人了。

时间不等人，谌小岑立即提笔给吕振羽写了一封带有隐语的信，谌在信中说：今年以来，东邻欺我太甚，惟有姜龚两府联姻方可以共御外侮而保家财。兄如有意作伐，希即命驾南来。这里的"姜府"指的是国民党方面，"龚府"自然指的是共产党方面，谌小岑的这封信就是希望共产党方面能够来南京与国民党和谈，双方合作抗日，共同保家卫国。

深谙考据的吕振羽自然看出了这封信的含义，吕振羽深知此事的重要性，立即去见中共北平市委宣传部长周小舟。周小舟看了这封信后立即与中共北平市委和北方局领导人进行商议和研究，最终决定由周小舟、吕振羽去南京同国民党方面进行谈判，这一工作由华北联络局直接领导，并报告陕北请中共中央核准。

1935 年 11 月底，吕振羽到达南京后的当晚，就由谌小岑陪同秘密的来到曾养甫的公寓，双方见面后互相寒暄了几句便进入正题。吕振羽反客为主，首先发问：曾先生，国共和谈是你自己的主张吗？曾养甫表示自己是秉承宋子文先生意旨办事的，并反问吕振羽能帮国民党找一个同共产党方面谈话的线索。为了掩饰自己的身份和进一步摸清楚国民党方面的意图，吕答不敢肯定，但有可能从学生或教授中找到。随后曾养甫还告知吕振羽国民党方面的谈判实际负责人乃是陈立夫和宋子文。这次谈判的时间比较的短暂，由于吕振羽的身份是第三方，因此双方的会谈并没有涉及一些实质问题。曾养甫告诉吕振羽国民党方面非常希望中共方面能够早日派正式代表来南京，希望吕能够为国共合作做出贡献。

对于曾养甫的请求，吕振羽也是十分的认同，因为他深知仅凭自己第三方的身份是无法推动谈判进一步发展的。因此，当吕振羽回到住处后，立即起草一封密信，向周小舟报告交涉经过，同时希望周小舟能够速来南京。周小舟在收到此信后急忙与中共中央北方局商议，组织上最后决定派周小舟火速去往南京，向吕振羽传达了中共中央北方局有关国共谈判的条件：第一，组织国防政府和抗日联军；第二，停止内战，一致抗日，停止进攻苏区，承认苏区的合法地位。

周小舟告知组织上决定留他在南京继续同中国国民党代表谈判，同时要求吕振羽在接下来与国民党方面的会谈时应该时刻以这两点为谈判的先决条件。随后，吕振羽便通知了谌小岑告知谈判线索已经找到，并想先与其见面。第二天清晨，谌小岑驱车前往吕振羽的住处见到了他和曾养甫苦苦寻找的中共方面的正式代表。此时的周小舟会见谌小岑并不是为了与其进行什么正式的会谈，而是为了稳住国民党方面，因为中共中央北方局还需要中共中央的指示，因此在指示未到达之前，中共方面不便派出正式的谈判代表。周小舟与谌小岑见上一面可以让国民党方面相信吕振羽能够找到中国共产党，以便吕振羽可以和国民党方面继续进行接触。

这次会面，周小舟希望谌小岑给国民党方面带话，强调国民党方面应首先做到以下四项：（一）立即发动抗日战争；（二）开放民主自

◎ 吕振羽

由；（三）释放政治犯；（四）恢复民众组织与活动，保护民众抗日爱国运动。针对周小舟提出的要求，国民党方面给予了回应，谌小岑根据陈立夫和曾养甫的意思拟定了一个意见书，要求共产党必须同意：（一）协助联苏；（二）红军改编，苏维埃改制；（三）帮助蒋先统一，后抗日。

国民党的这种无理要求自然受到了共产党方面的强烈反对，这一次周小舟只在南京待了两三天便动身返回北平，谈判也没有取得什么实质性的进展，但是双方之间总算是建立了联系，从此国共之间在国内就有了一条比较可靠的联系路径。在周小舟返回北平之后，吕振羽留在南京和曾养甫、谌小岑继续接触，在这期间，曾养甫提出了以下四项条件：（一）停止土地革命；（二）停止阶级斗争；（三）停止苏维埃运动；（四）放弃推翻国民党政府的武装暴动等活动。当然，曾养甫提出的这四项条件也遭到了吕振羽的强烈反对。

到了1936年3月底，周小舟第二次前往南京，这一次他向吕振羽传达了中共中央北方局针对国民党方面的四项条件提出的意见：（一）阶级斗争，是阶级社会全部历史过程的必然现象，谁也无法停止，只要中国国民党实施适合工农要求的适当政策，改善工农群众的生活，调整阶级关系，我们为战胜日寇，加强国内团结，将实行战时阶级休战。（二）中国国民党必须实行孙中山的"二五减租"政策，为了团结抗日，我们暂不没收地主土地。（三）中国国民党必须承认苏区的合法地位。（四）在组成国防政府的情况下，武装推翻国民政府问题将不存在。

这次来宁，周小舟还代表共产党方面对国民党提出了六项要求：

（一）开放抗日群众运动，给抗日爱国人民以集会、结社、言论、出版自由等抗日民主权利；（二）各党各派各阶层各军的代表联合组成国防政府和抗日联军；（三）释放一切抗日爱国政治犯；（四）改善工农群众的生活；（五）停止内战、一致抗日，停止进攻苏区，承认苏区的合法地位；（六）划定地区给南方各省游击队集中训练，待机出发抗日。除了带来四项意见、六项要求外，周小舟还带来了由毛泽东、朱德、周恩来署名写给宋子文、孙科、冯玉祥、程潜、曾养甫等人的信件，由林伯渠署名写给覃振的信件，每封信均附有中国共产党的《八一宣言》。

周小舟带来的这些信使得国民党方面大大地增强了对周小舟、吕振羽的信任感，因此国民党方面商议决定正式向中共代表提出四项条件作进一步谈判的基础。这四项条件是：（一）停战自属目前迫切之要求，最好陕北红军经宁夏趋察绥外蒙之边境。其他游击队，则交由国民革命军改编。（二）国防政府应就现国民政府改组，加入抗日分子，肃清汉奸。（三）对日实行宣战时，全国武装抗日队伍自当统一编制。（四）希望共产党的领袖来京共负政治之责任，并促进联俄。

针对共产党方面提出的六项要求，曾养甫无法给出具体的答复，只能向他的上司陈立夫请示。5月中旬，陈立夫在曾养甫的家中口授了四项办法，回答中国共产党方面提出的六项要求。四项办法由谌小岑记录下来，请吕振羽转交共产党方面的代表，其中"K方"代表国民党，"C方"代表共产党，其大意是：（一）K方欢迎C方的武装队伍参加对日作战；（二）C方武装队伍参加对日作战时，与中央军同等待遇；（三）C方如遇有政治上的意见，可通过即将成立的民意机关提出，供中央采择；（四）C方可选择一地区实验其政治经济理想。这四项方案提出后，由谌小岑出面托上海方面去人到陕北转交中共的主要领导。

有了前两次的联系，国共两党尤其是国民党方面迫切希望共产党能够正式派代表来谈，而不是让中间人在其中作传声筒的作用。这样便促成了周小舟第三次来南京，这一次周小舟由幕后走向了台前，以中共正式代表身份与曾养甫进行会谈，地点就在铁道部二楼曾养甫的办公室。谈判时，吕振羽和谌小岑也在座。这次谈判，周小舟根据中共北方局的指示，正式向国民党方面提出：

　　　一、为求中华民族之生存，C方（指中共方面）确认：立即发动抗日战争保卫中国华北、内蒙，收复东北失地；联合一切愿意抗日的党派及人民，共同奋斗，严厉制裁汉奸；保障人民民主权利并释放一切政治犯；与日本断绝交涉，并废除损害中国领土主权的条约，实行联合苏联及一致反日的外交。二、在K方（指中国国民党方面）承认并确行第一条各项政策时，C方放弃敌对K方的行动，K方停止围剿与封锁红军和苏区。三、C方确认抗日战争需要有统一的领导与指挥，C方提议在最近期间召集全国各党及人民团体（不论已立案否）共同讨论具体实现抗日联合战线之一切问题，例如国防政府与抗日联军的名称，红军及一切抗日部队当然要服从这个政府的指挥。在K方决行第一条各项政策时，C方赞成K方在国防政府及抗日联军中占指导地位。四、C方在今天无意考虑取消苏维埃组织及红军之提议，C方也不要求K方及愿意抗日的其他各派变更原有的政治军事地位。但在将来，根据抗日战争的需要，C方赞成全中国真正民主的统一。

　　应该指出，中共北方局这次提出的要求相对于以往来说是做了比较大的让步的，对于一些非原则性的问题，采取了比较灵活的做法。中共方面为了显示出和谈的诚意与决心，不仅仅表示可以改变"国防政府"和"抗日联军"的外在形式，而且暗示必要时可以放弃苏维埃与红军之形式，也承认国民党在国防政府及抗日联军中的领导地位，可谓是去其名而求其实。

从表面上看这次会谈大有进展，双方在国防政府、国防联军、释放政治犯诸方面都交换了意见并趋向于达成共识，唯独在共产党是否放弃共产主义革命这一问题上发生了比较大的争执。虽然双方之间还存在一定的矛盾，但是经过协商还是达成了一份"谈话记录草案"，主要有三项基本原则：一、全国统一；二、共同抗日；三、以国民党为主导力量等。根据这个原则，谌小岑进一步起草了一份正式的协定条款，其内容如下：

一、K方为集中民族革命力量，要求集合愿意参加民族革命之一切武装力量，不论党派，在同一目的下，实现指挥与编制之统一。

二、C方如同意K方之主张，应于此时放弃过去政治上一切足以引起国内阶级纠纷之活动，K方可承认苏维埃主要区域在民主政府指挥下作为特别实验区。

三、K方在C方承认全国武装队伍统一指挥统一编制的原则时，即行停止围剿，并商定其武装队伍之驻扎区域，予以其他国军同等之待遇。

四、K方在C方决意接受K方之上述军事政治主张之原则下，执行抗日民族革命之民主自由，但其限度以不反党国为原则；红军之驻扎区域采商定方式，依双方同意而决定；苏维埃政权取消系指苏维埃独立于中央政府而言，其他地方组织形式可适当保留；C方之表示与K方所负之义务应在同时实行，其实现方式由双方协议后实行之。

谌小岑起草的这份协定草案相对于前面的"谈话记录草案"来

看，国民党方面是作了一些让步的，但这只是谌小岑的一相情愿，当陈立夫看到谌小岑起草的这份协定草案后很是不高兴，亲自对第二和第四条做了修改，并于 7 月 4 日交给了中共代表：二、C 方如同意 K 方上述之主张，应于此时放弃过去政治主张，并以其政治军事全部力量置于统一指挥之下；四、K 方在 C 方决意放弃苏维埃政权的条件下，即以 K 方为主体，基于民主的原则，改善现政治机构，集中全国人才，充实政府力量，以担负民族革命之任务。

陈立夫修改后的草案由谌小岑出面交与周小舟、张子华二人，希望他们能够转交中共中央，但由于各种原因，这份草案直到 8 月下旬中共中央才见到，因此对于接下来国共双方的谈判并没有产生比较大的影响。后来由于两广事变结束后，蒋介石需要在广州安插亲信，所以临时安排曾养甫担任广州市市长，这就使得由曾养甫具体负责的南京方面的谈判不得不到此结束。但是曾养甫还是很想完成陈立夫交给他的任务，因此交代谌小岑要联系一下吕振羽问问他愿不愿意去广州继续参加谈判，同时还交给吕振羽一份密码本，告诉其可以以后直接由武汉电台联系延安电台，吕振羽立即将此情况报告给了周小舟和王世英。

周小舟得到此消息后，于 1936 年 8 月第四次来到了南京，告诉吕振羽他将回陕北向中共中央报告工作情况，吕振羽则向周小舟汇报了这段时间与国民党方面的谈判情况，并将有关文件和国民党方面交给他的密码本交给了周小舟。到了 10 月，中共北方局方面接收到了中共中央的通知，要求以后南京方面的谈判统归于中央，因此周小舟、吕振羽与南京方面的谈判也就只能告一段落了。虽然这一次双方之间没有达成什么具体的协议，但是双方经过这几次的交往，增强了相互之间的理解，沟通了思想，也为接下来陈立夫与潘汉年的谈判打下了坚实的基础。

### 3. 潘汉年与陈立夫在南京谈判

1936 年 5 月，潘汉年终于从莫斯科转道来到了香港，到港后的潘汉年立马向陈立夫发出电报请他派人来香港接他去南京与国民党进行谈判。陈立夫很快便派张冲到香港安排潘汉年去南京。到了 7 月份，潘汉年与张冲来到了南京并且会见了曾养甫。由于陈立夫非常重视中共方面代表的权威性，因此要求潘汉年最好获得了中共中央全权代表的资格后方可与其进行深层次的谈判。潘汉年正好也希望能够去陕北向中共中央汇报邓文仪与王明在莫斯科谈判的情况，同时请示接下来与国民党会谈应该注意的方向与策略。潘汉年到达陕北后，中共中央在听取了潘汉年汇报工作情况之后，立即召开了中共中央政治局会议，会议决定给南京当局回复一封密信，并且还决定发表一封致国民党的公开信，即《中国共产党致国民党书》。

会后，中共中央任命潘汉年为新成立的中共上海办事处主任及进行国共谈判的中共方面联络代表，给予全权处理国共谈判的资格，待潘汉年与国民党方面达成初步协议后，方可派周恩来为代表前往南京作进一步的谈判。在潘汉年前往南京之前，周恩来还特地给陈立夫、陈果夫写了信，要求潘汉年务必将此信带给他们兄弟二人。同时潘汉年还带了中共中央 9 月起草的《国共两党抗日救国协定草案》，该草案将是潘汉年参加谈判时的依据所在，主要内容如下：

（一）中国国民党中央执行委员会、中国共产党中央委员会，鉴于日本帝国主义者对于中国侵略之有加无减，危害中国领土主权之保全与民族之生存，一致认为惟专两党合作并唤起民众，联合全区各党派各界，联合世界上以平等待我之民族与国家，实行对日武装抗战，方能达到驱逐日本帝国主义，保卫与恢复中国领土主权，争取国家独立与民族生存之目的。因此，双方派遣全权代表举行谈判，订立此抗日救国协定。

（二）双方共同承认互矢最大之诚信与决心，一致努力于下列之伟大的政治任务：实行对日武装抗战，保卫与恢复全中国之领土与主权；实现全国各党各派各界各军之抗日救国联合战线；实现依据民主纲领而建立的中华民主共和国。

（三）为力求以上政治任务之完成起见，双方同意实行各项必要的步骤与方法：（略）

（四）双方共同承认，为完善地执行本协定起见，两党中央各派出同数之代表组织混合委员会，作为经常接洽与讨论之机关。

（五）双方互相承认，两党应忠实地执行本协定所规定之一切原则与事项，但同时双方均保持其政治上与组织上之独立性。

（六）在本协定的原则下，双方得订立关于许多个别问题之协定。

（七）本协定在双方代表签字互换后发生效力。

（八）本协定之修改须得双方同意。


11月10日，经张冲安排，潘汉年和陈立夫在上海沧州饭店举行会谈。会谈之前，潘汉年将周恩来写给陈立夫、陈果夫的信亲手交给了陈立夫。随后潘汉年口头阐述了中国共产党在《国共两党抗日救国协定草案》中提出的八项条件。

陈立夫听完潘汉年的陈述后，也向潘汉年转达了蒋介石的意见：第一，既愿开诚合作，就不好有任何条件；第二，对立的政权与军队必须取消；第三，目前可保留3万人之军队，师长以上领袖一律解职出洋，半年后召回按才录用，党内与政府干部可按才适当分配南京政府各机关服务；第四，如军队能如此解决，则你们所提政治上各点都好办。听完陈立夫的讲述之后，潘汉年微怒道：这是蒋先生站在"剿共"立场的收编条例，不能说是抗日合作的谈判条件。这与当初邓文仪在俄活动，曾养甫派人去苏区，所谈均非收编，而是合作，蒋先生为甚目前有如此设想，大概误会了红军已到无能为力的时候。面对潘汉年的指责，陈立夫强调蒋介石的中心意旨是必须先解决军事，其他一切都好办。他对潘汉年强调我都非军事当局，从旁谈判也无结果，可否请周恩来出来一次，蒋介石愿意和他谈判。面对陈立夫的请求，潘汉年明确答复：停战问题不解决，周恩来是不会出来的。这一次双方在停战与和谈问题上没有达成一致的见解，因此这次谈判只能作罢，但是并不意味着陈立夫与潘汉年的谈判就此结束了，双方都未完成上面交代的任务，因此只能展开第二次的谈判。

11月19日，陈、潘二人再次在南京举行会谈。陈立夫向潘汉年表示蒋介石坚持原来所提各点，无让步可能。并要求潘汉年把上次会谈时他转达的蒋介石意见电告中共中央。同时以威胁的口吻说：日、德两国已签订反共协定，他们正在拉蒋先生加入反苏战线，说不定中苏关系可一变而为恶劣，那时对红军岂不更糟糕。潘汉年见陈态度专横，指出：联俄是我们对中国抗日反帝的主张及认为中国可以抗战的唯一出路，如蒋先生要加入反苏阵线，当无抗日之可言，则我们所谈均属无谓。陈立夫则又表示：我们当不希望中国加入反苏阵线，正因此希望红军方面能为民族国家捐除成见。

随后，潘汉年将中国共产党起草的《国共两党抗日救国协定草案》交给陈立夫，并告知：这是我党对民族国家最负责最尽职的意见，供两党合作之参考。潘汉年知道此次陈立夫的态度与上次谈判时并无二样，因此起身告辞道：蒋先生既然要加入反苏战线，就不会抗日，那我们今天的谈判也就不需要了。当晚10点，张冲去看望潘汉年，向其透露：陈立夫是很想尽快达成国共和谈的，希望双方继续努力，同时希望潘汉年能够将蒋介石的意见电告陕北中共中央，如果周恩来能与蒋面谈，条件还可斟酌。张冲还向潘汉年表示他本人也希望双方之间的谈判能够继续进行，不宜停止。

◎ 陈立夫

但是，潘、陈之间的谈判还是不欢而散。国民党方面会突然转变谈判的态度主要是由当时的国内情况而决定的：九、十月间，"两广事变"失败，蒋介石认为他的后顾之忧已经消除，又可以集中主要的军事力量对付共产党及其领导的红军了，因此想在谈判桌上尽量压低谈判的条件，想以胜利者的姿态与共产党订立"城下之盟"。

　　面对国民党强硬、骄横的态度，中共中央态度鲜明，断然拒绝蒋介石的无理要求。中共中央在收到潘汉年11月21日的电报后，于12月又复电潘汉年，明确地指出：红军仅可在抗日救亡前提下，承认改换抗日番号，划定抗日防线，服从抗日指挥，红军不能减少一兵一卒，并须在抗日战争中扩充。彼方如有诚意，须立即停战，并退出苏区以外，静待谈判结果，绝对不做无原则让步。共产党方面虽然多次做出让步，但双方仍然难以在核心问题上取得共识，因此中共中央再次电告潘汉年，明确表示：国共十年对立，今求联合，完全是也只能为了对日抗战、挽救中国于危亡地位，在当前尤为保卫华北与西北，抗拒日寇进攻而有停止内战共同救国之迫切需要。彼方之同意谈判，其出发点当亦不能外此。然如皓电所言，殊不见有任何之诚意，无诚意则失去谈判基础，只好停止以待他日。中共中央的态度鲜明，要求潘汉年在与国民党谈判时对于原则性的问题应该寸步不让，但也没有必要与国民党方面撕破脸皮，和谈的大门依然可以为国民党方面打开。

　　耗时一年的国共秘密谈判并没有取得实质性的进展，双方之间在一些关键性的问题上还是存在比较大的差异，但是通过这一年断断续续的谈判，双方之间毕竟加强了沟通和接触，也为接下来西安事变的和平解决和国共两党高层代表的正式谈判创造了有利条件。

# 二、围绕停止国共内战的谈判

西安事变发生后，在国民党方面以宋美龄、宋子文为首的亲英美派主张派代表去西安进行谈判，和平解决西安事变；共产党方面则摒弃前嫌，为早日促成国共合作而奔走呼号，双方经过多次的谈判和协商之后，终于握手言和，为实现国共第二次合作打下了基础，成了时局转换的枢纽。不久，中共向国民党五届三中全会提出五项要求和四项保证，以示合作诚意。在西湖，蒋介石与周恩来进行了谈判，并对周恩来作出了承诺与保证。

## 1. 西安事变中的谈判

自陈立夫与潘汉年在南京的谈判陷入僵局之后，国共之间和谈的大门虽未完全关闭，但也已经是互不往来了。蒋介石在解决了两广事变后，决定先集中军事力量解决陕北的红军。而此时正在担负"围剿"红军任务的正是张学良的东北军和杨虎城的西北军，张、杨二人本不是蒋介石的嫡系部队，在西北与红军交战又屡吃败仗，二人对于蒋介石的"攘外必先安内"政策早已是非常的反感，因此二人迫切希望国民党能够早日与共产党和谈以共同抗日。

由于有了上面的几层原因，使得张、杨二人在执行蒋介石的"剿共"政策时显得有些消极怠工，这使得蒋介石大为恼火，亲自赴西安进行督战。张、杨二人认为机会难得，可以当面向蒋介石说明情况，

◎ 西安事变中的张学良和杨虎城

陈述现如今中国国民党必须停止"围剿"红军，与其合作，共同抗击日本的侵略。但是蒋介石却不为所动，斥责他们消极"剿共"的行为。

张学良见蒋介石依然不放弃"剿共"的主张，采取了更为激烈的做法——"哭谏"。张学良向蒋介石当面痛哭陈词，其大意是如今国共合作已是大势所趋，无论是国民党地方实力派还是中央黄埔嫡系，许多都赞成国共合作。面对张学良的哭诉，蒋介石气急败坏地说：即使你用手枪把我打死，我的剿共政策也不会改变。在经过几次的进言之后，张、杨二人见蒋介石是不会改变其"剿共"政策，决定以"兵谏"的方式把蒋软禁起来，进而进一步劝蒋，希望其能回心转意，于是在1936年12月12日便发生了震惊中外的西安事变。

事变发生后，国民党内部乱作一团。迅速的分成了主战和主和两派，主和派是以冯玉祥、孙科、宋美龄等为首，主张以蒋介石的性命安危为重，速派代表前往西安进行谈判；主战派则以何应钦、戴季陶为首，主张立即对西安方面用兵，用武力解决西安事变。在宋美龄、宋子文、孔祥熙等人的努力下，主和派暂时占了上风，但是由于主战派握有军事大权，因此主和派必须尽快与西安方面达成协议，这样才能避免双方进行大规模的交战，也可保蒋介石的安全。

陈立夫立即约见了中共谈判代表潘汉年，希望中共方面能够为和平解决西安事变贡献积极的力量。此时中共方面经过讨论，确定了和平解决西安事变的方针。并应张学良、杨虎城之邀，于12月14日派出以周恩来为首，博古、叶剑英等参加的中共代表团赶赴西安，参加谈判。12 月 21 日，中共中央书记处再电周恩来，正式委他以"共产党代表资格"，同蒋介石、宋子文谈判，并告之斗争策略与谈判条件。

电文中指出周恩来在与国民党方面谈判时应该注意以下六点：第一，南京政府中增加几位抗日运动之领袖人物，排除亲日派，实行初步改组。第二，取消何应钦等之权力，停止讨伐，讨伐军退出陕甘，承认西安之抗日军。第三，保障民主权利。第四，停止"剿共"政策并与红军联合抗日。第五，与同情中国抗日运动之国家建立合作关系。第六，在上述条件有相当保证时，恢复蒋介石之自由，并在上述条件下赞助中国统一，一致对日。电报最后要周以"共产党代表资格"，公开与蒋介石、陈诚、宋子文等谈判调停。这个电报的基本精神是主张争取与蒋介石、陈诚等人进行认真的谈判。

共产党方面能够不计前嫌的参与到解决西安事变中来，受到了张、杨二人和国民党主和派的积极响应。12 月 22 日，张学良把周恩来引见给宋美龄，他们的会晤持续了两个小时之久。周恩来一再向宋美龄表示：在中国的目前阶段，除了蒋介石之外，别人谁也没有资格成为国家领袖。周恩来继续向宋美龄表示：我们不是说委员长不抗日，我们只是说他在抗日的问题上态度不够明确，行动不够迅速。他向宋美龄保证，西安领导人以最充分的敬意留住蒋介石，他对蒋介石不愿意与他们讨论国策问题感到遗憾。这次会谈的结果是周恩来答应宋美龄会劝说杨虎城及早释放蒋介石。

12 月 23 日，国共两党四方代表在张公馆西楼开始谈判，讨论释放蒋介石条件。宋子文代表南京方面，张学良、杨虎城、周恩来代表西安"三位一体"（红军、东北军和西北军为抵制国民党中央军来犯西安，已经初步达成一致协议，三方共同防御中央军的进攻，以保证西安事变能够和平圆满地解决）。

谈判开始后，周恩来提出中共及红军的主张：（一）停战，撤兵至潼关外。（二）改组南京政府，排逐亲日派，加入抗日分子。（三）释放政治犯，保证民主权利。（四）停止"剿共"，联合红军抗日，共产党公开活动。（红军保存独立组织领导，在召开民主国会前，苏区仍旧，名称可加上抗日或救国）。（五）召开各党各派各界各军救国会议。（六）与同情抗日国家合作。宋子文表示共产党提出的这些主张会转告给蒋介石，但最终决定还需蒋介石定夺。

12月24日上午，国共两党四方代表继续谈判，宋美龄也在场。经过反复磋商，达成九项协议：（一）由孔祥熙、宋子文组织行政院，宋负责组织满人意的政府，肃清亲日派。（二）中央军全部撤离西北，由二宋负责；蒋鼎文即携蒋手令赴南京，下令停战撤兵。（三）蒋回南京后释放"七君子"，西安方面可先发消息。（四）目前苏维埃、红军名称照旧。由宋氏兄妹担保蒋确要停止"剿共"，并经张学良之手负责接济红军。抗战开始后，红军改番号，统一指挥，联合行动。（五）宋表示先开中国国民党中央全会，开放政权；再召开各派救国会议；蒋表示3个月后改组中国国民党。（六）分批释放一切政治犯，具体办法与宋美龄商定。（七）抗战开始后，共产党公开活动。（八）外交政策：联俄并与英、美、法联络。（九）蒋回南京后发通电自责，辞去行政院长职务。这九条，基本上同意了张、杨的八项主张，也承认了共产党、红军和苏区的合法地位。这样，国共双方就"停止内战、共同抗日"这一事关国家民族生死存亡的根本问题，初步达成了一致意见。

随后蒋介石也当面对张学良做出了承诺：同意中央军撤出西北，释放"七君子"，联红容共，联俄及英、美，改组国民政府，由孔祥熙、宋子文分任行政院正副院长并与张学良商定名单，改组国民党，令何应钦出洋。这表明，蒋介石已基本同意了张、杨的八项主张和三方谈判中提出的六项要求，也就意味着离国共之间第二次合作不远了。当天晚上，周恩来在宋氏兄妹及张学良的陪同下会见了蒋介石。这一次的会见可以说是两党自第一次国共合作破裂之后的首次最高领导人之间的会见，虽然时机有些仓促，但是其意义却是重大的，毕竟两党之间的最高领导人能够面对面地坐下来谈判已属不易。

周恩来向蒋介石表示：目前时局，非抗日无以图存，非团结无以救国，坚持内战，自速其亡。希望蒋介石能够改变其"攘外必先安内"的政策，共产党人愿意在蒋介石的领导下共同抗击日军，拯救中华民族于水火之中。蒋介石听了周恩来的陈述之后，较为感慨，当面向周恩来表明三点：（一）停止"剿共"，联红抗日，统一中国，受他指挥：（二）由宋氏兄妹与张学良全权代表他与周解决一切（谈判中所商诸项）；（三）蒋回南京后，周可直接去谈判。

在双方达成了初步协定之后，放蒋回南京已是时间问题。这时候，张学良担心夜长梦多，防止蒋介石在西安遭受不测，因此想急于放蒋回南京。12月25日下午，张学良在没有事先告知周恩来的情况下，与杨携蒋介石夫妇乘车直驱机场。张学良执意要陪同蒋介石一起去南京谢罪，在登机之前，张学良写了一封手令交与杨虎城，其大意是张走后，东北军由于学忠统率，听从杨虎城指挥。然而，张学良万万没有想到的是，到达南京后，蒋介石出尔反尔，将张学良扣押起来，而且这一扣就是几十年。随着蒋介石安全的返回南京，西安事变历时14天终于得到了和平解决。该事件的和平解决是在多方的努力之下取得成功的，这其中既有中共中央的正确决策和周恩来等人的不懈努力，又有张学良、杨虎城二位爱国将军的深明大义，实则是功不可没。同时不可否认国民党内部的主和派在这次事变中也贡献出了积极的力量，如宋氏兄妹、孔祥熙等。

西安事变的和平解决使得国共双方基本结束了长达十年的内战，成为扭转时局的关键，是中国由内战走向合作抗战的转折点，为争取全国抗日战争的胜利铺平了道路，在国共两党关系史上占有极为重要的地位。

## 2. 围绕国民党五届三中全会的谈判

西安事变后，蒋介石为表明西安事变的责任，特呈请辞去行政院院长及军事委员会委员长的职务，经国民政府与国民党中央常务委员会加以慰留，但给假一月借资疗养。于是蒋委员长以休假为名，养伤为实（曾在西安事变中跌伤了腰椎），回到了浙江溪口老家养病去了。蒋介石其实是以退为进，在背后继续掌控局势，这一招他已是屡试不爽。为了履行他在西安事变中的口头诺言，蒋介石下令国民党中央军停止进攻陕甘宁边区，撤销了设在西安的西北"剿总"司令部，改设军事委员会委员长西北行营，任命顾祝同为行营主任。

西安事变之后，中共对于国共双方即将展开的谈判很是积极，主动撤退了部署在陕南的军队。1937年2月4日，毛泽东致电潘汉年，要求其邀请张冲来延安商谈国共合作的问题。蒋介石听到此消息后，于第二天便做出反应，表示欢迎周恩来于国民党五届三中全会前来杭州会谈。可是过了三天，他又改变主意，指示任西北行营主任的顾祝同到达西安后先与周恩来进行会谈。蒋介石生怕顾祝同不是周恩来的对手，因此授予顾祝同锦囊妙计：对恩来除多说旧感情以外，可以派亲信者间接问其就抚后之最低限度之方式，与切实统一之办法如何，我方最要注意之点，不在形式之统一，而在精神之统一。一国之中，决不能有性质与精神不同之军队也。简言之，要其共同实行三民主义，不做赤化宣传工作。若此点同意，则其他当易商量。由此开始，双方在西安展开了为期一个多月拉锯战式的谈判。

2月10日，中国共产党致电即将召开的国民党五届三中全会，提出实现国共合作抗日的五项要求和四项保证。其电文主要内容为：

> 此日寇猖狂，中华民族存亡千钧一发之际，本党深望贵党三中全会，本此精神，将下列各项定为国策：（一）停止一切内战，集中

国力，一致对外；（二）保障言论、集会、结社之自由，释放一切政治犯；（三）召集各党各派各界各军的代表会议，集中全国人才，共同救国；（四）迅速完成对日抗战之一切准备工作；（五）改善人民的生活。

中共中央的电报接着说：

> 如贵党三中全会果能毅然决然确定此国策，则本党为着表示团结御侮之诚意。愿给贵党三中全会以如下之保证：（一）在全国范围内停止推翻国民党政府之武装暴动方针；（二）苏维埃政府改名为中华民国特区政府，红军改名为国民革命军，直接受南京中央政府与军事委员会之指导；（三）在特区政府区域内，实施普选的彻底的民主制度；（四）停止没收地主土地之政策，坚决执行抗日民族统一战线之共同纲领。

中共提出的这五项要求和四项保证可以说是符合当前国内外政治局势发展的，不仅受到全国各界群众的热烈响应，也得到了国民党内部民主派的赞成。当然，我们必须看到，虽然中共在四项保证中对国民党方面做出了比较大的让步，但是在一些原则性问题上共产党并没有做出让步，即中共对红军和革命根据地保持绝对的领导权。正如毛泽东在政治局讨论致三中全会电时说：此电发表，各方面看法是不同的：托派必说我们投降，左派怕我们上当。然而在政治上是可以说明的，是可以表示我们真正抗日团结御侮决心的。

1937 年 2 月 15 日至 22 日，国民党五届三中全会在南京举行。参加会议的有国民党中央执行委员、候补中央执行委员、中央监察委员、候补中央监察委员等共 175 人。蒋介石、汪精卫、冯玉祥、于右任、孙科、邹鲁等 9 人被推举组成主席团，叶楚伧为会议秘书长。会议期间，国民党内部的民主派和亲日派展开了激烈的交锋，双方在抗日还是"剿共"问题上进行争论。宋庆龄、何香凝、冯玉祥等提出了"恢复孙中山先生手定联俄、容共、扶助农工三大政策"案；李宗仁等9人提出了关于"迅速组织民众、训练民众、武装民众以为抗战总动员之基础"的提案。而以汪精卫为首的亲日派则提出了"剿共"的政治决议草案，该草案一经提出便受到了许多国民党元老的批评与指责，认为汪的提案使得国民党在国人面前威信扫地，反而会助长日本侵略者的侵华气焰。

经过一个星期左右的激烈争论，国民党五届三中全会最终否定了汪精卫企图继续推行"剿共"的反动议案，通过了《关于根绝赤祸之决议案》和《促进救国大计案》等，在国民党五届三中全会通过的这些议案中虽然在多处对中国共产党进行了污蔑和诽谤，但是却没有拒绝中共提出的国共合作、共同抗日的要求。

其中的《关于根绝赤祸之决议案》提出了"四项最低限度之办法"，即"彻底取消红军"、"彻底取消所谓'苏维埃政府'"、"根本停止其赤化宣传"、"根本停止其阶级斗争"，仔细看来，该决议中提出的"四项最低限度之办法"其实是与共产党方面提出的四项保证基本符合的。在《促进救国大计案》、《迅速组织民众、训练民众、武装民众以为抗战总动员之基础案》等议案中，提出了努力收复失地；采取积极外交；集中全国人才，严惩失职；策划开办基本工业；厉行议而必决、决而必行之精神等五项救国大计。首次提出"武装全国民众"、"共赴国难"、"集中全民力量于抗日战争"等符合民意的提法。

从国民党五届三中全会通过的这些议案中，可以看出国民党在对内对外政策上面是做出了比较积极地调整的。对内方面：基本确立了停止内战和国共合作的原则，表示要相当大的扩大民主，修改选举法。并发表了关于言论、出版的自由，集中人才、释放政治犯的声明。对外方面：国民党表示了准备抗战的决心，认为如果让步超出限度，只有出于抗战之一途。

国民党五届三中全会可以说是国民党对内、对外政策的一座分水岭，是国民党内战独裁和"攘外必先安内"政策向着和平民主和国共合作、共同抗日方向转化的开始。会后不久，中国共产党方面对国民党这次中央全会做出了积极的、恰如其分的评价：国民党三中全会是一个有重大意义的会议。虽然三中全会的宣言和决议，没有明确性和具体性，没有坚定的方针，没有批评自己过去的政策的错误，有许多非常含混的语句，但无论如何它是表示国民党政策开始转变。中共方面的反应不仅仅体现在对国民党五届三中全会的评价上面，更是具体的体现在正在西安谈判的中共代表所做出的让步上面。

在周恩来与顾祝同开始谈判之后，双方通过短时间的协商，很快就谈判的基本原则达成了一份协议草案，主要内容为：（一）共产党承认国民党在全国的领导地位，停止武装行动及没收土地政策，坚决实行御侮救亡的统一纲领，国民政府允许分期释放在狱共产党，不再逮捕和破坏，并容许共产党在适当时期公开；（二）苏维埃制度取消，现时苏区政府改为中华民国特区政府，直受国民政府指导，实施普选制，特区内行政人员由地方选举，中央任命；（三）红军改编为国民革命军，接受国民政府军事委员会与蒋之统一指挥和领导，其人员编制饷额补充同国军待遇，其领导人员由中央及军委会任命，其政训工作人员自任，但中央派少数人员联络，其他各边区赤色游击队改为地方团队；（四）共产党派代表参加国民会议，军队得派代表参加国防会议；（五）希望国民党三中全会关于和平统一、团结御侮、容许民主自由、改善人民生活，有进一步的主张和表示。

双方虽然很快就签订了这份协议草案，但是在讨论到具体问题时又陷入了纠缠之中。顾祝同在谈判过程中坚持执行蒋介石收编红军的立场，使得谈判进行得非常的缓慢。由于国民党方面的条件过于苛刻，而且这涉及红军的独立问题，所以周恩来态度比较强硬，甚至表示将要搁浅谈判。但是考虑到国民党在刚结束的五届三中全会中的积极态度，周恩来重新提出了谈判方案，对国民党做了尽可能的让步，努力促成这次谈判的成功。

新方案的主要内容为：（一）可以服从三民主义，但绝不放弃共产主义信仰；（二）承认国民党在全国领导，但绝不可能取消共产党；（三）红军改编后人数可让步至六七万，编制可改为四个师；（四）红军改编后，施行统一的政训纲领；（五）苏区改成特别区后，俟共产党在非苏区公开后，国民党亦得在特别区活动。

虽然共产党方面又做了进一步的让步，但是双方在红军的编制、红军人数问题上再次发生激烈的争论。最后经中共中央认真研究后，决定再次向国民党方面进行让步，由周恩来写成条文，送蒋介石做最后决定。周的总结共三项十五条，主要内容如下：

政治问题：（一）中国共产党承认服从三民主义的国家及国民党在中国的领导地位，彻底取消暴动政策及没收地主土地政策，停止赤化运动。要求国民政府分批释放共产党，允许共产党在适当时期内公开；（二）取消苏维埃政府及其制度，现红军驻在地区改为陕甘宁行政区；（三）红军取消，改编为国民革命军，服从中央军事委员会及蒋委员长之统一指挥，其编制人员给养及补充，统照国军同等待遇，其各级人员由其自己推荐，呈请军委会任命，政训工作由中央派人联络；（四）政治方面请求参加国民大会；（五）军事方面请求参加国防会议。

改编问题：（一）改编现有红军中之最精壮者为3个国防师；（二）在3个国防师上，设某路军总指挥部；（三）红军原有之骑兵3个团及1个骑兵连，共约1400—1500人马，拟编骑兵1个团；（四）改编后的经费、给养补充，统照国军同样待遇。

善后问题：（略）

从该草案内容来看，共产党方面为了能够与国民党达成一纸协议是做出了巨大的让步的。但是国民党方面得寸进尺，顾祝同、贺衷寒等国民党方面的谈判代表对周恩来的总结提案进行了比较大的修改，如将"陕甘宁行政区"改为"地方行政区"，分属各省；将红军定员裁减为1师1万人，共3万人等。周恩来立即将这种情况报告给中共中央。3月12日，中共中央政治局召开会议，讨论同国民党谈判的问题，会上一致做出决定，认为顾、贺的修改意见实际上是对红军的"收编"，中共绝对不能接受。

会后，中共中央立即电告周恩来，指出谈判过程中在原则问题上必须坚持无产阶级政党的立场，绝不迁就。周恩来在接到电报后于3月13日会见张冲，说明国民党方面的修改案，中共方面不能接受。3月14日，周恩来向张冲提出要到南京与蒋介石直接谈判，张冲则向周恩来作了口头的表示：也不同意贺衷寒对条文的改动，赞成周恩来直接去南京与蒋介石谈判。后来周恩来又会见了顾祝同，声明中共方面不同意贺衷寒的修改条案，并且再次向顾表示希望直接去南京与蒋介石进行谈判，而顾则表示也赞成周去南京。

3月16日，周恩来返回延安，使得西安谈判告一段落。虽然中共对国民党五届三中全会作了比较积极的评价，这也使得中共在西安谈判中作了尽可能的让步，可是由于国民党方面的要求过于苛刻，因此使得这次谈判在一系列原则性问题上没有达成协议，但总的来说仍是取得了一些成果，有利于国共关系的改善，也为接下来周恩来与蒋介石之间的直接会谈铺平了道路。

### 3. 蒋介石与周恩来西湖谈判

3月19日，周恩来携带中共中央已经草拟好的谈判条件回到西安，并于3月20日告知张冲中共方面的最新谈判要求，张冲觉得共产党方面的最新议案肯定不会得到顾祝同的同意，那么周恩来会见蒋介石的计划又会变得遥遥无期。因此，张冲告知周恩来会见顾时可不必将全部信息告诉之。这招果然奏效，周恩来在会见顾祝同时，将共产党方面的意见笼统的概括为五点：（一）陕甘宁行政区可改为边区，民选改为地方推荐。（二）红军改编后人数须见蒋后定。（三）总部目前不能提临时的。（四）派副佐人员目前甚困难。（五）政训人员只能谈到联络。

顾听过周恩来的概述之后，正如张冲所言没有对周恩来再次阻拦，表示周接下来应该与蒋委员长进行进一步的交谈。此时的蒋介石已经电告周恩来可以来上海与之会晤。周随即在张冲的陪同下乘飞机来到了上海，但此时由于蒋在杭州西湖疗养，因此周恩来又于3月24日乘汽车来到杭州莫干山与蒋进行会谈。

3月25日，周恩来先访晤了宋美龄，向她简短的告知了中共方面对于国共和谈一些基本观点，由于宋美龄并不能做最终决定，因此双方之间也没有进行深层次的交流。在最后，周恩来委派潘汉年将中共关于国共和谈的15条意见书交给宋美龄，希望她能够转交给蒋介石，这15条意见书主要内容为：

甲、中共方面承认：

一、承认革命的三民主义及国民党在中国的指导地位。二、取消暴动政策及没收地主土地政策，停止赤化宣传。三、取消苏维埃政府及其制度，现有红军驻在地区改为陕甘宁行政区，执行中央统一法令与民选制度，其行政人员经民选推荐中央任命，行政经费另外定之。四、红军改编为国民革命军，服从中央军委及蒋委员长之统一之指挥，其编制人员给养及补充统照国军同样待遇，其各级人员由自己推荐，呈请中央任命。五、改编现有红军中最精壮者，为3个国防师，在3个师上设某路总司令部，红军改编后之总人数，不少于 45000 人。六、苏区地方部队改编为地方民团及行政区的保安队，其数目及经费另定之。七、编余的精壮人员改编为徒手工兵队，担任修路工程，其人数及经费另定之。编余的老弱残病，由中央给资安置。八、红军学校俟本年第一学期结束后，改办随营学校。九、红军中的医院、工厂保留。十、关于增加红军防地，另定之。

乙、国民党方面保证：

一、彻底实现和平统一团结御侮的方针，全部停止剿共。二、实现民主自由权利，释放政治犯，中共在适当时期公开。三、修改国民大会组织法及选举法。四、修改国防会议条例。五、关于准备对日抗战工作，改善人民生活的具体方法与步骤，另行商讨之。

3 月 26 日，周恩来在张冲、潘汉年的陪同下会见了蒋介石，在座的还有蒋介石的一帮心腹大将，双方见面之后互相寒暄了几句后便进入正题。周恩来当面向蒋介石提交了 15 条书面意见后，又提出了 6 点口头声明：一、陕甘宁边区必须成为一个整体行政区，不能分割；二、红军改编后的人数须达到 4 万余人；三、3 个师以上必须设立总部；四、国民党不向改编后的红军派遣副佐及政训人员；五、红军学校必须办完本期；六、红军的防地应予增加。

最后，周恩来向蒋介石表示共产党方面是抱着极大的诚意来与国民党进行谈判的，希望双方能够以民族国家利益为重，不计前嫌、共同抗日，但是共产党方面也绝不会容忍国民党企图利用和谈来达到对红军的"收编"。周恩来的这 6 点口头声明既体现了中共方面的诚意，也表达了希望国共两党能够在平等、相互尊重的基础上进行合作。蒋介石听完周恩来的说明之后，不禁感叹周的口才还是那么的出众。

对于周提出的这些问题，蒋介石的回答可以归结为以下 5 点：

一、承认中共有民族意识革命精神，是新生力量，几个月来的和平运动影响很好。他要求中共检讨过去决定，并坚守新的政策，必能达到成功。

二、承认由于国共分家致10年来革命失败，造成军阀割据、帝国主义者占领中国的局面，但分家之责，他却归过于苏联顾问鲍罗廷。他指出彼此要检讨过去，承认他过去亦有错误，其最大失败，在没有造出干部，他现在已有转变。

三、要中共不必说与国民党合作，只是与他合作。一个党在环境变动时常改变其政策，但一个政策，必须行之10年20年方能有效。人家都说共党说话不算话，他希望中共这次改变，要与他永远合作，即使他死后也要不生分裂，免得因内乱造成英日联合瓜分中国。

四、关于两党合作的具体问题，他认为是小节，容易解决，他说国民大会、国防会议在几个月后召开，中共及红军可派代表参加，陕甘行政区要整个的，但必须中共推荐一个南京方面的人来做正的，以应付各方；副职以下由中共自己决定，他不干涉；军队人数同意中共意见，总司令部也可以设，他绝不破坏中共的军队，只是联络而已；粮食接济，他定愿设法解决；蒋还表示，不再打内战了。

五、要中共与他商量一永久合作的办法。对此，周恩来认为共同纲领是保证合作到底一个最好办法。蒋表示同意，要求周恩来回延安后尽快地与中共领导人商定起草一份两党合作的共同纲领。周恩来希望蒋能够提些意见，蒋却表示没有，要中共方面拿出办法。

从蒋介石做出的这些种种承诺来看，他似乎是答应了中共方面提出的谈判条件。但是周恩来深知蒋介石的为人，表面上一套，背地里又是一套，对待张学良就是最好的例子，出尔反尔是其本性使然。因此，当周恩来听到蒋介石说出这么一段话之后并没有忘乎所以，而是一针见血的看到了这段话的中心意思是要共产党及其领导的红军承认他的领袖地位，只有以这个为前提，其他一切问题才能可以解决。

总的来说，这次蒋介石对于周恩来来杭州与其谈判还是非常高兴的，双方之间的谈判是在一种融洽、和谐的氛围下进行的。会后的当天晚上，国共双方代表参加了酒会，周恩来与蒋介石互相举杯，预祝国共谈判能够取得成功，抗日大计能够早日实现。第二天，中国共产党代表团成员在浙江省政府小礼堂举行了新闻发布会，在发布会上，周恩来与潘汉年之间相互配合、互为补充，周恩来在答记者问时总是能够妙语如珠、侃侃而谈，对于国共和谈表示充满了期待，同时也比较积极的评价了国民党方面所表现出来的诚意。

3月30日，周恩来在与国民党各方进行初步会谈之后便乘飞机从上海飞往了西安。当天晚上，他与顾祝同进行了简单的会谈，主要内容是周恩来向顾告知他与蒋介石在杭州会谈的概况以及同顾商量接济红军给养等事项。4月2日，周恩来便飞回了延安，毛泽东、张闻天、博古、彭德怀、林伯渠等中央领导人悉数来到机场迎接载誉而归的周恩来，中央决定立即召开政治局扩大会议，听取周恩来这次赴杭与蒋介石的谈判情况，大家对于国民党方面，尤其是蒋介石的态度表示"结果尚好"。

周恩来于4月9日致电蒋介石说归肤施后述及先生合作诚意，均极兴奋，现党中正开会计议纲领及如何与先生永久合作问题。在这封电报中周恩来强调了希望能够即将再次南下与蒋进行谈判。在政治局扩大会后不久，中央宣传部副部长吴亮平受命起草了纲领草案，吴在写完草稿后又交与周恩来审核，周在仔细推敲和修改之后终于敲定了该草案。

这份纲领名为《御侮救亡、复兴中国的民族统一纲领》，其宗旨是彻底实现孙中山的革命的三民主义，复兴中国为统一的民主共和国。

基本内容是：抵御日本帝国主义的侵略，取得中华民族的独立解放；实施宪政，保障民权自由；发展国防经济，改善人民生活，求得民生幸福。围绕着"三民"问题，纲领的细则共有 52 条。随后不久，中共中央政治局就通过了周恩来提交的这份草案。

杭州会谈已经过去十几天了，蒋介石要求周恩来回去与中共主要领导商量共同纲领的事情还没有什么眉目，蒋甚是着急。4 月 15 日，他找来张冲，要求他马上去西安找周恩来，催促周恩来迅速弄好双方合作纲领及编制人事的问题。在蒋的授意下，张冲飞往西安告知顾祝同委员长的最新要求，顾得知委员长的旨意后，急忙拍电报给周恩来，希望周能够及早的来到西安继续与其会谈。而此时的中共对于国民党方面的态度确实是有些冷淡起来，主要是因为国民党虽然口口声声要商讨合作大计，但仍然命令马步芳、马步青部队"围剿"西路军，使得西路军差点全军覆没，对此中共方面很是头疼。为了能够及早妥善的解决西路军问题，在顾祝同的再三催促之下，周恩来于 4 月 26 日携带《御侮救亡、复兴中国的民族统一纲领（草案）》飞往西安，准备一面与顾祝同、张冲进行谈判，一面等待蒋介石的电文，作南下与其再次会面谈判的准备。

# 三、国共合作抗日

从刚结束的西湖谈判来看，蒋介石对于中共的态度还是比较友好的。在接下来的第一次和第二次庐山谈判的时候，蒋介石又企图对中国共产党及其领导的红军进行"溶共"和"收编"。对此，中共方面进行了坚决的抵制。卢沟桥事变爆发后，蒋介石与中国共产党之间达成了初步的协议，特别是双方都很在意的红军改编问题。随着《中共中央为公布国共合作宣言》和第二天蒋介石谈话的发表，标志着国共两党第二次合作的正式形成，也标志着抗日民族统一战线的正式形成。

## 1. 第一次庐山谈判

周恩来到达西安之后，将中共中央政治局通过的《御侮救亡、复兴中国的民族统一纲领（草案）》交给了顾祝同，并告知顾，蒋委员长上次在杭州谈判时希望中共方面能够拿出一个国共合作的纲领性文件，而这份文件就是我方为国共合作所起草的纲领性的文件，该文件是我方与国民党方面进行进一步谈判的基本原则。当天晚上，顾便向蒋介石报告了这件事，蒋在得知此事后，一改先前在杭州时候的态度，对顾表示两党最好不要共同发表什么共同纲领，这样会使得共产党合法化，也使得国共两党平起平坐，这是蒋不愿意看到的。蒋此时打的如意算盘是希望由共产党单方面先发表宣言，好像是"乞降书"，然后再对其进行改编。

因此，5月3日，当顾祝同、张冲约见周恩来继续谈判时，对其表示：这份纲领无论由你方还是我方提出，怕一时难以统一。你们先发个宣言，5月中旬即可改编了。周恩来对此表示：如与商妥纲领，发表宣言并非难事，否则无所根据。并说明两党共同发表一份合作纲领是蒋委员长的意思。顾祝同道：这也是蒋先生的意思，他要先了解你们宣言的内容。不然，不好向他交代。周恩来对此说道：纲领没商妥，宣言怎么写？皮之不存毛将焉附？是不是这个道理？后来中共中央也认为应坚持两党发共同宣言为有利，此宣言在共同纲领确定之后发表，如果要中共单独发表，则第一，彼党须同时发宣言，第二，我党宣言中不得不驳复三中全会宣言及根绝赤祸文件中我党及人民不能忍受之许多东西。

5月9日，周恩来又收到了中共中央的来电。电报指出，同蒋介石会谈时解决国共两党关系的具体步骤是：（一）确定共同纲领；（二）发表共同宣言；（三）发表边区政府及 4 个师师长以上首长名单；（四）红军实行改编，南京释放政治犯。周恩来见顾祝同也无法对谈判直接担负责任，处处受到蒋介石的遥控，因此提出另约地点，想直接与蒋介石展开新一轮的谈判，蒋介石了解情况后，答应了周恩来的要求，开始约定的地点为洛阳，后又改为庐山。

5 月 27 日，周恩来先飞到上海，与国民党各方面人士就争取中共的公开合法地位及筹办党的公开刊物等问题进行了洽谈。6 月 4 日，周恩来带着中共中央通过的《御侮救亡、复兴中国的民族统一纲领（草案）》及商议共同纲领、联盟或改组中国国民党、释放政治犯、停止全国"剿共"、派人到南方苏区联络、发表边区政府委员会名单、改编红军、修改国民大会选举法、召开国防会议、释放"七君子"等问题来到了庐山。6 月 8 日至 15 日，周恩来与蒋介石在庐山进行了多次谈判。

6 月 8 日早晨，蒋介石在"美庐"（坐落于庐山牯岭上的一座别墅，是英国医生赫莉太太赠送给宋美龄的礼物，蒋介石亲自命名为"美庐"）接见了中共的首席代表周恩来，在一旁作陪的还有夫人宋美龄，宋子文以及蒋介石的得力助手张冲，单从作陪的人员来看，蒋介石是对这次谈判做了比较充分的准备的，摆好了阵势来迎接让他头疼的老对手周恩来。

双方见面之后，周恩来首先提出了中共方面提出的共同纲领草案，详细说明了中国共产党关于抗日的大政方针及红军改编、苏区改制方面的主张和意见，希望双方能够及早的实现合作、共同抗日。周恩来虽然在西安与顾祝同谈判时已经或多或少的知道了蒋介石的态度已经发生了改变，尤其是对于国共之间发表共同纲领的问题比较反感，但是周恩来还是很想亲耳听听蒋介石此时此刻的主张。先前的担心果然不出所料，蒋介石不但否定了中共方面提出的共同纲领，还针对中共所提各点提出了自己的意见，大致内容如下：

第一，关于国共合作形式问题。成立国民革命同盟会，由蒋指定国民党干部若干人，共产党推出同等数目的干部合组之，以蒋为主席，有最后决定权；两党一切对外宣传，统由同盟会讨论决定后执行，共同纲领亦由同盟会讨论；同盟会在进行顺利后，视情况许可，可扩大为国共两党分子合组之党，并与第三国际发生关系，以代替共产党与共产国际的关系；

第二，关于军队问题。中共发表对外宣言后，南京政府即发表3个师的番号，并委任师长，人数可容至45000人，朱、毛等同志离开军队出来做事；

第三，关于边区政府问题，由国民党方面派正职长官，共产党方面推荐副职，行政费用按规定发给，善后费用由国民党方面发给，共产党方面领袖人物须离开；

第四，关于国民大会和国防会议问题。国民大会之240名指定名额中，可指定共产党出席代表，但不可以共产党名义出席。国防会议开会时，可容共产党干部参加；

第五，关于释放政治犯问题。在狱共产党可由共方开名单，分批释放。

听完蒋介石的观点之后，周恩来的心中就像是打翻了五味瓶一样不是滋味，杭州谈判时的蒋介石和现在的蒋介石判若两人，这一次蒋介石的政治立场与杭州谈判时可以说是大为退步了。蒋介石出尔反尔的本性又一次淋漓尽致的展现出来了，这时候周恩来除了据理力争之外，也别无办法了。针对蒋介石提出的上述问题，周恩来几乎每一条都给予了有力的回应：

第一条中，蒋介石希望双方能够成立一个国民革命同盟会，蒋为主席，有最后决定权，蒋介石的这一合作方案的实质是想在国民革命同盟会的名义下控制住共产党，同时企图消除中共与苏俄和共产国际的特殊关系，使得中共的对内对外政策都受制于蒋介石，对此周恩来表示组成国民革命同盟会事关重大，现在也不好直接回复蒋委员长，须回延安后请示中央再做决定，这也算是缓兵之计了。

第二条中，蒋介石只肯给红军 3 个师的编制，在师之上只可设政治训练处指挥而不设总部，对此周也是极力争取，希望能够有所改善。同时对于要求朱、毛二人离开军队做事一事，周恩来表示不能认同，认为蒋介石企图想以送杨虎城出洋的办法来对付中国共产党是行不通的。后来周还通过与宋子文、宋美龄及张冲交涉并希望能够代为转达意见解决这些问题。但蒋介石丝毫没有让步的意思，他让宋子文向周恩来声明：共党目前不要太大，易引起外方恐惧；强调希望中共方面首先要取得全国信用；不要使蒋太为难，以便将来发展等。

对于第三、四、五条中的各点，周恩来大多都给予了否定，希望国民党方面能够为国共和谈的早日实现做些实质性的让步。但是蒋介石仍然不愿放弃自己的立场，这使得周恩来十分的被动，在此情况下，周恩来只能离开庐山回延安，将这一情况报告给中共中央，由中共中央为下一步谈判做出决定。在离开庐山之前，周恩来表示：不能解决时，要张冲进苏区来谈判。

6 月 18 日，周恩来回到了延安，向党中央汇报了在庐山与蒋介石之间的谈判情况。中共中央在听取周的汇报后，认真研究了蒋介石的意见，决定为了大局着想，对国民党方面再次做出让步，经过仔细研究制定了与国民党进行谈判的新方案。新方案中关于两党合作问题规定：原则上同意组织国民革命同盟会，但要求先确定共同纲领，以便奠定同盟会及两党合作的政治基础；同盟会组织原则，在共同承认纲领的基础上，可同意国共两方各推出同等干部组织最高会议，另以蒋为主席，承认其依据纲领有最后决定之权。其组织原则，由我方拟出草案与蒋商定；关于同盟会将来发展之趋势及与第三国际关系问题，我们可不加反对（不使之成为合作之障碍），但目前应着重保持共党之独立组织及政治宣传和讨论之自由。

关于当时要解决的一些具体问题，新方案确定：中国共产党准备以中共中央致国民党三中全会电及上次交蒋方案为依据；对于朱、毛出外问题，力争朱为红军改编后的指挥人，军事或政治名义可不拘，原则上毛不拒绝出外做事，但非至适当时机则托故不去；陕甘宁边区民主选举在 7 月内自动实行，并向蒋推荐张继、宋子文、于右任三人中择一人任边区行政长官，林伯渠任副长官；最后还决定宣言发表后，如得蒋同意，即组织我们考察团赴各地考察，扩大影响。

从中共中央做出的这些决定来看，的确是做出了比较巨大的让步，尤其是在一些具体问题上面。中共这么做除了是为了大局着想，牺牲自己的利益来换取国民党方面合作的诚意外，还有一个十分重要的方面，那就是虽然蒋介石的态度比杭州谈判时蛮横了许多，但是总的来说中共对这次谈判还是持肯定态度的。因为中共本来就没有对蒋介石期望过高，况且蒋介石还承认了中共边区的领导权及对军队的指挥权，这使得中共保持了自己的独立性，也是中共方面对蒋做出巨大让步的一个主要原因。

## 2. 第二次庐山谈判

1937 年 7 月 7 日，这是所有中华民族子孙们不应忘却的日子，因为这一天日本发动了震惊中外的卢沟桥事变，该事件标志着日军全面侵华战争的开始。卢沟桥事变促使国共之间的谈判必须加速进行，因为日本留给国共双方的时间已经所剩无几了。事件发生后，中共中央疾呼：全国的同胞们：平津危急！华北危急！中华民族危急！只有全民族实行抗战，才是我们的出路！中共中央号召全国人民：武装保卫平津！保卫华北！不让日本帝国主义占领中国寸土！为保卫国土流最后一滴血！全中国同胞、政府与军队团结起来筑成民族统一战线的坚固长城，抵抗日寇的侵略！国共两党亲密合作抵抗日寇的新进攻！驱逐日寇出中国！

中共方面除了发布一些抗日救国的电文外，还为具体落实抗日救国的方针积极采取了实质性的措施。如在卢沟桥事变的当天晚上，毛泽东、朱德、彭德怀、贺龙等联名致电庐山蒋委员长表示：红军将士，咸愿在委员长领导之下，为国效命，与敌周旋，以达保土卫国之目的。7月14日，毛、朱、彭、贺等又致电叶剑英，要他转告蒋介石：红军主力准备随时出动抗日，已令各军10天内准备完毕，待令出动。同时中共方面还期待能够与国民党继续进行谈判，周恩来致电张冲表示：归来转达蒋先生领导合作诚意，党中同志极感兴奋，目前正在磋商一切具体办法并起草宣言，一俟拟就即当首途南来。

或许是受到了全国抗日浪潮的影响，国民党方面终于对日本变得强硬起来，当然这份强硬是相对于其前期的对日政策而言的。蒋介石是在7月8日早晨得到了日军进攻卢沟桥的电报的，他随即密令驻守北平的29军军长、冀察政务委员会委员长宋哲元固守勿退，并须全体总动员，以备事态扩大。随着事态的扩大，蒋见与日本和谈的可能性大大减小，于7月17日在牯岭图书馆大礼堂就卢沟桥事变发表了正式的谈话，指出解决卢沟桥事变必须遵循四项原则：

（一）任何解决不得侵害中国的主权与领土之完整；（二）冀察行政组织不容任何不合法改变；（三）中央政府所派地方官吏，如冀察政务委员会委员长宋哲元等，不得任人要求撤换；（四）第29军现在所驻地区，不能受任何约束。最后蒋介石大声疾呼：如果战端一开，那就地无分南北，人无分老幼，无论何人皆有守土抗战之责任，皆应抱定牺牲一切之决心。

从蒋介石说的这番话中可以看出，到了此时此刻国民党已经没有退路可走了，现如今唯一可以拯救中华民族，也是拯救国民党统治的办法就是成立抗日民族统一战线，让全国各个阶层、各个政党、各族人民都加入到这条战线之中，当然也包括中国共产党及其领导的红军。在这种背景之下，1937 年 7 月 13 日，周恩来与博古（秦邦宪）、林伯渠来到庐山与国民党方面进行谈判，这也是周恩来的第二次庐山之行。

此时的庐山可谓是群英汇集，蒋介石为了商讨对付日本的办法，召集了各个方面的人士来到庐山听取他们的意见。中共虽然也是蒋介石邀请的一方，但是蒋介石却以种种理由不允许中共代表公开亮相，只能让周恩来一行人秘密与其指定的国民党方面的人物进行接触。蒋介石让中共代表受委屈还不算什么，毕竟周恩来一行人胸襟都比较宽广，不拘小节。然而，当周恩来从张冲处得知蒋介石准备让红军改编后，各师须直接隶属行营，政治机关只管联络，周恩来再也按捺不住心中的怒火了，因为这样中共就会失去了对军队的指挥权，这是中共中央绝对不会答应的。随后周恩来提笔给同在一地的蒋委员长写了一封信。在信中，周恩来强调了上一次庐山谈判时蒋介石对于军队问题是怎样表示的，双方之间是怎样交涉的，同时说明中共方面已经做了重大的让步。从整封信来看，周恩来似乎是要让蒋介石明白是蒋自己一而再、再而三的言而无信。在信中周恩来希望蒋能够与其进行面谈，而不是与他的手下进行谈判。

1937 年 7 月 17 日下午，在卢沟桥事变发生 10 天之后，国共双方的代表终于能够在"美庐"再次举行谈判了。中共方面的主要代表是周恩来、博古和林伯渠，国民党方面则是蒋介石以及作陪的中宣部部长邵力子、中执委委员张冲。会面之后，周恩来反客为主，对蒋表示中共中央已经基本同意上次庐山谈判时蒋介石所提的要求。并询问蒋介石对于中共方面提交的《中共中央为公布国共合作宣言》有什么高见，宣言提出中共奋斗的总目标是：战胜日本帝国主义的侵略，争取中华民族的独立自由与解放；实现中国人民的幸福和愉快的生活，并重申中共提出的四项保证。蒋介石表示这个宣言总体上来看还是不错的，并表示国民党方面对于抗战的态度已经十分的坚定了，这从他自己早上发表的演讲可以看出来。在双方的谈判过程中对于红军改编后的指挥和人事问题仍然处于争执状态。在这个问题上，蒋得寸进尺，在上次庐山谈判时他曾表示红军改编后 3 个师之上设政治机关行使指挥权；现在他则表示红军改编后的各师直属行营，政治机关只管联络，无权指挥。

　　周恩来等认为蒋介石的要求过于苛刻，难与其达成协议。周随即将此事报告给中共中央，当天张闻天、毛泽东致电周恩来、博古、林伯渠，提出应从大局出发，可承认平时指挥人事等之政训处制度，要求设立正副主任，朱正彭副；但战时不能设军事指挥部。18 日，周恩来提出了解决一些具体问题的 12 条意见，主要内容是关于两党合作的组织形式问题；关于发表国共合作宣言问题；关于国共两党合作的共同纲领问题；关于改编红军的问题；关于边区改制问题；关于在国统区出版杂志等其他问题。

　　周恩来通过宋美龄将这 12 条意见转达给蒋介石，同时也向蒋转达了张闻天、毛泽东于 17 日来电中的意见。令周感到气愤的是，蒋介石仍然坚持红军改编后不设统一的军事指挥机关，3 个师直属行营管理，3 个师的参谋长由南京派遣；政治主任只能转达人事、指挥，周恩来为政治主任，毛泽东为副主任。周恩来对此表示道：蒋的上述意见，中共决不接受。

　　眼看谈判难以再继续下去，周恩来感觉蒋介石仍然是那么的冥顽不化。就在这时，张闻天、毛泽东致电周恩来表示：日军进攻的形势已成，抗战有实现之可能，要求我们决定采取蒋不让步不再与之谈之方针，并请你们回来面商之。从张、毛发来的电报我们可以看到，经过多次历练后的中国共产党已经能够根据国内外局势的变化而适时的调整自己的方针政策了，这正是一个成熟的政党所需要的品质。

周恩来等根据中央的指示，离开庐山先返回上海，等待时局的变化。7月21日早晨，周等致电朱德、彭德怀和任弼时，提出无论如何，我们须立即自行改编三个方面军、六个单位的统一组织，每个方面军编足15000人，独立军、师都编入，加强干部，使各方面军都能独立工作。中共中央鉴于蒋介石对日本侵略者仍然存在一定的幻想，对中国共产党还企图进行"收编"和"溶共"，于7月23日发表了《为日本帝国主义进攻华北第二次宣言》，号召实行全国抗战，反对对日妥协，要求实行蒋介石7月17日庐山谈话的方针，并提出了8项具体办法：

（一）立即命令冀察当局拒绝执行日本所要求的妥协条件；（二）立刻派大军增援第29军，动员全国陆海空军实行抗战；（三）立刻实行全国人民总动员，开放党禁，开放爱国运动，释放政治犯；（四）立即实行全面的对日抵抗，停止对日外交谈判；（五）立刻改革政治机构，吸收各党派及人民团体的代表参加国民会议及政府；（六）立刻实现国共两党的亲密合作，以国共两党的合作为基础，创立巩固的抗日民族统一战线；（七）立刻实施财政、经济、土地、劳动、文化、教育等新政策，改善民生；（八）立刻实现抗日的积极外交。

由于蒋介石对于红军改编和人事问题一直是拖泥带水，左顾右盼，使得红军改编问题迟迟无法落实，这对于抗战是大为不利的，为了能够有效的组织红军抗战，7月28日，周恩来、博古、林伯渠返回延安，与中共中央书记处商议红军改编抗日问题，经研究决定：红军主力集中在三原迅速改编，编为3个师，4.5万人，上设总指挥部，朱德为总指挥，彭德怀为副总指挥。并设政治部，任弼时为主任，邓小平为副主任。另编地方保安队1万人，高岗为司令员，萧劲光为副司令员。

第二次庐山谈判，蒋介石对中共的态度依然是不愠不火，还是不愿放弃对中共的敌对态度，企图对其加以收编，让中共失去对军队的独立领导权。中共方面在周恩来的领导下与蒋介石作了强有力的斗争，也为推进国共之间的合作尽了自己最大的努力。中共中央审时度势地指出现如今日本的侵略步伐已经逼得国民党不得不加速调整对内、对外政策，尤其是卢沟桥事变爆发后。果不其然，国民党方面见中共代表团提前离开庐山，终止谈判，开始变得担心起来，转而希望中共方面能够再次与其进行会谈，密邀毛泽东、朱德、周恩来速即到南京共商国是。

### 3. 发表国共合作宣言

中共中央在接到南京发来的电报后，立即开会研究商讨对策，经研究后决定毛泽东不宜去，决定派周恩来、朱德、叶剑英3人前往南京，与国民党进行谈判。8月9日，周恩来等中共代表来到南京，第一次以公开的身份参加了国民政府召开的国防会议。在召开这次国防会议之前，日军已经连陷北平、天津等城市，鉴于战局的恶化，蒋介石不得不致电西安行营主任蒋鼎文，令其转告已抵达西安的周恩来，告诉周可以照庐山所谈，红军在十日内改编完毕，以便南京发表3个师的番号，及各师旅团长与政治主任名单，并建议康泽任副主任（中共后来决定让邓小平出任副主任而不是国民党所希望的康泽）。7月31日，南京又下达了3个师的番号，同意照中共所提之人数及编制。

8月3日，蒋介石再电周恩来，要红军立即向绥德、榆林及延安集中，以便出发抗日。仅隔一天，蒋介石便正式颁布了红军改编后师旅团番号，并经蒋鼎文电告中共中央：顷奉委座面谕：（一）限期贵部能于8日迟至10日出动，本月25日集中大同完毕工作；（二）正副总指挥及宣言仍须得抗日实现时发表；（三）政训主任及师旅团长均已照单发表，唯参谋长仍由中央选派。蒋这么做的目的很明显，就是希望红军能够尽可能快的到战场上去抗击日军，延缓日军侵略的气焰。为了达到这一目的，蒋介石已经不再纠缠于指挥权不放，不得不同意红军改编后设立总部，对于蒋介石的这番举动，只能用"早知今日，何必当初"来形容了。

这次国防会议本来是准备在9月中旬举行的，但因为日军提早发动了全面侵华战争，故因此提前举行，共商讨制敌救亡大计。会上，蒋介石以国防会议议长的身份致开会辞：目前中国之情势，乃是生死存亡的最后关头。今天召集全国各地高级将领长官开会，共同商讨今后处置国防的计划。与会者大多表示应该团结一致、共同抗日，同时还决定在未正式对日宣战以前，与日本交涉，仍不轻易放弃和平。

8月11日，周恩来、朱德、叶剑英等一行人出席了国民政府军事委员会军政部召开的谈话会。中共代表分别在会上作了长篇发言，周恩来指出，试图在外交上寻求妥协，恢复卢沟桥事变以前的状态（日军撤出平津，中国军队撤出河北）是不可能的，强调在外交上的拖延只有可能有利于民众动员及一切军事准备，但绝不可动摇抗战决心，周恩来的这番话主要针对国民政府在处理对日政策时仍然企图用外交手段来解决问题，对日本仍然抱有和平的幻想。周恩来接着说道，在制定作战方针时必须培养独立持久之能力，鼓励采用游击战术，组织敌后民众，进行山地、农田地的游击战、运动战；在军事动员方面应将一切部队列入序列为佳，军区划分不必以历史关系，最好以军区为单位展开独立作战；最后，周强调要运用第一次国共合作时期进行北伐战争的军事和政治工作经验，在当前战争中，必须培养出可以独立持久作战的能力，将阵地战与游击战有机地结合起来。待周发言完毕后，朱德和叶剑英也分别进行了发言。

朱德主要强调的是与日本之间的战争要坚持持久战的作战方略，

组织好广大的人民群众，将游击战与运动战结合起来。叶剑英主要作了关于抗日的"政策、战略"问题的发言。中共代表的发言受到了与会者的纷纷赞扬，会议经过深入讨论，确定了以"持久消耗战"为抗战的战略方针，在军事上采取持久战，以空间换取时间，逐步消耗敌人，争取最后的胜利。

8月12日，国民党中央决定撤销国民会议及国防委员会，设立国防最高会议。即日，蒋介石召开了最高国防会议及党政联席会议。这次会议主要的内容是：对日战争的战略方针是采取持久消耗战；决定以国民政府军事委员会为抗战最高统帅部，蒋介石就任陆海空军大元帅；设立国防参议会，汪精卫任主席；将全国划分为5个战区，同时任命各个战区的长官。

8月12日至19日，国共双方的代表在南京正式举行谈判。中国国民党方面的代表是张冲、邵力子、康泽，中国共产党方面的代表是周恩来、朱德、叶剑英。双方谈判的主要内容是关于发表国共合作宣言问题和改编红军问题。关于国共合作宣言，经蒋介石指示康泽修改后，把三项政治主张即发动全民族抗战、实现民权政治、改善人民生活全部删掉，只留下中国共产党向国民党的四项保证：

一、孙中山先生的三民主义为中国今日之必需。本党愿为其彻底的实现而奋斗。

二、取消一切推翻国民党政权的暴动政策及赤化运动，停止以暴力没收地主土地的政策。

三、取消现在的苏维埃政府，实行民权政治，以期全国政权之统一。

四、取消红军名义及番号，改编为国民革命军，受国民政府军事委员会之统辖，并待命出发，担任抗战前线之职责。

对于康泽的这些无理要求，中共方面给予了坚决地反对，此外中共方面还提出将三大纲领扩大为十大纲领，即：（一）对日绝交，坚决抗战，驱逐日本帝国主义出中国；（二）全国军队总动员；（三）全国人民总动员；（四）抗日的国防政府；（五）抗日的外交政策；（六）抗日的财政经济政策；（七）肃清汉奸卖国贼；（八）抗日的教育政策；（九）改良人民生活；（十）抗日的全国团结以国共合作为基础，建立坚固的民族统一战线，一致抗日。在这次谈判中另一个主要的内容是关于红军改编问题，中共方面坚决反对蒋介石提出的由国民党派遣政治部主任和改编后部队直属行营的主张，这个问题一直是双方之间斗争的焦点，蒋介石一直想借改编之名行收编之实，而中国共产党则坚决抵制蒋介石的这一陷阱，以高度的警觉性来对待这件事，寸步不让。

随着八一三淞沪抗战的打响，日军开始侵略与国民政府息息相关的华东地区，日军侵略的战火已经烧到了国民政府的大门口，南京国民政府已经危在旦夕，蒋介石此时被逼上了绝路，要么立即与共产党合作，倾全国之力抗击日本的侵略；要么甘心做亡国奴，成为日本统治中国的工具。蒋介石当然是选择了前者，8月16日下午，南京国民政府下达了国家总动员令。8月20日，蒋介石又以"大元帅"的名义，签发了《战争指导方案》、《国军作战指导计划》等四件训令，宣布：本大元帅受全体国民及全党同志付托，统帅海、陆、空军及指导全民，为求我中华民族之永久生存及国家领土主权之完整，对于侵犯我主权领土与企图毁灭我民族生存之敌国倭寇，决以武力解决之。淞沪会战是国民党与日军在正面战场上的第一次大规模的交锋，双方前后投入数十万的兵力，最后虽然是以国民政府的失败而告终，但是这次会战打破了日军企图三个月内灭亡中国的狂妄计划，鼓舞了全国人民抗日的斗志。

淞沪抗战打响之后，国民政府加速了国共合作谈判的进程，蒋介石急需红军出动抗日，希望通过红军在华北打击日军以牵制日军在华东地区进攻的势头。8 月 18 日，蒋介石终于同意红军改编为八路军，设总指挥部，统辖 3 个师，任命朱德、彭德怀为正副总指挥；中国国民党只向八路军总部和各师派联络参谋，不再派政治部主任和参谋长。蒋介石再次表示，希望红军改编后能够尽可能快的到前线去抗击日军。军事问题解决之后，接下来双方主要谈判的焦点就是边区的政权问题了。

8 月 30 日，康泽通知中共：南京方面已决定边区政府以丁惟汾为长官、林伯渠为副长官。中共方面的态度是边区政府以林伯渠为长官，张国焘为副长官，不仅不让国民党人丁惟汾到边区来任正职，而且表示南京派来军队中任高级参谋和政治部副主任的国民党人，也全部拒绝。关于这个问题，国民党方面一开始是不让步的，但是随着战事的紧张，由于边区问题不是双方之间的核心问题，蒋介石便承认了陕甘宁边区政府的组成，表示丁惟汾暂不到职，由林伯渠代理主席，张国焘为副主席。随后的一段时间内，双方还就对于八路军开赴前线作战的方针、地域问题，南方红军游击队改编问题，共产党在国统区出版报刊一事，对于释放关押在南京政府监狱中的中共党员和其他政治犯等诸多问题进行交涉，双方之间经过多次的协商，也基本达成了一致。

到了 9 月 22 日，国民党中央通讯社公布《中国共产党为公布国共合作宣言》，宣言写道：中国共产党中央委员会谨以极大的热忱向我全国父老兄弟诸姑姊妹宣言，当此国难极端严重民族生命存亡绝续之时，我们为着挽救祖国的危亡，在和平统一团结御侮的基础上，已经与中国国民党获得了谅解，而共赴国难了。……现在民族团结的基础已经定下了，我们民族独立自由解放的前提也已创设了，中共中央特为我们民族的光明灿烂的前途庆贺。宣言向全国同胞提出了三大奋斗目标，即关于民族、民权、民生三大政治纲领，宣言最后号召全国同胞：在国共合作的基础上，为巩固民族的团结，为推翻日本帝国主义的压迫而奋斗。

　　仅隔一天，蒋介石发表《对中国共产党宣言的谈话》，承认此次中国共产党发表之宣言，即为民族意识胜过一切之例证；认为宣言所举诸项均与本党三中全会之宣言及决议案相合；表示余以为吾人革命所争者，不在个人之意气与私见，而为三民主义之实行；在存亡危急之秋，更不应该计较过去之一切，而当使全国国民彻底更始，力谋团结，以共保国家之生命与生存。蒋介石的这番谈话实际上是承认了中国共产党在全国的合法地位。

　　《中国共产党为公布国共合作宣言》的发表和蒋介石的谈话标志着第二次国共合作的正式形成。这既是符合历史发展的潮流，也是双方之间共同努力的结果，尤其是以周恩来为代表的中共代表们为了早日促进国共之间的合作，可谓是劳心费神、鞠躬尽瘁。总之，国共双方在面对民族存亡的关键时期，能够不计前嫌、共谋抗日大计，为抗日民族统一战线的形成和抗日战争的胜利贡献了自己的一份力量，是具有伟大历史意义的。

# 第三章
## 广泛的谈判和
## 一度的中断

## 一、合作方式的谈判

　　1937 年 9 月，国共两党宣布重新合作、共赴国难，团结起来与日本侵略者展开殊死搏斗，为挽救中华民族的危亡而奋斗。虽然两党之间终于能够在战场上停止了互相残杀，但是由于双方之间的合作是外部因素促使的，因此在一些重要的问题上双方还是存在一些差异，比如统一战线的组织形式，共同纲领，以及改革政治机构等问题。而在这些问题中，尤其是关于两党合作的形式、军事合作的形式等问题都是急需解决的问题，这就需要双方继续在谈判桌上进行进一步的交流与接触。

### 1. 王明在武汉的谈判

为了能够在一些重要的问题上与国民党方面达成协议，中共中央决定以周恩来、博古、叶剑英为代表到南京继续与国民党方面进行谈判，后来因周恩来以中共代表身份前往太原进行谈判，具体谈判由博古、叶剑英负责；而国民党方面在蒋介石的授意下以陈立夫、康泽、张冲为代表与共产党方面进行接触，双方这次谈判都有共同的目的，那便是解决国共合作后的一些遗留问题，以便更好地服务于抗战大局。

这一次双方谈判的主要焦点有三个，即边区问题、南方游击队改编问题和改革政治问题。关于边区问题，中共代表首先提出了自己的观点，但遭受到国民党方面的强烈反对，国民党方面认为中共所提的条件过于苛刻，双方之间你来我往，进行激烈的争辩，尤以康泽的态度最为强烈，康泽表示无论如何必须坚持四条原则，即：（一）联络参谋必须到差；（二）边区范围只确定 18 县，但县份为适应目前形势应可调换；（三）边区行政长官丁惟汾仍须挂名，由林伯渠代理，此系最大限度；（四）善后费及保安队等必须与边区问题同时解决。

对于康泽的这四项原则，中共方面表示不能让步，尤其是边区范围和任命行政长官这两项更是不行。到了后期，由于日军已经占领北平、天津以及华北大部分地区，进而进军山西，这就使得中共中央及其领导的八路军需要更为广泛的根据地来与日军进行周旋。于是，中共中央电告博古等谈判代表，要求在边区区域范围的问题上，不仅不松动，而且要争取进一步扩大，由原来所提 22 个县 5 个地区扩大为 27 个整县及神木、府谷、横山 3 个半县，再加上安边、西峰两个镇。康泽等人本来就要求中共消减边区所辖的范围，如今听到中共不但不削减边区范围，反而要求扩大边区所辖范围，甚为恼怒，双方对于这个问题谈了多次也未见成效，没能达成协议。

关于南方游击队改编问题。由于南方游击队分散于南方各省之间，与中共中央的联系比较的困难，再加之国民党军队对南方红军游击队的不断"围剿"，使得游击队的生存比较困难。如今在国共和谈、共同抗日的背景下，国民党想利用这一机会对南方分散的红军游击队进行收编，最后达到彻底消灭的目的。南方红军游击队一方面无法迅速有效的与中共中央取得联系；一方面又对国民党军队缺乏必要的防备，一些游击队的领导人犯了右倾机会主义的错误。这样就使得在一些地区出现了危害中共及其领导的红军游击队的事件。针对这些事件，中共中央要求争取地方政权实行普选的民主制度，取消苏维埃的制度，采取国民党现有的政权组织形式，但是强调要保障政权实际上仍在党的领导之下。南方多数游击区遵照中共中央的指示，逐步开始了政权改制工作。国民党方面要求南方的红军游击队集中起来以便改编，而中共根据现实的情况，强调南方的游击队分散的好处大于集中；对于国民党要求向南方游击队派出国民党人员，中共方面表示不能赞同。

双方之间经过多次的争论，最后仅达成南方红军游击队改编为国民革命军新编第四军，由双方都认可的叶挺担任军长，其他问题没有得到解决。国民党方面之所以同意让叶挺出任新四军军长是因为当时的叶挺由于特殊原因脱离了党组织，名义上已经不是中国共产党党员。

对于政治改革问题。国民党处处以中央政府的态度居高临下的与共产党进行谈判，强调一个政党、一个主义和一个领袖，中共与国民党是下属对上属的关系，而不是平等合作的关系。对于国民党仍然企图一党独裁的态度，中共方面极其反感，强烈要求其进行政治改革，但国民党方面不为所动。

国共之间的谈判再一次地陷入了僵局，就在这个节骨眼上，长期派驻在莫斯科的中共代表团成员王明、陈云、康生等一行人于 1937 年11 月下旬回到了延安。中共中央领导人毛泽东、张闻天、朱德等前往机场欢迎王明等人的回国。王明此次并不是空手归来，而是带回了共产国际关于加强和扩大抗日民族统一战线的指示。由于王明与共产国际和苏联之间保持着中共其他领导人所没有的特殊关系，这便使得一心指望苏联直接援助以抗击日本军队的蒋介石十分看重王明的这次归

◎ 王明

国。蒋频频发出邀请，请求王明、周恩来等前来武汉就国共关系等问题进行再次的会晤。

由于国民党在抗战之初执行片面的抗战路线，使得国民政府的首都南京迅速沦陷，国民政府不得不宣布迁都重庆，但政府机关及其军事统帅部仍在武汉，武汉乃是当时全国的政治、经济和军事中心，国民政府的一切最高指令均从这里发出。中共中央认为王明直接参与到国共谈判中，或许能够帮助缓和会谈的氛围，因此同意王明与蒋介石会谈。

1937年12月18日，王明、周恩来、博古、邓颖超等飞抵武汉，与蒋介石就国共合作中双方仍未达成的协议展开谈判。在与蒋介石正式谈判之前，王明、周恩来和博古先与陈立夫进行了短暂的接触，以探听蒋介石关于此次国共谈判的想法。陈立夫果然老谋深算，面对王明等人的提问，陈立夫总是打马虎眼，王明、周恩来等并未能从陈的口中探知什么可用的信息。在与陈立夫会面后的第二天，中共代表便与蒋介石展开了正式的会谈。蒋介石见了王明之后，竟然放下了委员长的架子，对其大加吹捧一番，说他是什么"杰出的红色革命家"，王明听在耳中，甜在心里。吹捧归吹捧，一番客套之后，王明首先发话，就当前的抗战形势、国共两党的关系、两党合作的任务等问题表明了中共中央的主张。随后，王明还向蒋介石带来了蒋最希望听到的消息，那就是苏联方面关于帮助中国政府组织30万人的机械化部队和建立与战争相适应的军事工业的具体提议，蒋听后甚感兴趣。

随后，博古代表中共中央就前次谈判中的边区政府的人选、联络参谋、国民党参观团等问题表明了中共的态度，即中共方面准备接受国民党方面的提议。待博古讲完，周恩来也就关于进一步密切国共两党关系以及改进抗战政策等问题提出具体意见，主要包括：成立两党关系委员会、商定两党共同纲领、中共在国统区出版报纸、国民政府建立国防军事机关和征兵委员会、扩充并改造军队、协助政府组织扩大国防参议会为民意机关等。

在听完中共三位代表的发言之后，蒋介石当即表示：所谈极好，照此做去，前途定见好转，彼所想的也不过如此。彼也认为外敌不足虑，只要内部团结，胜利定有把握。最后，蒋介石表示今后有关国共两党关系的问题可与陈立夫共同协商，同时希望王明能够留在武汉为国共两党的合作和抗日贡献力量。

12 月 26 日，国共两党正式成立两党关系委员会，召开了第一次会议。出席会议的国民党代表主要是陈立夫、刘健群和张冲三人，中共方面代表则主要是周恩来、王明、博古和叶剑英。会议决定要由国共两党合作起草共同纲领，由周恩来与刘健群共同起草。后来因为刘健群并没有参与工作，纲领实际是由周恩来亲自起草的。在周废寝忘食的努力下，于 12 月 30 日完成了共同纲领的起草工作，题为《中国人民抗日救国纲领》，中共代表团与中共中央长江局（为了统一领导南方各省党的工作，发展长江流域和南方各省的抗日运动，中共中央决定在武汉设立中共中央长江局，后与中共代表团合并，对内称长江局，对外称中共代表团。12 月 23 日，中共中央长江局在武汉正式成立，王明任书记，博古负责组织工作，周恩来负责军事和统战工作，长江局为抗日战争的胜利做出了突出的贡献）。讨论通过，决定交两党关系委员会。该草案由"争取抗战胜利纲领"和"初期建国纲领"构成，主要内容如下：

（一）争取抗战胜利纲领：

1. 坚持长期抗战，争取最后胜利；

2. 健全和扩大征募兵役运动，培养大批军事和专门技术人才，加强政治工作，造成政治坚定、武器精良的全中国统一的国民革命军；

3. 充实和强固全中国统一的国民政府，加强国防机构，设立增强抗战力量的相当民意机关，肃清贪污腐化，使全国政治机构和一切从政方针能适合抗战胜利的需要；

4. 建立军事工业，加速整理交通，并实施战时经济政策；

5. 有钱出钱、有力出力，实行合理负担，帮助贫苦同胞，救济难民失业，优待抗日军人家属及伤残官兵，实行国难教育；动员组织和武装民众，建立巩固后方，肃清汉奸敌探；

6. 积极组织和帮助被敌占领区域之民众及武装队伍的对敌抗战行动，组织和奖励国外侨胞努力于保卫祖国的事业；

7. 联合回、蒙、满、藏、苗等各民族共同抗日救国；

8. 没收日寇汉奸卖国贼之财产土地，充作国家战费和优待抗日军人及其家属经费；

9. 联合直接受日本帝国主义蹂躏的民众和民族——日本国内劳苦大众及高丽、台湾等民族——打倒共同的仇敌；

10. 扩大国际宣传，联合一切同情中国自卫斗争的人民和国家，取得其精神上和物质上的援助。

（二）初期建国纲领：

A. 关于达到民族独立方面（略）

B. 关于实现民权自由方面（略）

C. 关于争取民生改善方面（略）

在此纲领之后，中共方面还提出了四项附加条件：

一、共同纲领商定之后，由蒋介石先生向全国提出，以便两党据此以号召全国人民，共同遵守，共同努力；

二、两党对此纲领须共同负责，力谋实现；

三、全国政府及军队在蒋先生领导下须本此纲领定出个体方案，负责实施；

四、凡违背此纲领者须受到制裁。

从周恩来起草的这份《中国人民抗日救国纲领》的具体内容来看，这份纲领基本是在孙中山三民主义思想的指导之下完成的，是符合当时国内抗战需求的救国纲领，本应当受到国民党方面的积极认可。但是性情多变的蒋介石此时心中根本没有在想什么共同纲领的事情，而是正盘算着如何使国共两党组成一个大党，当然蒋介石心中的这个大党是以国民党为核心的党，以蒋介石为核心的党，成立这么个党的目的只是为了能够光明正大的将共产党溶入国民党之中。由于蒋介石的突然转变，使得共同纲领的事情不了了之，也让周恩来又白忙活了一场，同时也使得国共之间稍有缓和的氛围又变得凝重起来。

在随后的两党委员会上，国民党代表们公开指责八路军不贯彻中央军令，游而不击，要求共产党应该将军队交给中央，由中央统一指挥，对此中共代表们当然是严词拒绝。国民党态度的转变不仅仅是在言语上，更是表现在具体的行动上：虽然同意新四军改编为 4 个游击支队，但是由中央答应支付的经费却大为削减了；在人员编制等问题上也与先前商定的出入较多。对此，中共只能继续派代表与国民党方面进行谈判，既然蒋介石又想出成立一个大党的主意，中共决定利用蒋的这个想法，继续与其展开谈判，至此，国共两党通过组织一个大党来密切组织联系的问题逐渐成为双方谈判的中心议题。

## 2. 关于两党合作的形式

蒋介石想让国共两党共同组成一个大党的想法很快就付之行动，

蒋介石提出在国共两党之外，另组织一个三民主义青年团，当然成立这个团体的目的是为了统一国民党、控制全国的青年乃至取缔中国共产党及其他各个党派。虽然中共中央一开始没能知晓蒋介石建立该团体的真正目的所在，但是中共方面一直在寻找一种与国民党合作的最好方式，因此认为只要对三民主义青年团好好地加以改造和利用，就一定会对抗战有帮助，对国共两党的合作有帮助，毕竟双方又多了一个交流的平台。所以，中国共产党一开始是赞成成立三民主义青年团的，并指示在武汉的王明、周恩来等谈判代表在与国民党方面谈判时要表示中共方面对于扩大国民党和成立三民主义青年团等会予以积极的配合。根据中共中央的指示，王明、周恩来等代表在随后与陈立夫等国民党代表谈判时，对成立三民主义青年团作为两党合作机构表示了赞成与积极合作的态度。

然而，国民党方面并没有领中共方面的好意。1938年4月6日，在国民党五届四中全会上通过了《三民主义青年团要旨案》，其中规定了三民主义青年团的政治纲领、组织形式等。从该文件的政治纲领和三民主义青年团的组织形式来看，国民党成立该团体的目的并不是为了加强与共产党以及其他党派之间的联系，而是要控制全国青年乃至变相的取缔中国共产党及其他党派，以达到最终国民党一党专政的目的。对于国民党的这种做法，中国共产党当然不能同意，毛泽东建议三民主义青年团应该成为全国广大青年团结救国的统一组织，吸收各党各派、各界的青年个人与青年团体加入进去，成为使整个青年一代集体地受到民族革命的教育训练之一大集团。因此，组织上应民主化，政治上应发扬团员的自动自觉精神，发扬青年群众的积极性。中共方面的建议，国民党当然不会听得进去，按着既定的方针，三民主义青年团越来越成为国民党反共、限共的工具。

到了1938年10月，广州、武汉相继失守，国民政府将其所有的政治机构迁往陪都重庆。随着中日战争呈现出胶着状态，战争开始进入相持阶段，日本政府不得不调整对华政策，针对国民党制定了以政治诱降为主、军事打击为辅的新的侵略方针。面对日本政府新的对华政策，国民党内部出现了大的分化，以汪精卫为代表的亲日派公开投降叛国，与国民政府对立，成立汪伪国民政府，沦为日本统治中国的工具；而以蒋介石为首的亲英美派虽然没有公开的投降日本，仍然在继续抗战，但是已经表现出一定的妥协性，再加上中共在抗日战争中不断壮大自己的力量，使得蒋介石集团的反共和对日妥协的倾向不断加剧。

面对新的国内、国际局势的变化，中共在六届六中全会上重点讨论了在抗日战争进入相持阶段的情况下，加强国共两党组织上合作的重要性。毛泽东指出，为了保证长期合作，还要解决合作的组织形式问题……没有这种统一的共同的组织，不利于团结抗日，更不利于长期合作。因此，各党应该认真研究，找到一种最适合长期合作的统一的共同的组织形式。毛泽东认为，要保证国共两党长期合作首先要求国共两党采取正确的政策；其次要尽快地解决两党合作的组织形式的必要性。

对于具体的组织形式，毛泽东提出了自己的观点，他认为有两种办法比较好，即：一是把国民党本身变为民族联盟，各党派加入国民党而又保存其独立性；二是各党派共同组织民族联盟，拥戴蒋介石做这个联盟的最高领袖，各党以平等形式互派代表组织中央以至地方的各级共同委员会，为着执行共同纲领处理共同事务而努力。

中共六届六中全会最终做出了明确的决定：不在国民党中及其军队中建立共产党的秘密组织，再次申明中国共产党拥护三民主义，拥护蒋委员长，拥护国民政府。建议：中国共产党认为国共两党合作的最好的组织形式是共产党加入国民党和三民主义青年团，并将加入国民党与青年团各共产党员的名单交给国民党领导机关，并且不在国民党及青年团中进行招收共产党员的活动。第二种形式则是由两党组织各级的共同委员会来进行两党合作的事宜。六届六中全会认为两党合作组织形式的适当解决，对于亲密两党关系保证两党长期合作有极重大的意义。在会议还没有结束之前，因为武汉已经被日军围困，因此中共中央决定立即派周恩来、博古等与蒋介石就两党之间合作的组织形式等问题进行当面会谈。

10月4日，周恩来约见了蒋介石，并且还将毛泽东致蒋介石的亲笔信一并交与了蒋介石。在信中，毛泽东写道：此次，敝党中央六次全会，一致认为抗战有渐次进入一个新阶段之趋势……因此，同仁认为此时期中之统一团结，比任何时期为重要。唯有各党各派及全国人民克尽最善之努力，在先生领导之下……此时此际，国共两党，休戚与共，亦即长期战争与长期团结之重要关节。蒋介石看完信后大为高兴，连连点头称赞。周恩来见此乘机补充说道：中共方面赞成成立三民主义青年团的主张，建立民族革命联盟作为合作的组织形式，但是希望能够对三民主义青年团的一些章程予以改善，这样将更有利于国共之间的合作，也有利于抗战。对此，蒋介石表示予以考虑，认为三民主义青年团可以修改章程允许中共党员参加。但后来由于战事紧张，广州及武汉相继沦陷，这件事情暂且搁置，双方约定择机再谈。

12月6日，蒋介石在风景秀丽的桂林约见了周恩来，向周恩来提出要把中国共产党吸收到中国国民党内的想法，并坚称跨党合作不好。中国共产党既然信仰三民主义，最好与国民党合并成一个组织，力量也大些。如果同意，希望在西安召开华北、西北将领会议后能够与毛泽东面谈。如果共产党全体加入做不到，那可以先让一部分加入国民党，而不是跨党。周恩来当听到蒋介石说出这么一番话之后，感觉蒋介石既是可笑又是可怒，可笑的是蒋介石一相情愿的想法太过天真；可怒的是在国家都快要灭亡的情况之下，蒋介石还在处心积虑借此机会消灭共产党。对此，周恩来表示我们共产党人信仰三民主义，不仅因为它是抗日之出路所在，也因其为达到社会主义之必由之路，国民党自然不会如此想，因此国共归根到底还是两个党！

周恩来接着说道：跨党并改变名称还是为了取得互信！但如果认为时机未到，也可采用其他办法。要求全体共产党员加入贵党而退出共产党，这不可能也做不到！至于少数人退出共产党而加入国民党，不仅是失节、失信仰，于贵党也有害而无益。周恩来的话仿佛给蒋介石泼了一盆冷水，听完之后，蒋介石表示如果国共合并之事不能实行，那毛泽东去西安谈判的事情就显得没有必要了，不过还是希望中共方面好好考虑考虑，看来蒋介石还是不死心。

几天之后，谈判的地点改为了陪都重庆，但是谈判的话题还是没有变，依然是关于两党组织关系。出席这次谈判的中共代表除周恩来外还有王明、博古、吴玉章和董必武。蒋介石指出，共产党员退出共产党，加入国民党，或共产党取消名义将整个加入国民党，我都欢迎，或共产党仍然保存自己的党我也赞成，但跨党办法是绝对办不到。我的责任是将共产党合并国民党成一个组织，国民党名义可以取消，我过去打你们也是为保存共产党革命分子合于国民党，此事乃我的生死问题，此目的如达不到，我死了心也不安，抗战胜利了也没有什么意义，所以我的这个意见，至死也不变的。共产党不在国民党内发展也不行，因为民众也是国民党的，如果共产党在民众中发展，冲突也是不可免，三民主义青年团章程如果革命需要可以修改，不过这是枝节问题。根本问题不解决，一切均无意义。

蒋介石说了这么一大堆话，其中心意思就是不许共产党独立存在，更不许共产党发展，不管以什么方式发展，在什么地方发展，都是不行的，唯一的办法就是取消共产党。王明见此，气不打一处来，说道：一个组织办法如做不到，则可采取我们提议的其他方式合作。蒋介石见自己苦口婆心的劝说毫无见效，态度顿然僵硬起来，说道：其他方式均无用。并说绍禹同志（即王明）到西安时我们再谈谈。也许蒋介石也知道自己的态度有些不好，在晚间特意派张冲对中共方面的代表作了解释，表明自己性子太急，并非说不合并只要分裂，请中共方面不要误会。这次的会谈双方之间你来我往争论了很久，也没有就两党之间合作的形式得出什么结论。

1939年1月20日，蒋介石再次约见周恩来，旧话重提两党统一问题。周恩来明确表示不可能。但蒋介石仍然希望周恩来能够转告中共中央，并希望中共方面能够有所让步。周恩来将这一情况告知了中共中央，在1月25日，中共中央发出了经周恩来转交蒋介石的电报，该电文明确指出：两党为反对共同敌人与实现共同纲领而进行抗战建国之合作为一事，所谓两党合并，则纯为另一事。前者为现代中国之必然，后者则为根本原则所不许。共产党诚意地愿与国民党共同为实现民族独立、民权自由、民生幸福之三民主义新中华民国而奋斗，但共产党绝不能放弃马克思主义之信仰，绝不能将共产党的组织合并于其他任何政党。蒋介石看完这封电报后，心是彻底凉了，他知道想在谈判桌上消灭共产党是不可能的，如今的中国共产党再也不是1927年时候的共产党那么好对付了。

这场犹如马拉松式的谈判终于告一段落，其实谈判一开始就注定会失败，因为双方的出发点不同，一方是拒绝跨党，主张合并，一方则坚持不放弃自身的独立性。至此，双方之间关于两党合作形式的谈判告一段落，没有达成任何协议。从此双方之间在政治军事上的摩擦日益增多，中共方面想就摩擦问题与蒋交涉时，他却扬言：根本问题不解决，不仅敌人造谣，即下级也常不安定，影响上级意志。言外之意就是合并问题不解决，摩擦就不能避免。对于蒋介石这种无赖的行为，中共方面也很是伤脑筋，不过鉴于这种情况，中共中央已经决定彻底放弃在组织合作方面进一步密切两党关系的设想了。

## 3. 关于军事合作的形式

1939 年 4 月 21 日至 30 日，中国国民党五届五中全会在重庆召开。会议由蒋介石主持，国民政府中凡是比较重要的官员都悉数出席。会上作了关于党务、政治、军事、财政、经济、交通、教育等各项专题的报告，通过了 16 项重要的决议案。按道理说，在抗战还未取得决定性胜利的背景下，这次会议应该紧密围绕如何取得抗战的胜利来展开。但是，蒋介石却将这次会议开成了一个如何限制共产党发展的会议。

在会上，蒋介石强调：我们对中共不像十五、十六年那样，而应该采取不打它，但也不迁就它，现在对它要严正——管束——教训——保育——现在要溶共——不是容共。它如能取消共产主义我们就容纳它。会议大部分时间以研究"如何与共产党作积极之斗争"为议题，确定了"溶共"、"防共"、"限共"、"反共"方针。这次会议标志着国民党对内、对外的政策重心已经由对外转向对内，由联共抗日转向消极抗日、积极反共。

五届五中全会召开之后，国民党军队开始积极地贯彻这次会议的方针，在全国各地频繁的与八路军和新四军制造一些军事冲突。早在武汉失陷之前，国民党就派河北省主席鹿钟麟、河北省保安司令兼民军总指挥张荫梧到冀南收编土匪武装、建立政权并寻机与八路军制造军事摩擦，在 1939 年 6 月，张荫梧率部 3000 余人袭击冀中深县八路军后方机关，残忍杀害了八路军指战员 400 多人，制造了深县惨案。

除了在河北，国民党军队还在其他各省和地区制造了惨案。如 1939 年 4 月，山东国民党军秦启荣部在"宁亡于日，勿亡于共"、"日可以不抗，共不可以不打"的宣传下袭击了博山八路军纵队第 3 支队，杀害干部战士 400 多人，制造了博山惨案；湖南国民党第 27 集团军杨森部袭击了驻平江嘉义镇的新四军通讯处，杀害中共江西省委副书记、新四军平江通讯处主任涂正坤等干部战士10多人，制造了平江惨案；同年9月，湖北国民党桂军第127师和鄂东程汝怀部相配合，围攻新四军独立旅第5大队，杀害了中共黄冈中心县委组织部长张良卿等100多人，后又逮捕510多人，枪杀了200余人，制造了耸人听闻的鄂东惨案。

面对国民党的倒行逆施，中国共产党及其领导的八路军和新四军保持了最大的忍耐限度。根据中共中央的指示，八路军领导人多次提出与国民党军政当局进行谈判的要求。朱德、彭德怀在与国民党当局就军事摩擦问题举行谈判时义正词严地表示国民党应该做到以下五点：（一）撤换鹿钟麟，以朱德为冀察战区总司令兼河北省主席，石友三副之；（二）冀、察、鲁三省八路军只应增加，不能减少；（三）冀察晋边区，冀中、冀南现行政区不能取消，山东等其他地区亦应依照战略形势重新划分行政区域；（四）因政府发饷甚少，故停止征粮亦难从命；（五）对于非理进攻，必须反击，绝不轻言让步。面对朱德、彭德怀的指责，国民党方面根本不愿坐下来与共产党正式进行谈判。军事摩擦仍然继续，惨案还在不断地发生，对此，中共中央决定态度变得强硬起来，毛泽东主张：他们要打，我们没有办法，来而不往非礼也。毛泽东提出，不仅要在军事上坚决的给予还击，还要在谈判条件上提出更高的条件。

1939年6月7日，中共代表周恩来向国民党军事负责人之一的陈诚提交了解决两党军事冲突的建议，就陕甘宁边区问题、河北问题、八路军问题等提出了中共方面的意见，希望就此与国民党展开正式的谈判，以帮助解决日益增多的军事摩擦问题。由于中共中央方面及时的通知了八路军、新四军各部在面对国民党军队进攻时要予以坚决的打击，这便使得国民党军队在进攻八路军和新四军时损失惨重、屡遭失败。在看到国民党军队被八路军和新四军屡次打败之后，蒋介石认识到此时要想完全以武装力量来解决中共问题，是办不到了。除了因为共产党已经掌握比较强大的军事武装力量外，还因为日军并没有完全停止对国民党军队的进攻，同时英、美、苏等国也不希望看见国民党制造内战，给日军留有机会。这就使得双方再次坐下来进行谈判。

6月10日，蒋介石约见周恩来谈话。蒋介石明确表示：（一）关于共党问题之症结，目前不在陕北几个县，而在共党应有根本的进一步之真诚，服从中央命令，执行国家法令，为全国革命之模范，而不自居于整个国家体制之外，造成特殊关系，为一般封建者为借口；（二）余为全国革命领袖，完全以理智的及持平的态度处理国事，绝不偏听任何人或某一人之报告而有所偏倚，余之权衡一切，完全以国家民族整个利益为前提，余为革命计，决不能有所迁就或姑息；（三）共党为解决问题，先造成特殊事实，以强迫的态度对余，余为革命领袖，自不许有此种加诸余也；（四）欲求目前各地纠纷之适当解决，必须共党首先真诚恪守中央命令，使事态平复，如此余决不致有亏待共党也；（五）余对人对事，向以仁爱为本，对共党亦无不如此，乃至责备，皆所以爱护共党；（六）吾人今后一切实施与行动，皆应合乎国家统一与独立为唯一原则，故吾人之求统一，实为整个国家民族之利益着想，此种利益，自亦为共党所共有也。

蒋介石这一次俨然是扮演着一个仲裁者的角色，将自己视为全国的革命领袖，表示在处理国共关系时会秉公办理，绝对不会亏待共产党，蒋介石的这番话实在是自欺欺人。最后，蒋介石要求周恩来、叶剑英转告中共中央，要规诫共军，应信守诺言，服从政府命令，执行国家法令，解决各地的纠纷。同时蒋介石还答应就军事合作问题与共产党方面展开正式的谈判。

在会见了周恩来、叶剑英等中共代表后，蒋介石便安排陈诚制定一份与共产党进行谈判的文件。陈诚接到任务后，于1939年6月制定了《共党问题处置办法》，该文件是一份典型的反共、限共文件。其主要内容有：在军事方面，要求八路军、新四军之军政军令必须统一于中央，不得脱离驻地，不得要求划给区域，不准扩充武力，18集团军另调第二战区防务，共党不得以其军队或他种名义，随地设立后方办事处；在党务方面，以实行三民主义为最高原则，任何纠纷皆取决于领袖，共党在各地不得有任何公开或秘密之组织，停止宣传共产主义思想，不得单独设立机关报与杂志；行政方面，绝对否认共党所谓"陕甘宁边区"之组织，共党在华北各省游击区内组织之地方政权，应立即移交冀察战区党政委员会分会。此外，陈诚还将陕甘宁边区问题、八路军新四军问题以及晋察冀边区问题列为亟待解决之问题。

时间到了1939年9月，双方在重庆重开谈判，蒋介石代表国民党，王明、博古等代表共产党。在这次会谈中，王明向蒋介石强调国民党没有必要总是担心共产党方面的强大，共产党更不会去进攻国民党。因为国民党在军事、政治、经济等各个方面都要强于共产党，共产党在面临着日军的疯狂扫荡，自顾不暇。要蒋介石认清形势，目前是国民党军队处处在制造摩擦。

王明还向蒋介石当面出示了国民党河北民军司令张荫梧下发的消灭八路军的密令，对此，蒋介石尴尬万分，表示一切问题都可以坐下来谈。随后，国民党方面安排何应钦、程潜，共产党方面安排叶剑英就国共两党军事冲突的一些具体问题举行谈判。由于国民党方面开出的条件过于苛刻，几乎就是借抗战之名企图将中共武装力量全部收编。叶剑英表示断然不能接受，何应钦则认为中共方面刻意回避具体问题，双方经过好几次的协商也未能达成什么具体协议。双方之间的军事冲突还在继续，并且有愈演愈烈之势，对此中共方面是看在眼中，急在心里，一场更大的风暴即将来临。

# 二、在摩擦中的谈判

国共关于两党之间的合作形式谈不拢，关于军事合作的形式还是谈不拢，双方之间都不愿让步，使得国共之间的矛盾愈演愈烈。国民党见小打小闹对共产党不起作用，决定提升摩擦的规模，开始有预谋地在一些地区发动对八路军和新四军的进攻，制造了第一次反共高潮，给八路军、新四军造成了重大损失。在面对民族存亡的关键时刻，共产党方面从民族大义和两党团结的大局出发，除了在军事上作必要的自卫反击斗争外，还在谈判桌上就边区、划界和军事等问题继续与国民党方面进行紧张激烈的会谈。

## 1. 关于军事及边区问题

1939 年 11 月，中国国民党召开了五届六中全会，会上做出决定，逐渐将军事限共放在突出位置，而以政治限共为辅助措施。由于陕甘宁边区问题一直是国共双方争论的焦点，所以当国民党决定对中共发动大规模的军事进攻时，首当其冲的就是中共中央所在地陕甘宁边区。为了实施大举进袭边区的军事计划，国民党当局借口政令统一，下令取消陕甘宁边区行政区划。在何应钦的安排之下，绥德专员何绍南制定了一个《调整陕北军政办法》，提出可利用各种不同的方式收回各县政权并逐渐缩小以至于消灭赤化区域。随后国民党当局借口战时经济统制，封锁进入边区的物资。蒋介石接连密电蒋鼎文、朱绍良：以后凡有令准自新疆来汽车之人、物，无论何项必须在兰州为止境，不得再允东开。

与此同时，国民党还积极制定了与八路军、新四军的具体作战方

◎ 胡宗南

案。即：第一案，不变更战斗序列，明确规定18集团军及新四军之战斗区域，未奉明令擅自越境，即以叛逆论惩，断行挞伐；第二案，变更战斗序列，限令该集团军在第二战区及鲁苏区之部队，全部开入冀察战区内作战。随后，为了具体践行方案，蒋介石命令国民党在西北地区的部队进行扩编，将用于封锁陕甘宁边区的兵力由10万人增加到30万人。

这时，蒋介石的好学生胡宗南充当了进攻陕甘宁边区的急先锋。自1939年5月起，胡宗南等部以约30万人的兵力将陕甘宁边区围了个水泄不通，同时胡部还纠结其他部队对边区所属县城进行攻击。面对国民党军队的一再挑衅，中共中央先是指示八路军指战员：反摩擦斗争必须注意自卫原则，不应超出自卫的范围，如果超出这个范围，则对全国的影响和统一战线是不利的，尤其对中央军应注意此点，因国共合作就是同中央军合作。

随后又派谢觉哉为中共代表与国民党方面进行谈判，要求撤走包围边区的国民党军队，但是见效甚微。中共对于国民党的一意孤行，决定被迫采取自卫还击，收复了陇东大部分地区。由雁北返回陕甘宁边区的八路军第120师第359旅进驻绥德，迅速平息绥德警备区内的武装叛乱，赶跑了国民党绥德专员兼县长何绍南。359旅趁势解放了绥德、米脂、葭县、吴堡、清涧5县，使得50万人民获得解放，将陕甘宁边区和晋西北抗日根据地连成一片。

共产党越打反而越强，根据地越是围困，范围反而越大，这让蒋介石觉得中共越来越成为其心腹大患。他觉得光靠军事还不行，还必须用政治上的压迫配合军事上的进攻。1940年1月17日至19日，国民党派何应钦、张冲为代表，与中共代表叶剑英就边区与扩军问题进行了初步会谈。在谈判中，国民党方面就共产党之前提出的条件做出了答复：（一）边区名称改为陕北行政区，暂时隶属行政院；（二）所辖县为15个；（三）18集团军扩军为3军6师；（四）359旅至少要有一部分过河东，以给中央面子。

何应钦表示中共方面只有同意以上几点才能制止当前越来越严重的军事摩擦，也有助于解决边区问题。面对国民党在谈判桌上的步步紧逼，中共中央指示叶剑英：在目前形势下，不仅23县不能少，而且须考虑增至28县方能巩固后方，否则，敌在华北、西北之军事摩擦将无止境，抗日阵地将大受破坏也。这样一来，双方根本就无法谈出什么结果来，谈判只能又一次的不欢而散。

出乎蒋介石的意料之外，共产党无论在战场上还是在谈判桌上都没有丝毫让步的可能，为此蒋介石表示可以在某些方面对共产党做些让步：将边区范围从15县增至16县，军队在原来基础上增加了3个补充团，并建议划河南、河北给中共，以换取陕甘宁边区。随后，蒋介石在与何应钦、程潜等人研究后决定正式同意给陕北行政区14县，至多16县，18集团军可扩为3军6师并加若干补充团，同时要求中共军队担任归德绥远之防务。

面对国民党降低谈判条件，中共中央认为国民党并没有彻底放弃在军事上消灭八路军和新四军的主张，而且关于谈判的核心条件方面国民党也没有让步。因此，中共中央决定不指望在谈判桌上能够得到国民党什么保证，而是积极的制定实际的工作目标，即在近期内，将整个华北直至皖南江南达成一片，化为民主的抗日根据地，置于共产党进步势力管理之下，同时极大地发展鄂中与鄂东，争取山东、豫东、皖北、苏北的大部分政权归于我们与进步人士的手中，在山东全境及华中发展数十万军队，组织数百万自卫军。

面对中共方面强硬的态度，蒋介石甚是恼怒，亲自拟定了对第18集团军的训示，要求中共：（一）不应认防地为私有，不应掩护叛军与袭击友军；（二）应行言一致，协力互助，建立共信；（三）不应擅委官吏，更不应残杀政府官吏；（四）不应尽征民粮，断绝民食；（五）不应擅发私钞。

国民党不仅仅在谈判桌上继续向中共方面施压，还在军事上继续的进攻八路军和新四军，具体体现在太行山地区和苏北地区。由于太行山地区是八路军总司令部所在地，因此很快便遭到了国民党顽固派的进攻。1939 年 12 月初，国民党第 97 军朱怀冰部进入冀西，在八路军驻地附近频频制造军事摩擦。为了贯彻中共中央对国民党顽固派斗争的方针，八路军副总司令彭德怀以及 129 师师长刘伯承先后到冀西同国民党冀察战区总司令鹿钟麟和朱怀冰等人会谈，告知他们在日军进攻猖獗的情况下应该以大局为重，不能给日军机会。但是朱怀冰根本没有听得进去，他这时只想着怎么样消灭所辖区域内的八路军好在蒋委员长面前邀功。

1940 年 2 月，朱怀冰、石友三等部再次从平汉铁路东西两侧向太行、冀南地区八路军进攻，八路军 129 师被迫进行自卫反击战，在宋任穷、程子华的统一指挥下，先后发动冀南战役和卫东战役，歼灭了石友三大部。3 月在刘伯承、邓小平的直接指挥下歼灭了朱怀冰部 2 个师的部队，从而粉碎了朱、石两部的进攻，巩固了太行、冀南、冀鲁豫等根据地。战役结束后，中共中央及时命令刘、邓停止追击朱怀冰残部。

中共对朱部的手下留情并没能博得蒋介石的好感，反而激怒了蒋介石在太行山南部继续集结了 9 个军的兵力，由庞炳勋指挥，准备进行新一轮的进攻。当然蒋介石这时候的理智还没有完全的丧失，一面大兵压境，一面还在政治上留了一手，在谈判桌上继续与共产党周旋，命令卫立煌与朱德总司令在洛阳进行谈判。3 月中旬，朱德在与卫立煌进行谈判时要求国民党当局立即停止对八路军的军事进攻；取消《限制异党活动办法》等反共政策文件；重新划分作战地区，建议以汾离、临屯、平顺一线以北，及河北全省，为八路军防区，河北行政由八路军负责；承认陕甘宁边区；承认八路军扩大为 3 军 9 师，照 22 万人发给饷械等。最终双方达成协定：以临屯公路和长治、平顺、兹县之线为界，该线以南，为国民党军驻防区，以北为八路军驻防区。最后卫立煌也表示不同意用军事力量解决两党之间的摩擦。

国民党除了在太行山地区频频制造军事摩擦外，还在苏北地区不断的滋扰新四军。其中以韩德勤部、泰州地方实力派苏鲁皖边游击军李明扬、李长江和宋子文系统的税警总队陈泰运部。中共中央的态度很明确，就是要坚决保持皖北、皖东、淮南、苏北根据地，要求新四军领导人尽量与国民党谈判，但在谈判中决不能答应 4、5 支队和叶、张两团之南调，现在和将来，全部和一部均不能南调，这些部队南调不会对江南部队有帮助，而只会让江南部队更孤立更困难。

随后新四军政治部主任袁国平与国民党第三战区司令长官顾祝同举行了谈判，双方经过多次交涉，达成了初步的协议：（一）新四军第4、5 支队暂不南调，将呈报蒋介石请示办法；（二）江南管文蔚部可以南调，但须增加经费 3 万，南调后给以名义、任务与经费；（三）皖南留一团并指挥机关一部；（四）军部直属部队陆续南调；（五）划镇江、丁庄铺、延陵至郎溪及溧水至南漪湖之大茅山两侧地区为作战区域。

这一次会谈中，虽然双方的具体负责人都能够对谈判的条件有所让步，但是这毕竟是一个区域的谈判，不能对全国日益紧张的国共关系起什么作用，而且双方谈判的条件还需中央认可，因此成效甚微，这就使得急需双方的高层领导人就全国日益严重的摩擦展开会谈，才能根本解决问题。

1940 年 6 月初，周恩来从延安返回重庆后便急忙会见了蒋介石。他对蒋介石表示：中共方面是诚心诚意拥护蒋委员长抗战的，在许多方面都作了比较大的让步。然而国民党方面却在抗战中处处对共产党加以限制，各地不断地发生国民党残害共产党的事情。为了抗战，中共是要发展力量的，但主要是在敌占区同敌伪争取人民群众。蒋介石听后说：国共之间的一切问题都可以解决，但军事上须服从命令。周恩来答道：这要从两个方面看，一方面服从，另一方面不应拿命令来胁迫。周的这句话让蒋无言以对，只能囫囵吞枣的表示这已经是过去的事了。

## 2. 与阎锡山的谈判

就在胡宗南进攻陕甘宁边区的同时，阎锡山在他的"独立王国"山西发动了晋西事变。阎锡山是有实力的割据军阀，蒋介石政府虽然名义上统一了全国，但是中央军一直都没能够进入山西。日军发动侵华战争后，阎锡山对抗日甚是积极，主要原因是怕日军侵入山西后使得自己苦心经营的"独立王国"流落日本人之手，丢了山西，那阎锡山和他的晋绥军也就没有立足之地了。因此，抗战之初，为了防备国民党中央军和日军进入山西，阎锡山决定和中国共产党合作，因为他看重共产党此时的势力还很弱小，在山西境内能够对其进行掌控。然而，随着中共在山西势力的逐渐增大，阎锡山又感觉到共产党在山西的力量会危及自身的统治，因此决定瓦解和消灭新军（抗战爆发后，中共在山西实行与阎锡山合作抗战的政策，帮助阎锡山建立新的武装力量抗日决死队又称山西新军，新军中的一些骨干领导人都是共产党员），以及共产党在山西的力量。

1937 年 7 月，阎锡山在吉县召开的秘密高级干部会议上就说：抗战以来，晋绥军"抗光了"，唯独八路军不但不减少，反而增加，再加上牺盟会、决死队和共产党、八路军合作，今后还有晋绥军立足之地吗？至此，阎锡山决定为了牵制共产党的发展，不能再和日军打下去，制定了"抗日，和日"、"拥蒋，拒蒋"、"联共，反共"的斗争策略。他对山西境内的三方势力都进行拉拢，但又保持一定的距离，让这三方势力互相争斗，而他便可以在这三方势力之间游刃有余的进行交涉。如果任何一方的势力在山西过于强大，威胁到他的统治，那么他便会联合其他两方对其进行遏制。阎锡山将这种策略称之为"在三个鸡蛋上跳舞"。他说：你既不能从哪个鸡蛋上滑下来，也不能踩破任何一个鸡蛋。

武汉失守之后，抗日战争由战略防御进入相持阶段。日军无力再进行大规模的军事进攻，因此调整了策略，对一些抗日摇摆不定的地方势力进行拉拢。日本政府就曾向阎锡山表示：只要停止抗战，共同防共，可以归还山西大地主大资产阶级财产的49%，这对阎锡山来说确是一个很大的诱惑。但如果仅仅是因为日本人的种种许诺，那么阎锡山还未必会立即与共产党翻脸，毕竟双方之前的合作还算愉快。导致阎锡山与中共翻脸的真正原因是中共的强大：此时山西新军已经发展到50个团，主力部队5万多人，其实际兵员和武器数量都超过了山西旧军，牺盟会已掌握了山西70多个县的政权。为了对付山西境内的共产党，阎锡山一面与蒋介石加紧联系，表示愿意协助蒋介石进攻八路军；一面又与日军秘密谈判，想与日军勾结起来对付共产党。

1938年6月和9月，阎锡山两次在吉县吉贤村召开会议，制定重整旧军，压制新军的计划。1939年3月，阎锡山又在陕西宜川县秋林镇召开高级军政干部会（秋林会议），逼迫共产党人退出新军，解除中共党员的军权，还秘密制定了对新军的作战计划。对于阎锡山的种种反共措施，新军中的中共领导人薄一波、续范亭等人做了坚决的斗争并及时将这种情况告知了中共中央。9月21日，中共中央发出《关于山西开展反逆流斗争的指示》。10月初，中共中央北方局又对反逆流斗争作了具体的部署。10月10日，中共山西省委发出《关于坚持山西抗战克服危险倾向》的宣言。新军在得知中共各级组织的告知之后，积极的展开应对措施，以防止阎锡山的突然袭击。

◎ 阎锡山

11月29日，阎锡山密令陈长捷为总司令，率旧军6个军，分3路向晋西决死队2纵队和八路军晋西4支队驻地进攻。同时阎锡山还串通日军约其共同夹攻2纵队和八路军晋西支队。晋西各县的抗日政权和抗日救亡团体也相继遭到了山西旧军的摧毁，阎锡山指使其部惨杀17县的进步县长，大肆杀害牺盟会干部和八路军后方医院伤病员。面对阎部的猖狂进攻，新军只能被迫予以还击，阎锡山便乘机通电全国，诬陷"决死队叛变"。蒋介石看到阎锡山同共产党人闹翻脸甚是高兴，认为能借阎锡山之手除去他的心头大患也是一件可喜之事，随即便极力煽动和公开支持阎锡山的这次反共行动，污蔑新军"十余团叛变"。

中共中央见新军难以独自摆脱阎锡山旧军和日军的夹攻，便指示八路军第120师新358旅对决死2纵队和八路军晋西支队进行接应，决死2纵队和晋西支队奋战20多天终于突破了阎、日军的包围。中共中央为了避免事态的继续扩大，电告在重庆的叶剑英要求其去请程潜出面调停，但被其拒绝。后又派王若飞、萧劲光到秋林直接会见阎锡山，请其制止摩擦，双方进行谈判，被阎锡山拒绝。看来阎锡山是"吃了秤砣铁了心"要消灭新军了。在进攻新军未果后，阎又令其部属孙楚在晋东南与蒋介石在当地的驻军一起向决死1纵队和各县抗日民主政权进攻，残忍杀害共产党人和进步分子500多人，摧毁了阳城、晋城、长治等抗日民主团体。

中共方面对于阎锡山的一再忍让未能换来他的回心转意，因此新军和八路军发动了针对阎锡山的反摩擦战役。贺龙、关向应率第120

师主力由冀中返回晋西北，八路军第 386 旅和总部特务团进入太岳区，协同当地部队共同将来犯之敌击退。经过一个多月的艰苦战斗，粉碎了阎锡山发动的十二月事变。阎锡山虽然扫荡了晋西南，但尽失了在晋西北的地盘。他在晋东南勾结蒋军进攻八路军、新军，结果为蒋介石的中央军进入和控制晋东南打开方便之门，请神容易送神难，自此中央军便乘机在山西扎下了根。此时，阎锡山在山西实际控制的地区只剩下晋西的 10 多个县。

中共中央在对待阎锡山的问题上和蒋介石与日军区分开来，认为他既有对日妥协、投降的一面，又有抗日的一面；既有联蒋的一面，又有拒蒋的一面，对于蒋介石的势力侵入山西他是不愿意看到的；对于共产党，他既有限共、防共、反共的一面，又有联共抗日拒蒋的一面。因此中共决定趁机与阎进行谈判，希望双方能够恢复到事变发生之前的合作状态，八路军留守处主任萧劲光、新军的领导人薄一波、戎子和、续范亭、雷任民、宋邵文、张文昂、韩钧及各地牺盟会、民族革命青年团等纷纷致电阎锡山表示愿意和平解决山西问题，愿意继续在阎的领导之下团结抗日。

得知中共方面的反应，加之自己所处的现状，阎锡山决定这时应该与中共进行会谈，这对于抗衡日军和蒋介石是有好处的，因为失去了军力和地盘的阎锡山对于蒋介石和日本人都没有什么利用的价值了。于是他复电中共中央，表示请萧劲光前来谈判。1940 年 2 月 25 日，中共中央派萧劲光、王若飞持毛泽东的亲笔信前往阎锡山驻地——陕西宜川县的秋林镇。毛泽东在信中说道：百川先生勋鉴：抗日以来，整个华北在先生英明领导之下，创立了抗日根据地，实施了进步政策，使抗战各军团结一致，屏障中原，保卫西北，功在国家，万方敬仰。八路军久隶骈幪，获有些进步，亦无非先生之赐。目前国际形势，日渐有利于我之抗战，国内关系虽有一班不明大义幸灾乐祸分子进行挑拨离间阴谋，然深明大义者固居多数。近来山西境内，发生某种不幸事件，然大势所趋、终必和平解决。尤因先生领导提挈，至明至慎，必能处理当悉，益臻进步团结之途，无可疑者。兹派肖主任劲光、王部长若飞趋谒左右，敬祈接见指示一切。未尽之意，统由肖王二同志面达。专此敬颂勋祺。

毛泽东的这封信可谓是大大地夸赞了阎锡山一番，阎看后甚是欣喜，没想到毛泽东这么抬爱自己，因此自然对于前来谈判的代表格外的照顾。在会谈中，中共方面提出：双方停止军事行动，停止政治攻击；新军继续拥护阎锡山，不受某方改编；双方互不处罚、互不侵犯；今后统一于进步、实现阎锡山之十大纲领；恢复与新军的电讯联络及人员来往。阎锡山表示：新军仍属晋绥军，这是他的愿望，不过新军问题已交中央，他不便说话，只好让其自然演变，不了了之。同意恢复八路军在晋西的兵站，但要求沿线不驻兵。在谈判过程中，阎锡山表示他已经下令各军停止军事行动及政治攻击，与新军的电讯联系并未中断过，因此希望能够继续保持。双方经协商后决定：晋西南与晋西北，以汾阳经离石至军渡的公路为界，晋西南为阎军活动区，晋西北为八路军活动区。在晋东南，以临汾至屯留公路为界，八路军和新军不向路南发展。

谈判结束之后，阎锡山出于礼貌也给毛泽东回复了一封信，信中说道：抗战以来，端赖全国团结一致对外，使国家地位日益增高。今于抗战第四年代，胜利业已在望之际，仍然共同努力，克服当前一切困难，以竟民族革命之全功。至此，十二月事变得到了解决，在蒋介石日后发动反共浪潮时，阎锡山基本上保持了中立，没有参与进来。

### 3. 关于划界问题

国共两党之间的军事摩擦依然在继续着，尤其是中央军与八路军、新四军之间的摩擦有增无减。为此，中共和国民党方面都在寻求一条能够彻底解决两党军事冲突的办法，最后双方都认为只有通过划界才能求得两党关系的根本解决。早在 1939 年 11 月，国民党代表张冲与中共代表博古谈判时就表示：要使两党关系彻底解决，最好划定一定区域，使部队不致犬牙交错，引起双方之疑忌，酿成冲突。毛泽东也曾表示：要争取划界，我们不超出界外，避免同国民党引起大的冲突，以减少国民党的恐惧情绪，争取抗战时间的延长。

在 1940 年 4 月国民党召开的高级军事会议上，军委会副总参谋长白崇禧就国共划界的问题提出了自己的设想：（一）在漳河以北之地带，划定第 18 集团军作战区域，并明白规定中共活动之范围，只限定此区域不得有所逾越；（二）将黄河以南之豫鲁皖苏等省之新四军或与该军有关之游击队，一并集中于指定区域内，彼此既有明确之界线，可免相互摩擦，减少祸端；（三）严格限制军队之人数与编制，不得擅缴民枪，滥事扩充，同时对于在本区域范围以外之共产党宣传及其活动，亦当设法取缔，以免民心动摇；（四）第 18 集团军在制定区域内之行政官吏，由第 18 集团军荐请中央委派。白崇禧的这个划界的想法完全从国民党的角度出发，其立足点就是为了限制中共的发展，让中共的部队集中在狭小的区域内活动，不准其扩充军力。

蒋介石甚是欣赏白崇禧的划界构想，立即让军令部制定具体划界方案。没过多长时间，军令部第一处便拟定了划分第 18 集团军和新四军作战区域的四种方案，这四种方案为：（一）变更战斗序列，将第 18 集团军及新四军划分为一个战区（冀察），委朱、彭为战区副总司令案。根据该方案，八路军、新四军全部开入旧黄河河道以北之冀察两省和晋东北及冀鲁交界地区；（二）不变更战斗序列，明确律定第 18 集团军及新四军之作战区域案，根据该方案，第 18 集团军开赴旧黄河以北，新四军则集中于江南京芜地区；（三）就第 18 集团军及新四军现在态势，按兵力大小划分整个作战区域案，根据该方案，可划分冀中、冀北、冀东南、晋北、冀察晋、京芜 6 个区域为第 18 集团军

◎ 白崇禧

及新四军的作战区域；（四）就第18集团军及新四军现在分布情形，于黄河以北及长江以南分两个作战区域案。

蒋介石看完这四种方案之后决定要以第一种方案为基石与共产党进行谈判。在蒋介石的指示之下，国民党当局的正副参谋总长何应钦、白崇禧与中共代表周恩来、叶剑英进行了多次谈判。双方主要谈了三个问题：（一）陕甘宁边区问题。中共方面主张按现状进行划界，而国民党方面却坚持只承认边区包括18个县。（二）军队的编制问题。中共要求八路军编为3军9师，新四军编为3师；国民党只准八路军编为3军6师加6个团，新四军编为2师。（三）划分作战区域问题。国民党要求八路军、新四军开往旧黄河北岸，这是双方谈判的核心问题。

中共代表在得知国民党方面开出的谈判条件，尤其是关于划分作战区域的条件后，认为国民党所提倡的划界是与共产党所设想的划界有着本质的区别的。即国民党企图将八路军和新四军逼进自己所划分的狭小区域，限制其发展，然后在国民党军队和日军的包围之中逐渐变弱，甚至灭亡；而中共方面所设想的划界是希望保持现有的活动区域，不作大的调整，通过划界使得中共在这些地区获得合法的地位。因此，周恩来在听完国民党代表的论述之后表示，原则上同意划界，但必须实现六个条件：（一）各党派在全国的合法权；（二）人民在全部敌占区的游击权；（三）八路军、新四军有正规军的足够战区（华北5省）；（四）八路军、新四军有足够的补给；（五）中共有冀、察两省的行政领导权和其他游击区的行政权；（六）八路军、新四军有发展的保证。

6月中旬，周恩来根据中共中央商定的意见，向中国国民党正式提交了全面解决两党关系的具体方案。其主要内容如下：请实行《抗战建国纲领》所规定之人民集会结社言论出版之自由；请在游击区及敌占领区内，实行《抗战建国纲领》所规定之指导及援助人民武装抗日，并发动普遍的游击战。对各地方政权实行民主，对当地民众组织，力予扶植，使各党各界之人才，均充分发挥反对敌伪之能力与效果。加强经济战争；关于陕甘宁边区、第18集团军及新四军问题：甲、请明令划定延安、延长、延川等23县为陕甘宁边区，组织边区政府，隶属行政院，并请委任林祖涵同志为边区政府主席；乙、请扩编第18集团军为3军9师，其所属游击部队按战区所属游击部队同等待遇；丙、请增编新四军为7个支队；丁、为确定战争职责及避免误会和冲突，计请规定第18集团军、新四军与友军作战分界线；戊、请依同等待遇，按时补充第18集团军、新四军以枪械、弹药、被服、粮秣及卫生通信交通等器材。

由周恩来提交的解决两党问题的方案很快就得到了国民党方面的回复：

一、关于党的问题，俟宪法公布后再谈；

二、关于陕甘宁边区问题，名称改为"陕北行政区"，其行政机关称为"陕北行政区公署"，隶属行政院，归省府指导并直接管辖该区内所属各县，所辖县为15个，区内主任及各县县长准由18集团军报请政府任命，18集团军在陕甘宁留守部队，一律撤至该区内。

三、关于18集团军及新四军作战地境问题。

中央决定：

（一）发表朱德为冀察战区副司令，免去第二战区副司令长官职务。

（二）（第一案）将 18 集团军全部与新四军全部调赴河北省境内，并将新四军加入冀察战区之战斗序列，少数调赴该战区。

（第二案）将 18 集团军之大部及新四军之全部调赴河北省内，其 18 集团军之一部留置晋北作战，但所留部队应编入第二战区之战斗序列，但山西之政治党务军事，驻地不得干涉，绝对服从第二战区司令长官之命令。

（三）冀察战区之地域为冀察两省全部，其地境线为冀察两省与其他各省之交界线。

（四）战区地境为临时性非永久性，亦非政治性，军事委员会之作战命令绝对不受限制。

（五）18 集团军及新四军须于奉命后一个月内全部开到河北省。

（六）18 集团军及新四军调赴冀察战区河北省后，不得在原驻各地设立留守办事处通讯处及其他一切类似机关。

（七）冀察战区发表后，18 集团军、新四军非奉军事委员会命令不得擅自越出战区地境外，该战区内之作战行动，应绝对服从该战区长官之命令。

（八）冀察战区之军队，不得干涉地方政治及党务，北平及天津二市，仍直属于中央，并不得擅发钞票。

（九）冀察二省主席由中央遴选任命，省府委员得由战区副总司令保荐三人至五人。

（十）18 集团军及新四军开入冀察战区后，除军事委员会别有命令规定外，其他各战区以及任何地方，一律不得再有 18 集团军及新四军名义之部队。

四、关于 18 集团军及新四军编制问题（略）

从中国国民党给予中共的复案内容来看，条件是极为苛刻的，不仅将陕甘宁边区削减为不足 15 个县，名称也改为陕北行政区，对八路军、新四军各方面的发展设置了条条框框，根本无法让中共代表们认可。经过反复协商，国民党方面不得不做出一些让步，在该文件的基础上进行了一些修改，最终确定了《国民政府提示案》。该文件与前个文件相比在内容上有两点明显的不同：第一，关于陕甘宁边区问题，同意增加甘肃之合水、环县及庆阳之一部，使之名义上的辖区达到18个县；第二，关于18集团军及新四军作战地境问题，决定取消冀察战区，将冀察两省及鲁省黄河以北地区并入第二战区，朱德仍任第二战区副司令长官，在作战指挥上应服从战区司令长官之命令，但由朱德直接负责冀察两省及鲁北、晋北之一部，而18集团军和新四军全部调赴冀察两省及鲁北、晋北。

尽管国民党所制定的《国民政府提示案》比先前谈判时提出的条件要稍微宽松了些，但是周恩来还是拒绝了该提案，因为国民党在这份提案中所提的条件，中共还是无法完全接受。如提案指出"取消冀察战区，不给中国共产党以独立的指挥权"，"取消陕甘宁边区政府，代之以陕北行政区公署"等等，这些都是中共无法妥协的。随后，周恩来为了具体请示中共中央的意见，于7月27日，携带《国民政府提示案》飞回延安。中共方面给予的指示是：（1）可以承认陕北行政区的名义，但管辖区域须照现在地区不变；（2）扩军问题18集团军必须3军9师，新四军必须3师，照调整编师编制，经费共200万元；（3）改组冀、察两省政府，省政府主席由中共推荐；（4）同意划分作战区域，但不能限于旧黄河以北，最好应包括华北5省在内，或以新黄河为限；（5）承认人民在敌占区有游击权和组织游击队的自由。

周恩来根据中共中央的指示，制定了与国民党进行谈判的最新谈判方案，并于8月25日返回重庆与蒋介石、白崇禧进行会谈。在谈判过程中，周恩来表示中共可以在某些细节方面做些让步。然而蒋仍坚持要八路军、新四军一律开到旧黄河以北，游击队留在当地交战区司令官指挥。周恩来则指出，50万军队将难以在敌后冀察两省狭小的地区中生存与作战。蒋介石则表示有办法解决这个问题，要求周恩来与何应钦进行会谈。周恩来在与何会谈时仍然再次强调将这 50 万的军队集中在狭小的冀察两省难以实现，何表示让周恩来重新提出具体方案来解决这个问题。

据此，周向国民党方面提出了调整作战区域及游击部队的三项办法：一、扩大第二战区至山东全省及绥远一部；二、按照 18 集团军、新四军及各地游击队全部发饷；三、各游击部队留在各战区划定作战界线，分头击敌。周的这个提案已经在原有的基础上进一步作了让步，可是这个提案却没有得到国民党方面的认可，谈判仍然举步维艰，国共之间似乎越谈越远。

# 三、皖南事变中的谈判

1941 年 1 月，皖南事变爆发，国共两党大战一触即发。中国共产党从民族利益的大局出发，没有扩大军事冲突，而是采取了"有理、有利、有节"的斗争方式，以"政治上取全国攻击，军事上取守势"同国民党顽固派展开了坚决的斗争。周恩来、叶剑英、邓颖超等中共代表同国民党顽固派斗智斗勇，在重庆利用各种渠道披露事变的真相，争取了社会各界的同情与支持，为妥善解决皖南事变做出了巨大的贡献。

## 1. 皖南事变的发生

皖南事变的发生不是偶然的，它是国民党反动派利用当时的国际、国内形势发动的一起有预谋、有组织的严重反共事件，其根本目的就是为了消灭江南的新四军。1940 年秋，国际法西斯势力极为猖獗，9 月德、意、日在柏林签订了《德意日三国同盟条约》，三方约定在世界战场上互为帮助、互相策应。日本为了加紧对太平洋上英、美、法、荷等国的殖民地实行军事进攻，抢夺战略资源，以实行其"南进"计划，迫切需要从中国战场上抽出军力。为此日本在德、意支持下，再次对蒋介石国民政府进行政治诱降，在政治上极力拉拢蒋介石。而此时的英、美等国为了自身的利益，急需阻止日军实行其"南进"策略，所以希望国民政府能够在中国战场上拖住日军，最好能够让日军越陷越深。10 月 8 日，英国政府重新开放了已封锁 3 个月之久的滇缅公路，还给予蒋介石政府 1000 万英镑的贷款。而美国也宣布分三批给蒋介石政府 7500 万美元贷款，并宣布对日禁运废钢铁、汽油等军事战略物资。

德、意、日、英、美、苏都在拉拢蒋介石，蒋介石的信心一下子膨胀了许多，以前都是有求于诸列强，如今诸列强却来求助于自己。周恩来在给延安的回电中形象的给此时的蒋作了分析：蒋现在处于三个阵营争夺之中，他认为以一身暂时兼做戴高乐、贝当、基马尔最能左右逢源。故他躲在成都，让其夫人及英美派拉英美，朱家骅、桂永清拉德，让亲日派谈和，让孙（科）、冯（玉祥）亲苏，让何（应钦）、白（崇禧）反共，以便他居中选择，并以反共为轴心来运用。在这种背景之下，蒋介石决定制造第二次反共高潮，即震惊中外的皖南事变。

1940 年 10 月 19 日，国民党当局以参谋总长何应钦、副参谋总长白崇禧的名义向八路军正副司令朱德、彭德怀，新四军军长叶挺发出"皓电"，电文中命令八路军、新四军在一个月内全部开到黄河以北。"皓电"发出之后，周恩来直接给新四军的叶挺、项英发去一电表示蒋、何逼我新四军渡江的决定决不会取消，要求新四军应当加紧渡江。延安方面指示刘少奇，要新四军不能再进攻韩德勤现驻地兴化，停止射阳以北地区的行动。针对国民党发出的"皓电"，中共中央在《关于反对投降挽救时局的指示》中明确指示：此次危机的主要原因是德日的劝与诱降以及亲日派与内战挑拨者的活动。这些活动的目的是使国共两党火并，两败俱伤，以便彼等坐收渔人之利。要把斗争矛头指向何应钦并击破之，顽固派要投降也比较困难。蒋介石有被亲日派牵入圈套由反共而走到投降的极大危险性，但他还在投降和加入英美集团、继续独立战争的交叉点上，还要争取他。

就在这时，国民党当局又作了围歼新四军的部署。11月4日，国民政府军事委员会军令部拟定了一个《剿灭黄河以南匪军作战计划》，其主要内容是：第三、第五战区主力避免与日军作战，集中力量，分期迫使新四军撤至黄河以北。第三战区司令长官顾祝同所部兵力，于1941年1月底前肃清江南新四军，然后再肃清黄河以南新四军；第五战区李宗仁所部，限于1941年2月底前，肃清黄河以南的八路军、新四军。12月18日，蒋介石又指使何应钦、白崇禧向朱德、彭德怀、叶挺、项英发出急电，即"齐电"，电文声称军令法纪之尊严必须坚决维持，要求新四军和八路军迅速执行军令，将黄河以南的部队悉数调往河北。蒋介石也密电顾祝同：对江南匪部，应按照前定计划，妥为部署并准备，如发现江北匪伪竟敢进攻兴化，或至限期（本年12月31日）该军仍不遵命北渡，应立即将其解决，勿再宽容。

蒋介石之所以这么急于想消灭新四军，除了他所自认为的大好国际、国内局势外，还因为新四军的发展已经越来越成为他的心头大患。新四军虽然在军队人数上不及八路军，但是所处地区为国民政府极为重视的华东地区。如今虽然是沦陷区，但是一旦日本投降后，蒋介石势必要还都南京，到那时蒋介石自然是不希望看见国民政府的首都处在新四军的包围之中，因此便对新四军痛下杀手。为了实现围歼新四军这一计划，蒋介石先后调集了7个师8万余人的兵力，调整了皖南指挥系统，选派上官云相为总指挥，统辖各路大军于1941年1月3日之前达到指定地点，修筑工事，以逸待劳，以绝对的优势面对即将到来毫无准备的新四军。

中共中央对于何、白的"皓电"高度重视，做了三方面的准备：一方面大力作反投降、反内战的宣传：周恩来、叶剑英在重庆，陈毅在苏北，李克农在广西等地，通过种种渠道，揭露国民党制造摩擦、破坏国共合作的活动，希望用政治攻势来缓解国民党的军事攻势；一方面中共又以"佳电"作了让步的表示，"佳电"是由毛泽东亲自起草的，朱、彭、叶、项正式致何、白的复电。电文措辞恳切而委婉，首先叙

◎ 新四军军长叶挺

述了八路军和新四军 4 年来在抗战中取得的战绩，以表明遵循国策、服从命令为捍卫民族国家奋斗到底之决心。然后就行动、防地、编制、补给、边区及团结抗战之大计 6 个方面回顾了双方以往的纠纷，反驳了"皓电"中对八路军、新四军的"起诉"。但在防地问题上面，"佳电"同意皖南的新四军部队移至长江以北；除此之外，中共中央还连续电令项英，要他丢掉对国民党当局的任何幻想，下决心尽快北移。12 月 24 日，毛泽东用命令的口吻电令项英等：你们必须准备于 12 月底全部开动完毕，希夷（叶挺）率一部分须立即出发，一切问题须于 20 天内处理完毕，现在立即开始分批移动。

虽然中共中央对于新四军领导人再三叮嘱，要求其迅速撤离，不可拖拖拉拉、犹豫不决。但是当时的领导人项英、袁国平等对国民党仍然抱有幻想，认为国民党不敢对新四军进行大规模的军事进攻，因此没有意识到迅速北移的重要性。项英在接到毛泽东的来电后，提出北移如何困难、如何危险，不赞成北移，并请示中共中央新四军下一

步的行动该如何。毛泽东见到电报后大为不满，于 12 月 26 日回电项英、袁国平，提出中央还在一年以前即将方针给了你们，即向北发展，向敌后发展，你们却始终借故不执行……但你们不要对国民党存任何幻想，不要依靠国民党帮助你们任何东西，不可能帮助的东西只当作意外之事。你们要有决心有办法冲破最黑暗最不利的环境，达到北移的目的……在移动中如遇国民党向你们攻击，你们要有自卫的准备与决心，这个方针也早已指示你们了。受到了中共中央如此严厉的批评，项英等新四军领导才决定北移，可惜为时已晚，国民党方面早已经做好了军事部署，就等新四军进入陷阱了。

1941 年 1 月 4 日晚，叶挺、项英奉命率领新四军军部、1 个教导团、1 个特务团和第 1 支队、第 2 支队、第 3 支队的两个团，共计 9000 余人，由泾县的云岭军部所在地出发绕道北上。在经过泾县茂林地区时，突然遭到了国民政府第三战区司令长官顾祝同、第 32 集团军总司令上官云相等事先埋伏、布置好的国民党军队的包围和袭击，国民党军队共计 8 万余人。面对国民党军重兵包围，我新四军官兵进行了英勇的抗击，虽然打退了国民党军队的多次进攻，但终因寡不敌众，弹尽粮绝。在这次事变中，皖南新四军除约 2000 人分散突出重围外，大部分壮烈牺牲。军长叶挺为了挽救危局，不顾个人安危，前往国民党 52 师进行谈判，却被无理扣押；副军长项英、副参谋长周子昆虽然突出重围，但在泾县茂林赤坑山蜜蜂洞隐蔽时被原副官处副官、叛徒刘厚总杀害；政治部主任袁国平在突围中壮烈牺牲。

17 日，蒋介石以国民政府军事委员会名义发表命令和谈话，指责新四军为叛军，宣布取消新四军番号，并声称将叶挺交军事法庭审判。皖南事变可以说是中国共产党军队参加抗日战争以来损失最为惨重的一次，只是制造该惨案的不是穷凶极恶的日本侵略者，而是国共两党都尊奉为领袖的蒋介石，皖南事变的发生将原本就不太和谐的国共两党的关系推向了破裂的边缘。

### 2. 国共摩擦升级

皖南事变发生后，中共中央同国民党顽固派进行了坚决的斗争。中共中央在事变发生后的第一时间便提出在政治上、军事上迅即准备全面大反攻，救援新四军，粉碎反共高潮。1月15日，又致电周恩来、叶剑英指出，蒋介石一切仁义道德都是鬼话，千万不要置信，只有猛烈坚决的全面进攻，方能打退蒋介石的挑衅与进攻，必须不怕决裂，猛烈反击之，我们"佳电"的温和态度须立即终结。刘少奇作为新四军的领导人向中共中央提出了重要的意见，即以在全国主要的实行政治上全面的大反攻，但在军事上除个别地区外，以暂时不实行反攻为妥。中共中央听取了刘少奇的意见，认为此时此刻不应当在军事上与国民党再进行纠缠，否则有可能将中国推入大规模内战的危险，因此中共中央制定了以"政治上取全国攻击，军事上取守势"的方针，用以解决皖南事变。

以周恩来为书记的中共中央南方局在重庆同国民党展开了直接的斗争，利用各种方式揭露国民党顽固派的阴谋。1月17日，周恩来为皖南事变向国民党谈判代表张冲提出质问和抗议，张冲对此除了表示歉意之外也别无他法，因为张冲也不想看见此事的发生，毕竟他是极力想维持国共之间合作抗日的关系。随后，周恩来打电话斥责何应钦说：你们的行为，使亲者痛，仇者快，你们做了日寇想做而做不到的事。

由于国民党方面极力想封锁皖南事变的真相，因此加

◎《新华日报》上发表周恩来为皖南事变所题诗

大了对《新华日报》的检查，关于皖南事变真相的报道和评论文章都已经被国民党的新闻检查所全部扣押，禁止刊登，并派人一直等在报社里要审查第二天的报纸大样。周恩来巧施一计，用障眼法骗过了国民党新闻审查人员，这才使得皖南事变的真相得以在国民政府的战时陪都重庆流露出来。周恩来亲自为皖南事变题词和题诗，题词刊登在《新华日报》第二版，上面写道："为江南死国难者致哀！"诗是刊登在第三版的，用"千古奇冤，江南一叶，同室操戈，相煎何急！！"这25个字阐述了皖南事变的实质，表达了对国民党顽固派强烈的谴责。1月19日，周恩来为了使各方了解皖南事变的真相，指示南方局军事组起草并亲自核准了《新四军皖南部队惨被围歼真相》交《新华日报》印成传单，通过各种渠道散发给重庆和各地党政军机关团体和国外友人，人们通过《新华日报》逐渐了解到了皖南事变的真相，各方开始同情中共而谴责国民党。

中共中央于1月18日发出《关于皖南事变的指示》，分析了这一事变的空前严重性和国民党破坏抗战破坏团结的真相，为了反对国民党的进攻，中共中央决定：

甲、在各抗日根据地内经过刊物、报纸、会议、群众大会，对于国民党亲日派、顽固派同谋歼灭皖南新四军的行动，提出严重抗议。

乙、在宣传鼓动工作中应无情地揭破国民党当局自抗战以来，对人民、对革命分子则肆意压迫与屠杀，对日寇、汉奸则消极应付与宽容，有功者罚，有罪者赏等一切倒行逆施的黑暗的反动的方面；指出只有改革政治机构，实行民主，才能使抗战坚持到最后胜利。

丙、八路军、新四军在政治上、军事上应充分提高警觉性和作战的充分准备。

丁、在大后方应经过各种不使党的组织遭受破坏的、侧面的、间接的方式去动员舆论与群众，特别抓住物价高涨去提高人民的不满情绪到要求驱逐亲日派，改组国民政府，实行民主抗日的水平。

针对国民党擅自取消新四军的编制，宣布新四军为叛军这一反动命令。1月20日，中共中央军委发布重建新四军军部的命令，主要内容是：任命陈毅为国民革命军新编第四军代理军长，张云逸为副军长，刘少奇为政治委员，赖传珠为参谋长，邓子恢为政治部主任。着陈代军长等悉心整饬该军，团结内部，协和军民，实行三民主义，遵循《总理遗嘱》，巩固并扩大抗日民族统一战线。1月28日，新四军以华中总指挥部为基础组成新的军部，并将活动于陇海路以南的八路军、新四军部队统一整编为7个师和1个独立旅，全军共计9万余人。

同日，毛泽东以中共中央军委发言人名义发表讲话：我们中国共产党和中国人民，不但有责任，而且有能力，挺身出来收拾时局，决不让日寇和亲日派横行到底，他要求国民党当局以大局为重，悬崖勒马，提出中国共产党关于解决皖南事变的12条办法：第一，悬崖勒马，停止挑衅；第二，取消1月17日的反动命令，并宣布自己是完全错了；第三，惩办皖南事变的祸首何应钦、顾祝同、上官云相三人；第四，恢复叶挺自由，继续充当新四军军长；第五；交还皖南新四军全部人枪；第六，抚恤皖南新四军全部伤亡将士；第七，撤退华中的"剿共"军；第八，平毁西北的封锁线；第九，释放全国一切被捕的爱国政治犯；第十，废除一党专政、实行民主政治；第十一，实行三民主义，服从《总理遗嘱》；第十二，逮捕各亲日派首领，交付国法审判。并指出：如能实行以上12条，则事态自然平复，我们共产党和全国人民，必不过为已甚。1月25日，周恩来将中共关于解决皖南事变的12条办法当面交给国民党谈判代表张冲，由他转交给蒋介石。

蒋介石是再三考虑了当时的国际、国内环境才敢发动皖南事变的，因此他认为事变发生后应该没有什么政治力量会帮助共产党方面，尤其是他所依赖的英美。可是事与愿违，当皖南事变的消息传遍世界时，几乎所有的政治力量都在同情中共而谴责国民党，这是蒋介石始料未及的。

国际上：日本方面，日军想要灭亡中国的计划从来没有停止过，如今看见国共之间大打出手，日军认为机会难得，再加之政治诱蒋不成，因此索性乘机加紧了对国民党的军事进攻。对于蒋介石想将中共军队全部赶到黄河以北去，日本人也是十分反感的，这样会危及日本在华北的利益；英美方面，英、美等国本来就希望国共之间能够团结合作、共同抗日，如今国民党不去打日本人，却和自己的盟军打起来，这是英、美等国极不愿意看到的，美国政府甚至向蒋介石声明，美国在国共纠纷未解决前，无法大量援华，中美间的经济、财政等各种问题不可能有任何进展。苏联也致电国民党政府，谴责国民党发动内战，要求中国以最大的努力恢复团结。

国内方面：除了中共方面强烈谴责国民党的行为外，国内的其他团体、民主党派包括国民党内部的左派人士都对国民党顽固派的这一行为进行了严厉的批判。宋庆龄、何香凝、柳亚子、彭泽民等在香港发起了抗议运动，对蒋介石表示抗议，曾三次致电国民党中央，要求当局立即撤销"剿共"部署，解决联共方案，发展各种抗日实力，保障各种抗日党派。张治中将军向蒋介石上万言书，痛陈对皖南事变处理失当。民盟的领导人黄炎培表示：当局如此措置是绝对错误。

除此之外，广大的海外侨胞对国民党的倒行逆施行为也大声疾呼，表示国民党方面应该以大局为重，团结抗日。著名华侨领袖陈嘉庚致电国民参政会，要求蒋介石消弭内乱，加强团结。

面对来自国内外各个方面的谴责声，蒋介石有些吃不消了，迫使他不得不缓和同共产党的关系。1 月 27 日，蒋介石在重庆中国国民党中央纪念周上的讲话虽然还以所谓的"军纪"、"军令"等来掩饰其反共行为，但是也表明新四军事件完全为整肃军纪，当然不牵涉其他问题……也绝无什么政治性质。同时他还表示凡遵守抗战建国纲领之一切个人、团体和党派，政府绝对尊重其应有之自由与独立的人格，而予以法律之保障。蒋介石没有将皖南事变归咎于政治问题，也没有牵扯到党派问题，只是将其作为军令、军纪问题，可见其并不想将此事的影响扩大。

此外，蒋介石还于 2 月初表示允许华中八路军、新四军延期北移及新四军归入八路军增编 1 军。同时，蒋介石为了制造国共合作良好的氛围，千方百计的拉中共参政员出席即将召开的国民参政会，但是对于中共提出的关于解决皖南事变的 12 条办法蒋却绝口不提，没有作任何答复。

### 3. 谈判一度中断

虽然蒋介石作了一些让步与妥协，但是关于中共所提的解决皖南事变的 12 条办法他却充耳不闻。对此，中共方面决定拒绝蒋介石所提出的妥协条件，并且指示在政治上继续保持攻势，针锋相对，坚持 12 条。毛泽东专门写了《关于打退第二次反共高潮的总结》一文，指出了当前中国社会的主要矛盾依旧是中日矛盾，要充分认识蒋介石集团的两面性，提出了与蒋斗争的方针与策略：英美派的大地主大资产阶级既然还在抗日，其对我党既然还在一打一拉，则我党的方针便是"即以其人之道，还治其人之身"，以打对打，以拉对拉，这就是革命的两面政策。只要大地主大资产阶级一天没有完全叛变，我们的这个政策是不会改变的。

第二届国民参政会即将召开，蒋介石想用这一次会议来粉饰当前日益严重的局势，因此千方百计地要让中共参政员出席会议，中共中央决定利用蒋介石的这一弱点与其展开斗争。中国共产党一方面不能无条件地出席这次国民参政会，另一方面还得争取社会各界的理解与支持。于是斗争的焦点转移到中国共产党人是不是参加第二届国民参政会这个问题上来，国民参政会二届一次会议定于 3 月 1 日召开，国民政府在皖南事变前已经公布了出席二届一次参政会的人员名单，中共参政员为毛泽东、董必武、邓颖超等 7 人。

2 月 18 日，周恩来带着毛泽东等中共 7 位参政员致国民参政会的公函，去见参政会秘书长王世杰，公函声明：中共 7 参政员在我党所提 12 条皖南事变善后办法未得裁夺以前，中共参政员碍难出席。王世杰乃是国民参政会秘书长，具体负责会议的准备工作，事前蒋介石已有指示，要求无论如何也得让中共参政员出席会议，因此王世杰知道中共参政员有意不出席会议时，急得团团转。

就在王世杰左右为难时，他想到了张冲，因为张冲和周恩来他们打交道已经不是一天两天了，同周恩来的私人交情也是比较深厚的。张冲也只得接下这烫手山芋，为了能够说服周恩来让中共参政员出席国民参政会，张冲自己都不记得在这段时间来往红岩嘴（当时周恩来、叶剑英等中共代表的工作驻地）多少次了。不管张冲怎样的费尽口舌，甚至表示中共参政员若能参加会议，他就算给周恩来下跪也无妨。周恩来则始终坚持原则，不为所动，并且安慰张冲，表示可以理解他的心情，但这是政治问题，不是个人问题。如果淮南先生（张冲字淮南）有什么私事需要周某人帮助，恩来自是在所不辞。张冲见劝周不动，便提出可否让周去见蒋介石，周恩来表示：目前见蒋无意义，因为不会得到任何结果。张冲又表示，根据各方面可能的意思，可以有几项具体办法，请求周恩来能够转告中共中央，显然张冲是得到了上面的指示才能讲出这几项具体办法的。其主要内容是：一、军事上，18 集团军以正规军开到黄河以北，其他游击部队完全留华中，再归还 1 军的番号，以补新四军的缺，归还叶挺和其他干部，边区或冀察政权照前议；二、参政会改请董必武、邓颖超出席；三、军事进攻停止，政治压迫要总解决，请蒋负责纠正，再不许发生新事件。

周恩来对此表示可以将此意见电告中央，但是公函不会收回，蒋介石他也不会见。中共中央对于张冲所提的这几项具体意见很快就给予了回复：除非12条有所满意解决并办理完毕确有保证之后，决不出席参政会；张冲所提条件不能接受，7参政员公函不撤；彼方如有诚意，应延期2个月开参政会，以解决12条及一切悬案，派机送周回延安开会。周恩来在得到中央的答复后第一时间将中共中央的意见告知了张冲，一并将电文也给予张冲观看。张冲看后大为失落，表示可否让周恩来回去讨论，参政员公函也要撤回，董、邓两位可出席参政会？周恩来斩钉截铁地回答：万做不到。这样做，将成为历史上的滑稽剧，不是侮辱我们？张冲又央求即使董、邓出席一人也好。周恩来表示：国民党请客吧？被请者为"奸党"，还要客来捧场，岂不是污辱？最后周恩来向张冲强调出席参政会是不可能的，希望他还是断了这个念头。

眼看到了3月1日，中共方面还是坚决不出席参政会议，蒋介石也是十分的焦急。几次派人到红岩嘴请董必武、邓颖超出席，均遭到拒绝。就在开会的当天早晨，蒋介石还不死心，让张冲等人驱车前往红岩嘴请董、邓出席会议，再次遭到拒绝。就这样，国民参政会二届一次会议在没有中国共产党代表出席的情况下开幕了。当日，周恩来电告中共中央：此次参政会我们得了大面子，收了大影响。蒋亲提主席名单，昨夜今朝连续派两批特使迎董、邓，一百多国民党员鸦雀无声，任各小党派提议，最后延期一天，蒋被打得像落水狗一样，无精打采地讲话。全重庆全中国全世界在关心着、打听着中共代表是否出席，人人都知道延安，掌握着团结的人是中共中央。

鉴于蒋介石不同意中共一开始提出的关于解决皖南事变的12条办法，周恩来于参政会召开后的第二天致函张冲转交蒋介石，提出可以另提12条办法解决皖南事变，并保证如果蒋介石能够采纳这12条办法，那么中共方面定将派人参加参政会。周恩来这么做的原因是为了把握政治的主动权，及时地调整策略，以便能够借此机会解决国共之间的问题。当然，周所提的这 12 条办法是事先先呈报中共中央，并由中共中央批准的，相对于先前的 12 条，可称之为新 12 条办法。

相对于旧 12 条办法，中共已经做了比较大的让步，在新 12 条中没有提及惩罚皖南事变的祸首何应钦、顾祝同和上官云相，也没有要求国民党公开宣布自己完全错了等条件。张冲看完这 12 条办法之后，表示时间过急，等于哀的美敦书（最后通牒），将其退还给周恩来。周恩来收到张冲退回的信函之后再次寄送回去，并附信说：倘此次竟因先生退此公函作为贵党破裂表示，斯诚弟所不敢置信。张冲见此，也只能收下代为转达蒋介石了。随后，董必武、邓颖超致函参政会秘书处，提出"临时 12 条"，并表示倘此 12 条能蒙政府采纳，并得有明白保证，届时必可报到出席。同时，周、董、邓又联名写信给黄炎培、张澜、梁漱溟、沈钧儒等 16 位各党派参政员，表示：中共为顾全大局，已经改定临时解决办法 12 条，具体见与参政会公函中，如果国民党方面能够接受，那么必武、颖超必亲往参政会报到，不然局势恶化，共产党人也已扪心可告无愧。

蒋介石会接受中共重新提出的这 12 条吗？很显然不会，因为连平日中对中共颇有好感的张冲都认为这 12 条蒋介石是断然不会接受的，所以一开始才有了张冲退回周恩来信函的事情。既然蒋介石不能答应，那么董必武、邓颖超当然也没有出席会议。3 月 6 日，蒋介石在没有中共代表出席参政会第六次会议的情况下发表演说，攻击中共所提出的 12 条。他说：中国共产党同是中华民国的国民，不料在此对敌作战生死存亡斗争的时期，竟向我们国家及全国民意机关的国民参政会提出这样的条件，这岂不是他明明与我们本国政府和国民参政会立于敌对的地位。虽然蒋介石在会上大放厥词，搬弄是非，但是此时此刻他说话还是留有底线的，表示我们政府与全国国民只有一致对倭抗战与铲除民族败类的汉奸伪逆，决不忍再见所谓"剿共"的军事，更不忍以后再闻有"剿共"之不详名词留于中国历史之中……而且以后，亦决无"剿共"的军事，这是本人可负责声明而向贵会保证的。

虽然中共一向对蒋介石的话不敢全信，尤其是经历了皖南事变之后。但是毕竟蒋能够在公开场合保证不再"剿共"，这也可算是看作蒋介石对中共的妥协。国民参政会结束之后，蒋介石很快便约见了周恩来。在会谈中，蒋表示由于先前事务繁忙，因此不便接见中共代表。对于新四军事件和近来各地的政治压迫，蒋介石推脱这不是他的意思，是下面人做的。周恩来提及到防地、扩军等问题时，蒋介石只是含糊其辞地说：只要听命令，一切都好说，军队多点，饷要多点，好说。可以说这次蒋介石根本就没有想与周恩来具体谈些什么，对于周恩来所提的问题，蒋介石大多是在打马虎眼，蒋这次约周谈判就是想探探共产党方面的口气，以便为接下来该如何与共产党展开谈判做好准备。而对于中共来说，可以肯定的是蒋介石确定准备要坐下来和中共好好谈判了。

皖南事变发生后，中国共产党坚决贯彻"有理、有利、有节"的斗争原则，挫败了国民党顽固派企图打击共产党、消灭新四军的目的，赢得了多方的同情，扩大了在群众中的影响，提高了中共在全国的政治地位。蒋介石发动皖南事变在军事上虽然取得了暂时的好处，但是在政治上却是大失人心，成为口诛笔伐的对象。

# 第四章
# 越来越复杂的谈判

## 一、重开谈判

皖南事变后，国共关系曾濒临破裂。但在各种因素的作用下，事变后国共两党之间的紧张局势渐趋缓和下来。随着 1941 年 12 月太平洋战争的爆发，国际反法西斯统一战线的建立，以及中共敌后抗日根据地受到日军重创，国共关系又渐渐有所改善。以 1942 年林彪由苏联回国为契机，国共双方重开谈判，试图缓和两党之间的关系。只是，由于国民党方面没有解决实际问题的诚意，迟迟不肯解决具体问题，从而导致了这次谈判没有取得实质性进展，谈判也因此被搁置下来了。

### 1.太平洋战争爆发和谈判重开

1941 年 12 月 7 日，日本海空军突然偷袭美国在太平洋地区的主要海空军基地——珍珠港，美国太平洋舰队遭到惨重损失。次日，美国对日本宣战，太平洋战争爆发！太平洋战争的爆发，使第二次世界大战真正成为全世界范围的大战，整个世界卷入了空前的大战之中。不久，以美、苏、英等国为主体的国际反法西斯统一战线正式形成。1942年元旦，26个国家在华盛顿签署并发表了《联合国共同宣言》，郑重宣告：加盟诸国协力打击敌人，绝不中途与任何敌人单独媾和。值得一提的是，中国成为美、英、苏、中四个领衔签署国的四强之一。

为了共同打击法西斯主义国家，美、苏、英也进一步加强了合作。5月26日，英、苏结盟；6月10日，美、苏结盟。英、美在短短的两周内先后与苏联结盟，这也直接影响着蒋介石的对苏政策。而苏联与中共的关系又决定了蒋介石要对外亲苏必须对内与共产党和解。这样，随着美、苏、英的进一步合作，国共关系出现了好转的趋势。考虑到当时的国际国内形势，太平洋战争爆发后，随着美、英与苏联的结盟，过去反苏、反共的声浪也一时平息下去，在这种情况下，国民党方面不得不随着美、英等国态度的变化而有所变化，想与共产党方面谋求缓和。

正在这时，在苏联治病已达2年的八路军115师师长林彪由苏联回国。12月29日，林彪抵达新疆首府迪化（今乌鲁木齐），当天，新疆督办盛世才将这一消息电告了蒋介石。蒋介石对此消息表现出了异乎寻常的浓厚兴趣。由于林彪过去为黄埔军校四期学生，又是中共的重要将领，曾成功指挥了赫赫有名的平型关战斗，再加上又是刚从苏联回来，所以蒋介石特别予以重视，想通过林彪与中共重开谈判，缓和国共两党间一度紧张的关系。蒋介石当即吩咐秘书：速致电盛督办，对林将军需妥为照拂，礼敬有加。另外，通电令饬西安——兰州党政军方面一律不得对林将军留难，并应极力加以影响。

1942年1月5日，林彪到达兰州时，受到了国民党方面的热情款待。蒋介石命令国民党军统局西北特区少将区长程一鸣必须很好接待林彪，并妥善护送林彪回到延安。于是，林彪在兰州的食宿、通行等方

面得到特别关照，国民党甘肃省主
席谷正伦还亲自出面宴请林彪。林
彪一行在甘肃滞留数天后，于 16 日
抵达陕西西安，更是备受重视。不
仅国民党党政军各方分别宴请林彪，
并与林彪谈话，而且蒋介石派他的
心腹爱将胡宗南专程由前线赶回西
安与林彪进行晤谈。

　　1 月 31 日，胡宗南会见林彪，
在谈话中，林彪十分强调国共合作
的重要，指出，只要求得抗战胜利，
不再内战，而采取中国各新机器与
技师，建立非帝非社之三民主义国

◎ 林彪

家，则不出数十年，不但能由半殖民地而一跃为独立国，则可成为世
界上头等强国，但若两党摩擦则不仅不能使国力迅速增长，而且必然
造成内战重现之根基。林彪还指出，国民党要想用军事围剿，用武力
战争，是不可能消灭共产党的。他认为，一旦内战，则必将演为持久
战，试想以前国民党反共时，共产党无军队无领袖无经验，而尚能揭
竿而起，演成十年大内战而不决，今则拥有雄师 70 万，百能干党首，
有丰富之经验，如重开内战，其战祸之烈可想而知。林彪进一步指出：
且共军万一内战，其时必能获外国军火援助，则中原鹿死谁手未可料
也。最后，林彪表示：中国共产党决非怀疑三民主义，并愿意在公平
的基础上实行统一军令政令。对林彪的谈话，胡宗南也予以同情，认
为林彪所谈为"新言论"，并表示愿意重新与陕甘宁边区调整关系。

　　对于以上国民党一系列表示缓和关系的举动，中国共产党都给以
充分的肯定，并积极表示响应。2 月 14 日，中共领导人毛泽东致电周
恩来时指出：蒋表示对我缓和，我亦可以稍示缓和。以林彪回国为契

机，考虑到自 1941 年以来，日本帝国主义为了达到以战养战的目的，尽快消灭中国的抗日势力，加强了对八路军新四军的军事进攻，再加上国民党对解放区的经济封锁和解放区的自然灾害，从而使解放区面临了严重的困难局面，形势迫人，毛泽东坚定了与国民党谋求缓和的决心。这样，中共也开始向国民党表示好感，并做好准备，随时与国民党恢复谈判。

1942 年 7 月初，中共中央公开表示：我们愿尽自己的能力来与国民党当局商讨解决过去国共两党间的争论问题，来与国民党及各抗日党派商讨争取抗战最后胜利及建设战后新中国的一切有关问题。7 月 2 日，毛泽东致电驻重庆的中共中央代表董必武，要求他们立即开始与国民党方面就缓和两党关系进行商谈，并具体指出谈话内容应为：要求国民党联络参谋返回延安；询问释放在皖南事变中被捕的新四军军长叶挺的可能性；询问日苏间如发生战争国民党将采取何种方针；表明中共中央要求在目前及战后加强两党合作，建立三民主义国家的坚定态度，询问国民党方面的意见；要求见蒋。

毛泽东认为，在太平洋战争爆发之后的国际总局势下，国民党在战后仍有与中共合作的可能，虽然亦有内战的另一种可能，但应争取前一种可能变为现实。因此就必须估计到日本战败从中国撤退时，新四军及黄河以南部队须集中到华北去，甚或整个八路军、新四军须集中到东三省去，只有这样，才能取得国共继续合作的条件。1940 年国共谈判时，中共中央之所以坚决拒绝中国国民党关于以旧黄河划界，将八路军、新四军全部移至黄河以北的方案，主要原因在于它无论在实行中或实行后，都有使八路军、新四军陷入被围困或受其夹击的严重危险。而鉴于苏、美、英此时均将参加对日作战，抗战胜利已指日可待，那时不仅不存在类似情况，而且相反，那时若仍旧与中国国民党保持这种犬牙交错的地域关系，特别是继续占有华中地区，势必要与中国国民党发生重大冲突且为其所制。因此中共中央此时已开始考虑战后实行中国国民党曾经提出的"中央提示案"的必要性和可行性问题了。这样，一度成为国共间严重障碍的国民党的划界方案，又渐渐成为可供讨论的问题了。国共两党开始重新坐回到谈判桌前。7月3日晚，中共中央驻重庆代表董必武遵照中共中央电示，与国民党代表王世杰谈话约两个小时。

1942年7月7日，中国共产党向全国发表《为纪念抗战5周年宣言》，宣言号召：中国各抗日党派不但在抗战中应是团结的，而且在抗战后应是团结的。并公开表示：中国共产党承认，蒋委员长不仅是抗战的领导者，而且是战后新中国建设的领导者……我们愿尽自己的能力来与国民党当局商讨解决过去国共两党间的争论问题，来与国民党及各抗日党派商讨争取抗战最后胜利及建设战后新中国的一切有关问题。中共的意思十分清楚，不仅在抗战之时，即便到战后，中共仍愿与国民党继续合作，并拥护蒋介石为国家的领导者。这样，中共以极大的诚意和博大的胸怀，捐弃前嫌，首先主动向国民党发出恢复两党正式谈判的信息。对于中共抛出的和解彩球，蒋介石也是不会无动于衷的。

由此可以看出，正是在国内外形势都发生急剧变化的情况下，国共两党出于各自的考虑，调整自己的政策，适应历史的潮流，不让任何一个有可能改善国共关系的机会流失，采取积极态度，捐弃前嫌，重新坐回到谈判桌前。虽然国共关系的改善依然是任重而道远，但沉重的一页毕竟要翻过去了。国共两党间关闭已久的谈判之门，终于艰难地启开了一丝缝隙，缓缓地打开了。

## 2. 蒋介石邀请毛泽东

由于国际形势的变化，国共两党各自出于战略上的考虑，抛出了和谈彩球，国共重开谈判之门。两党关系的逐渐缓和为国共两党正式谈判创造了良好的条件。

根据中共中央《七七宣言》的精神，正在患病的周恩来和董必武于7月11日约见了国民党人王世杰、张治中，对过去谈判中涉及的一些问题表达了如下意见：抗战胜利中共有坚定信心；在取得胜利前必遭空前困难；克服困难办法主要是国共合作，障碍两党团结的军事政治问题总可谈得解决办法，这是因为中共军队在委员长领导下抗日，其历史不同，有其自身特点，想把它一下子变成另一种特殊，绝难做到，在真正民主共和制下，共产党并无永远保持特殊军队之意。其次是由于政权问题，共产党人虽有局部的和临时的政权，但为抗日需要，共产党人至今尚无与中央政权对立的全国性政权系统，这与内战时期另有中央政权是不同的；请联络参谋速归延安；请中央指派人员和共产党代表经常接洽；请中央了解中共中央七七宣言所表明的政治态度。同时，周恩来、董必武都先后提出请国民党释放叶挺及廖承志的问题，并要求见蒋等项要求。

对于向延安派回联络参谋一事，王世杰、张治中都满口应承；至于中共中央要求见蒋事也同意转达。对周恩来等就两党谈判具体问题所谈意见，张治中并没有明确表态，只是一再强调军政统一问题，认为这是解决两党关系之症结所在。所以，谈判时，王世杰与张治中一面要周恩来、董必武考虑具体办法，一面则明确提出进一步商谈是否仍应以何、白"皓电"即"中央提示案"为基础的问题，要求周恩来等郑重考虑。而在商得结果之前，他们一致表示不好转达释放叶挺等事。

会谈结束后，张治中迅速将他与周恩来、董必武面谈的情况向蒋介石作了详细汇报并转达了周恩来急于见蒋的要求，蒋对其他方面没发表任何意见，却同意见周恩来。

7月21日，大病初愈并刚经历丧父之痛的周恩来见到了蒋介石。蒋对周关切地抚慰，并表示了两点意见：他同意共产党的请求，派联络参谋继续去延安；他同意与共产党恢复谈判，并已指定张治中、刘斐为谈判代表，由卜士奇负责日常联络。蒋介石的这些态度表明，国民党也在努力谋求改善两党关系，以便在新的国际形势下稳定国内政局，取得美、英的进一步信任，促使它们在中国投入更多的人力和物力。但是当周恩来谈及军队、政权、发调等问题时，蒋却顾左右而言他，不表明自己的态度。这也表现了蒋介石既想改善国共两党的关系，又不愿作出更多让步的矛盾心理。

8月14日，蒋介石再次约见了周恩来。在这二十多天时间里，国内形势发生了一些有利于国民党方面的变化。新疆盛世才突然改变过去的亲苏政策，表示完全服从重庆国民政府。随后，西北回民骚动也得以顺利解决。在此情况下，春风得意、信心满怀的蒋介石希望尽快解决中共问题，实现国民党一统中国的局面，于是，他希望国共重开谈判的心情愈加迫切起来。一见周恩来，蒋介石就感慨地说目前战争正殷，敌人不会自撤。中国须自身弄好，如此则敌人不足惧，国内问题须好好解决。随后蒋介石便急切地问最近延安有无来电？周恩来说有，我党来电说，有关政治、军事问题，深愿与张文白、刘为章谈判，通过谈判，寻找解决的途径。蒋介石告诉周恩来，张治中现不在重庆，一周以后才可回来，可先就军事问题与刘为章商谈。蒋介石还兴奋地指出这次要根本解决。我一周后将到达西安，可能会在那里逗留一段。毛泽东不是表示要见见我么？我想在西安约毛先生一晤。当然，如不

◎ 盛世才

便则不必，请你速电延安。

对蒋介石突然邀请毛泽东，周恩来颇为意外，但他知道这是一个十分重要的信息。回到红岩嘴，周恩来立即致电毛泽东，他分析：蒋欲见毛，在态度上还看不出有何恶意，但在其初步解决新疆及回回问题之后，他又自己布置北上，其目的未可测。同时想到蒋介石扣押张学良、软禁胡汉民、李济深的先例，觉得此事不得不防。周恩来提出了两个办法供毛泽东与中共中央考虑：第一种办法是毛泽东称病，以林彪为代表到西安见蒋一谈；第二种办法是要蒋带他到西安，然后由他飞延安偕一人（林彪或其他负责人）回西安见蒋。周恩来估计，第一种办法可行，第二种办法不易为蒋同意，除非出来的是朱德。

中共中央立即开会研究，最后决定按周恩来提出的第一种办法办，能争取第二种让周恩来顺便回来一趟更好。8 月 17 日，中央书记处致电周恩来：毛（泽东）现患感冒，不能启程，拟派林彪同志赴西安见蒋，请征蒋同意。如能征得蒋同意带你至西安，你回延面谈一次，随即偕林或朱赴西安见蒋则更好。周恩来随即于 8 月 18 日致电正在兰州视察的蒋介石，征其同意，并随即致电延安作了汇报。

8 月 19 日晨，毛泽东又致电周恩来说：依目前形势，我似应见蒋，并说关于他见蒋的问题，中央尚未作最后决定。周恩来不赞同，认为蒋介石虽然有了用政治办法解决国共关系的意向，但具体问题尚未涉及，对中国共产党的压迫毫无减轻，会晤地点又在西安，因此觉得蒋、毛会面"似嫌过早"。8 月 19 日，他将自己的考虑电告毛泽东，建议最好林或朱先打开谈判之门。如蒋约林或朱随其来渝，亦可答应，以便打开局面，转换空气；一俟具体谈判有眉目，你再来渝，便可见渠。这里的林是指林彪，朱是指朱德。

但这时毛泽东依旧倾向于见蒋介石。8 月 29 日，毛泽东又致电周恩来：蒋到西安时，决先派林见蒋，然后我去见他。电报中的一个"决"字，说明这已经不是毛泽东自己的想法而是中央的决定了。既然中央已经作出正式决定，周恩来不得不更为慎重地考虑这一问题，他没有马上复电表示看法。9月3日，毛泽东又致电周恩来，重申了见蒋的重要性：目前不在直接利益我方所得大小，而在乘此国际局势有利机会及蒋约见机会，我去见蒋，将国共根本关系加以改善。这种改善如果做到，即是极大利益，哪怕具体问题一个也不解决也是值得的。蒋如约我到重庆参加十月参政会，我则在林去后再定去西安的日期。

周恩来经过深思熟虑，把"蒋毛会面似嫌过早"进一步肯定为"见蒋时机尚未成熟"。9月5日，周恩来再电毛泽东，更详尽地陈述了自己的看法：

我们认为见蒋时机尚未成熟，其理由：一、蒋虽趋向政治解决，但他之所谓政治解决是要我们屈服，决非民主合作；二、蒋对我党我军的观念仍为非合并即大部消灭；三、蒋对人的观念仍包藏祸心（即打击我党领导，尤其对毛，西安事变后尚想毛、朱出洋，时至今日犹要叶挺太太劝叶悔过自新，吾屡次请回延不理，此次我在电答时提到愿回延接林或朱出来亦不许），因此可说他对我党我军及民主观念并无丝毫改观。

次之，在局势方面，并非对我有利：一、蒋对国际局势的看法，一面承认日寇有续攻中国可能，而英美一时无大力援华，且反内战，但何等却看到苏联今日处境需要对华让步，英美亦须中国拖住日本，他正好借此依他的想法解决西北及国内问题。二、中共"七七"五周年宣言，本是我党历年主张的发展，而他却认为由于苏联让步，中共亦不得不屈服。三、毛出为谋改善根本关系，而蒋则可利用此机会打击地方和民主势力，以陷我于孤立。

因此，蒋毛见面的前途可能有两个：一、表面进行得很和谐，答应解决问题而散。二、约毛来渝开参政会后，借口留毛长期驻渝，不让回延（此着万不能不防）。若如此，于我损失太大。我们提议林出勿将话讲死，看蒋的态度及要解决的问题如何，再定毛是否出来。

周恩来的分析鞭辟入里，足以证明"见蒋时机尚未成熟"。看了周恩来的分析，毛泽东与中共中央已不可能不予以采纳了。经过这样反复的磋商与思考，毛泽东最后与周恩来取得了一致的意见，也接受了周恩来的意见。

毛泽东对自己不能亲自前往西安表示歉意，他在9月4日与国民党赴延安的联络参谋谈话时，就恳切地表示中国共产党决不推翻国民政府，决不越过疆界；何应钦停止反共，我亦停止反何。9月8日，毛泽东在给周恩来的指示中强调：

> 林彪见蒋时，关于我见蒋应说我极愿见他，目下身体不太好，俟身体稍好即可出来会见，不确定时间，如张文白愿来延则先欢迎他来延一叙，如此较妥；我们与民主政团及地方军队的合作，应服从于国共合作，国共合作是第一位的、决定性质的，其他合作是第二位的、次要性质的，如果二者发生矛盾，应使第二位服从第一位，这是基本原则，必须坚持；目前似已接近国共解决悬案相当恢复和好时机，对于国民党压迫各事，应极力忍耐，不提抗议，以求悬案之解决与和好恢复，并请注意。

与此同时，毛泽东还向中共一些地方军事领导人打招呼，告诉他们目前是极力争取国共好转、恢复两党谈判的极好时机，因此，要求他们与国民党军队"极力避免打摩擦仗，并设法与周围国军取得和解为要。"

因此可以看出，共产党方面是有改善国共关系诚意的。当然，关系的改善是要相互间共同努力，共同拿出诚意的。此时的国民党受国际国内形势变化的影响，也确实想调整与共产党的关系。蒋介石能主动邀请毛泽东进行会晤商谈，这也说明了国民党方面改善国共关系的意向。当蒋介石接到周恩来的电告说中共中央准备派林彪去西安见蒋的时候，蒋介石对毛泽东不能到西安并不是很介意，同时，对与林彪谈判，蒋介石也是颇为重视。

9 月初，共产党方面得到中国国民党的正式通知，林彪可于日内赴西安见蒋介石。9 月 14 日，林彪在国民党驻延安联络参谋周励武的陪同下乘车离开延安，前往西安，代表毛泽东面见蒋介石，就国共关系诸问题进行谈判。

那么，林彪在西安能否见到蒋介石？这次学生与校长之间的谈判能使一度僵持的国共两党之间的关系出现柳暗花明又一村的良好局面吗？这些疑问，都是需要在实际的谈判中得以验证，而谈判的顺利进行，是要国共双方的共同努力以及双方极大的诚意。

### 3. 林彪与蒋介石谈判

9 月 14 日，林彪按预定方案从延安出发，前往西安见蒋介石。谁知天公不作美，自 8 月底以来，陕北下了一场数十年罕见的大雨，山洪暴发，路面被冲坏，林彪的吉普车几次抛锚，所带 5 名战士不得不沿途修路。这样停停走走，行程就被耽搁了，17 日才辗转到达西安。林彪顾不得更换沾满黄泥巴的鞋裤，急忙去找师兄胡宗南。胡宗南一见面就埋怨林彪拖拖拉拉，并告知蒋介石此时已经返回重庆，留话要林彪到达西安后再转往重庆晤谈。

林彪只好请示延安。其实毛泽东在林彪动身的第二天即 15 日就得到了蒋介石已回重庆的消息。他 15 日给周恩来的电报中说：自苏德战起，英美苏好转直到今天，国共间没有大的冲突……我们估计这个好转的总方向已经定了，目前任务是促成谈判，促成具体解决问题，故应避免一切枝节，极力表示好意。林彪昨晨已乘车起身，闻蒋介石已返渝，我们仍要林到西安后要求赴渝，以期打开商谈门路。毛泽东通知林彪在西安与国民党各方接谈后即应转赴重庆。

于是，林彪在西安停留近一个月，先后与李宗仁、胡宗南、范汉杰、谷正鼎等洽谈，并与蒋介石指定的与中国共产党接谈的中国国民

◎ 周恩来与林彪在红岩

党代表张治中见了面。张治中特别对1940年划界谈判中国民党方面的意图进行了解释，他声称：何、白"皓电"他是起草人之一，当时国民党方面并无驱逐共产党军队于华北绝境之意，且当时华北敌情也并不严重。至于边区摩擦，张治中断言蒋介石向来没有以武力压迫陕北之意，或许有个别人有此主张也难说，但不是蒋介石。张表示欢迎中共中央七七宣言中表现的合作诚意，强调国共关系应当在根本问题上求得接近，否则枝节问题仍是谈不通的。对于林彪谈到的战后共产党军队愿意北移一事，张治中当场表示：战后中共军队另划地区是适合时代潮流的，但也绝不可形成国中有国的现象。

经过周恩来在重庆和林彪在西安的活动，蒋介石同意了林彪赴渝的要求。10月7日，林彪乘飞机到达重庆，蒋介石先让张治中与林彪周旋，在摸清林彪来意后才决定见他。10月13日，林彪在张治中的陪同下，在曾家岩张治中的公馆"桂园"与蒋介石见面。3人当年都在黄埔军校，是上下级和师生关系，如今却分别代表国共双方举行谈判，颇有戏剧性。

互致问候之后，林彪首先转告：毛泽东先生极愿意晋谒校长，只是近来偶染伤风感冒，身体欠佳，不能如愿前来，深抱歉意，请校长谅解。蒋介石似乎并不介意，连说没有关系，没有关系，请你代为转达我向毛先生问好。你这次来渝，毛先生有什么意见让你转达吗？

林彪说他未动身以前，延安方面接得校长电报，毛先生即提出中共中央会议讨论，并约我数度谈话，其所指示者，大抵系根本问题如中共对于抗战建国之观察，与国内统一团结问题，以及对于委座之期望等。蒋介石边听边点头，表示出很大的兴趣。

接着，林彪围绕如何抗战建国与团结统一，以及两党争论问题谈约1小时。林彪特别转告毛泽东的意见，希望国共两党今后应彼此接近，彼此相同，彼此打成一片。他指出，这3句口号已成为中共普遍成熟之思想，见之于中共七七宣言，且已成为政治上全党所一致遵从之行动，谁也不能动摇。因此，就中共言，不仅现在决不采取违反此种思想之畸形政策，即到将来亦必如此；不仅现在要拥护委座，即到将来，亦必拥护。林彪进而表示：过去外面传说国共分歧之所在，不外主义与党的问题。但此二者皆可趋于一致，即如共产主义与三民主义实具有共同之理想，所谓"天下为公，世界大同"，即此两主义根本一致之观点。只要彼此不采取主观主义与教条主义，而能认识救国之需要，以共趋于救国之鹄的，则客观需要如何设施，即如何设施，自然能归于一致。林彪指出，我党名称虽为共产党，实际即为救国之党，过去所制定之所谓十大纲领、三大纲领，语其要旨，不外求民族之独立，民权之平等，与民生之自由，至于将来社会条件如何成熟，是否需要社会革命，此完全为将来未定之问题，也许为吾人今身之所不克亲见。故今后如果能做到彼此接近，彼此相同，彼此打成一片，那么将来国共两党也许可以合而为一。

蒋介石越听越高兴，反过来赞扬共产党是爱国的，有思想的，有许多的人才。国家是爱惜人才的，并一视同仁。这方面有教训。若国共问题解决，国家必能一日千里。说到这里，蒋介石表示对共产党药品可继续供应，并当场让张治中转告何应钦负责发给。

谈到国共摩擦时，林彪批评国民党"一部分人总是希望挑起内战"，强调中国社会之特点，决不容国内再发生战争，否则，必为全国社会之所反对。林彪同时指出：中国地域辽阔，万一内战不能避免，则我回旋之余地，绰有余裕，一处不能固守，他处可以防御，平原不能抵抗，山地可以持久，而且我国经济，尚在自给自足时代……我到处可以种棉织布，生产稻麦，虽至山地，亦有包谷可食，故就经济条件言，对于国内党派问题，亦不是用兵所能解决……总之，无论就中国之社会、地理、经济与军事各方面而论，皆希望中国从此能统一团结，而不可以发生内战。蒋介石对于林彪的谈话，初则频频点头，而至听到林彪批评国民党有人主张内战时，则一再看手表，露出不耐烦的神色，约林彪走前再谈，明显地不愿再听了。

见此情况，林彪随即转换了话题，直截了当地问蒋介石新四军问题尚没有解决呢？！一听林彪谈到新四军问题，脸色本来已经阴沉的蒋介石勃然变色，气恼地说：你们既然拥护政府，拥护委员长，却又提新四军，这等于不承认政府，新四军番号已经撤销了，你今后切勿再提新四军，再提我是不听的。你是我的学生，我才说这个话，我对别人没有这样说过。张治中急忙打圆场，林彪也不好再说什么，谈话就此中止。

10月16日，周恩来、林彪应约去见蒋介石指定的谈判代表、接替陈诚担任军委会政治部部长的张治中。林彪说明中共有几十万军队在敌后抗击日军，提出了"三停三发两编"的要求，即：停止全国军事进攻，停止全国政治进攻，停止对《新华日报》的压迫；释放新四军被俘人员，发饷，发弹；允许将中共领导下的军队编为两个集团军。

林彪刚一说完，张治中便截断话头，认为共产党不要再提老一套，如果真想缓和空气，最好多谈一般原则，不涉及具体问题为好。如果真要解决问题，则必须改变态度，不可片面要求国民党方面让步。

周恩来回答说：文白先生，不解决具体问题，怎能进一步改善国共关系，增强团结？张治中表示谈得太细为时尚早。共产党应先同各方面多谈谈，然后再同他来谈。于是，周恩来、林彪转身去找军令部次长刘斐。刘斐直接答道：你们提出的一切都可以谈，不过委座命张部长负责谈判的事，你们还是找他先谈为好。

这时，中共中央为谋求两党紧张关系的缓和，谈判方针有所调整，同过去相比，已有较大的不同。此时中共的谈判条件主要包含以下几点：军队可以不扩充；作战区域战后可以有所调整；三边区必须合法化；共产党员必须享有公民应得之权利与自由。

周恩来、林彪从国民党方面来回踢皮球的状况判断：通过谈判解决两党之间具体问题的时机尚不成熟。然而毛泽东仍在作着乐观的估计，认为中共的条件合情合理，国民党方面不难接受。10 月 25 日，他致电周恩来转林彪：第一次见蒋时，是否谈到了我见蒋的问题，如未谈到，第二次见蒋请提出，征询他关于会面的时间、地点等。李宗仁对李先念打得很凶，请找张治中一谈，要求停止进攻。

周恩来不得不再次写长电劝阻毛泽东。周恩来分析道：蒋介石及其他国民党要人都倾向于以政治解决代替全面军事破裂，但是，他们并不急于解决而在拖延时间，他们政治解决的中心仍以能否服从调遣、变更防地为前提。他们不先开口，是要看中共方面能作出什么让步。周恩来预测，蒋可能采取以下 5 种对策：如不解决具体问题，则目前可在表面上缓和，而实际上绝不放松压迫；如愿解决具体问题，必须我先让步（必须是军事上，而且是防地上让步），我不可能有具体收获；如我们只作口头上让步（如表示愿听调遣，但有实际困难，一时尚难移动等），则他们亦照常口惠而实不至（如中条山战役时答应发饷弹，二届参政会时答应释放叶挺）；如我们能做某些地区的让步（如东江游击队改编、湖北撤退等），他们也可实行某些让步（如"三发"等），但不会实现我们的全部要求；如向蒋提出全部要求，而不提愿听调遣事，蒋必沉默不语，必使关系弄僵，不利于形势之缓和。

据此，周恩来主张采取灵活的做法：在林彪第二次见蒋时，不提全部要求，或只谈原则不提具体问题，或提到愿听调遣。但有困难，请求停打、接触；而对张治中，除要求停打外，还谈防地问题，说明我们愿听调遣，但还有困难，或进一步提到某些防地未尝不可移动，但必须解决许多困难，就此提出要求。周恩来对采取上述做法后的结果作了这样的预计：如此，林此来可完成两个任务，一是缓和两方表面关系，二是重开接洽之门。若要超过此种任务，则非在防地上大让步不可，恐今日尚嫌其早。毛泽东完全同意周恩来的意见。他在10月28日复电周恩来："同意所提方针，重在缓和关系，重开谈判之门，一切不宜在目前提的问题均不提；林在二次见蒋后即回延。"

然而，蒋介石不是一个想见就见的人。林彪在重庆又住了一个半月，才于12月14日接到了二次觐见的通知。

就在接到觐见通知之前的这段时间里，中国国民党先是于11月中旬派遣其中央委员郑延卓专赴陕甘宁边区发放赈济款，紧接着又于11月12日至27日召开了五届十中全会，会议专门就中共问题通过了特种委员关于《今后对共产党政策之研究结果案》，公开表示：对共产党仍本宽大政策，只要今后不违反法令，不扰乱社会秩序，不组织军队割据地方，不妨碍抗战，不破坏统一，并能履行二十六年九月二十二日共赴国难之宣言，服从政府命令，忠实地实现三民主义，自可与全国军民一视同仁。

这种情况立即引起了中共中央的重视。中共中央明确认为：十中全会的这一决议，对于从1939年到现在4个年头的国共不良关系，做了一个总结，是对我们今年《七七宣言》的回答，开辟了今后国共两党继续合作及具体地谈判与解决过去存在着的两党争论问题的途径，虽然这些争论问题还不见得很快就能完全地解决。中共中央指出，中国国民党五届十中全会的决议，表示了这种解决的原则，一言以蔽之，就是要求我们不超出他们所设定的严格的范围，他们则答应与我们合作。因此，摩擦还会有的，但方式会缓和一点。各地对于国民党人员应继续采取诚恳协商，实事求是，有理有节的态度，力戒骄傲夸大有害无益的态度，借以争取更加的好转。

在此期间，林彪先后拜访和会见了何应钦、陈诚、张治中、刘斐、孔祥熙、宋子文、孙科、冯玉祥、李宗仁、白崇禧、邵力子等国民党要人，向他们宣传了共产党的主张和合作的诚意，赢得了广泛的同情。

与此同时，国民党代表郑延卓在延安受到了热情接待。11月30日，毛泽东会见郑延卓，坦率地对他谈了政治、军事等问题。毛泽东请他转告蒋介石：边区区域维持现状，人员加以委任，军队则请编4军12师，此外，"停捉停打停封"，"发饷发弹发药"。

在郑延卓离开延安返回重庆时，毛泽东当即提笔疾书，给蒋介石写了一封信，托郑延卓带回重庆转交给蒋。蒋介石看完此信后很高兴，于是发出通知，召见了林彪。

12月16日下午，林彪仍由张治中陪同，第二次赴曾家岩蒋介石官邸晋见了蒋介石。林彪把周恩来嘱咐的一系列具体问题提了出来，希望他解决。蒋介石说：我对团结统一是有诚意的，这不是政治手段，希望大家在政令下工作。为此，各政治团体要集中起来。国内政治问题，我希望整体解决，而且越快越好，不要零零碎碎，拖拖拉拉。只要我活一天，我就会为此努力。我奉行公道原则，不会让你们吃亏，这点可放心。但蒋介石在谈话中对于共产党方面所提军队数目，乃至其组成、地区及干部使用等，明显的有不同意见，对于如何解决边区与中央关系问题，也还没有具体办法。对"三停三发两编"这些问题，蒋介石只答应了其中的一"发"——发给药品，对其他问题，蒋或持明确的不同意见，或不赞同而又不提具体办法，没再接受一个。而对其中一"编"的新四军问题，蒋不仅断然予以拒绝，而且制止林彪再提。

林彪这次见蒋在具体问题上虽然收获不大，但也没有白谈，已经套出了蒋介石的态度。当晚，林彪将见蒋会谈的情况电告中共中央，建议加以研究后给予指示。周恩来则另致中共中央一电说：这次蒋向林彪谈的两点，一是显然对军队数目、组成、地区及干部使用有若干不同意见，二是对于党及边区的所谓政治团体要集中领导，语意含混，显然还未定出具体办法。为推动局势好转，拟主动地找张治中谈：中共要求合法化，也欢迎国民党至边区和敌后组党办报；军队扩编一定数目，实行统一军制；边区改行政区，人员不动，实行中央法令，华北各省政府改组，并划行政区；作战区域战后重新划分，目前可依情况作适当调整。

12月18日，中共中央复电，同意并具体完善了周恩来所提的问题：在允许合法化条件下，可同意国民党到边区及敌后办党；军队要求编4军12师，新四军在内；边区可改为行政区，人员与地境均不动；黄河以南部队确定战后移至黄河以北，但目前只能做准备工作，不能实行移动，此乃完全为事实所限制，绝对无法移动，唯东江部队在适当情况下，目前可加以调整。

12月24日，周恩来和林彪按照中共中央12月18日的指示，向张治中提出四点：甲、共党合法化，国民党可到中共区域办党、办报，共同实行三民主义。乙、扩编4军12师。丙、边区依现有区域改为行政区，直属中央，改组华北地方政权，实行中央法令。丁、战后原则上接受开往黄河以北之规定，但目前只能做准备工作，保证战后完全做到。情况许可时，可磋商部队移动事宜。周恩来声明：如认为这些条件可谈，就留林彪继续谈下去；如果认为相差太远，请蒋介石提出具体方针，交林彪带回延安商量。张治中逐条记下，答应向蒋介石报告。

张治中在与林彪、周恩来谈判后，立即向蒋介石汇报了详细情况，把林、周所提的四项条件亲自誊写送交蒋介石。蒋介石随即召开了临时军事会议，对此进行讨论。会议中蒋介石不置一词，只问大家有什么意见。当时发言的大都表示不能接受，甚至有以傲慢态度嗤之以鼻者。他们对第一条，根本就不愿意给共党以合法地位；对第二条，认为一下扩充为 4 军 12 师，办不到！对第三条，倒少表示意见，只说应由政府决定；对第四条，认为措词含混，应该先遵照"皓电"规定，把军队撤到黄河以北。在会议上，蒋始终既不表示反对，也不说赞同，最后说："好吧，再说吧！"这样就搁下来了。

## 二、共产国际解散对国共谈判的影响

共产国际解散后，国民党借机发动了第三次反共高潮，但被打退。1944 年，国共双方重回谈判桌，而这次谈判并不是为了解决问题和谋求双方的妥协，而是成为了一场宣传战和舆论战。谈判成为抗战以来两党关系的一次重要转折点，它不仅第一次将国共两党之间的矛盾公之于众，而且导致共产党改变了对国民党一党专政的态度，使两党之间的矛盾焦点迅速从军事转为政治。谈判也成为维护国民党一党专政、否定国民党一党专政和成立联合国民政府的一种斗争手段。

### 1. 共产国际解散

1943 年 1 月 9 日，张治中在"桂园"官邸约见了周恩来、林彪，正式就中共四项要求作出答复。他说，经我党干部会研究，认为中共四项要求与中央希望相距较远，即使与前之何、白"皓电"即《中央提示案》之精神也是相距较远。会议多数意见主张共产党交出军队，但也知道目前不能做到，所以，会议最后决定双方谈判仍以《中央提示案》为基础，且正式谈判时，国民党方面仍由何应钦、白崇禧为代表。周恩来当即解释说：中共四项要求与《中央提示案》精神并无不合，二者之间的距离仅仅是军队数目与移动时间而已。张治中表示不能同意，谈判依然没有结果。

次日，周恩来与林彪致电中共中央，告以同张治中会商情况，并提出两点建议：为了顾及蒋方的面子，可承认以《中央提示案》为谈判基础，同时说明我4项办法与"提示案"精神"并无根本不合处"；关于驻地的移动，是否可以李先念部同山东于学忠部对调"以便统一山东"。1月16日，周恩来收到了毛泽东的复电——这是4天前政治局会议研究的结果：彼方提出以过去的"提示案"为谈判基础，以何、白为主持人，除面子问题外，是否还有借以拖延的目的？由于敌人封锁，李先念部"绝难移动"，对调"事实上办不到"，似宜一口咬定铁一般事实，以"暂时不动，将来必动，为有理有利"。

1月21日，周恩来致电毛泽东说：我们答应以何、白"皓电"精神为谈判基础，并非估计他们条件可接近，目前可解决，而是为了更站在有理的地位，不使谈判弄僵，一方面套出他们的具体条件，使林抓住此条件返延；另一方面证明不是我们弄僵，而是他们故意为难。

2月12日，毛泽东致林彪并告周恩来：同意以"皓电"为谈判基础。2月下旬，周恩来、林彪遂与张治中再度会晤。两人向张治中明确表示：如国民党有具体办法，愿继续谈；或由蒋委员长召见作出指示，以便林彪带回延安报告。张治中则表示：如承认何、白"皓电"精神，尚可继续谈。这当然没问题，中共中央已经同意了。如此说来，双方似乎还有继续谈下去的可能，谈判还不至于陷入僵局。但张治中表示，具体办法须待何应钦从印度回来后方能答复。这明显是在拖延谈判。

3月4日，周恩来将会谈情况致电中共中央作了汇报。经过这一段时间拖拖拉拉、断断续续、时常脱节的谈判，周恩来已经可以向延安断言：目前国民党对共产党的态度与我去年的估计大致不错，即于他有利时机解决，否则是拖，但局部压迫绝不放松，采取上宽下紧逼我就范的政策。

其实抗日战争进入 1943 年后，国内国际形势发生了重大变化。在国内，从中共方面看，解放区军民战胜了前两年严重的困难后，得到了很大恢复和发展。从国民党方面看，蒋介石政权也逐渐得到了强化。从 1938 年 4 月国民党临时全国代表大会的召开至 1943 年 8 月林森去世，前后 5 年多的时间，蒋介石身兼国民党总裁、国防最高委员会委员长、国民政府主席兼行政院长等职，通过法律形式完成了集党政军一切大权于一身的专制独裁统治。从国际反法西斯战争的进程来看，法西斯德国在苏联红军和盟军的打击下，失败已成定局；日本在太平洋战场也开始崩溃，但仍在作困兽斗。这时的英、美，为了利用中国帮助其在太平洋地区战胜日本，于 1943 年 1 月，分别与国民党签订了所谓《平等新约》，宣布取消在华治外法权；同时宣布承认中国为世界上四强之一，有权出席国际会议并与苏、英、美国平起平坐等。对于上述形势，蒋介石有喜有忧：喜在国际形势对他空前有利；忧在解放区共产党的力量空前发展，会冲击其独裁统治。为了在抗战胜利后仍能维持独裁统治地位，蒋介石决心利用有利形势，取消共产党，"统一"中国。

1943 年 3 月，蒋介石以自己的名义，发表了授意陶希圣代笔的《中国之命运》一书，为发动新的反共逆流作舆论准备。书中认为中国的民族耻辱和其他现代弊端大都是不平等条约造成的，说"没有中国国民党，那就没有中国"，"中国的命运，完全寄托了国民党"。同时，该书强调反对自由主义和共产主义；把十年内战的责任加在共产党身上，称敌后根据地和八路军、新四军为"变相的军阀和新式割据"；鼓吹"中国从前的命运在外交，今后的命运则全在内政"，"大家如不

◎《中国之命运》

肯彻底改变封建军阀的作风和根本没有放弃武力割据的决心，那就无论怎样宽大，决不能发生什么效果，亦找不出合理的方法了"，暗示将以武力解决共产党。

这本书无疑为国共两党关系埋下了一颗炸弹。只是它出版之时，周恩来和林彪尚在重庆等待进一步谈判，才没有立即爆炸。

这时，国共之间又发生了一次军事摩擦。摩擦的主角，还是两年多以前的那位韩德勤。

3月中旬，日、伪动用10万兵力，扫荡淮东地区。在新四军对日伪的反扫荡作战中，江苏省主席韩德勤率总部特务营和保安第三纵队王光夏部等，西渡运河，侵入新四军淮北根据地的中心地区，经多次劝说、警告其退出，均无效，韩部捕杀根据地的地方工作人员，收缴地方武装枪支，抢掠财物等，遂引发新四军与韩部的冲突，在冲突中韩德勤被俘。

3月28日，周恩来、林彪打听到前往印度视察远征军的何应钦已回到重庆，忙约见，询问他对中共3个月前所提4项条件的态度。但何应钦并不想解决问题，在与周恩来、林彪会谈时，只是一个劲地强调所谓"皓电"的提示原则，要求中共照此办事。周恩来表示皓电原则我们实际上业已接受，只是对开拔的时间与军队的数量要求重新商谈。何应钦却说"皓电"规定的时间早已过去，没什么好谈的，再谈，也无谈判的基础。周恩来、林彪提出是否以"中央提示案"作为讨论基础，何应钦也不置可否。于是，双方不欢而散。

由于国民党方面对中共所提4项要求的态度十分含糊，对中共提出以"中央提示案"为谈判基础的建议反应冷淡，加之近一段时间国共摩擦骤然增多，毛泽东于 4 月 3 日作出判断：种种迹象使我们怀疑国民党欲改变十中全会政策，寻找借口停止谈判，并向我们作进攻行动。

5 月初，因国际形势好转，毛泽东指示各方面暂时不要刺激国民党。

然而国内外形势风云变幻、波诡云谲，形势的变化均出于国共两党的分析和意料。在当时的条件下，国共两党要迅速恢复正常和缓关系的意愿似乎不仅不大可能很快实现，反而此时一场飓风随即刮来。

1943 年 5 月 20 日，毛泽东收到了共产国际负责人季米特洛夫发来的电报：共产国际执委会主席团将于 5 月 22 日公布关于解散共产国际的提议，请中共中央急速讨论这一提议，并将意见告知。毛泽东迅速召集政治局会议讨论此事，决定先由毛泽东复电表示同意此提议，待提议公开后，中央再作决定。据当时莫斯科派驻延安的联络员报告说，毛泽东在会上明确指出共产国际的存在太久了，它不能理解中国革命的条件和需要，因此是该解散了。还说，毛泽东特别批评了党内那些不听中央的话、只听共产国际执委会话的人们。王明告诉俄国人：毛和他的拥护者大大地松了一口气。他的双手被解放了（从此中共不需要再受共产国际的领导和控制），道德上的责任感也不会有了。尤其能够说明这一点的，是毛泽东在政治局会议上说过的话：现在可以举行党的代表大会了。5 月 24 日，毛泽东电告周恩来：共产国际解散，中央即将召开会议讨论中国的政策，请你即回延安。

蒋介石和国民党人得到共产国际解散的消息，立即兴高采烈起来。国民党顽固派认为这是共产国际及中国共产党力量削弱的表现。在他们一贯的观念里，中共如果没有苏联撑腰，如果没有共产国际的指挥，便会一事无成，甚至顷刻瓦解。这时，他们对国共谈判更加失去兴趣，反而酝酿借机发动第三次反共高潮。

5 月 26 日，周恩来电告毛泽东并中共中央书记处：国民党在 3 天内就共产国际解散事发表宣言，要我交出军权和政权；估计国民党对边区的挑衅有扩大的可能，建议中央立即发表决定，"以免国民党抢先"。中共中央采纳了周恩来的建议，当日即发表了《关于共产国际执委主席团提出解散共产国际的决定》，决定说：由于种种理由，在现在的条件下，共产国际解散比继续存在更加有利，因此，中共中央完全同意共产国际执委主席团的决议。出人意料的是，国民党并未就共产国际解散一事发表宣言。但国民党内部对中共有两种意见，6月7日即在周恩来回延安之前，张治中告知周恩来：共产国际解散后，国民党曾研究过对中共的办法，有两种意见：一为中共交出军权、政权，组织可合法；一为同国民党合并。5月26日周恩来把国民党内的前一种意见，电告了毛泽东与中共中央；5月30日，他又电告毛泽东：共产国际解散后，蒋有幻想，可能对我们又要采取组织上的溶共政策。

戴笠在蒋介石的授意下，制定了《对中共方案》，提出了国民党应把握此有利时机求中共问题之彻底解决，其对策是：以迫使中共将军权、政权交还中央为主要目的；把握中共弱点，以达到政治解决为原则，惟在军事上仍须施极大压力，促其就范；取消边区政治、组织，听候中央处置；派遣政工人员、参谋人员、军队政务人员至该军工作，对其在特定区域以外之部队，相机予以解决；加强军队之准备，以为政治解决之助力；在宣传工作方面强调第三国际之解散，中共再无独立组织之必要，以证明民族至上国家至上之理论最适合世界潮流；派赴延安组织中央通讯社分社，使消息更加灵通，以适应政治解决之需要。

在这种情况下，中共中央只好要周恩来返回延安。6月4日，周恩来致电中共中央，报告中共中央南方局对国内形势的估计：国民党将利用共产国际解散之机，加强政治攻势，辅以军事压迫，强迫中共交出军队和解放区政权，达到他们所谓政治解决之目的。同一天，周恩来应约同张治中谈话。张治中说：何应钦称前方摩擦继续，情况不明，谈判"须搁一搁"。周恩来回答：谈判暂搁是我们"意（料）中事"。在这种情况下，林彪决定回延，如要谈时可再来。周恩来也拟回延安，以便使延安了解外间情况，找到更好的解决办法，并希望同林彪见蒋介石一次。3天后，周恩来、林彪见蒋介石，蒋介石表示允许周、林回延安。这是皖南事变后一年半来，蒋介石第一次答应周恩来回延安。周恩来将这一情况向中共中央作了报告。6月5日和9日，周恩来先后接到中共中央书记处来电，催他速回，并嘱途中"勿耽搁"。

6月10日，蒋介石突然心血来潮找张治中谈话，提出要请毛泽东到重庆面谈，并亲笔给毛泽东写了一封信，交张治中转林彪带回延安。这种行为正如张治中分析的：这是蒋趁第三国际解散之机有"招降"共产党的幻想。然而蒋介石的这种幻想和虚情假意很快便融化在这时国共关系的冰水之中。当林彪回到延安把蒋的邀请函交给毛时，毛泽东对见蒋已经毫无兴趣了。

6月28日，周恩来和林彪、邓颖超、孔原等100多人，乘卡车离开重庆，中共中央南方局的工作由董必武主持。至此，国共两党这次历时近一年的接洽与谈判又被迫中止了。国共双方缓和关系的一次重要机会也因此而失去了。

## 2. 在西安的谈判

共产国际解散之后，国民党加快了反共步伐。不仅大造反共舆论，还加紧进行军事部署。蒋介石秘密召见胡宗南，令他进行军事行动，给延安造成威胁。胡宗南接到命令后，在洛川召开军事会议，调动40多万部队，准备分九部"闪击"延安，掀起了第三次反共摩擦。但是在中国共产党和抗日根据地人民对国民党企图发动内战和侮辱共产党的揭露、声讨和坚决斗争下，蒋介石发动的第三次反共高潮遭到沉重的打击。蒋介石发起的第三次反共摩擦不仅激起了国民党统治区人民的气愤和谴责，而且中间势力也都对其反共内战政策进行指责。

同时，国民党的反共行径也遭到国际舆论的反对。外国记者纷纷质问国民党宣传部长张道藩，苏联报刊揭露国民党用直接的军事压力来解散中共及取消八路军新四军的企图，谴责国民党的反共行为，认为国民党政府挑拨各种冲突与事变，一直到武装的冲突，极力破坏国民党与共产党的军事合作，煽动迫害与取消八路军与新四军行动，简直是帮助日寇征服中国。英、美两国当时希望中国在抗日战场拖住日本，也不赞成蒋介石发动内战。美国《纽约时报》、《纽约论坛报》等都抨击国民党的抗战不力和挑起内战的行径。苏、美、英各国大使还召开会议，警告蒋介石不得发动内战，否则停止援助，特别是延安的紧急动员，使蒋介石害怕。在国内外一片反对声浪中，蒋介石被迫于1943年7月10日指令胡宗南停止行动。

9月6日至13日，中国国民党在重庆召开五届十一中全会，蒋介石在会上表示应该明确地认识到中共问题是一个纯粹的政治问题，因此应该以政治方法来解决。至此，国民党的第三次反共摩擦，在还没有发展成大规模的武装进攻时就夭折了。

为了应付国内外的舆论压力，在国际上做出一种政治姿态，以显示出国内政治统一与稳定，国民党方面不得不再度设法与共产党缓和冲突，重新回到谈判桌上来。但国民党不是真的想通过谈判来解决两党之间的问题，而只是想做出一种姿态，也就意味着他们所需要的谈判只是一种形式，而并不重视谈判的内容。因为蒋介石根本就没有试图通过谈判的政治途径来根本解决国共两党关系的想法，他深信要解决中共问题，只能动武。但此时国内外的形势和舆论压力迫使他在现阶段不得不做出种种姿态，想办法和中共重新缓和关系。

10月初，迫于形势无奈的蒋介石，不得不派出王世杰、邵力子先后找董必武商谈，要求双方互相停止激战。王世杰再三声明反共宣传不是蒋的意思，政府对边区无用兵之意，主张政治解决国共争端问题。在这种情况下，10月5日，毛泽东为《解放日报》写的《评国民党十一中全会和三届二次国民参政会》社论中，明确表示，只要蒋介石实践自己的诺言，则中共向国民党保证继续实践自己的诺言，在蒋介石和国民党愿意的条件之下，我们愿意随时恢复两党的谈判。同时，毛泽东也在当日下令：从 10 月 6 日起，《解放日报》及新华社一切揭露中国国民党的稿件暂时停止，风平浪静，以示缓和。

同日，中国国民党代表王世杰受命与中共代表董必武商谈，表示要寻求缓和国共双方冲突的办法。董必武明确回答：必须恢复 1943 年 7 月以前边区周围的军事情况，退兵撤围，使延安与外界恢复联系，然后才能谈其他。11 月 12 日，蒋介石在宪政实施筹备会开幕时亲自找董必武谈话，要求周恩来来重庆，说如请他出来什么都好谈，并且对董必武所提出恢复 7 月以前边区状况，明确表示要董放心，他决不会在国内动武的。

毛泽东得知蒋介石对周恩来的邀请后，并无太大兴趣，于 3 天后复电指示董必武：周 3 年在渝无事可做，在国民党未真想合理解决问题办法不拟出来，各事可由董谈判，如至真能合理解决问题时，周可以出来。

11 月下旬，蒋介石应美国总统和英国首相之邀前往开罗参加大国巨头会议。在世界性政治舞台上，这是百年难得一遇的光荣，蒋介石心情之欢快兴奋，不言而喻。在会议期间，蒋介石诋毁中共对抗战毫无意义，但不料罗斯福建议蒋介石：国民政府必须在战争还在继续的时候，与延安方面握手，容纳共产党组织一个联合政府，以改变其一党政府的性质。在这种情况下，蒋介石不能不进一步做出姿态，一方面下令停止反共宣传，并开始撤换对陕甘宁边区增防的主力部队；另一方面找共产党重开谈判，电邀林伯渠、朱德、周恩来前往重庆谈判。

1944 年 1 月，国民党联络参谋郭仲容正式向毛泽东提出，希望派林伯渠、朱德及周恩来赴渝与国民党谈判边区和军事问题，并再度提出实行何、白"皓电"的问题。毛泽东答称：林、周或可先后赴渝，并可以何、白"皓电"为基础。当郭征询关于两党合作的意见时，毛泽东回答说．中国共产党拥护蒋抗战和拥护蒋建国两项方针，始终不变。对于国民党的这次邀请，中共中央十分重视，专门召开会议进行讨论。2月4日，毛泽东在致董必武的电报中指出：观察今年大势，国共有协调之必要与可能，而协调之时机，当在下半年或明年上半年，但今年上半年我们应做些工作。除延安报纸力避刺激国民党，并通令各根据地采取谨慎步骤，力避由我启衅外，拟先派林伯渠于春夏之交赴渝一行，恩来则准备于下半年赴渝。

2月17日，毛泽东会见郭仲容，正式通知他：中共中央决定派林伯渠赴渝"晋谒委座"，行期在3月12日以后。3月12日，延安各界举行"纪念孙中山先生逝世19周年大会"，周恩来根据书记处会议的决定，在会上公开发表长篇讲演。周恩来说：国民党及其政府如果要实行宪政，就必须真正拿革命三民主义做基础，必须首先实行宪政的三个先决条件：一是保障人民的民主自由；二是开放党禁；三是实行地方自治。

如何才能具备这三个先决条件，周恩来从国共关系的角度做了阐述：国民党如果愿意用政治方式公平合理的解决国共关系，就应该：承认中共在全国之合法地位；承认边区及各抗日根据地为其地方政府；承认八路军、新四军及一切敌后武装为其所管辖所接济的部队；恢复新四军的番号；撤销对陕甘宁边区及各抗日根据地的封锁和包围。最后，周恩来说：我们很愿意国共关系能够恢复到孙中山先生在世之日那样密切的合作，但只有做到了上述各点，国共团结了，才能具备实施宪政的先决条件。

与此同时，国民党方面也是召开多次会议，专门讨论了对中共谈判的方针和策略原则。3月13日，国民党中央党政军联席会报秘书处负责人吴铁城召集梁寒操、张厉生、陈立夫、陈布雷、刘斐、潘公展、徐恩曾等人，在嘉陵新村开会，专门讨论了该秘书处起草的《关于林伯渠来渝对策》和《对中共政治解决方案》两个文件。这两个文件提出谈判应注意其宣传，而并不期待其成功，在大的原则上坚持，俾中外人之易于理解，对具体细目表示无不可商量之态度。这样做的目的在于改取缓和办法，逐步令其交出军权政权，使其易于接受实行。对林伯渠的具体对策有：注意林氏到西安后之活动，并派员随车来渝，注意其在途中之动态与表现。林伯渠到渝后，借招待之名，指定住所，派宪兵担任警卫，以监视其行动。发动与林过去有友谊关系之党国元老与来往以感动之，设法促其表示愿意脱离延安。控制其与外人接近，其与外人谈话，事先须予以劝导，发言不得违背国家民族之立场。运用各党派对我抱好感之人士与林谈话，表示劝告中共放弃军权、政权，以谋国家之统一。

3月15日，蒋介石对谈判方针进一步作出指示：所持军事与政治之根本要求，两相比较，政治方面可酌予放宽一步；但军事方面之军政、军令与纪律三者，必须坚持绝对之统一，要求其严格遵守，而不容有丝毫违反。蒋介石要求加强宣传，各负责人员，每次与林祖涵谈话情形与内容，可逐日予以公开发表。特别加强国际宣传：说明中共之国际性，使欧美人士明了其阴险可怕，实不同于欧美各国之共产党；指出中共系百分之百的实行共产主义，其所谓奉行三民主义者，纯系挂羊头卖狗肉之伪装；切实说明中共军队完全为乌合之众，实不堪一击，其到处招兵买马、添置枪炮，无非欲藉数量之扩充，以补质量之低劣。举此事实，以造成外籍记者对中共知其如何可恶，而无足重视之心。

4月16日，经过反复讨论和修改，中国国民党拟定了《中共问题政治解决办法草案》。此案的方针是强调国家军令政令的统一。军队问题，仍只同意18集团军增编1个军，但要求中共取消编制外所有部队，并要求使用中央教育纲领进行教育；陕甘宁边区问题，仍要求改为陕北行政区，但强调其行政机构陕北行政公署归陕西省府领导，区公署主任由中央委派，各县长的任免照各省通例。此案最引人注目处是要求中共均能确实遵办以上诸项后，政府可准予中共之合法地位。此案之强硬，在国民党历次所提谈判方案中大概首屈一指。这主要是因为蒋介石本没打算重开谈判，只是由于美国人插手和迫于舆论压力，才不得不做个样子。

4月15日，毛泽东主持中共中央书记处会议，讨论国共关系问题和林伯渠去重庆谈判问题。周恩来说，中国国民党现在对我们主要采取政治斗争，我们的方针，照毛主席估计的，目前还是求和缓。周恩来在会议上说，这次林老去，比林彪去时不同，接触的方面会更多。国民党对我现在是政治斗争为主。这次我们不提方案，目的只在和缓国共关系，表示我们是要与国民党合作，扩大我党的政治影响，扩大对社会各界的活动。毛泽东说：这次总的态度是不卑不亢，表示我们要想求和缓，要求抗战到底，团结到底，不表示盛气凌人的态度。我们要求与他们一同抗日，使他们不感觉我们威胁他们。对中间派主要是宣传民主，争取他们的同盟。对英、美主要是宣传抗战，要求英、美派人常驻陕甘宁边区。会议最后决定：为了和缓国共关系，这次我党不提方案，表示我们是要同国民党合作的。目前要解决的中心问题是要国民党停止进攻我军，停止在大后方捉人、杀人，停止封锁我抗日根据地。在同国民党谈到宪政问题时，可以要求先实行上述条件以及宪政上的民主自由、开放党禁和地方自治。

4月29日，林伯渠与王若飞在国民党联络参谋郭仲容陪同下由延安出发，赴重庆谈判。5月2日，路过西安时，与前来迎接的国民党代表张治中、王世杰进行初步接洽与谈判。蒋介石的主要目的是为了摸清共产党的底，了解共产党解决问题的基本条件，好掌握谈判的主动权。中共方面早已做好充分准备，也愿意通过初步谈判了解国民党的意向。这样，国共两党谈判再度拉开帷幕。

5月3日，张治中、王世杰同胡宗南到八路军西安办事处访晤林伯渠等。5月4日，双方在西安开始进行正式接触。双方寒暄客套后，张治中便要林伯渠谈谈共产党关于解决问题的具体办法，但并没有涉及任何实质性问题。5月6日，双方再谈。张治中出示其去年所记林彪所提的四项条件，要求林伯渠表示意见。林伯渠提议以周恩来在延安纪念孙中山逝世19周年大会上所作的《关于宪政和团结问题》讲演中，阐明承认中共合法地位、承认边区地方政府、承认中共领导的军队、恢复新四军番号、撤销对各根据地的封锁和包围等五点要求，作为这次谈判的基础，但遭到国民党方面的拒绝。国民党方面提出谈军事问题和边区问题，林伯渠表示同意。在谈判边区问题时，林伯渠提出，边区辖区及民主制度不变。中国国民党代表则提出，把边区改为陕北行政区，直属行政院，执行国民政府的法令。最后双方要求相隔甚远，而且都坚持己见，争论不下，第一次谈判只好就此结束。

此后几天，双方又连续进行了3次谈判。谈判中，关于军队数目问题仍然是争论的焦点，几经讨价还价后，张治中作了适当让步，提出扩军数目以4军12师为限。到此，林伯渠不好再争，与王若飞商量后，同意以此为最低条件向中共中央请示后再作回答。除军事问题外，两党代表还就作战区域、人事、经济、边区等问题原则上交换了意见。

5月9日，随张、王同来西安的国民参政会副秘书长雷震将中国国民党代表整理的关于4次商谈的初步意见以书面形式送交中共代表林伯渠，请其签字认可，以便上报蒋介石。当天，林伯渠对这个书面意见进行了某些修改，于5月11日签字后交给张、王。林伯渠修改后主要内容包括：

军事问题，即18集团军暨原属"新四军"之部队，服从军事委员会之命令；前项部队之编制，最低限度照去年林彪所提出之4军12师之数；前项部队经编定后，仍守原地抗战，但须受其所在地区司令长官之指挥，一俟抗战胜利后，应遵照中央命令移动，以守指定集中之防地；前项军队改编后，其人事准由其长官依照中央人事法规定呈报请委；前项军队改编后，其军需照中央所属其他军队同等待遇。

陕甘宁边区问题，即名称可改称为陕北行政区；该行政区直属行政院，不属陕西省管辖；区域以现有地区为范围（附地图），并由中央派员会同勘定；该行政区当实行三民主义，实行抗战建国纲领，实行中央法令，其地方特殊情形而需要之法令，可呈报中央核定实行；该行政区预算，当逐年编呈中央核定；该行政区及18集团军等部队经中央编定发给经费后，不得发行钞票，其已发之钞票由财政部妥定办法处理；该行政区内，国民党可以去办党办报，并在延安设电台，同时国民党也承认中共在全国的合法地位，并允许在重庆设电台，以利两党中央能经常交换意见；陕甘宁边区现行组织暂不予变更。

关于党的问题，依照抗战建国纲领之规定，予中共以合法地位，停捕人，停扣书报，开放言论，推进民治，立即释放因新四军事件而被捕之人员及一切在狱之共产党员，如廖承志、张文彬等（包括新疆被押人员在内），并通令保护第18集团军及新四军之军人家属。

此外，还在其他三个方面予以补充，即（一）中共表示继续忠实实行四项诺言，拥护蒋委员长领导抗战并领导建国，国民党表示愿由政治途径公平合理地解决两党关系问题。（二）撤销陕甘宁边区之军事封锁，现在对于商业交通即先予以便利。（三）敌后游击区的军事、经济、政治问题服从国民政府及军事委员会的领导，一切按有利抗战的原则去解决。

林伯渠之所以在书面意见上签字认可，一方面是因为林伯渠在受命来谈判前，中共中央曾强调过林伯渠的和平使命，不主张谈判破裂，

谈判条件也有最高和最低之分；另一方面，林伯渠认为意见书既然是
国民党所起草的，就误以为"这是他们准备承认的基础"，可以此为
基础进行下一步的谈判，并表示要上报中共中央，待中央作出决定后
再与国民党谈判。然而实际上，张治中却只是通过这一书面意见来摸
共产党的底，于是将谈判条件压得很低，看共产党的态度如何。因此，
在12日，张治中、王世杰给蒋介石的电报中和此后2人的正式汇报中，
他们都始终强调这是林伯渠单方面的意见，并非双方会谈的结果。

　　然而，不论在哪一方面，从任何角
度，上述意见离中国共产党准备的最低
方案还相差很远，同时国民党方面也是
不满足于此的，要拼命压低共产党。简
言之，书面意见离国共两党各自的腹案
相差太远，远没有达到自己的目标，因
而这也就预示了国共两党下一阶段的谈
判也不会成功。

　　5月10日，林伯渠给中央发了关
于国共谈判条件问题的电报。林伯渠在
来电中说：在5月6日至8日同张治中、
王世杰的会谈中，张、王的态度是倾向
照林彪提案解决，但不愿做正面肯定的
表示。他们办法是探求我们能接受的意

◎ 林伯渠

见向蒋报告，再由国民党中央作一提示案，交我转延安接受。5月13
日，毛泽东主持中共中央书记处会议，会议讨论林伯渠复电问题。会
议决定先复林伯渠，说明中央正在讨论，要他飞渝继续谈判。

　　会后，毛泽东根据会议决定复电林伯渠。5月15日，毛泽东就关
于国共谈判条件问题，再复电林伯渠，指出：王世杰、张治中既屡求
我方提具体意见，故决提全国者3条，两党者17条，明日由军政部台

发来，请备公函交给王、张。为顾全彼方面子，谈判全文暂勿向外发表，但在判明彼方毫无诚意时，准备向外发表。林案已被何应钦否决，年来情况亦大有变更，故须另提新案。要求彼方将提示案草稿先交我们审阅，协议妥当，再将正式提示案交我，如不事先协商妥当（内容及文字），则属彼方片面意见，我方不负实行之责。

5月17日，在中共中央同意后，林伯渠和王若飞应张治中、王世杰的邀请，从西安飞赴重庆，准备与国民党进行下一轮的谈判。

### 3. 在重庆的谈判

然而，当林伯渠与国民党代表张治中、王世杰进行谈判期间，国内形势发生了一些变化。4月17日夜，日军为了打通贯通南北的大陆交通线，按照"一号作战方案"（豫湘桂战役）首先打响了旨在打通平汉路的豫中战役，国民党40余万大军不抵日军五六万兵力的进攻，竟在相持阶段出现了比防御阶段还不曾有过的大溃败。军事上的惨败，使蒋介石陷入了政治上、外交上的难堪境地。一时间，舆论为之哗然，民怨为之沸腾，英美舆论对共产党的同情与对国民党的抨击日益增加，有些论文并露骨的要求直接援助中共军队，以便配合盟军作战。延安不断得到诸如此类的情报：国统区人民或寄希望于国共谈判，或相信"只有准备小红旗欢迎八路军了"，连美国在华人员也明显地开始重视起了共产党的军事力量。

蒋介石万万没有料到日军的"一号作战"竟置他于前所未有的困境。国民党的大溃败，当然也为共产党人始料不及。国民党的大溃败从侧面增加了共产党的政治影响，显然，形势的发展，很大程度上有利于共产党而不利于国民党。

在此情况下，当中国共产党重新审视西安书面意见时，就感到国民党将条件压得太低，这些条件将制约共产党的发展，不利于抗日形势与革命形势的发展。因此，中共应拿出自己谈判的条件和方案。共产党认为，眼光应看远些，过去总是围绕军队数目、防地、地域范围等具体问题与国民党纠缠不清，结果什么问题也解决不了。国民党从来就不肯与中共平等相处，总是以中央政府、正统自居，将中共视为"匪"，视为非法，视为眼中钉、肉中刺，欲除之而后快，如此，怎么能公平公正合理地解决两党之间的争端问题呢？因此，现在应该从另一个角度看问题，即只有根本改变一党专政的现状，实现民主政治，才有可能彻底地、全面地解决国共两党关系问题。通过反复研究，中共中央决定在新方案中，以实现民主政治为中心，全力要求解决党的合法化，承认边区政府、军队扩编和战后移动等问题。

5 月 16 日，毛泽东公开发表 5 月 15 日致林伯渠电，告知中共中央向国民党方面提出的解决若干急切问题的 20 条意见。其中关于全国政治者 3 条：请政府实行民主政治与言论、出版、集会、结社及人身之自由；请政府开放党禁，承认中共及各爱国党派的合法地位，释放爱国政治犯；请政府允许实行名副其实的人民地方自治。关于两党悬案者 17 条，主要内容有：中共领导的军队目前至少应编为 5 个军 16 个师；中共军队防地，抗战期间维持现状，抗战结束后另行商定；请政府在物质上充分援助八路军、新四军；同盟国援助中国之武器弹药、药品、金钱，八路军、新四军应获得其应得之一份；请政府停止对于华中新四军及广东游击队的军事攻击；请政府承认陕甘宁边区及华北、华中、华南敌后各抗日根据地民选抗日政府为合法的地方政府，并承认其为抗日所需要的各项设施；请政府通令取消"奸党"、"奸军"、"奸区"等诬蔑与侮辱共产党、八路军、新四军、抗日民主地区的破坏活动；请政府释放各地被捕人员；请政府允许中共在全国各地办党办报，中共亦允许国民党在陕甘宁边区及敌后各抗日民主地区办党办报；请政府停止对重庆《新华日报》的无理检查与破坏发行。

对于此 20 条，中共中央并不认为完全符合自己的利益。正如毛泽东所说，像"47万精兵"只编5军16师，"实际上对我没有好处"，但关键是"有理"，以便借机解决一些问题后，并可在"判明彼方毫无诚意时，准备对外发表"。为此，毛泽东告诫林伯渠及董必武：林案已被何应钦否决、年来情况亦大有变更，故须另提新案。而上述方案中，有几点必须坚持，如军队决不能少于5军16师；边区应正名为陕甘宁边区，以符实际，边区及敌后各根据地应请政府允许发行地方纸币；边区及敌后各地之民主设施，不能变更；彼方承认中共可在全国各地办党办报等。

中共中央的新方案及指示电，因林伯渠与张治中等转宝鸡飞重庆而未能及时收到。5月19日，林伯渠在重庆见蒋，尚未提及此案。至21日看到电示后，才在22日约张治中、王世杰进行谈判。谈判伊始，林伯渠将中共中央关于解决目前若干意见的书面文件交给国民党代表。张治中、王世杰看后沉默良久，当林伯渠问他们有何意见和看法时，张治中满脸愤怒。他们以全文是宣布罪状精神，完全没有实践诺言及拥蒋表示，无决心解决问题诚意，与西安谈判内容不符，正在"准备提示案"等理由，拒绝接受和转交其中央。林伯渠当场指出，20条全文都是实事求是解决问题，西安初步谈判的意见，并非最后决定，且20条已有让步，我们是真心诚意解决问题。双方争辩了2个小时没有结果，最终双方不欢而散。

林伯渠迅速将与张治中等谈判情况电告中共中央，他在电告中分析说：虽然张、王坚决拒绝接受转递给蒋，但一定会向蒋报告的。估计蒋会咆哮起来，会逢人骂我，说我无诚意。但客观形势，使他们不敢公开和我破裂，更不能打我。我们早准备了，我们早就确定问题的解决还要拖一个时期，今天只是作出谈判的姿态给中外看。中共中央在研究了国内外形势及国民党的态度后认为，考虑现在形势的需要，仍然坚持20条所提基本原则，但从策略上考虑，可作适当修改，把"20条"减少为"12条"，"其余那些小的问题"共8条，变成了口头要求，即保留关于全国政治者 3 条和关于两党悬案者中 9 条，其余 8 条作为口头要求。毛泽东在致林伯渠电报中说明了这种改动的用意：如彼方再不接受与解决，则曲在彼方，我方委曲求全之诚意可大白天下。

6 月 5 日，国共双方代表再度会谈。林伯渠将修改后的 12 条书面意见交与国民党代表，张治中等看后，认为 12 条与 20 条相比，内容并无实质性的改变，表示坚决反对。同时，张治中拿出了一份国民党中央拟定的《对中共问题政治解决提示案》交给林伯渠，作为对中共的答复，提示案内容为：

甲、关于军事问题：

第 18 集团军及其在各地之一切部队，合共编为 4 个军 10 个师，其番号以命令定之；该集团军应服从军事委员会命令；该集团军之员额按照国军通行编制，不得在编制外另设纵队支队或其他名目，以前所有者，应依照中央核定之限期取消；该集团军之人事，准予按照人事法规呈报委任；该集团军之军费，由中央按照国军一般给予规定发给，并须按照经理法规办理，实行军需独立；该集团军之教育，应照中央颁行之教育纲领教育训令实施，并由中央随时派员校阅；该集团军之各部队，应限期集中使用，其未集中以前，及其在各战区内之部队，应归其所在战区司令长官整训指挥。

乙、关于陕甘宁边区问题：

该边区之名称定为陕北行政区，其行政机构称为陕北行政公署；该行政区域以其现有地区为范围，但须经中央派员会同勘定；该行政区公署直隶行政院；该行政区须实行中央法令，其因地方特殊情形而需要之法令，应呈报中央核定施行；该行政区之主席，应由中央任免，其所辖专员县长等，得由该主席提请中央委派；该行政区之组织，应呈请中央核准；该行政区预算，应逐年编呈中央核定；该行政区及第 18 集团军所属部队驻在地区，概不得发行钞票，其已发之钞票，应与财政部妥商办法处理；其他各地区所有中共自行设立之行政机构，应一律由各该省政府派员接管处理。

丙、关于党的问题：

在抗战期内，依照抗战建国纲领之规定办理，在抗战结束后，依照中央决议召开国民大会制定宪法实施宪政，中国共产党与其他政党遵守国家法律，享受同等待遇；中国共产党应再次表示忠实实行其四项诺言。

双方几经争执后，在张、王被迫同意将中共中央 12 条留下"参考"之后，林伯渠才同意意转达国民党政府的这一提示案。

围绕这两个方案，双方通过面谈和函件展开一场激烈的争论。

6 月 6 日，林伯渠致函张、王，声明两点：第一，国民政府提示案与中共中央 12 条意见相距甚远，除将提示案"报告中共中央请示外"，请他们将中共 12 条转请中国国民党中央"作合理解决"；第二，提示案开头所说"以林代表祖涵在西安表示之意见为基础"一语，与经过事实不符，希望中国国民党中央考虑中共中央最近正式提出的意见。6 月 8 日，张、王回答说：因意见前后出入太大，仍不能转呈；国民政府提示案是以林的意见为基础，且尽量容纳了林的意见，希望接受。

6 月 11 日，林再致函张、王，指出，张、王既然承认林是中共代表，就不应该不把中共正式提出的意见转报其中央，而只片面地要求他个人接受提示案。林还指出，中共 12 条与西安商谈意见是略有出入，但提示案和西安商谈意见亦有出入，这种谈判过程中的出入，双方都有，不足为异。中共代表已将提示案电告中共中央，而张、王拒绝将中共正式意见转呈其中央请示，这是很难理解的。信中说：谈判是两党公事，非个人的私事，我们彼此都得要遵照自己中央的意见去和对方谈判，并将对方的意见详细报告给自己的中央，最后得到双方中央一致同意，才能使问题获得解决。

6月15日，张、王再次复信林伯渠，仍然坚持要中共接受他们的提示案，说此次商谈之基本精神，须本统一国家军令政令之原则，为改善现状，增强团结之前提。他们还指责中共12条对于如何实行中央政府的军令政令，和改善措施、整编各点，均未提及，并蛮横地提出：中央6月5日已收提示案交林代表转达中共，凡中共意见，中央政府所能容纳者，该提示案尽量容纳，希望中共方面接受。

国民党方面在谈判中的蛮横态度以及步步紧逼的策略令共产党十分失望。此时，共产党不仅对通过谈判争取自己的某种权利与改善国共关系没有了兴趣，甚至对整个谈判也失去了信心。当中共中央接到林伯渠电告国民党提示案后，即召集中央主要负责人进行讨论，一致认为国民党在谈判中毫无诚意，又蛮不讲理。在此高压下，中共绝对不能妥协，应该与之争锋相对，采取强硬态度。时值美国副总统华莱士为考察援助条件，即将赴华，中共决定，如果美国副总统华莱士来中国后，国民党继续强硬反攻，那么就准备进行反击了。实际上，中国共产党已经做好了与国民党翻脸的准备，只不过时机没有成熟。于是，这样就意味着，此后的谈判，无论是对于国民党还是共产党，都已经失去了本来的意义，这一场谈判也正逐渐成为双方增加各自政治影响力，争取国内外舆论支持的一场宣传战了。

1944年6月20日，美国副总统华莱士来到中国，他的主要使命是考察援助条件，但对国共两党关系也十分关注，在与蒋介石的会谈中，有5次专门就中国共产党问题进行了讨论。国民党为了争取美国政府的同情，获得美国的援助，便在华莱士面前大肆攻击共产党，企图将国共关系恶化的罪责推到中共头上。蒋介石在与华莱士的会谈中，污蔑中共不顾抗战大局，专门搞阴谋，主要是为了：乘抗战未胜之前夺取政权；抗战失败，就是共党成功；破坏国民政府信用，使中国孤

◎ 梁寒操

立，以达其俄国独占之目的；使美国政府与舆论压迫国民政府满足共产党要求。

6月28日，中国国民党中央宣传部长梁寒操出面发表谈话，对谈判肆意加以歪曲。针对以上情况，中共中央和毛泽东指示林伯渠立即回延安，并邀请张、王同往讨论问题，经过多日争论，张、王被迫答应将中共12条转交其中央，但却拒绝到延安讨论问题，也不放林伯渠回延安。7月以后，双方争论仍继续着。林伯渠又多次会见和致函张、王，提出放宽民主尺度，希望按5军16师扩编军队和请张、王赴延安讨论问题等要求。但张、王仍然不肯答复，国民党蒋介石集团对谈判采取了"拖"的办法。

为了欺骗舆论，混淆视听，隐瞒国共谈判僵局的真相，给国内外关心两党谈判人士一种错觉，尤其是为了"向盟邦粉饰团结"，使英美难于说话，破坏中共的形象，国民党方面便制造起假象来了。

7月26日，国民党中宣部长梁寒操举行外国记者招待会，发表了与事实极不相符的谈话（英文稿），竟然说国共关系已有改进，经过谈判，国共问题已经有一部分解决了，双方事实上并无严重分歧，最大障碍是中共言行不一等等。8月12日，周恩来就国共谈判问题举行了答新华社记者问，逐条驳斥了梁寒操的答记者问。周恩来的答记者问，一方面揭露了国共谈判尚未解决任何问题的真相，另一方面指出了症结所在，即双方存在着重大的分歧，国民党要求的统一是一党专政的统一，中共则要求在民主基础上实现统一。

国民党的阴险宣传手段促使中共在谈判中发起了更为猛烈的攻

势。如果说抗战前，力量极其弱小的共产党提出成立国防政府与抗日联军还不现实的话，那么，现在已经强大起来的共产党，已经完全有资本有能力向国民党提出废除其一党专政、组织联合政府的正义要求了。

9月4日，周恩来致电林伯渠、董必武、王若飞，代表中共中央做出指示：目前我党向国民党及国内外提出改组政府主张时机已经成熟，其方案为要求国民政府立即召集各党、各派、各军、各地方政府、各民众团体代表，开国是会议，改组中央政府，废除一党专政，然后由新政府召开国民大会，实施宪政，贯彻抗战国策，实行反攻……这一主张，应成为今后中国人民中的政治斗争目标。很明显，在当时国民党政治腐败、经济凋敝、军事失利，国内人民对其长期实行的一党专制独裁的做法已经是极为不满的情况下，共产党提出废除一党专政问题，这样就使国民党在舆论和宣传上处于被动地位，而共产党终将获得主动权。

9月5日，国民参政会三届三次会议在重庆开幕。这次参政会的议程中有一个重要议题：国共关系问题。国民党以往对国共谈判总是遮遮掩掩，这一次之所以肯把两党问题公开化，一是为客观形势所逼，参政会有这种要求，全国人民有这种要求；一方面是为主观上的宣传动机所驱使，蒋认为公开在参政会讨论国共谈判对他是有利的；另一方面可让担心中国打内战的美国放心，中国不会打内战，国共关系在接近；亦可在群众中间造成中共不断扩大要求，不顾大局随时涨价的错误印象。蒋介石大概没有想到林伯渠在接到周恩来的指示后，还要代表中共在参政会上，公开地大幅度地"涨价"。

9月15日，张治中"奉命代表政府"在会上作了"关于中共问题商谈经过"的报告。林伯渠这天在会上也作了一个代表中共观点与立场的关于国共谈判问题的报告。他在报告中不仅阐明了中共要求按民主途径解决军队、政权与党的问题3方面悬案的合理性，揭示了双方谈判的重要分歧和经过真相，而且还郑重声明：希望国民党立即结束一党统治的局面……开国是会议，组织各抗日党派联合政府，一新天下耳目……"联合政府"的口号一提出，立刻在民主党派、民主人士和广大民众中产生了巨大的影响，各界纷纷集会，要求成立联合政府，对国民党政府形成了强大的政治压力。

9月20日，延安《解放日报》发表了经毛泽东亲自修改的文章《延安权威人士评国共谈判》，对国民党方面所谓的"军令政令统一"问题，严加批驳。至此，中共对国民党在国共谈判中一直要中共服从的军令政令，公开表示拒不服从。10月10日，周恩来在延安各界举行的"双十节"庆祝大会上又发表了《如何解决》的演讲。周恩来详细提出了成立联合政府、实施宪政的6个具体步骤。他指出：这些举措，是挽救目前危机切合时要的唯一正确方案。他还特别强调：我党中央6月4日所提出的12条意见书与委托林祖涵同志口头提出的8条，仍应成为今后国共谈判的根据。

时至于此，国共两党谈判的性质发生了改变，谈判已经失去了任何意义。由于国民党方面无改善两党关系的诚意，坚持只能依他们所提条件为解决问题的办法和准则，这样就使国共谈判无法取得实质性的进展，谈判再次陷于僵局。1944年底，根据中共中央的指示，林伯渠返回延安，重庆谈判的喧嚣也骤然停息了。这样，中国共产党想通过谈判来改善国共关系的愿望再次落空，谈判不宣而止，但谈判的大门并没有关上。

# 三、各方参与谈判

出于自身在远东利益的考虑，美国开始以第三者的身份介入国共之间的冲突。特使赫尔利的延安之行拉开了国共新一轮谈判的序幕，与共产党取得了表面上的一致。但是曾试图说服国民党的赫尔利在国民党的压力下又摇身一变，成了蒋介石的说客。共产党人还在为联合政府的主张而奔走呼号，但国民党与共产党之间的谈判毫无结果。为了尽量避免大规模内战的发生，中间人士积极撮合国共两党再次坐在谈判桌前。然而，由于两党在根本问题上有分歧，这次由国民参政会参政员参与的谈判也没有取得实质性的结果。

## 1. 美国参与谈判

由于中共领导的人民武装力量在抗日战争中得到了迅速发展以及敌后人民战争所显示出伟大的作用，中国共产党的影响也越来越大。此时的形势也朝着更加有利于中共方向发展。所以，林伯渠虽返回延安，国共谈判不宣而止，但中共方面并不着急，静待时机的到来。

这时在太平洋战场上，美国的跳岛战术取得了很人成功，战火已逐渐向日本本土燃烧。但由于日军正在进行殊死的抵抗，以致美军的伤亡也很大。美军此时正热切期盼中国的抗日能获得成功，然而在中国战场上，国民党军队却在日军大举进攻面前出现了大溃退。如何加强中国战场上的作战力量，减轻美军承受的压力，这是美国政府十分关切的问题。

随着战局的发展，美国政府也已开始为战后控制中国和亚太地区而精打细算，其中的关键当然是中国必须由国民党继续统治。但不容乐观的是，据美国在华外交官的情报，国民党与蒋委员长的地位已到了过去 10 年来最微弱无力的地步，国民政府正在解体；而共产党的政府和军队，大受广大人民支持，共产党已成为中国最活跃的力量，并与国民党抗衡，争取国家的统治权。美国政府清醒地认识到，美国在采取支持国民党的政策后，共产党为寻求国际上的支持，必然要倒向苏联，从而导致美苏的冲突，这样，美国不仅在中国，而且在亚太地区的地位也将受到威胁。如现在美国对共产党表示友好，那么，将来美苏抗衡时，就可以打中国牌。于是，美国开始全面关注国共之间的关系，并不时给蒋介石压力，希望国共关系能尽快和解。

此时的中国政治形势确实发生了一个很大的变化。随着国共双方力量的消长变化，国共力量对比，已由过去多年的国强共弱的局势发展为此时国共力量的势均力敌。基于这种形势的变化和发展，中共中央适时制定了以建立联合政府为主，以南下战略和成立解放区委员会为配合的一揽子计划。对于中国共产党的主张，美国政府也是赞同的，希望国共两党能坐下来谈判，达成和解，并认为建立一个代表中国所有影响的集团并在蒋介石领导下拥有全权的委员会或者某种团体将是实现这个目的的最有效的机构。美国人的这种想法和示意，国民党虽然不会同意，但也不好公然拒绝。

1944 年 6 月，美国副总统华莱士来中国考察援助条件的过程中，对国共两党关系十分关注，极力想促使国民政府改善国共之间的关系。但由于蒋介石坚持对中共的方针只能是（一）中共军队接受政府指挥，归政府统辖，不准另有其他名目之军队。（二）陕北区域，不得擅设违背中央之特别制度。他表示，只有实行这两项方针，才能保障中共及其军队的合法地位。蒋介石的这种态度，令华莱士失望。这样，华莱士访华期间虽然同蒋介石举行了多次会谈，但在国共关系实质性问题上毫无突破，蒋介石仅勉强同意美军观察员赴延安。华莱士访华未达到预期目的，美国的对华政策也由此开始逐渐发生了转变。

1944 年 9 月，美国总统罗斯福派赫尔利作为他的特使来华，开始调处国共两党之间的关系。10 月 17 日，赫尔利在抵达重庆 40 余日并和蒋介石进行了多次会晤后，主动在他的下榻处约见了中共代表林伯渠、董必武，第二天，他又宴请了林、董二人，并于 22 日同二人进行了第三次会晤。在这三次会谈中，赫尔利强调他代表罗斯福总统帮助中国的团结，决不对党派有所偏袒，分配援华物资也决不偏重某一

◎ 左起：周恩来、赫尔利、毛泽东、张治中、朱德

方。赫尔利并宣布了他的调处计划，即首先约国共双方代表晤谈，得出初步结果后，由他同蒋介石商量；在得到蒋介石同意后，他便到延安和毛泽东见面，求得两党合作的基础；最后，由蒋介石和毛泽东见面，进行最高层次的谈判，签订协议，发表宣言，实现合作。这一计划看似十分美好，也得到了中共代表的赞许。在会谈中，林、董向赫尔利提出了中共方面的基本建议：希望赫尔利帮助中国建立一个真正的联合政府，应当承认共产党和其他党派的合法地位，允许它们在与国民党平等的基础上参加国民政府；应当设立一个由共产党充分参加的"联合最高指挥部"以统辖一切武装部队；应当平均分配美国的军援物资。经过会谈，赫尔利对中共的合作态度有了了解，急欲与毛泽东举行会谈，中共也对赫尔利的"调解"寄予某种希望。

11月7日，赫尔利来到延安，毛泽东、周恩来亲自到延安机场迎接他，以包瑞德上校为首的美军驻延安观察组人员也到机场迎接。11月8日，毛泽东与赫尔利开始进行正式会谈。参加会谈的有周恩来、朱德以及包瑞德上校。此外，还有双方各一人的两名翻译和两名记录员——美方担任记录的是赫尔利带来的秘书史密斯。赫尔利首先说明自己是受罗斯福总统的委托作为他的私人代表，来谈判关于中国的事情。这次来延安，还得到蒋介石的同意和批准。赫尔利表示：美国无意于干涉中国的内政，而只是打算做那些可能有助于最后打败日本人的事情。他声称：蒋介石同意由一个美国调解代表团来促进民主，并通过"统一中国的军事力量"来加速打败日本的步伐。赫尔利说：为了达到这个目标，蒋介石准备承认中国共产党和各少数党派的合法地位，允许中国共产党以某些形式参加军事委员会。随后他在会上宣读了一份他于10月28日起草、经国民党方面修改过的题为《为着协定的基础》的文件。它的内容是：

> 中国政府与中国共产党将共同工作，来统一在中国的一切军事力量，以便迅速击败日本与重建中国；中国共产党军队，将遵守与执行中央政府及其全国军事委员会的命令；中国政府和中国共产党将拥护为了在中国建立民有、民治、民享的孙中山的原则，双方将遵行为了提倡进步与政府民主程序的发展的政策；在中国，将只有一个国民政府和一个军队，共产党军队的一切军官与一切士兵当被中央政府改组时，将依照他们在全国军队中的职位，得到一样的薪俸与津贴，共产党军队的一切组成部分将在军器与装备的分配中得到平等待遇；中国政府承认中国共产党的政党地位，并将承认共产党作为一个政党的合法地位，中国一切政党将获得合法地位。

这5点主要是要中国共产党的军队遵守并执行国民政府及其军事委员会的命令，要共产党军队的一切军官和士兵接受政府的改组，然后国民政府才承认共产党的合法地位。

经过国民党修改后的方案显然不能适合共产党的要求，特别是新方案中所强调的"只有一个国民政府和一个军队"等，是共产党所不能接受的。因此，方案一拿出，共产党就强烈反对。毛泽东看了新方案，当着赫尔利的面，就新方案中改编中共军队的条款提出批评。他说：这条主要的恐怕是蒋先生自己写的。我以为应当改组的是丧失战斗力、不听命令、腐败不堪、一打就败的军队，如汤恩伯、胡宗南的军队，而不是英勇善战的八路军、新四军。

面对如此尖锐对立的意见，赫尔利颇感意外。但是赫尔利是一个自尊心极强的人，也是一个极其老到之人，他认为在自己的努力撮合之下，国共两党完全是可以从对立状态走向和平共处的。于是有些激动的赫尔利开始冷静下来，面对毛泽东坚决拒绝国民党方案的顽强态度，他一方面指责毛泽东的说法"和我们的敌人所说的，有相同之虞"，另一方面不得不承认自己并不了解国共之间"存在着这样深刻的鸿沟"。为设法达成谅解，赫尔利希望共产党方面对此方案加以修改或补充。

毛泽东对《为着协定的基础》提出具体修改意见。中共对国民党方案进行了大刀阔斧的改革，使之尽量能反映共产党的意愿。11月9日下午，毛泽东与赫尔利进行第三次会谈，讨论经过修改后的协定草案。会谈一开始，中共方面提出经过修改的协定草案。赫尔利看过后表示：这个方案是正确的，他将尽一切力量使蒋介石接受。他提出了一些具体意见，中共方面按照他的提议作了修改。毛泽东说：我们所同意的方案，如蒋介石先生也同意，那就非常好。赫尔利表示他将尽一切力量使蒋接受，认为这个方案是对的。赫尔利还说：如果蒋先生表示要见毛主席，我愿意陪毛主席去见蒋，讨论增进中国人民福利、改组政府和军队的大计。毛泽东说：他很久以前就想见蒋先生，过去情况不便，未能如愿。现在有美国出面，赫尔利将军调停，这一好机会，他不会让它错过。他还不了解蒋先生是否会同意共产党的五要点。只要蒋介石同意，毛泽东本人即可与蒋介石见面。毛泽东觉得在他和蒋先生见面时，要没有多大争论才好。毛泽东还强调说：他很希望在赫尔利将军离开中国以前见蒋先生。

赫尔利主张毛泽东立即去重庆同蒋介石会见，他将以美国（的）国格来担保毛主席及其随员在会（见）后能安全地回到延安。他说：不管毛主席、朱总司令或周副主席，无论哪一位到重庆去，都将成为我的上宾，由我们供给运输，并住在我的房子里。接着，毛泽东说道：这次赫尔利将军回去，可以把我们所同意的要点，征求蒋先生的同意。现在张治中、王世杰二先生快来了，还有五参政员也决定来此。张、王来时，如同意五要点，那么事情就好办了。我们事前取得同意，我见蒋先生的时候，就可以没有多大争论。就是说，在见面以前，实际问题早已解决。这样的步骤比较适当吧。

经过毛泽东与赫尔利的会谈，终于达成一项新的5点协议，即《中国国民政府、中国国民党与中国共产党协定》。赫尔利建议毛泽东在协定上签字，并表示他也要签字。新的协定内容全文如下：

中国政府、中国国民党与中国共产党应通力合作，为击败日本而统一所有国内之武力，并共同致力于中国的复兴工作；国民政府应即改组为一联合政府，由一切抗日政党及无党派之政治团体所派代表构成之，并应拟定及颁布一民主政策，就军事、政治、经济及文化各事项之改革方案予以规定，军事委员会亦应同时改组为联合军事委员会，由所有抗日军队派遣代表构成之；联合政府应遵照孙中山先生所倡原则，创设一民治、民享、民有之政府，联合政府所采取政策，其目标应为：提倡进步与民主，主持公道及维护信仰自由、出版自由、言论自由、集会结社自由，并给予人民以向政府诉愿之权利，关于人身保护状之权利，以及住宅不受侵犯之权利，联合政府并应采取政策，俾前所规定之"免除恐惧之自由"及"免除匮乏之自由"得以有效实施；一切抗日武力应遵守并实施联合政府及联合军事委员会之命令，并由政府及联合军事委员会予以承认，所有获自友邦之军事分配，应公平分配与各该武力；中国的联合政府承认中国国民党、中国共产党及一切抗日政党的合法地位。

只要将这5项协议与赫尔利以及经过蒋介石修改过的5项方案对照比较，就会发现，在内容上已发生实质性的变化——原方案中，并无改组政府使其成为联合政府这一说。在当天举行的中共六届七中全会上，毛泽东报告了同赫尔利会谈的情况。周恩来在发言中分析说，蒋介石认为我们参加政府和成立联合政府是有区别的，赫尔利则将二者混而为一，因而以为蒋不至于为难，估计蒋必定会对这次会谈作出的协定提出修改。

11月10日12时45分，毛泽东以中国共产党中央委员会主席的身份在协定上签字，赫尔利作为美国总统私人代表，以见证人的身份也在协定上签字，签字处的第一个位置当然是留给中国国民政府主席蒋介石的。签字前，毛泽东告诉赫尔利：他今天还不能和赫尔利将军同去重庆。他们决定派周恩来和赫尔利同去，因为估计对于许多细节，蒋先生会有意见。周同志在那里，可以和赫尔利将军一道帮助谈判。赫尔利表示完全同意。

11月10日下午2时，周恩来与赫尔利一同飞往重庆，以便就延安新协议与国民党继续谈判。赫尔利回到重庆的第二天，将延安协定的副本送给宋子文，请他将文件译出并交蒋介石。宋子文看过协定副本后，和王世杰一起来到赫尔利处，指责他"被共产党的旧货单子欺骗了"，并表示：国民政府永远不会答应中国共产党的要求。张治中与王世杰则批评赫尔利说，他在协定中没有提到军队数目问题，更不应当将国民党与中共相提并论。蒋介石也不同意协定中关于成立国民联合政府条文，他决定除对这个协定中关于"联合政府"一点拒绝同意之外，其余各项尽可能一一商谈。蒋介石拒绝"联合政府"实际上也就拒绝了这个协定草案。赫尔利认为这是中国共产党签署的把军权交给国民政府的唯一的文件。国民政府和中共达成协议，将在政治上和道义上加强国民政府，并将防止崩溃。因此，他主张国民党接受这个协定，并作出修改，但国民党当局坚决不肯答应，认为这是小孩子天真的幻想。

11 月 15 日和 17 日，中国国民党两次提出反建议，赫尔利均不满意，予以拒绝。他在 11 月 16 日打给罗斯福的电报中说：蒋介石"无法证明他的观点是对的"。罗斯福复电指示赫尔利，继续向蒋介石施加压力，以便尽快与中共达成协议。不管美国如何施加压力，蒋介石始终无动于衷，因为蒋介石已完全了解美国无论如何不会抛弃他。在顽固的国民党面前，赫尔利自己首先动摇了，因为他原本是倾向国民党的，在说服不了国民党的情况下，便决定背信弃义，向蒋介石作出重大让步，儿戏般地将他签过字的延安新协定放弃了。他同意让国民党再提出复案，国民党表示他们决不会打乱现在政府的管理程序，至多只允许中国共产党一人加入政府，一人加入军事委员会。赫尔利没有表示反对，反而让他们加紧拟定新的复案。

11 月 21 日上午，赫尔利在他的办公室里向周恩来转交了国民党当局提出的 3 条反建议，它的中心内容是要中共先交出军队，然后他再给中共以合法地位。其全文如下：

国民政府为达成中国境内军事力量之集中与统一，以期实现迅速击溃日本，及战后建国之目的，允将中国共产党军队加以整编，列为正规国军，其军队饷项军械及其他补给，与其他部队同等待遇，国民政府并承认中国共产党为合法政党；中国共产党对于国民政府之抗战及战后建国，应尽全力拥护之，并将其一切军队移交国民政府军事委员会统辖。国民政府并指派中共将领以委员资格参加军事委员会；国民政府之目标本为中国共产党所赞同，即为实现孙总理之三民主义，建立民有民治民享之国家，并促进民主化政治之进步及其发展之政策，除为有效对日作战之安全所必须者外，将照《抗战建国纲领》之规定，对于言论自由、出版自由、集会结社自由，及其他人民自由加以保障。

周恩来看完复案后，赫尔利即对此复案做了说明，他说，在你们所提的方案中，我认为最重要者，就是承认中国共产党的合法地位以及参加决策机构。但他们认为承认共产党合法地位是违反孙中山的原则的，我已争过了。蒋委员长现在还是只肯承认共产党的合法地位，不愿承认其他党派的合法地位。他们开始也不愿意你们参加中枢机构，因为这是神经中枢，一切军队调动和外国物资的来源与分配都要经过那里。我也说服他们接受了。至于联合政府，他们是怕插进一个脚趾，会把他们挤掉，我叫他们不要怕，他们认为我从延安回来就被中国共产党包围了，所说的都是中国共产党的话。但蒋介石最终仍然告诉我，他将允许你们参加政府，但不愿写在这个建议上。赫尔利解释说，我原来不知道实际情形，所以在延安时，毛泽东提出意见后我也添上一大堆，现在看来，也许他们这个建议才是谈判的基础。

对于国民党当局的这 3 点建议，周恩来在会见时便当面向赫尔利指出：第一，军事委员会的委员徒有虚名，并无实权，而且从不开会，冯玉祥、李济深便是先例；第二，中共代表只参加军事委员会而不参加政府，不能参与决策。赫尔利解释说，蒋介石和国民党代表对此均有承诺，只是不愿写在纸上。

蒋介石的态度，周恩来在此之前就有预见。他在 11 月 20 日致毛泽东电中分析道：蒋在目前至多只能接受联合统帅部，请客式政府，决不会答复协定。周恩来还向毛泽东提出了应变对策：我们须以联合政府及解放区委员会去逼求，最后关键恐在华盛顿。

21 日下午，周恩来为了探明代表华盛顿的赫尔利态度，在与董必武作了进一步的具体研究后，又一起再度拜会了赫尔利。周恩来直接问道：赫尔利将军是否仍同意我们为实现中国团结必须以组织联合政府为前提的主张？赫尔利含糊其辞地回答说：我不能使用同意的字眼，因为我不是谈判的当事人，我只是见证人，我认为你们联合政府的主张是适当的，但我并不处在同意的地位。这一回答无懈可击。周恩来紧追不舍：你是否认为联合政府是合理的，是民主的？赫尔利模棱两可：毫无疑问是民主的，但你们的原提案也有可以改动之处。周恩来不容其含糊：参加政府，是否说我们只能处在观察者的地位，而不能有实权？赫尔利无言以对，只好实话实说：并不等于有实权，但事在人为，譬如我们的议会的议员，有的能够控制议会。

事情已经很清楚：赫尔利在同蒋介石商谈后，已经背弃了他在延安签过字的协定，他并不想说服国民党接受中共的要求，更不想对蒋介石施加什么压力。周恩来决定立即回延安去。赫尔利建议他在行前见一见王世杰和张治中，周恩来答应了。

于是，11月22日上午，国共双方的代表又一次坐到谈判桌前。寒暄之后，周恩来向王世杰问道：政府准备采取何种措施，使党派合法？王世杰回答：现在政府还没有具体考虑这个问题，并无具体计划。接着，周恩来又问：根据政府的建议，足以表示国民党并不准备放弃一党专政。王先生的意见如何？王世杰回答说：这首先是一个法律问题。在法律上，目前无从宣布废止党治。不过政府在实际上并非不准备容纳党外人士。周恩来请王世杰明确回答：如果邀请中共代表参加政府，请问这种代表是属观察者的性质，还是有职有权？王世杰说：这一点我不能具体答复，因为没有讨论。随后，周恩来再问：如果共产党代表参加军委会，其实际职权如何？王先生是否能够见告？王世杰说：现在军委会每周至少开会一次。周恩来立即反驳：这是会报，不是开会……我们要提醒王先生几句，会报不是开会，譬如冯玉祥、李济深将军就从没有参加开会。

接着周恩来对指挥问题发问道：现在，我们要把国共双方的军队结合起来作战，假使美军将来登陆，那就有3方面的军队，这就引起指挥问题。不知政府是否考虑到设立联合统帅问题？具体的即指美国统帅问题。王世杰回答说：我对军事布置实在不知道，张治中将军没有来。原先有设立联合统帅的建议。你们也知道的，至于是否有进一步的考虑，我的确不知道。

当王世杰问中共的意见时，周恩来强调中共主张联合政府，也就是民主政府，并要为这个民主政府而奋斗。中共目前不能接受国民党的主张，希望能从国共双方建议中找出共同点，求得初步解决民主政府问题。周恩来在谈话中还说，如今民主政府无法解决，所以还不是毛泽东出来的时候。

当天，周恩来、董必武又应约同蒋介石会面。蒋介石表示希望毛泽东和朱德来重庆。周恩来开门见山地说：我们对于联合政府的主张，是仍坚持的，并愿为它奋斗到底。但他也留了余地：民主联合政府是指政府的性质，并非要改国民政府的名称。蒋介石忙着说：好，我们革命党就是为实现民主的，我做的就是民主。不要要求，我自会做的。如果要以要求来给我做，那就不好了。政府的尊严，国家的威信，不能损害。周恩来毫不退让，说，我应该声明：对三民主义国家及实行三民主义的元首是应该尊重的，但政府并非国家，政府是内阁，政府不称职是应该调换的、改组的。提到要求，一个政党总有自己的要求，当这不能向政府直接要求时，只有向人民公开说话。面对周恩来凌厉的词锋，蒋介石只能含糊其辞地回答：是的，是的。当天晚上，赫尔利宴请周恩来和董必武。就在这天晚上，蒋介石宴请部分国民参政员。他对客人们说：中共要求联合政府，他不能接受，因为他不是波兰流亡政府。

由于国民党拒绝承认其他民主党派的合法地位，拒绝中共关于联合政府的主张，所以周恩来当面拒绝了国民党要毛泽东到重庆与蒋介石会谈的邀请。当王世杰问及中共对蒋介石所提建议的看法时，周恩来回答，中央还没有研究决定。由于国共双方代表各坚持自己的立场原则，这种谈判只能是越谈越僵，以致不能再进行下去。

12月7日，周恩来和董必武飞返延安。12月8日，周恩来出席中共六届七中全会，在会上报告了在重庆谈判的经过。为了答复各方询问，全会决定早日公布5条协定，以引起舆论注意和督促国民政府改变态度。会议还决定：暂时终止谈判，由边区参议会发起成立解放区联合委员会。此举目的，主要是给国民党施加压力。

这样，周恩来返回延安，意味着由美国人介入的国共谈判亦陷入了僵局的状态。

## 2. 关于党派会议的谈判

周恩来返回延安，让赫尔利十分忧心和焦虑，他对国共继续谈判依然抱有很大幻想。无论如何他不愿看到他所介入的这次国共谈判就这么草草结束了。并不真正了解中国国情的赫尔利认为国共两党并没有根本上的分歧，双方还是有共同点的，完全可以通过谈判达成和解，进而合作建国。实际上，赫尔利继续沉浸在奇迹出现——国共通过谈判达成和解——的幻想当中。虽然周恩来已经明确地向赫尔利表示了中共中央的意见，但他仍对国共和谈存在幻想。为了更清楚地了解中共中央的看法，赫尔利特意派了美军驻延安观察组组长包瑞德随同周恩来飞往延安与毛泽东接触。

12月8日，毛泽东和周恩来同包瑞德进行会谈，坚决拒绝蒋介石的3点建议，批评赫尔利背弃与中共签署的5点建议并为蒋介石的反建议做说客。毛泽东明确告诉包瑞德，并让他尽快转告赫尔利：中国共产党对国民党的条件决不让步。毛泽东说：蒋介石的方案是要我们完全投降，而交换的条件是给我们一个没有任何实际作用的军事委员会的席位，我们不能接受。毛泽东强调，在一定的情况下，共产党不能保证，他们不会在政治上与国民党公开对抗。毛泽东最后告诉包瑞德，中共将为另外组成一个独立政府作出准备。并且，在适当的时候，将

◎ 1944 年 8 月，叶剑英与美军观察组组长包瑞德

会公布与赫尔利共同签过字的《延安协议》。

包瑞德急将与毛泽东的谈话电告赫尔利，与此同时，赫尔利还收到了周恩来的电函，电函说，政府无诚意，故无法接受国民党复案。

中国共产党的答复，令赫尔利十分气愤，他不希望国共谈判破裂，更不希望中共公布他签过字的《延安协议》而使他难堪。于是，赫尔利赶紧致电毛泽东，声称现在还不是结束谈判的时候，不应公布谈判过程中的文件。如果现在采取任何关闭谈判大门的行动，他认为，对于中国和它真正的朋友都是一场莫大的悲剧。他还派刚从延安回来的包瑞德，紧急约请中共在重庆的代表王若飞，从中进行斡旋，陈述国共两党公开分裂对于中国的危害。提出两党应冷静下来，以中国大局计，都作出一定让步，成立解放区联合委员会势必使蒋有所借口，以致成为公开分裂，这对共产党未必有利。

权衡利弊、综合考虑各种因素之后，中共中央决定暂缓成立解放区联合委员会，继续联合政府的宣传。毛泽东在 12 月 15 日对陕甘宁边区参议会的演说中，公开表明了这种态度。12 月 16 日，周恩来第二次复信赫尔利，同意不公布 5 点协定，并表示没有关闭国共谈判大门，并说道：我们认为只有国民党放弃一党专政与建立民主的联合政府，才能使中国向着民主走进一步，才能使中国人民由此开始得到自

由，才能动员与统一中国一切抗日力量反对日本侵略者。而在国民党一党政治下的任何人事变动，都不可能变更目前国民政府的制度和政策。这也就是我们与国民党谈判不能获得正当解决的症结所在。

对于共产党方面表示缓和的态度，赫尔利感到十分高兴。他表示完全谅解共产党的立场，称谈判不成是因为蒋不愿意接受民主，责任在蒋，可能需要罗斯福总统说话来施加压力。同时，国民党再度提出继续谈判的主张，并要求赫尔利重新进行调解工作。于是赫尔利对国共谈判亦再度充满了十足的信心和天真的幻想。12月21日，兴致勃勃的赫尔利致电周恩来，希望周能重新出来谈判。

中共接到赫尔利邀请电后，即举行高层领导会议对此进行研究，一致认为：与其和国民党在一些于大局无补的抽象问题争来争去，不如先提一些具体问题，促其解决，还可救于当前。因此同意周恩来再去重庆谈判，力争解决一些具体问题。

根据中央决定，周恩来于12月28日复电赫尔利，接受赴渝谈判的邀请，表示：关于国民政府有无可能接受我们提议的建立民主的联合政府方针来进行谈判问题，我们不愿再继续抽象的探讨。他提4项具体要求，希望赫尔利转致有关方面，用事实来测验他们有没有决心实行民主和团结。这4项要求是释放全国政治犯，如张学良、杨虎城、叶挺、廖承志及其他大批被监禁的爱国志士；撤退包围陕甘宁边区及进攻华中新四军、华南抗日纵队的国民党大军；取消限制人民自由的各种禁令；停止一切特务活动。信中说，诚能如此，则取消一党专政，建立根据人民意志的民主的联合政府的可能性，方得窥其端倪。

本来这4项要求是合情合理，不难解决的，但被蒋介石断然视作"趁火打劫"。因而，周恩来暂时不前往重庆，国共之间继续进行谈判似乎又难以一下子实现了。

1945年1月1日，蒋介石发表元旦公告，宣布他将要"还政于民"，准备在战争结束前即召开国民大会。很明显，国民党提出召开

"国民大会"的主张是为了和共产党所提的"联合政府"主张相抗衡的。随后，蒋介石正式同意赫尔利关于携国民党代表前往延安谈判的提议，并约集五院院长商讨组织所谓战时行政会议问题，决定以此来包容各党派代表，显示政府的民主姿态。因此，会议决定在国民党原来3点反建议的基础上，再提3项办法，即：

在行政院设置战时内阁性之机构（其人数约为7至9人），俾为行政院决定政策之机关，并使中国共产党及其他党派之人士参加其组成；关于中共军队之编制及军械补给等事，军事委员会将指派中国军官2人（其中1人为现时中共军队之将领）暨美国军官1人，随时拟具办法，提请军事委员会委员长核定；在对日作战期间，军事委员会委员长将指派本国军官2人（其中1人为中共将领）暨美国将领1人，为原属中共军队之指挥官，并以美国将领为总指挥官，中国将领2人副之。该总指挥官对军事委员会委员长直接负责，在其所属战地之军令、政令，皆须统一于中央。

蒋介石的这条件较此前的方案在形式上确有相当让步，但由于国民党及其政府实际上实行的是蒋介石个人的独裁统治，行政院并无实际决策之权，因此，此一条件依然没有改变要共产党交出军队，并继续维持其独裁统治的实质，中共自然不会答应。但中共在分析国内外总体形势后认为，现在还不是国共两党在政治上、军事上进行全面公开对抗的时候，谈判仍旧是当前处理国共关系的最好形式。于是，中国共产党同意与国民党继续进行谈判。对于赫尔利关于携国民党代表前往延安谈判一事，中共分析认为，如果让赫尔利与国民党代表来延安，只能造成国民党方面极具诚意的假象。研究后，毛泽东与周恩来等于1月11日给赫尔利回信，一方面拒绝赫尔利等人前来"短期访问"，另一方面表示在国民党方面同意召开国是会议之预备会议的前提下，周恩来可再赴重庆谈判。

在得到赫尔利答复后，周恩来于1945年1月24日乘飞机抵达重庆，与国民党再度进行谈判。周恩来行前，毛泽东向他作出以下3点指示：争取联合政府，与民主人士合作；召开党派会议作为具体步骤，中国国民党、中国共产党、民盟参加；要求中国国民党先办到以下各项，释放张学良、杨虎城、叶挺、廖承志等，撤退包围陕甘宁边区的军队，实现一些自由，取消特务活动。

到重庆后，周恩来一下飞机就对《新华日报》记者发表声明，重申中共中央的主张，说明此来重庆的目的主要是商讨建立联合政府的具体步骤。他在谈话中说：此次来渝，即系本此方针，代表我党中央，向国民政府、中国国民党及民主同盟提议：召开党派会议，作为国是会议的预备会议，以便正式商讨国是会议和联合政府的组织及其实现的步骤问题。……目前全国人民所期望于国民政府的，实为立即废除一党专政，成立民主联合政府与联合统帅部，承认一切抗日党派的合法地位，取消一切镇压人民自由的法令，废除一切特务机关，停止一切特务活动，释放政治犯，撤退包围陕甘宁边区和进攻八路军、新四军的军队，承认中国解放区，承认抗日军队及一切民选政府的合法地位等，甚望政府当局速加采纳。

周恩来用这种诉诸舆论的先声夺人的方法，确定了新一轮谈判的基调，并否定了国民党方面可能提出的其他方案。赫尔利到机场迎接了周恩来，在赫尔利的热心协调下，国共新一轮的谈判又拉开了帷幕。

1月25日，周恩来会见了赫尔利。赫尔利声称：昨晚同国民政府方面商谈了以下5点意见，即：去年10月21日的3条仍要做；行政院下设各党派参加的战时内阁性的新机构；成立有国民党、共产党、美国各1人参加的整编委员会，整编共产党军队；为中共军队设一美国军官做总司令；国民政府承认中共合法。周恩来听到赫尔利的这个意见马上就表示了不满，并当即予以拒绝。毛泽东事后也明确表示：中国国民党这一补充办法中的军事条款，是将中国军队，尤其将我党军队隶属于外国，变为殖民地军队的恶毒政策，我们绝不能同意。在和周恩来反复交换意见后，甚至赫尔利也一面对共产党拒绝美国统帅事表示遗憾，一面承认：你们不接受 3 条是对的，我到任何时候都愿赞助你们的五条。我要是蒋，只要将 5 条中联合政府名义改为联合行政院或联合内阁，便可签字。这样，中国国民党精心制定的方案还未出台就被否定了，谈判的重心不得不又转到中共中央所提议的党派会议问题上去了。

随后，周恩来与国民党代表张治中、王世杰进行了谈判。张治中仍然提出 3 项条件，要求以此为基础进行谈判。周恩来再次拒绝，他说：此次来渝的目的是为提议召开"党派会议"，讨论共同纲领的。其要求已在抵重庆时所发表的声明中提出，希望国民党以此为基础进行谈判。

1 月 29 日，蒋介石出面召集国民党中常委元老、五院院长及党团的负责人谈话。他的谈话说明：他断然否定共产党的要求，决心把国民党独裁统治坚持到底；赫尔利尚未完全站到国民党一边；蒋执意消灭共产党，之所以继续进行谈判，只是为了把美国人拉到自己这一边。

在蒋介石这样一个思路之下，双方的谈判在经过一个回合交锋，国民党新方案一出笼就被中共拒绝之后，国民党开始做出虚情假意的让步。在这种情况下，1 月 30 日之后，谈判很快按照共产党的要求转入党派会议的问题上去了。当周恩来与张治中、王世杰再次谈判时，王世杰便主动问周恩来，中共关于召开党派会议有何设想和意见，周恩来把他起草的一个关于党派会议的协定草案交给王世杰，其内容如下：

党派会议应包含国民党、共产党及民主同盟 3 方代表，会议由国民党负责召集，代表由各方自己推出；党派会议有权讨论和决定如何结束党治，如何改组政府，使之成为民主的联合政府，并起草共同施政纲领；党派会议的决定和施政纲领草案，应通过于将来国民政府召开的国是会议，方能成为国家的法案；党派会议应公开进行，并保证各代表有平等地位及来往自由。

对周恩来所提4条原则，张治中、王世杰均表示不能同意，周恩来也不让步，双方争论良久，最后决定以此为基础，再作商谈。此后，国共双方代表以周恩来所提原则为基础进行了3次会谈，双方依然存在分歧，国民党代表便提出，由他们综合双方意见，搞一个文字的东西，好作进一步讨论，周恩来表示同意。于是，王世杰执笔，将几次会谈内容进行了整理，形成了一个初步的商谈记录，其内容如下：

为加强抗战力量，促进全国团结与统一，国民政府同意召开有国民党代表与其他党派代表以及其他若干无党派代表参加的会议，此项会议可称之为政治咨询会议。此项会议应研讨：

结束训政与实施宪政之步骤；今后施政方针与军事统一之办法；国民党以外党派参加政府之方式。

对以上问题如获一致结论，当提请国民党准予实行。在会议期间，各方应避免互相攻击。

看了国民党的商谈记录，周恩来当场声明：王世杰的提议文中没有改组政府的肯定字样，文字表现也不平等，故仍应以共产党提议的文字为讨论基础。王世杰则表示：以"国民党以外党派参加政府"之表述，实即为改组政府，文字不提改组政府，为的是他便于向国民党人解释；文字还可以修改；人数不宜过多，无党派人士总要有几个；提出国是会议名称会约束党派会议的商讨，其提案中并无约束中共之处；所谓"一致结论"，即表示在会议中可不受表决的拘束；至于公开进行，有发表公报和主张方式行之，平等地位，来往自由等，绝对保证，希望不写在文字上。对此，周恩来说明：他将把国民党方面的意见报告延安，关于会议的协定及文字究竟如何决定，待报告双方中央后再行商榷。

周恩来在次日致毛泽东的电报中建议：只要在党派会议协定中我党不受任何拘束，今后仍是拖的局面，故以此作为初步协商，似无不利之处。惟党派代表比例、改组政府之原则、公开进行等，仍须确定，整个文字亦须依平等精神修改。2月3日，毛泽东致电周恩来：除非明令废止一党专政，明令承认一切抗日党派合法，明令取消特务机关及特务活动，准许人民有真正自由，释放政治犯，撤销封锁，承认解放区，并组织真正的民主的联合政府，我们是碍难参加政府的。至于会议名称、成分及方式，可以从长考虑。

然而，国民党是决不可能放弃一党专政，实行民主的。国民党人一再告诫赫尔利：中共的真正目的不是废除国民党的一党专政。共产党的全部策略表明，他们的目的是推翻国民党的统治，使中共获得对中国的一党专政。共产党支持民主原则不过是伪装，是企图利用它获得共产党一党专政下的政府权力。因此，不论出现什么情况，国民党都有责任在长期的混乱阶段领导中国。他们甚至已使赫尔利也认为：中共是不民主的。共产党的目的是在制定宪法或在民主基础上还政于民以前，摧毁国民党统治的政府。

在这种情况下，显然两党谈判不会有什么好结果的。周恩来于2月5日电告毛泽东：蒋介石绝对不会承认结束党治、国是会议、联合政府，因此，坚持我方所提之协定内容，除成分和加入无党派人士、名称可商量外，其他文字不能修改，另以口头要求其实行放人、撤兵、自由、取缔特务等4条会更有利，以便胜利回延安。2月9日，周恩来即将上述要求通知了王世杰，并说明准备回延安讨论。次日，在赫尔利的邀请下，周恩来同国民党代表宋子文、张治中、王世杰进行会谈，但是会谈不欢而散。

2月13日，在周恩来准备返回延安之前，蒋介石再次召见了他。

蒋介石明确表示：必须无条件实行统一，国民党是革命的，它只能把政权交还人民，决不能听由各党派掌权，因此，他不接受组织联合政府的主张，组织联合政府无异于推翻政府，党派会议等于分赃会议，现在的党派都是不合法的。蒋介石的谈话实际上是单方面宣告：国共谈判破裂了。国共谈判又陷于僵局。

国民党既不想和共产党谈判，又不愿承担谈判破裂的责任。2月14日，中国国民党代表王世杰在外国记者招待会上单方面宣布国民党在同共产党的谈判中所做出的重要努力和妥协，批评中共拒绝接受政府提议，试图以此来显示国民党在统一和民主问题上表现的诚意。面对国民党这种颠倒黑白、混淆是非的做法，周恩来于2月15日则针锋相对地发表声明予以坚决还击与揭露，指出王世杰的说法是不坦白和不公平的，他批评国民党所提出的方案完全是以坚持一党专政为目的的，其不仅以共产党交出军队为条件，而且干脆就拒绝成立民主的联合政府和联合统帅部，对共产党人提出的党派会议，也同样是要求以继续维持一党专政，反对联合政府为前提；对中共中央提出的首先实行释放政治犯等项要求，更是不予接受。2月15日，周恩来将书面声明分别递交赫尔利及各国记者。2月16日，周恩来乘飞机离开重庆返回延安。

国共这次谈判至此虽已结束，且毫无结果，但谈判大门并没有完全关闭，因为形式上周恩来是带着国民党方面的政治咨询会议草案回延安报告研究的。

2月18日，周恩来向六届七中全会主席团会议报告了国共谈判的经过，并肯定地说：美方现在是扶蒋拉共打日本，重庆现在是天怒人怨，国民党已不能照旧独裁统治下去了，想要耍一些民主幌子。2月25日，周恩来致电指示王若飞：蒋介石目前的方针仍是玩弄民主外衣，坚持独裁实质，加上国际国内其他原因，我逼蒋让步的条件没有成熟，不能指望国共谈判短期会获得成功，而只能用公开谈判的形式，援助大后方民主运动的发展。显然，中共已对谈判不抱有什么希望，它的必要性仅在于对国统区民主运动的援助。

3月1日，蒋介石在重庆宪政实施促进会演讲中公开否定党派会议主张，扬言将单方面于11月12日召开国民大会，国共双方于是更趋对立。周恩来于3月7日致信王世杰表示，归延即向我党中央报告在渝谈判经过，金认蒋主席当日谈话其内容与先生所云大有出入，同时先生所提之政治咨询会议草案，亦与敝党意见相距太远，但尚准备将敝党之主张作成复案，送达贵党，以供研讨。忽后蒋主席3月1日之公开演说，一切希望，均已断绝。盖蒋主席不仅已向国内外公开声明不能结束党治，不能召集党派会议，不能同意与各党派和无党派人士合组的联合政府之主张，而且更进一步宣布国民党将于今年11月12日召集那个在全国尚无自由、各党各派尚无合法地位、大部分国土尚未收复、大多数人民不能参与等条件下，由国民党一党政府所一手包办的完全儿戏的分裂性质的所谓国民大会，此实表示政府方面一意孤行，使国内团结问题之商谈再无转圜余地，敝党方面自无再具复案之必要矣。

3月15日，中共中央发出通知，准备于召开中国共产党第七次全国代表大会之际公开宣布组成中国人民解放联合会的主张。这个联合会一方面成为各解放区的联合政权机关，另一方面又保持其抗日人民的民主阵线的性质。这一组织，在政权上说，它将是地方性的联合政权，又不是第二中央政府，但同时，又因为国民党政府必不承认它，故又是独立性质的地方政权。在全国没有联合政府时，它将是促进联合政府实现的一种主要动力。在全国有了联合政府时，它将是联合政府的组成部分，同时又是联合政府的支持者、辅助者，而在中国人民中将起着极大的动员和组织作用。同时，毛泽东提出准备全国胜利问题，主张军队发展到150万以上，人口发展到1.5亿以上，争取将来政府设在我们的地方。

这表明，中共中央已开始认真考虑取中国国民党而代之的问题了。尽管它此时出于种种原因，还没有准备立即以解放联合会作为第二中央政府与蒋介石政权公开对抗，但两党继续谈判妥协的希望也已经变得十分渺茫了。这样，由赫尔利出面促成的这次关于建立联合政府的国共谈判便宣告失败了。

### 3. 参政员参与谈判

1945 年 4 月 2 日，赫尔利在华盛顿公开发表演说，声称：美国只同蒋介石合作，不同中共合作，并表示美国只承认国民政府为中国的政府，并且在经济上、军事上和政治上支持它，但不会支持任何军阀或武装的政党。可见，赫尔利的演说是对蒋介石的公开支持。此举说明美国政府从此将要扶蒋反共。美国对华政策的转变，大大影响了中国的战局，有了美国的支持，国民党气焰便更加嚣张，认为共产党根本不可能与之抗衡，他们全面解决共产党问题的时机已经到来了。因此，在美国政府的支持下，国民党更加猖狂地加紧了反共活动。

4 月 8 日，有恃无恐的蒋介石断然下令各战区务必于 7 月以前集中全力以消灭奸匪之组织及武力。有了美国人的支持，他不把共产党放在眼里了。5 月 5 日至 21 日，国民党在重庆召开第六次全国代表大会，会议的中心是坚持独裁、坚持反共。国民党"六大"后，蒋介石就调兵遣将，在苏浙地区，在陕甘宁边区以及在绥南、绥西等地，向八路军、新四军发动试探性进攻。当然，国民党在向中共进行武力相向的同时，由于出于舆论压力，也为自己准备了一条后路，表示：在不妨碍抗战、危害国家之范围内，一切问题可以商谈解决。

在美蒋联合反共的逆流面前，中国共产党毫不畏惧，给予了坚决反击。4 月 23 日，中共召开第七次全国代表大会，毛泽东作《论联合政府》的报告，鲜明地坚持"联合政府"的旗帜而不动摇。针对国民党的独裁反共行为，毛泽东揭露道：迄今为止，国民党内的主要统治集团，坚持着独裁和内战的反动方针的很多迹象表明，他们早已准备，尤其现在正在准备这样的行动：等候某一个同盟国的军队在中国大陆以驱逐日本侵略者到了一定程度时，他们就要发动内战。但毛泽东、中国共产党和中国人民决不害怕，一定会争取得到光明的前途。他断言：到了现在，我们的党已经成了中国人民抗日救国的重心，已经成了中国人民解放的重心，已经成了打败侵略者，建设新中国的重心，中国的重心不在任何别的方面，而在我们这一方面。因此，共产党人当前的工作重心，就是"力争领导权，力争独立自主"，把中国引向光明，而在中国境内和我们争领导权的，要把中国拖回到黑暗的世界里面去，就是国民党的反动集团，大地主、大资产阶级、大银行家、大买办的代表，这是国内抗日路线最凶恶的敌人。

看来中共已经确信蒋之内战方针是确定了的，除非我有力量胜过他，才能制止之，否则，双方决无妥协之可能。为此，中共中央一方面开始公开在政治上攻击蒋介石国民党及其美国赫尔利之流，一方面则加紧军事准备，积极向湘南粤北推进，以便在蒋介石发动内战时可以从南北两翼牵制蒋军，使其不能随心所欲。

国共两党矛盾的激化，引起了中间人士的极度紧张与不安，他们害怕国共两党的公开抗衡会演变成大规模的内战，这将使中国抗战所取得的成效功亏一篑，也使人民由衷期盼的和平局面由此化为泡影。于是，中间势力的主要领袖褚辅成等7位参政员便极力呼吁：国共两党应恢复谈判，解决两党分歧问题。

6月1日，褚辅成等7位参政员一起面见蒋介石，建议促成国共继续谈判，并说已商定，由他们致电延安中共方面。7位参政员的美好愿望，客观上恰好与国民党在六大上宣称的今后仍要继续努力于"政治解决"相吻合，所以，既然中间势力现在希望商谈，蒋介石随即表示赞成他们居中调解。6月2日，褚辅成等7位参政员联名致电毛

◎ 褚辅成

泽东、周恩来，希望国共两党以国家、民族大局为重，能够重开谈判，政治解决彼此间一切问题。

中共虽然一方面作了最坏的打算，准备与国民党全面破裂；但另一方面依然保持冷静的头脑，认真分析了国内外形势，认为：首先，从国共双方总体力量上看，中共对与国民党军队进行全面较量还没有足够的信心；其次，中共始终不想因国共发生对抗导致内战而致使抗日大局遭到破坏。中共所进行的政治对抗为形势所迫的，只是希望通过这种对抗多少改变一下国民党的独裁统治，以促进抗日的发展。因此，中共在积极准备军事对抗的同时，从策略角度出发，仍旧不能排除通过谈判和平解决两党争端的可能性。于是，当某种和平解决的信号发出闪光的时候，中共中央这时也会给予某种程度的重视。

对于7位参政员的建议，中国共产党给予充分肯定。6月18日，毛泽东、周恩来即予回电，表示：由于国民党当局拒绝党派会议、联合政府及任何初步之民主改革，并定期召开一党包办之国民大会制造分裂，准备内战相威胁，业已造成并将进一步造成绝大的民族危机，言之实深痛惜。倘因人民渴望团结，诸公热心呼吁，促使当局醒悟，放弃一党专政，召开党派会议，并立即实行最迫切的民主改革，则敝党无不乐于商谈。毛泽东、周恩来还表示欢迎7位参政员前往延安，从而表现了愿意和解的某种姿态。

中国共产党所表现出来的意愿以及愿与国民党恢复谈判的诚意，对于7位参政员来说，是一种莫大的鼓舞，甚至也引起了蒋介石和赫尔利的高度重视。

6月下旬，各位参政员决定应邀前往延安，协助调解国共两党关系，为此，他们商定了与中共商谈的具体条件并托邵力子转交蒋介石征询意见。其主要内容为：

> 由政府迅速召集政治会议；国民大会交政治会议解决；会议以前，政府先自动实行若干改善政治之措施。

26日中午，即在蒋介石接见各参政员之前，赫尔利约7人谈话，表达了他个人协助国共谈判的意愿，希望参政员去延安后转告中共，如果国共双方邀请他协助两党关系，他将十分乐意。但单是一方请他，他则不便出来。他同时承认联合政府是个很好的办法，说国共两党都是一党专政，如中共也同意多党政府，那将是很有意思的。赫尔利并要7位参政员劝说中共接受他所建议的一个由国共美三人委员会整编中共军队的计划。很显然，赫尔利虽然希望能够重新介入到国共谈判中来，但是他深知在他发表了公开的扶蒋演说之后，中国共产党人对他必定观感大变，他已很难取得中共方面的信任。这么要求只不过是故作姿态而已。

下午，蒋介石与7位参政员见面，表示赞同他们前去延安，并称他对3条件无成见，保证关于国民大会问题决不会在参政会上利用多数作硬性的决定。蒋介石进而要求7人一一表态，直至7人都表示愿立即前往延安后，会见始告结束。不难看出，蒋介石对共产党不参加参政会一事十分重视，担心影响国际舆论，故极力作出姿态，以诱惑共产党出来。但同时，他对两党谈判及其条件等并不重视，他要7位参政员去延安，只不过要借此作出姿态，以争取国内外舆论上的支持而已。

28日，赫尔利找中共代表王若飞谈话，表示自己一直在为他在延安所承认的5条协定的实现而努力，他与蒋商量的办法基本上也是根据那5条协定的精神，只是将来文字上可能不称联合政府，而叫多党政府而已。他表示，国民党已请他帮助促成谈判，但他拒绝了，除非中共邀请，他不会再出面。他还暗示王若飞：由于时局进展迅速，很可能会在没有争执和正式协议的情况下解决国共争端。换言之，由于中苏谈判在美苏默契下这时开始进行，他相信国际局势正在向着不利于中共的方向发展，一旦"无苏联支持，则中国共产党终将以一个政党的地位参加国民政府"，因此他劝告中共应当注意把握时机并正视现实。但时局绝不会照着赫尔利分析的方向发展的。

7月1日，7位参政员除王云五因病未能成行外，其他6人登上了赫尔利提供的飞机，由王若飞陪同，飞抵延安。6位参政员受到了中共党政军领导人毛泽东、周恩来、朱德和林伯渠等人的热烈欢迎和盛情款待。毛泽东等中共主要领导人亲自与参政员晤谈，向他们阐述了中共的主张，听取他们的意见。

由于中共接受了6位参政员带来的条件做会谈基础，会谈气氛很是融洽，会谈非常顺利。到7月4日，中共领导人与6参政员共同签署了《中共代表与褚辅成、黄炎培等六参政员延安会谈记录》，主要内容如下：

> 来延6人与中共方面同意下列两点：
>
> 停止国民大会进行；从速召开政治会议。
>
> 中共方面之建议：
>
> 为着团结全国各党派及无党派代表人物，共商国是，以便在民主基础上动员，统一与扩大全中国人民的一切抗日力量，配合同盟国，最后战败日本侵略者，建立独立、自由、民主、统一与富强的新中国起见，并在国民政府停止进行不能代表全国民意的国民大会之条件下，中国共产党同意由国民政府召开民主的政治会议，并提议召开前须确定下列各点：
>
> 政治会议之组织，由中国国民党、中国共产党、中国民主同盟

三方面各自推出同数之代表及三方面各自推出 1/3（其数等于每一方面代表数），并经他方面同意之无党派代表人士共同组成之；政治会议之性质：（1）公开的；（2）平等的；（3）自由的；（4）一致的；（5）有决定权的。政治会议应议之事项：（1）关于民主改革之紧急措施；（2）关于结束一党专政与建立民主的联合政府（由各党派及无党派代表人物参加的举国一致的政府）；（3）关于民主的施政纲领；（4）关于将来国民大会之召集，政治会议召开以前，释放政治犯；为使政治会议顺利进行起见，在政治会议召开前，应由各方面先作预备性质的协商，以便商定上述四点及其具体内容。

在这次谈判中，中共领导人与 6 参政员双方各自阐述了自己的意见，相互谅解，逐步达成了一致。但这样一种结果是国民党方面所绝难接受的。

7 月 5 日，6 参政员携带会谈纪要返回重庆。7 月 7 日，蒋介石乘便接见了 6 位参政员，他答应把他们呈交的延安会谈记录交王世杰研究，然后便没有了下文。当日，国民党一意孤行地召开了一党包办的四届一次国民参政会。果然，国民党依然坚持一党专政独裁，断然拒绝了共产党与民主人士达成的意见。这样，共产党与民主人士为恢复国共谈判而做出的一番苦心和努力也付诸东流、化为泡影。由于国民党拒绝《延安会谈纪要》，中共代表也拒绝出席两天后在重庆举行的国民参政会，会谈结果便成了废纸，国共关系再度紧张。和平解决的流星只闪烁了一下就骤然熄灭了，双方又重新回到以前紧张的状况。

7 月 11 日，鉴于蒋介石并没有停止召开国民大会的意向，延安《解放日报》公开发表文章批判赫尔利和蒋介石，断言蒋之顽固坚持召开由国民党一手制造的国民大会，完全是由于赫尔利的怂恿和撑腰，斥责赫尔利和蒋介石自 3 月以来在以中国人民为牺牲的共同目标下，"一唱一和"，安放下大规模内战的地雷。声称，没有认真的起码的民主改革，任何什么大会小会也只能被抛到茅坑里去。

对重开谈判、政治解决根本就不抱任何幻想的共产党人，中共决定以"解放区人民代表会议"与国民党的国民大会相抗衡。于是，7月13日，延安正式成立了会议筹备委员会，周恩来被选为常务委员会主任。

22日，针对四届一次参政会并未能否定国民党的国民大会，只在召开时间问题上略有变通，《解放日报》进一步发表评论，强调独裁制度丝毫未变，内战危险空前严重，毛泽东并亲自写道：中国的独裁者是狡猾的，他们善于在政治上耍花样与善于组织对人民的突然袭击，现在有铁一般的事实证明国民党反动派正在较前更加积极地准备发动一个极大规模的内战，借此以援助日本侵略者。

7月23日，随着胡宗南部进攻陕甘宁边区淳化地区，3路分别进入中共防地10里至34里不等，中共中央更明确认为内战局面"必然到来"，因而在各方面做好了准备，以在国民党发动内战时进行自卫战争。于是，国内政局更加复杂，国共关系更加陷入僵局，通过谈判来解决国共冲突，似乎变得更加遥不可及了。

# 第五章
# 国共两党领袖的直接交锋

## 一、毛泽东赴蒋介石的鸿门宴

抗战时期，国民党、共产党的力量都得到了长足的发展，他们的态度决定着中国的命运，全国为之关注。蒋介石听从吴鼎昌的妙计，请毛泽东到重庆谈判，其前提是毛泽东不会来。但毛泽东就是毛泽东，在蒋介石毫无准备的情况下到了重庆，被人们视为弥天大勇。和谈尚未开始，蒋介石便先输一招。

### 1. 吴鼎昌献的妙计

1945 年 8 月 10 日，日本准备投降的消息传到中国后，全国欢腾，万民同庆。

为了促使侵华日军尽快放下武器，结束战争。8 月 10 日，八路军延安总部朱德总司令发布战略大反攻的第一号命令，要求各部队夺取并解除所有日伪的武装，要他们按照《波茨坦宣言》而投降。8 月 11 日，延安总部发出特别命令，要求各部全线出击。

在重庆的蒋介石也下达着一个个命令：

传我命令，国军要加紧进军，勿稍松懈！交通工具由美国负责，火速进军！

所有日伪军将领，各守原有阵地，只向国军投降。

命令第十八集团军总司令朱德，要他的部队留守原地，听候命令，不准受降！

命日军总司令冈村宁次，在国军接收之前，应负责做好有效防御。

面对蒋介石的无理要求，中国共产党进行了针锋相对的斗争。8 月 13 日，朱德、彭德怀联名致电蒋介石，揭露其发出的两个命令互相矛盾，并要求所属各部坚决地拒绝这个命令。

蒋介石对共产党的行为极为恼火，但他知道，自己的精锐之师在大西南、大西北，不能很快投入第一线，也是干着急。

国共双方各不相让，小规模的冲突已遍及各接收区。8 月 13 日，毛泽东为新华社写了一篇评论，提醒全国人民：蒋介石在挑动内战。这种情况，引起了全国民众的担心。

8 月 15 日，民盟在紧急呼吁中，提出了"民主统一，和平建国"的主张，并要求执政的中国国民党，同时也要求有土地、有人民，也有武装的中国共产党对其主张给以充分的考虑。

不仅中国人反对内战，就是世界舆论也都希望中国战后实现和平，尤其是对中国政局具有重大影响的美国和苏联，也都不希望看到中国再爆发内战。

当时苏、美都明确表示支持国民党政府，因而蒋介石存在幻想，只要苏联不支持中共，对中共施加压力，通过谈判迫使中共妥协，用政治手段削弱甚至彻底瓦解中共的力量，争取不战而胜。

正是在这种情况下，蒋介石决心打出和谈旗帜。

而这次和谈的妙计是由国民政府文官长吴鼎昌提出的。

吴鼎昌，原籍浙江吴兴。吴家世代作师爷，吴鼎昌早年留学日本，以后又为《大公报》社社长。

国民革命失败后，他公然打出拥蒋反共的旗帜，为蒋介石及其南京政府涂脂抹粉。不久便被蒋介石招揽入阁，由安福系旧政客一变而为国民党政学系新政客，博取了国民政府不少头衔，成为蒋介石身边宠信不衰的政学系策士。

◎吴鼎昌

一天，蒋介石对吴鼎昌说道：现在全国上下都在欢笑，惟有我笑不出来。日本人战败了，共产党却坐大了，他们仍使得国家不得安宁。吴先生，想必中共十三号的命令你也已看到了，他们竟敢不服从中央命令，真是无法无天。

吴鼎昌侍立一旁，静静地听着蒋介石讲话，说道：

现在，要想武力消灭共产党难哟，你也知道，国军兵力不足，今天请你来，就是想看看你有何主意。

委员长，既然目前武力难以解决，那么何不请毛泽东来重庆和谈呢？

和谈？蒋介石惊愕地问道，显然，他对此有些不解。

对，请毛泽东。吴鼎昌坚决地说道：毛泽东精通历史，楚汉争霸时有一个鸿门宴的故事他不会不知道的。畏于国军强大的军事力量，他肯定不敢来重庆赴鸿门宴。到那时，我们就可以昭示国人，是共产党不要和平。这样，共产党在国际上失去苏联的支持，在国内又失去民心。为求得生存，共产党不得不乖乖听从委员长的调遣。

万一毛泽东来了怎么办？蒋介石对此还有疑惑，问道。

一般不会来，吴鼎昌胸有成竹，回答道：毛泽东即使真的来了，我们便和他相机行事，提出我们的要求，如果能不战而屈人之兵最好。万一和谈不能压服中共，我们也可以赢得时间，和他谈上十天半月，待我们的部队到达各指定的位置之后，再以武力消灭之。所以和谈对我们有百利而无一弊。

蒋介石点了点头，脸上露出笑容。

好，邀请电就由你来起草吧！蒋介石补充道。

是。吴鼎昌十分愉快地答应道。

鸿门宴已经摆好。

摆下鸿门宴后，蒋介石便急忙乔装打扮，粉墨登场了。

1945 年 8 月 14 日，由吴鼎昌拟就蒋介石给毛泽东的第一封电报发出。

> 万急，延安。
>
> 毛泽东先生勋鉴：
>
> 　　倭寇投降，世界永久和平局面，可期实现，举凡国际国内各种重要问题，亟待解决，特请先生克日惠临陪都，共同商讨，事关国家大计，幸勿吝驾，临电不胜迫切悬盼之至。
>
> 蒋中正　8 月 14 日

电文尽管不长，但意思清楚，字里行间颇有诚恳、尊重之意。在蒋介石的预料之中，毛泽东不会来渝会谈。但毛泽东到底能否接受邀请，蒋介石心里没底。因而在发出这封电报前蒋介石并未将之见诸报端。他一面等毛泽东的公开答复，一面指示国民党政府驻延安的联络参谋了解毛泽东的反应。

对于蒋介石的这封邀请电，毛泽东一眼便识破这是蒋介石玩弄的和平把戏，是迫于国内外形势。蒋把烫手的山芋扔给了毛泽东，去还是不去？毛泽东心里也在打鼓。

为了了解蒋介石的底牌，在接到蒋介石电报后的第三天，毛泽东发出了给蒋介石的第一封复电。

重庆

蒋委员长勋鉴：

未寒电悉。朱德总司令本日午写有一电给你，陈述敝方意见，待你表示意见后，我将考虑和您会见的问题。

毛泽东未铣　1945 年 8 月 16 日

朱德总司令在 8 月 16 日给蒋介石的电报中，批评了蒋介石 8 月 11 日命令八路军就原地驻防待命，不许向未放下武器的日军进攻、受降的错误，同时提出了中共中央关于制止内战的 6 项主张。

好！推出朱德来做挡箭牌。你毛泽东不敢来重庆。捏着手中刚刚收到的电报，蒋介石一向僵硬的脸上不禁露出一丝得意的笑容。他觉得，毛泽东不敢来重庆与他设想是一致的，这样正好有利于他的和平攻势，他要让全国人民知道，我蒋介石是要和平的，是共产党不愿意和平。

自以为摸清了毛泽东盘子的蒋介石更加得意。8 月 20 日，蒋介石又发出了由吴鼎昌拟就的第二封电报，这封电报措词更为恳切。电报称：

延安

毛泽东先生勋鉴：

未电诵悉，期待正殷，而行旌迟迟未发，不无歉然。朱总司令电称一节，似于现在受降程序未尽明了。查此次受降办法，系由盟军总部所规定，凡行盘战区，均予依照办理，中国战区亦然，自未便以朱总司令之一电破坏我对盟军共同之信守。朱总司令对于执行命令，往往未能贯彻，然事先对内妨碍犹小，今予盟军所已规定者亦倡异议，则对我国家与军人之人格将置于何地。朱总司令如为一爱国爱民之将领，只有严守纪律，恪遵军令，完成我抗战建国之使命。抗战八年，全国同胞在水深火热之中，一旦解放，必须有以安辑之而鼓舞之，未可蹉跎延误。大战方告终结，内争不容再有。深望足下体念国家之艰危，悯怀人民之疾苦，共同戮力，从事建设。如何以建国之功，收抗战之果，甚有赖于先生之惠然一行，诺定大计，则受益拜会，岂仅个人而已哉！特再驰电奉邀，务恳惠兵为感。

蒋中正贺　8月20日

电报发出后，蒋介石暗自得意：毛泽东不敢来，那你便在全国人面前输了理，到时……蒋介石的这封电报，不仅将不准八路军向日伪军进攻的责任推到盟国头上，反而在字里行间指责朱德不遵纪律。

8月22日，毛泽东复电给蒋介石，回电仍然很简单：

重庆

蒋委员长勋鉴：

从中央社新闻电中，得读先生复电，兹为团结大计，特先派周恩来同志进谒，希予接洽，为恳。

毛泽东未　1945年8月22日

毛泽东为什么说从中央社新闻电中读得复电呢？这里蒋介石耍了一个小小诡计。当收到毛泽东第一封复电时，蒋介石便坚信毛泽东不敢来，所以第二封电报便先播发新闻后致电延安，让国内外皆知我蒋介石之和平诚意，而共产党拒邀则足其见心存分裂，缺乏和平诚意。

延安此时确实难下决心，中共中央政治局成员几乎全部反对毛泽东去重庆，认为：宴无好宴，会无好会，蒋介石手黑得很，说什么也不能去。大权在他手里，不能听他的，当时李济深、胡汉民都是应蒋介石之请到南京去的，结果还不是被囚汤山；张学良陪蒋返京，被软禁至今未放。延安窑洞里的灯光几晚上彻夜通明，最后毛泽东决定暂取缓兵之计。因而在8月22日的第二封复电中对于他本人是否去重庆，避而不谈。

事实上，毛泽东决定让周恩来出去谈，是想先作一番侦察，看看蒋介石开的是什么盘子，然后再就他自己是否去重庆作出决定。

收到毛泽东的第二封复电，蒋介石更加得意了，嘿嘿，又推出周恩来做挡箭牌，看来你毛泽东是不敢来赴鸿门宴了。

毛泽东越是不肯来，蒋介石愈是邀请，8月23日，又发出第三封电报，电文显得真诚备至：

延安

毛泽东先生勋鉴：

　　未电诵悉，承派周恩来先生来渝洽商，至为欣慰。惟目前各种重要问题，均待与先生面商，时机迫切，仍盼先生能与恩来先生惠然偕临，则重要问题，方得迅速解决，国家前途实利赖之。兹已准备飞机迎迓，特再驰电速驾。

　　　　　　　　　　　　　　　　　　蒋中正　　8月23日

醉翁之意不在酒。蒋介石再三电邀毛泽东赴渝商谈，其理由也说得十分冠冕堂皇，大有刘备三顾茅庐之坦诚。他明知毛泽东不愿从命，却又故作姿态，再三邀请，等待毛泽东再一次拒绝，以便在众目睽睽之下把不要和平、不肯合作的大帽子扣在共产党和毛泽东的头上。

国民党上层盛赞蒋介石的高明，毛泽东三请不来先就输了理。也堵堵亲共分子的嘴，看看谁要和平谁要内战。军方人士摩拳擦掌：三电不来便可动作了。军政部已拟就征讨檄文，随时准备昭告世界：中共一意孤行，违抗军令政令，破坏统一建国，全国共诛之，全民共讨之。陈布雷也领命准备笔伐要战争的中共。

正当蒋介石为自己导演的这出戏暗自叫绝的时候，延安很快复电：

特急，重庆
蒋介石先生勋鉴：

梗电诵悉。甚感盛意。鄙人亟愿与先生会见，共商和平建国大计，俟飞机到，恩来同志立即赴渝进谒，弟亦准备随即赴渝。聆教有期，特此奉复。

毛泽东敬

握着这份特急电报，蒋介石半晌没有作声，似乎陷入了沉思之中，又似乎有什么难言之隐。延安到底发生了什么事？毛泽东竟敢明知山有虎，偏向虎山行！

的确，延安在短短的时间里，围绕着毛泽东是否赴重庆谈判进行了激烈的讨论，讨论的焦点集中在毛泽东的安全问题上。

从8月14日到23日，蒋介石连续给毛泽东发出三封邀请电。在这短短的时间里，中共中央、毛泽东不舍昼夜，不知进行了多少次的讨论、研究和紧急磋商。起初的几次会议，人们普遍反对毛泽东去重庆谈判，认为凶多吉少，风险很大，人民的公敌邀毛主席赴渝谈判是黄鼠狼给鸡拜年——没安好心。

但是，8月22日在中共中央发布的《关于改变战略方针夺取小城市及广大农村的指示》中，第一次明确提出"和平、民主、团结"三大口号，并决定同蒋介石进行和平谈判。中央在上述文件中分析说：蒋介石占领各大城市及要道，需要相当长时间。国民党内部困难仍多，美苏不赞成中国打内战，我党在和平、民主、团结三大口号下准备和国民党谈判，争取有利于我党及人民的条件。

正当毛泽东踌躇之时，斯大林的电报也到了延安。电报的语气与其说是规劝倒不如说更像是命令：

中国不能再打内战，否则中华民族就有覆灭危险。

究竟是谁要打内战？看到电报上的话，毛泽东不禁火冒三丈，一把将电报扔到桌子上。

尽管毛泽东对斯大林十分不满，但还是很快给斯大林回了电报，将他们对时局和和谈的看法告诉了他。

面对蒋介石咄咄逼人的和平攻势和苏联的压力，8 月 23 日下午，在延安枣园召开了政治局扩大会议，这次会议十分重要，几乎在延安的所有高级干部都参加了，人约 50 人。

会议一开始，毛泽东首先发言，毛泽东神情庄重地环顾在座者，说道：恩来同志去谈判，我等一下。现在的情况是抗日战争已经结束，进入和平建设阶段。全世界，欧洲、东方都是如此，都进到和平建设时期，不能有第三次世界大战是肯定的。

说到最后，毛泽东说道：我们可以以中央委员会名义发表一个宣言，表明我党和平、民主、团结的基本立场。恩来同志马上就去谈判，谈两天就回来，我再和赫尔利去，这回不能拖哟，应该去。我估计嘛，蒋介石不敢冒天下之大不韪，我不会有什么危险。

说到这里，毛泽东停顿了一下，目光转向刘少奇：我去了后，请少奇同志代理我的职务。只要我们站稳脚跟，有清醒的头脑，就不怕一切大风大浪。同志们可以谈谈自己的想法嘛！

周恩来说：大家关心的是毛主席亲自出去的问题。关于主席是否去重庆，目前还不能决定，看我出去谈判如何再决定，蒋介石阴谋必须考虑。

大多数同志赞同周恩来的意见，认为不应轻易出去，还要看一看再作决定。朱德和彭德怀支持毛泽东去重庆。

朱德说，现在是要解决问题，出去是有利的。保险不保险？比过去总要好些。

毛主席出去，对将来选举运动也是有利的。

彭德怀说：我想出去危险性不大。毛主席出去，我党是主动的，给全国人民很大振奋，对民主运动是推动；不过，另一方面是增加了蒋介石的气焰。因此，我主张毛主席暂时不去，等老蒋和我打一下，把他的气焰打下一点来，毛主席过几个月再去，时机成熟些。

会上，大家未就毛泽东是否赴渝参加谈判做出决定。

正当此时，斯大林的第二封电报发到延安：

世界要和平，中国也要和平。尽管蒋介石挑衅打内战消灭你们，但他已再三邀请毛泽东同志去重庆协调和平建国事宜，此情况下如果一味拒绝，国内国际各方面就不能理解了。如果打起内战，战争的责任由谁来承担？我建议毛泽东同志到重庆去参加会谈，他的安全由苏美两家负责。

毛泽东接到这封电报，一支接一支吸着香烟，半晌没说一句话。他神情严肃地望着窑洞外面，远处的群山上，羊群和牧羊人挥动鞭子的身影浮现在眼前。太阳已经落到了山的那边，余晖洒落窑洞前的空地上。毛泽东亲自栽下的烟苗已经有巴掌大，嫩绿的叶面上映着橙色的阳光，煞是好看。

中国的前途掌握在国共两党手中，中国人民在注视着延安。

毛泽东猛地掐断烟头，把烟蒂往地上一掷：去！

25日晚，中共中央政治局七位委员同从重庆回来的王若飞一起，再次讨论了毛泽东去重庆的问题。经过反复权衡利弊，决定同意毛泽东去重庆。次日，举行政治局会议。毛泽东在会上报告了昨夜讨论的意见，他说：

这样可以取得全部的主动权。自然，和蒋介石去谈判就必须作一定的让步。但有我们的力量、全国的人心、蒋自己的困难、外国的干预四个条件，这次去是可以解决一些问题的。

面对蒋介石扔来的带刺橄榄枝，毛泽东终于决定接过它。

## 2.蒋介石先输一着

毛泽东决定赴重庆谈判，大大出乎蒋介石的预料。但是帷幕已经拉开，戏就不得不演下去。

8 月 27 日，蒋介石派张治中为代表，偕美国驻华大使赫尔利飞往延安，迎接毛泽东、周恩来等人来渝。

张治中，字文白，安徽巢县人。他一贯主张政治解决国共冲突，是国民党内著名的主和派。抗战期间，张治中就曾两次参加国共谈判。蒋介石此次派张治中出马，当然是经过精心考虑的。

至于赫尔利为什么要自告奋勇飞往延安，也是有一定原因的。他想以此表示美国对中国和平、统一的关注，促使毛泽东尽快来渝，并消除中共对毛泽东安全的担心。赫尔利原是以罗斯福的私人特别代表身份来中国的。1944 年下半年由他出任驻中国大使，曾于 1944 年底访问过延安，与毛泽东等中共领导人熟悉。他也想乘此捞一笔政治资本。

8 月 27 日，下午 3 时许，一架美国飞机徐徐降落在简陋的延安机场上，赫尔利、张治中先后走出机舱，毛泽东、朱德、周恩来和陕甘宁边区人民政府主席林伯渠，亲自前往延安机场迎接。

旋即，他们被接到交际处。

美机到了延安，这个消息不胫而走，如一阵风很快吹遍延安全城和几乎所有的窑洞。

这个美国大鼻子和国民党将军又来延安作什么呢？普通的老百姓心里不住地发问、猜测着。中央已经在昨晚作出决策，毛泽东亲赴重庆，可是延安的一般干部和普通百姓尚不知道。

当天晚上，大部分党员干部听了中央文件的传达：

明摆着是鸿门宴，为什么毛主席要去呢？许多同志转不过弯，提出了疑问。

同蒋介石有什么好谈的呢？毛主席亲自去重庆，太危险了！派周副主席去谈判就行了。不少同志说道。

有些干部听了传达，心里像压上一块石头，点着一把火，又沉重又焦急，通夜不能入睡。

1945年8月28日清早，延安的天空特别晴朗，宝塔山在阳光照耀下显得格外雄伟。延安的党、政、军机关干部和广大群众，因为都想送毛泽东，所以都起得特别早。上午8时起，欢送的队伍分别从枣园、桥儿沟、王家坪、杨家岭、新市场等地向机场进发，10时左右机场周围早已站满了层层的人群，有的拿着标语和彩旗，有的荷着步枪、红缨枪。

到机场送行的各级干部和群众有上千人，但大家都显得心事重重，沉默不语，就像在前线战斗将要打响前的那一刹那。尽管张治中和赫尔利一再声言，毛泽东去重庆绝对安全，可是一贯背信弃义的蒋介石到底心里在想什么，又会作何打算，谁能知道呢？

汽车的马达声清晰地传来。人们一齐挤过来，望着大路。一辆吉普车驰入机场。

车上跳下周恩来和王若飞，后面紧跟着国民党的代表张治中将军。接着又是一辆吉普车驰来。车上跳下一个美国人，戴黑眼镜，叼着纸烟，衣服特别瘦，特别短，这使他显得脸比胸膛还宽，腿有上身的两倍长，这就是美国大使赫尔利。

不一会儿，马达的震动声又传过来了，一辆延安人都熟悉的带篷子的中型汽车转过山嘴朝飞机场驰来。立刻，人群像平静的水面上卷过一阵风，成为一个整体朝前涌去。汽车停住了，车门打开了。机场上响起了一阵雷鸣般的掌声。

毛泽东走下车来，和平日不同，他今天脚蹬黑色牛皮鞋，新的灰色中山服，深灰色的盔形帽，整个装束像出门做客一样，引起人们一种离别的依恋之情。

在延安人的记忆中，毛泽东永远穿着干净的旧灰色布制服，布鞋，戴着灰布八角帽。他那魁梧的身材，温和的脸，明净的额，慈祥的目光，热情有力的声音，时时出现在会场上、课堂上、杨家岭山下的大道旁。主席生活在群众中间，生活在同志们中间。人们怀着无限信任和爱戴的感情团聚在他周围，一步不能离开，也一步不曾离开。如今，毛泽东穿上做客的衣服，要离开同志们远行了。

站在前面的刘少奇、朱德、任弼时、邓颖超和杨尚昆等迎上前去。毛泽东伸出他那宽大的手掌，跟大家一一握手道别。他的脸色是严肃的，从容的，眼神充满了无限的关切和鼓舞之情。然后望着所有送行的人，举起右手，用力一挥，便朝停在前面的飞机一直走去。

当时延安的记者写下这感人的一幕：

机场上的人群静静地立着，千百双眼睛随着主席高大的身形移动，望着主席一步一步走近飞机，一步一步踏上飞机的梯子，主席走到飞机舱口，停住，回过身来，向着送行的人群，人们又一次像疾风卷过水面，向飞机涌去，主席摘下帽子，注视着送行的人群，像是安慰，又像是鼓励，人们不知道怎样表达自己的心情，只是拼命地挥手。

主席也举起手来，举起他那顶深色的盔式帽，举得很慢很慢，像是在举一件十分沉重的东西，一点一点地，等到举过头顶，忽然用力一挥，便停在空中，一动不动了。

飞机的发动机响了，螺旋桨转动起来。随着这声音，人们的心猛烈地跳动起来，眼睛一刻也不离开这架就要起飞的飞机，任凭螺旋桨

◎ 1945 年，毛泽东赴重庆进行国共谈判

卷起盖地的尘沙遮住了眼睛，这架飞机该有多大的重量啊！它载着解放区人民的心，载着全国人民的希望，载着我们国家的命运。

主席的面容出现在飞机窗口，人们又一次涌上去，拼命地挥手，主席也将手放在机窗的玻璃上，直到飞机从跑道升到空中，在头顶上盘旋，向南飞去，人们还是仰着头，目光越过宝塔山上的塔顶，望着南方的天空，久久不肯离去……

尽管人们从 24 日毛泽东的回电中得知毛泽东要来重庆，可是到底毛泽东敢来不敢来？大家心里都在问。

毛泽东的赴渝，是以他自己的弥天大勇，向国内的各界人士表明了共产党人的宽大胸怀和团结建国的诚意。驻渝的外国记者纷纷发出专电，报道毛泽东抵渝盛况，盛赞毛泽东的伟大气魄和惊人胆略，盛赞中国共产党谋求和平、民主、团结的诚意。

重庆的报刊竞相刊载毛泽东来渝谈判的消息。有的报纸在社论中指出，毛泽东来重庆是中国的一件大喜事，毛泽东维系着中国目前和未来历史和人民的幸福。《新华日报》当天下午发出号外，首先传播毛泽东来渝的喜讯，山城人民争相阅读，奔走相告：毛泽东来了！一时间，整个山城沉浸在幸福和热烈的气氛之中。

《中央日报》却是另外一种情景。面对这一重大新闻，既不写本报特稿，又不发表社论，原来是蒋介石传下令来这么办的。

蒋介石欲扛和平旗，孰料此事有变，如意算盘落空，所以重庆谈判尚未开始，蒋、毛的斗法中，蒋介石便已输了一招。

蒋介石对毛泽东的重庆之行坐卧不安，本想导演一场好戏，孰知弄巧成拙，蒋真是骑虎难下了。

蒋介石决定要减小此事的影响。

1945 年 8 月 27 日夜。

重庆《中央日报》编辑部办公室。

各编辑静静地站着，谁也不讲话，气氛异常紧张。突然，这种静寂被一阵急匆匆的脚步声打破。大家朝外看去，只见陈训念急匆匆从门外走了进来，神情严肃。他的额头上，淌着汗珠，他顾不得擦汗，看了一下在座的各位，声音低沉地说：

共产党这着棋出乎我们意料。关于《中央日报》的新闻社论处理，已请示了布雷先生，报纸不发表社论，不写本报专访稿，新闻发布一律采用中央通讯社的新闻稿；有关谈判的报道，要登得少，登得小，版面不要太突出，标题不要太大，尽量缩小此事的影响，不要替共产党制造声势。

说到这，他环顾四周，提高声音问道：

谁还有什么不明白的吗？

好一会儿，没人答话。

既然如此，大家照指示行动。

蒋介石并不甘心先输毛泽东一招，他想在唇枪舌剑之中反败为胜。

## 3. 毛泽东到重庆

1945 年 8 月 28 日下午。

重庆九龙坡机场。较之以往的任何时候，更为热闹。

烈日当空，重庆这个有名的火炉，热得人们透不过气来。

机场上，聚集着几百个人。他们全不顾当空的烈日和难忍的暑气，频频地翘首仰望碧空，等待着欢迎来自远方的几位客人。

机场上没有口号，没有鲜花，也没有仪仗队，但从大多数欢迎者脸上那喜悦而肃然的表情仍可看出，即将来临的客人绝非平常人物。

是的，毛泽东当天就要来重庆了。

为了迎接从延安来的以毛泽东为首的中共代表团，各界人士早早地来到机场，人人脸上都露出一种兴奋的神情。

但是，"热情"邀请毛泽东来重庆的蒋介石却并没有亲自到机场来迎接他的客人，只是派他的侍从室主任充当他的私人代表，到机场去对中共代表团的到来表示欢迎。

机场的候机室里，挤满了国民党军政要员、各民主党派人士、社会贤达、文化界和新闻界代表、各国通讯社记者和八路军驻重庆办事处及新华日报社的工作人员。

下午 3 点半钟过后，晴空中终于响起了马达的轰鸣，一架草绿色的美式军用飞机终于冲破重庆上空浓浓的云雾，带着自身震耳欲聋的隆隆巨响，徐徐地降落在警戒森严的九龙坡机场跑道上，机场上的人群顿时骚动起来。

看！这就是赫尔利大使的专机。他们来了。

啊！谢天谢地，他们终于安全到达了！中国和平有希望了。

候机室大门打开了。跑在最前面的是几十名中外摄影记者，他们或胸挂照相机，或肩扛摄影机，霎时便围着机身排开了半圆的阵势，半圆中密密麻麻地站着美军宪兵和国民党宪兵，他们一面维持秩序，喊叫着要人们尽量远离舷梯，一面横冲直撞，没有忘记为自己占据一个距机舱最近的位置。美国记者像打仗似的，拼着全力捕捉这一镜头，中国摄影记者不多，因此倒显出国际上对中国团结的关心。

机舱门打开了，几位客人先后出现在舱门口，一面向欢迎的人群招手，一面稳步地走下飞机。

瞧！那是毛泽东！你看清了没有？

看清了，看清了，和照片上一模一样，好认，好认。

◎ 1945 年，美国驻华大使赫尔利陪同毛泽东到达重庆

人们没有看错。第一个走下飞机的是毛泽东。只见他头戴一顶灰色的盔形帽，身穿一件宽大的蓝灰布中山装，脚蹬一双黑色牛皮鞋，身材魁梧，神采奕奕。他朝周围的群山打量了一眼，似乎要在这一瞥中熟悉重庆的山山水水。然后他取下头上戴着的盔形帽，朝机场上欢迎的人群使劲地挥动着。那有力的挥动，使每一个在场的人都相信，他能扭转乾坤。他一走出飞机，机场上便响起了热烈的掌声。

紧随着毛泽东走出来的是中共代表团的另外两名成员周恩来和王若飞。自抗战以来，周恩来和王若飞先后作为中共代表常驻重庆，所以陪都的各界人士对他们都很熟悉。今天，周恩来仍穿一件他过去常

穿的浅色中山服，左腋下夹着一个纸包，右手则不停地举起来，笑容满面地向欢迎他的人群打招呼。王若飞的身材与周恩来差不多，也穿一件浅色中山装。抗战胜利前夕，他刚从重庆回到延安。现在，他又随着毛泽东来到了陪都。延安方面只来了9个人。

随后走出机舱的是美国驻华大使赫尔利和国民党代表、政治部长张治中。赫尔利身穿西装，头戴礼帽，今天也显得特别高兴，他一面沿着扶梯往下走，一面不停地向人们招手。张治中则与别人不同，一身戎装，神情严肃，为了迎接毛泽东来渝，蒋介石派他和赫尔利一起，于昨日启程飞往延安，他深知此行责任重大，丝毫不敢懈怠。今天，毛泽东虽然安全抵达重庆，可是谁又能保证他在重庆不出事呢？张治中心里忐忑不安。

毛泽东等人刚一踏上山城大地，欢迎的人群便朝他们涌去。赶在前面的当然是那些抢发新闻的中外记者们。他们把毛泽东等人围在中间，手中的照相机"咔嚓"、"咔嚓"地响个不停。有的记者边拍边喊：站近一点，大使先生！赫尔利显然被这种热情感染了，他紧紧地挽着毛泽东的胳膊。

摄影记者欣喜若狂，"噼噼啪啪"地一阵拍摄，镁光灯闪个不停，大约拍了20多分钟，记者们方才停下来，赫尔利感到很满意，得意地说道：这儿是好莱坞！

当乔冠华介绍大家与毛泽东见面时，毛泽东一一握手，答礼道：很感谢。他几乎是用陕北口音说这三个字的。

啊，张表老，你好！不知什么时候，毛泽东在人丛中发现了银髯飘拂的张澜。

润之先生好！你奔走国事，欢迎你光临重庆！张澜显然为毛泽东在众多的人中认出了他而感到高兴。

毛泽东拉住张澜的手，久久不放，说：大热天气，你还亲自到机场来，真是不敢当，不敢当！

周恩来也从毛泽东身边绕过来同张澜握手，互致问候。

中外记者蜂拥到毛泽东身边，又是递名片，又是提问题，还有的远远地就把手伸过去要和毛泽东握手。各民主党派的代表如黄炎培、章伯钧、左舜生等人则被挤在人墙外，根本无法接近毛泽东。身材矮小，年迈体弱的民主人士沈钧儒，用尽了力气，焦急不停地喊着：我是沈钧儒，请让一下！

正在一旁和八路军办事处、《新华日报》的工作人员们握手寒暄的周恩来，看到这种情景，心生一计。只见他一面敏捷地将腋下夹着的一个大纸包举到空中，一面大声对记者们喊道：新闻界的朋友们，我从延安为你们带来了礼物，请到这边来拿吧！

果然记者们被吸引过来了。这时，国民政府方面的代表周至柔、邵力子、雷震和民主人士沈钧儒、郭沫若、黄炎培等人才得以走到毛泽东身边，与他握手、交谈。

这边，周恩来微笑着给记者们分发"礼物"，原来是从延安带来的毛泽东抵达重庆机场的书面讲话稿。

毛泽东简短的书面讲话说：

> 本人此次来渝，系应国民政府主席蒋介石先生之邀请，商讨团结建国大计。现在抗日战争已经胜利结束，中国即将进入和平建设时期，当前时机极为重要。目前最迫切的，为保证国内和平，实施民主政治，巩固国内团结。国内政治上军事上所存在的各项迫切问题，应在和平、民主、团结的基础上加以合理解决。以期实现全国之统一，建设独立、自由与富强的新中国。希望中国一切抗日政党及爱国志士团结起来，为实现上述任务而共同奋斗。本人对蒋介石先生之邀请，表示谢意。

> 1945 年 8 月 28 日

记者们看罢书面讲稿甚为满意，于是纷纷跳进车里一溜烟地赶进城里抢发新闻去了。

大约半小时后，机场上的欢迎场面才告结束。机场外面停着几辆高级轿车。周至柔陪同毛泽东、周恩来、王若飞等人来到轿车前，周至柔指着一辆崭新的篷车说：这是蒋主席特别拨给毛先生使用的。

很感谢！毛泽东礼貌地回了一句，却绕过这辆篷车，直奔侧旁标有"美大使馆"字样的篷车。

跟在后面的赫尔利见此情景马上明白了怎么回事，他加快脚步，敏捷地为毛泽东拉开后座车门。当周恩来和张治中也坐了进来之后，他才拉开前座车门，坐在司机侧旁的位置。

汽车慢慢启动了，直奔桂园。

蒋介石原来给毛泽东安排的住处是接待美国人的招待所，但是毛泽东对来延安接他们的张治中说道：我到重庆后，国民党的车子我不坐，国民党的房子我不住。

因而张治中由延安电示：毛泽东到重庆后，由于会见的各方面知名人士较多，因而决定让出自己的公馆桂园，重新布置。因而，当毛泽东抵达重庆时，桂园已布置一新。

汽车很快就到了桂园，留守张公馆的警卫人员慌忙打开了大门。

桂园最早的主人是孔祥熙手下的一名亲信，叫关吉玉。1938 年冬国民政府迁都重庆，陈诚就租作官邸。1939 年张治中调任蒋介石的侍从室主任，桂园邻近蒋的侍从室，所以张治中又从陈诚手中转租过来，一直住到抗战胜利。

房子的确不大，一楼一底。楼下是会客室、餐厅、备餐间、秘书室、副官室、洗漱室。楼上是卧室，大小五六间。楼南是个院子，院子东面是大门口，传达室、汽车间各一。院子西面是警卫室，经常住着一个手枪班。楼房北面是一排平房，由厨师和工作人员居住。院子的四周是竹子编成的围墙，很不严实。蒋介石就住在桂园的对面。为了保证毛泽东的安全、生活和办公方便，张治中指示手下：

派唐建贵精选一个手枪排担任毛先生和周先生的警卫；

凡来找我的亲友、宾客，一概谢绝；

如有人要见毛先生，统由王炳南秘书接待，不得阻拦；

警卫毛先生的人员，要分成两班；

必须保持周围环境安全、安静，围墙竹篱年久枯烂，要特别检查、监督。并再三强调：

这次是考验部下。毛先生的安全胜过我十倍。

布置张家惠专管毛主席和桂园的事务性工作，尤其是毛泽东三餐饮食，要注意做好。

另派人专为毛泽东和随行人员洗衣被和做清洁卫生工作；

如遇有什么困难，随时可与张立钧参谋商办。

周恩来对张治中的安排十分满意，不住地点头称赞。

当毛泽东、周恩来和赫尔利在张治中的陪同下步入客厅的时候，动作麻利的保姆把刚泡好的上品茶端了过来。

也许是长期住窑洞，多年生活在贫困的山区、农村的缘故，毛泽东这个"农民的儿子"对客厅里的吊灯、角柜、壁炉、广漆地板，以及其他考究的生活用品似乎很不习惯。

在桂园张公馆用过午餐和稍事停留之后，毛泽东在王若飞、周恩来的陪同下，驱车来到红岩村 13 号，与早在这里等待多时的党内同志会面。

红岩村位于重庆城郊嘉陵江畔的一个红土山坡上。它的公开名称是第十八集团军驻重庆办事处，实际上，领导整个国民党统治区党的地下工作的中共中央南方局也设在这里。因而，它的地方虽小，却可称得上是中国共产党设在国民党统治区的指挥部和大本营。党的领袖毛泽东要来重庆的消息给这里的工作人员带来无限喜悦。为了给毛泽东安排吃、住和警卫，他们紧张而兴奋地忙碌了好几天。现在，毛泽东真的来了，整个办事处顿时变得比过年过节还要热闹。

毛泽东一到，所有在南方局、办事处工作的工作人员，还有从城里赶来的《新华日报》、《群众》周刊的工作人员便齐集到办事处的小礼堂，开了一个小型欢迎会。会议时间虽短，气氛却十分热烈。此刻，初到桂园的不适很快便一扫而光，毛泽东又好像回到了自己的家里，顿觉轻松多了。

毛泽东在红岩村只停留了两三个小时，便又和周恩来、王若飞一起，应邀乘车前往蒋介石的别墅——山洞林园赴宴，并同蒋介石会面。

# 二、毛泽东谈遍了重庆人

蒋介石对谈判既毫无准备，又无半点诚意，毛泽东是步步紧逼，双方终于签订了《双十协定》。毛泽东在重庆并没有闲着，而是开展了广泛的统战工作，会见了各方面的人士，重庆几乎所有的名人毛泽东都见过，也几乎所有的名人都以为毛泽东所见为荣。毛泽东的一首词——《沁园春·雪》传遍了重庆，预示着一个新的领袖为公众承认。

## 1. 蒋介石没有诚意

今晚蒋介石特意换上了一身戎装。崭新的毛呢军装上，一个个勋章挂满前胸，在灯光下，闪闪发光。蒋介石踱着步子，偶尔看着墙上的铜钟，已经 8 点 10 分了，毛泽东快来了。20 年未见面，毛泽东这个当年国民党中央党部的秘书现在变成什么样子呢？第一次和毛泽东见面的情景又浮现在脑海中。

那是在 1924 年 1 月的国民党一届一中全会上，毛泽东穿着中国人传统的长袍，围着白色围巾，那届会议上，毛泽东被选为国民党中央候补执行委员。两人都是有志的年轻人，一晃 20 多年过去，两人都已年过半百。

正当蒋介石陷入对往事的回忆中时，侍卫进来报告毛泽东一行到。蒋介石看了一下表，时针指向 8 点半。蒋介石带着随从，在一号楼前迎接。当毛泽东在周恩来、王若飞的陪同下走下汽车时，蒋介石赶紧迎了上去，满脸笑容地紧紧握住毛泽东的手。

这真是令人难忘的一幕，这是在阔别 20 年后，中国两个最大政党的领袖，也是两个宿敌的再一次握手。

润之，你好！我们有十几年未见面了吧？蒋介石热情地问道。

蒋先生好！是的，我们今天是久别重逢，实在令人高兴。毛泽东礼貌地回答说。

欢迎润之到重庆来！希望你多住些日子，我们好好地谈一谈。

感谢蒋先生的好意，请蒋先生多多赐教！

客人们被引进客厅就座。旋即，宴会正式开始。为毛泽东而设的晚宴是在热情欢快的气氛中进行的，应邀出席作陪的，除国民党政府的大员张群、王世杰、邵力子、陈诚、张治中、吴国桢、周至柔、蒋经国等人外，还有赫尔利大使和驻华美军司令魏德迈将军。宴席上，酒宴之丰盛自不必说，气氛也相当热烈。据当时的《新华日报》报道说：席间蒋主席和毛泽东同志曾相继致词，并几次举杯互祝健康，空气甚为愉快。

宴会结束后，由于蒋介石再三挽留，并告诉毛泽东有许多问题要两人面谈，毛泽东也想借此和蒋介石谈谈和平建国问题，因而，毛泽东便在林园二号楼歇息了。

这座山洞官邸原本是张治中担任侍从室主任期间，为蒋介石修的一座别墅。自从国民政府迁都重庆以后，为避日机空袭，划出西部以外的大片地方，作为国民党、国民政府机关和重要大员的迁建区域。

时间，原本荒凉的山林野岭上布满了国民党的各种重要衙门，一幢幢大员的公馆别墅林立，出现了一种突兀、畸形，与周围环境极不相称的富丽堂皇的场面。这就是国民党抗战时期的中枢要地，人称"陪都中的陪都"。

这一夜，国共两党领袖似乎并没有谈什么事。

8月28日晚上，毛泽东与蒋介石的首次会见气氛是十分轻松的、愉快的。然而第二天正式商谈一开始，双方的分歧便立即显露出来了。

8月29日上午9点，毛泽东、周恩来、王若飞如约前往三号楼楼上的会议厅。然而，当毛泽东步入会议厅时，长长的会议桌旁坐的是张群、张治中、邵力子和王世杰四位谈判代表，却不见蒋介石的影子。

张群觉察到了毛泽东表现出来的不快，急忙赔着笑向毛泽东解释道：毛先生，蒋主席嘱咐我转告你们，因为丹巴之战的温锐将军昨天抵渝，蒋主席要稍作安排，因而不能马上来到这里，还望诸位原谅。另外，蒋主席说了，在他来之前，中共方面有何意见，都尽可先与我们谈谈。

就在昨天夜里，蒋介石召见了国民党谈判代表张治中、张群、邵力子、王世杰。

这四人是蒋介石特意挑选的，他们都有丰富的谈判经验，又能得到中共的信任，因而选他们不会引起全国各界人士的非议。

张群是国民党政学系的骨干分子，早年赴日本留学，与蒋介石同为日本士官学校同学。辛亥革命时又与蒋同在陈其美部下任团长，故与蒋私交甚厚。南京政府建立后，精明能干的张群很快便得到蒋介石的重用，历任军政部常务次长、上海市长、外交部长、行政院副院长和四川省政府主席等要职，被称为蒋介石的四大亲信之一。抗战胜利前后，张群与政学系主张邀毛泽东来重庆谈判最为积极，故蒋介石选张群为谈判代表之一，自是顺理成章的事。

王世杰当时任国民党政府外交部长，后来也成为政学系的重要成员。他是湖北崇阳人，早年就读于北洋大学，后赴英、法留学。1927年起，先后担任过南京政府法制局长、教育部长、国民参政会秘书长、国民党中央宣传部长等要职。1945年8月，王世杰改任外交部长，旋即在莫斯科参加中苏谈判，并代表国民党政府在中苏条约上签字。也许正是因为他同斯大林打过交道，达成的中苏条约很合蒋介石之意，蒋介石看中了他，期望他能成功地对中共施加压力。

在国民党方面的四名代表中，只有邵力子曾参加过共产党，他是中共最早的党员之一。不过他也是老资格的同盟会员和国民党员。1927年南京政府建立后，由于邵力子的资格老，他先后担任过国民革命军总司令部秘书长，甘肃、陕西省政府主席，国民党中央宣传部长、驻苏大使，国民参政会秘书长等。蒋介石虽然知道邵力子与苏联、与中共的关系较好，但并未排斥他，也不给他实权，只是到了需要与苏联、中共拉关系时，蒋介石便会想到他，让他出面。

蒋介石终于来了，当他迈进会场时，立即响起一阵掌声。

掌声停后，蒋介石对毛泽东、周恩来说道：政府方面之所以不先提出具体方案，是为了表明政府对谈判并无一定成见，愿意听取中共方面的一切意见。希望中共方面本着精诚坦白之精神，知无不言，言无不尽。蒋介石的话立即赢得又一阵掌声。蒋介石不愧为政治舞台上的老演员，经验丰富，善于应变，国民党本对谈判毫无准备，经他一说，反而使国民党方面以宽宏大度的姿态出现。

毛泽东接过蒋介石的话头，诚恳地说道：蒋先生，我们希望通过这次谈判，使内战真正结束，永久的和平能够实现。

不等毛泽东的话说完，蒋介石脸上的笑容便消失了。他当着老对手的面，不耐烦地说道：中国没有内战！

这位委员长话音未落，举座愕然。

是的，在蒋介石的心目中，中国从来就没有内战。在"一个国家、一个主义、一个领袖"的理论下，任何非国民党的军队都是土匪。他总是说中国只有"剿匪"或"剿共"。"剿匪"也好，"剿共"也好，当然不能称内战。尽管在抗战中，中共曾多次予以批驳，但蒋介石对此始终坚定不移。如今，他当众人的面，又一次睁眼说瞎话，否认内战的存在。

听到此，毛泽东"嚯"的站起身来，冷峻的目光直逼蒋介石，提高声音说道：只要是有良知的中国人，都不会用没有内战的话来欺骗自己，欺骗民众。难道人民是傻子，难道中国共产党是瞎子，都没有看出有人要打内战，要消灭中国共产党及其领导的人民武装吗？要说中国没有内战，这是彻头彻尾的欺骗，根本不符合事实，即使三岁的小孩也不会相信。

义正词严，蒋介石无话可说。接着，毛泽东话锋一转，向蒋介石提出了国共两党谈判的八条原则性意见：

在国共两党谈判有结果时，应召开各党各派和无党派人士代表参加的政治会议；

在国民大会问题上，如国民党坚持旧代表权，中共将不能与国民党达成协议；

应给人民以一般民主国家人民在平时所享有之自由，现行法令当依此原则予以废止或修正；

应予各党派以合法地位；

应释放一切政治犯，并列入共同声明中；

应承认解放区及一切收复区内的民选政权；

中共军队改编为48个师，并在北平成立行营和政治委员会，由中共将领主持，负责指挥鲁、苏、冀、察、热、绥等地方之军队；

中共应参加分区受降。

蒋介石耐着性子好容易听完，笑道：十几年不见，没想到你毛润之的胃口是越来越大了！可惜我这儿是没有这么多东西，恐怕满足不了你的胃口哇！

第一次交锋，便是短兵相接。这无疑给刚刚开始的谈判罩上了一层阴影，也预示着这次谈判是一场艰苦的马拉松式的谈判。由此，毛泽东更加坚信自己的判断：蒋介石连最起码的事实都不承认，他对谈判的诚意会有多少呢？蒋介石也明白，要压毛泽东交出军队和政权，恐怕难以如愿了。

尽管双方对谈判的前景都很不乐观，但是既然谈判已经开始，就不得不继续下去。8月29日，蒋介石向他的谈判代表指示三条原则：一是不得于现在政府法统之外来谈改组政府问题；二是不得分期或局部解决，必须实现整个解决一切问题；三是归结于政令、军令之统一，一切必须以此为中心。

此后，蒋介石又多次同毛泽东直接会谈，但多以讨论原则问题为主，至于各种具体问题则由周恩来、王若飞同蒋介石选定的代表张群、张治中、王世杰、邵力子商谈。

## 2.《双十协定》签订

经过最初几天的泛谈，9月3日，中共方面正式提出一份包括十一项内容的谈判方案。方案的主要内容是：

确定和平建国方针，以和平、团结、民主为统一的基础，实行民国十三年（1924年）国民党第一次代表大会宣言中的三民主义；

拥护蒋介石的领袖地位；

承认各党派合法平等地位和长期合作和平建国；

承认解放区政权和抗日部队；

严惩汉奸，解散伪军；

重划受降地区，中共应参加受降工作；

停止一切武装冲突，令各部队暂时原地待命；

结束党治过程中，讯速采取必要措施，实行政治民主化、军队国家化、党派平等合作；

政治民主化；

军队国家化；

党派平等合作。

第二天，中共方面的方案送到了蒋介石的手里。当天上午，蒋介石便召集国民党方面的四位代表开会，商量对策。随后，他又亲拟《对中共谈判要点》交给他的代表们，要他们据此拟出针对中共提案的具体对策来。

9月4日晚，在中山四路德安里101号，柔和的灯光下，国共双方代表的唇枪舌剑开始了。

今天是谈具体问题，请任意提问题？邵力子一句极为平淡的话开了头，邵力子望着周恩来。

任意交换意见的四天时间已过，我党重新提出了11项具体建议。我们可否以此11项作为根据，对其已接近者不谈，而对具体事项，不拘形迹的加以讨论？

邵力子插话说：看了贵党的具体建议，建议中的一、二两条，态度甚好，第九、十两条使政府为难呀！你们能否重新考虑一下呢？

看来国共双方在除了第九、十两条的其他各条上意见基本一致。因而争论的焦点还是集中到两个带有根本性的问题上：如何对待中共领导的抗日军队？如何解决解放区的政权？

对国民党代表反对第九条、第十条，精明的周恩来老练地说：具体问题之解决，不免遭遇困难。故为求问题之解决，我们已作了尽可能之让步：第一，认为联合政府现在不能做到，故此次并不提出，而只要求各党派参加政府。第二，召开党派会议产生联合政府之方式，国民党既认为有推翻国府之顾虑，故我等此次根本不提党派会议。第三，国民大会代表中共主张普选，但雪艇先生谈话时既认为不可能，中共虽不能放弃主张亦不反对参加，现在亦不在北方另行召开会议。凡此让步皆为此项谈判之政治基础，可保证此次谈判之成功。国民党是第一大党，我等因有上述之让步，政治既可安定，各党派间亦可和平合作，毛泽东同志有此决心，毅然来渝，即在求问题之解决，如果不希望解决问题，何能远来？

张群连忙辩护说：恩来兄所谈之政治基础，我甚了解。感到困难的即为兄等昨天所提出之第九、十两条，此两条所涉及的军队改编与解放区处置办法与蒋主席及政府之主张距离甚远。倘知兄等所提承认解放区政权，重新划区而治，则根本与国家政令之统一背道而驰了。势将导致国家领土分裂，人民分裂。

周恩来进一步指出，我们所提出的解放区解放办法的四点，有两个原因：我党对国民大会之选举现已让步，我党仅为少数党；国民大会以后无论在政府，在议会，我党亦必仍限于少数党的地位。为此，我党干部之安插与党的政治地位之保持俱发生问题。所以我党主张凡一省一市我党为多数者，其省政府主席与直辖市市长由我党推荐，占少数者由我党推荐副主席或副市长，此系为让步合作考虑，期使两党不致对立，不然无论在国民大会席上或国民大会闭幕后，国民党都是居于第一党，而我党政治地位，尚有何保障，所以我们坦白提议，要求政府承认我党在地区的政治地位。我党此次所建议之办法，其目的在于促成国民大会之召开，并促国民大会后全国政局之安定，使两党均可安心。此种办法，与两党所持之原则，并无不合之处。我党所争者，惟在人事与组织，即于政令统一的原则下，我党只求人事与组织之调和配合，而决非于中央体制与法令规章之外，另外成立一种相反的体制与法令系统，我今亟待解决者，为各省、市区域与军队之数目而已。

这时，沉默许久的王若飞接过周恩来的话头，补充说道：检讨我们两党之关系，非自今日开始。自抗战以来，彼此之间即存在许多问题，只是由于两党做法之不同与所处环境各异，所以我党今日始有敌后军令与解放区政权。现在抗战已胜利结束，我们要求和平民主团结，以求中国军令政令之统一，此一原则彼此都是同意的。但解决问题，必须根据事实。我党所提建议案，其中第一、二两项中即系承认国民党之政权，并拥护蒋主席之领导地位；而我党今日所要求于政府者，亦无非在于事实之承认。此种既成事实，如不蒙政府承认，则客观上仍然存在。今日我党之客观事实如何？即拥有 120 万军队，90 个解放区政权，此种事实，如不承认，而要用武力解决，则不仅为今日国情所不容许，而且为我党坚决反对。

是呀，我党不仅事实上拥有敌后军队与解放区政权，而且拥有百余万党员。此百余万党员如何安置，必须有一过渡办法，我党所以要求几个省与几个市便即为此。周恩来补充道。

显然，中共的要求与蒋介石的三条指示精神相违背，但又合情合理，张群、张治中、邵力子三人一时哑口无言，会谈出现了片刻的停顿。

还是经验丰富的邵力子打破了沉默，他狡辩说：解放区为战时之状态，现在战事已结束，此事不应再提。

周恩来提醒说：此乃名词问题，事实仍然存在，只要按事实解决问题，名称可以变更。

这时，一直在旁边静听的张群插话道：中共的政治地位，不必与解放区相提并论。中共不要以为有了解放区作政治基础，始有其政治地位。中共要保持并增高其政治地位，不在坚持所谓解放区之承认，而须就整个国家的组织来研究。即如蒋主席已允诺国民大会增加代表名额，中共亦有代表参加共商国是，共管大计。至于解放区取消后，一切人士中央自可于法令规章范围之内尽量设法调整，只须于国家政

国共谈判六十年

256

令之统一无妨碍，任何方式均可商量。

王若飞立即指出：承认中共的政治地位，必须承认中共解放区的事实及其军队与人民所建立的政权等，否则恐难期望问题之解决。

面无表情的张治中这时再也忍不住了：军队应该是国家的军队，我们必须朝现代化的方向前进，决不可再蹈军阀时代的覆辙，决不可恃其武装向中央要求地盘。且就中共立场而言，是否争地盘、争军队始可保证其地位？我以为并不如此。中共此时如愿放弃其地盘，交出其军队，则其在国家的地位与国民中之声誉，必更高于今日。我为兄等计，最好能将抗战期中所有中共之名单、将领之名单呈报中央，何者应委以实职，何者应授以勋章，编余人员应如何安插，中央会考虑全体抗战将士之功劳，必然秉公酌情办理。且我以为中共要保持这么多军队，实在是一累赘。抗战之后，敌人已被打倒，我们正致力于和平建设，吾人尚要保持如此庞大之军队，岂非决无意义乎？

在一旁的邵力子边听边点头，不禁心里为张治中讲的话暗自叫好。他帮腔说：我想中共即今无一兵一卒，国民党亦不能消灭他，中共军队少一点，国民党也不敢进攻他，反之即使中共军队再多，也决不能打倒国民党。

周恩来听到此，愤慨地说：兄等以封建军阀割据来比拟中共，我不能承认，我以为两党已拥有武装，且有十八年之斗争历史，此乃革命事实发展之结果。今日我等商谈，即在设法避免双方武装斗争，而以民主之和平方式为政治之竞争，我们认定：打是内外情势所不容许，只能以政治解决。本此宗旨，我党已提出解决问题的方案，不知中央对于此事之解决将有什么具体方案？

这个嘛，我想得请示蒋主席才能答复；我们下次接着再谈。张群说道。

周恩来看了一下会议室里的钟，时间过得真快，3个小时已经过去。

随后，双方又进行了几次会谈，可是毫无进展。不管共产党做出多大的让步，国民党代表坚持要中共交出军队和取消解放区。到9月中旬，谈判实际上陷于停顿。公众对谈判陷入僵局十分不满，批评之声骤起。为此，共产党方面虽设法打开僵局，但国民党方面却要求中共再次让步，蒋介石甚至亲自出面，向毛泽东施加压力。

在一次会见中，蒋介石对周恩来说：

盼告诉润之，要和，就照这个条件和，不然，就请他回延安带兵来打好了。

显然，蒋介石对毛泽东的强硬态度十分恼火。

次日，毛泽东见到蒋介石时，当面答复了蒋介石的挑衅：

现在打，我实在打不过你。但我可以用对付日本人的办法来对付你，你占点线，我占面，以乡村包围城市，你看如何？

毛泽东的话不卑不亢，软中带硬，毫不含糊。有意思的是一年后，当蒋介石向中共发动全面进攻时，毛泽东真的用这一套战术去对付他，最终将这个气势汹汹的独裁者赶到了台湾，差一点就赶进太平洋。

尽管在军队改编和解放区政权的问题上，双方分歧严重，谈判一度陷入僵局；但在其他问题上，如召开政治协商会议等，经过双方多次磋商，找到了一些共同点，双方本着求同存异的精神，决定将未解决的问题留待以后继续商讨，并且同意签订一个会谈纪要，使这次最高级谈判暂告一个段落。

10月10日下午，曾家岩桂园客厅，洋溢着一种喜庆的气氛。今天《政府与中共代表会谈纪要》要在这儿举行签字仪式。

小小的客厅已被收拾停当，茶水香烟已经准备好了，在会客厅北墙"天下为公"的横幅下横着一张条桌，覆以桌布，摆上了笔砚。会场简朴、肃穆、庄严。

下午4点左右，国民党方面的代表王世杰、张治中、邵力子和共产党方面的代表周恩来、王若飞先后来到小客厅。因为毛泽东白天都是在桂园楼上办公，因此也被请下来参加签字仪式，双方代表先后在协定上签了字。仪式完毕，两党代表频频举杯，互致祝贺。

◎ 1945 年 10 月 10 日，《双十协定》在重庆桂园签订

经过 43 天艰苦的马拉松式的谈判，难产的《双十协定》终于问世。尽管双方并没有就解决中共军队问题和解决解放区政权问题达成协定，但这个协定还是有许多积极方面的条款。

如大家一致认为，中国抗日战争业已胜利结束，和平建国的新阶段即将开始，必须共同努力，以和平、民主、团结、统一为基础，并在蒋主席领导之下，长期合作，坚决避免内战，建设独立、自由、富强的新中国，彻底实现三民主义。双方又认同蒋主席所倡导之政治民主化，军队国家化及党派平等合作，为达到和平建国必由之途径。一致认为应该迅速结束训政，实施宪政，并应先采取必要步骤，由国民政府召开政治协商会议，邀集各党派代表及社会贤达协商国事，讨论和平建国方案及召开国民大会各项问题。

因此，舆论界对此抱着乐观的态度。10 月 11 日，延安的《解放日报》发表社论说：昨天发表的《政府与中共代表会谈纪要》给了公众以一个不负人民期望的回答。《会谈纪要》证明了商谈在友好和谐的空气中获得了重要的成果。这次会谈乃是如何用协商的方法，解决为中国和平、民主、进步发展所提出的迫切问题，解决国内政治生活中最复杂和最困难问题的范例。会谈的成果是全国人民要求和平民主进步的意志的表现，是中国政治家的智慧与远见的表现。

共产党在重庆的《新华日报》也对这次国共会谈给了了高度的评价。该报的社论说：这次会谈的结果对于保障和平，推动民主，加强团结，促进统一都有积极的作用。

重庆的《大公报》则满含激情地欢呼：和平民主、团结统一，谁不在期待？快来吧！

虽然国民党的《中央日报》调子并不很乐观，但也告慰民众：这一结果虽然还有不能尽满人意的地方，但内战之不至发生，却已有确实的保障，我们总也可以普告国民和关切中国问题的友邦人士，请不必为和平将在中国遭遇危机而担忧了。

只有重庆的《新民报》仍对和平能否实现抱着怀疑的态度："四十多天的团结会谈，根据到前天为止，所发表的结果来看，还难判断其成功的程度。""我们将已解决的和未解决的问题比较一下，就可以知道双方已一致的都是些原则性问题，剩下来继续商谈的则纯是些现实最迫切的最需要具体决定的问题。"

## 3. 一首诗征服了重庆人

毛泽东一踏上山城大地，便赢得了国民党统治区各界人士和广大群众的一片赞扬声。谁都知道，蒋介石在重庆设的是鸿门宴，但毛泽东毅然决定深入虎穴，岂不令人肃然起敬。毛泽东来重庆，某种程度上是为了向各界人士表示中国共产党人热爱和平的强烈愿望，揭露蒋介石假和平、真内战的面目。因此，在与蒋介石代表的谈判之暇，毛泽东尽可能地会见各界社会名流，毛泽东也毫不掩饰地说：这次来重庆，一个重要的目的就是拜访老朋友，结识新朋友。

到重庆后，毛泽东很快掀起了和平旋风。毛泽东和张澜神交已久，只是素未谋面。这次毛泽东来到重庆，彼此想尽早晤谈，以慰渴望之情。

1945 年 8 月 30 日下午。

时针已指向下午 3 点，在张澜的卧室里，夫妇俩在屋子里不住地来回走动，不时焦急看着墙上那滴滴答答的钟。时间过得怎么这么慢呀！

上午，周恩来兴冲冲地来到特园。一进门，周恩来顾不得和张澜寒暄，便说：张先生，毛主席下午要来特园拜访您。听到这个消息，张澜又喜又忧。喜的是毛泽东竟抽出时间前来拜望，足见共产党对民主人士的尊敬和真诚，忧的是毛泽东的安全，因为那特园附近就是特务头子戴笠的巢穴。不禁恳辞道：润之先生操心国事，极尽辛劳，应该在他方便的时候，我们去拜访他才是，不应劳他过访。

周恩来坚持说道：主席的意思是要亲自来，就用不着客气了。

张澜立刻说道：毛先生来，我们当然十分欢迎，只是毛先生的安全？

是呀，戴笠的巢穴就在特园附近，恐怕不很安全吧！张澜的夫人鲜英也说道。

这样吧！你们不要在门外等候，以免被他们发现。另外，你们和毛先生的会晤是否放在卧室好一些呢？这样安全点。周恩来诚恳地说道。

这样甚好，这样甚好！张澜夫妇连连说着，心里不住地称赞周恩来办事细心周到。

从一听到这个喜讯后，整个特园便洋溢着兴奋、喜悦、忙碌的气氛。花径不曾缘客扫，此番庭除，好留下历史巨人的足迹。

"叮呤呤"，一听到门铃声，张澜、鲜英打开大门，恭迎毛泽东、周恩来等步入花园。花园里葡萄已经挂满了枝头，绿中透着白，好像一串串绿色的玛瑙在微风中轻轻地荡漾着。毛泽东和周恩来随着张澜夫妇向内房走去。几位警卫员也彬彬有礼地跟了进来。迎候在花园台阶上的张宅成员和年轻的晚辈们，这时都抑住激动的心情，屏息静气怯生生地看着毛泽东。周恩来显然是特园的常客了，年轻人对他都特别熟了，立在台阶上亲昵地齐声叫道：周伯伯。周恩来微笑着向他们点点头。毛泽东以长者特有的慈祥和蔼、宽厚的神情向年轻人挥手招呼，他们这才慢慢不再拘谨。一进卧室，宾主落座。鲜英端上新沏的盖碗茶，毛泽东接过茶碗，道了声谢谢，呷了一口，高兴地对张澜说：张表老，机场匆匆一见，未能深谈，今日能登门拜访，还望不吝赐教。张澜满面春风激动地说：润之先生能光临寒舍，我也是十分高兴呀！

毛泽东接着幽默地说道：您是我们总司令的老师，没有您对总司令的教诲，也没有我们军队的今天，朱总司令让我代他向您问好，还说等国内和平实现了，一定前来拜望您。噢，差一点忘了，您的老友吴玉章先生也问您好，并邀请您有空一定要到延安去做客。张澜连声说：一定会的，一定会的。见着他们，就说我老头子也无时无刻不想着他们。寒暄一阵后，张澜谈起了对毛泽东此次重庆之行的看法：润之先生一身系天下之安危，和平诚意可嘉可敬。只是这次重庆谈判，明明是蒋介石的假戏啊！国共两党要谈判嘛，你们可以像过去那样，派恩来先生，加上若飞先生，来谈就行了，何必动润之先生大驾呀！

是呀！蒋介石毫无信义可言，为达目的，他什么事都做得出来，润之先生可要多加小心呀！鲜英索性道出他们对毛泽东安全的关心。

毛泽东听到，不禁哈哈大笑道：蒋主席三封急电特意请我，盛情难却呀！焉有不来之理。我想蒋介石还不敢公然对我下手，即使真的遭到毒手，也算为和平尽了一份力，只要国内和平，值！

主席，我下午开会的时间到了，现在得走了。张澜先生，失陪了。周恩来歉意地说道。然后急匆匆告退，赶赴桂园。卧室里只剩下毛泽东和两位老人，彼此倾吐心曲，更显得心心相印。张澜郑重地说：蒋介石在演鸿门宴，他哪里会顾得上一点信义！前几年我告诉他只有实行民主，中国才有希望。他竟威胁我说只有共产党，才讲实行民主。现在国内形势一变，他也喊起民主、民主来了！对蒋介石的不满和不相信溢于言表。

民主也成了蒋介石的时髦话！他要演民主的假戏，我们就来他一个假戏真演，让全国人民当观众，看出真假，分出是非，这场戏也就大有价值了！毛泽东不无风趣地说道。

张澜若有所思地说：是啊！蒋介石要是真的心回意转，弄假成真，化干戈为玉帛，那就是全国人民之福呀！

张澜接着问道：润之先生，共产党对和谈结果怎么看呢？

望着张澜殷切希望的目光，毛泽东说道：我想，只要蒋委员长能答应中国共产党中央委员会8月25日发表《对目前时局的宣言》中的六项紧急措施，和平定能实现。

说到这，毛泽东稍做停顿，接着说道：这六项紧急措施，简而言之，就是承认解放区的民选政府和抗日军队，划定八路军、新四军、华南抗日纵队接受日本投降的地区，严惩汉奸、解散伪军，公平合理地整编军队，承认各党派的合法地位、保障人民的自由权利，立即召开各党派代表人物的会议。

听到这儿，张澜连声称赞道：很公道，很公道！蒋介石要是良知未泯，就应当采纳施行。看起来，这场戏倒是有看头。

看到这位爱国老人如此关心国家前途，毛泽东于是就解放区的政权建设，社会新貌，人民福利，以及生产、教育等等，给张澜作了详细的介绍。归来向人说，疑是武陵源。张澜揪动银髯，神驰于祖国的新天地里。时间很快就过去了几个钟头，这时警卫员出来告知张治中为毛泽东举行晚宴的时间将到，这才结束了这场饶有意义的"家常话"。

毛泽东到重庆，令许多故旧新友兴奋不已，毛泽东到重庆的第三天，就发生一件令山城人民交口称赞，却使国民党惊恐万状的事，这就是毛泽东和故旧柳亚子的会面。

当年柳亚子追随孙中山进行国民革命，在广州与毛泽东见过面。

这一天，柳亚子兴冲冲地来到桂园探望毛泽东，一见到毛泽东就打趣道：润之先生，多年不见，你现在越发容光焕发了。

毛泽东笑道：哪里哪里，我们的水可没嘉陵江的水甜呀！容光焕发的该是你，我只有满身黄土啊！

柳亚子苦笑说道：可惜我披着一身愁容，怎能不老呀！

寒暄一番后，柳亚子向毛泽东问道：不知近来可有雅兴作诗么？

毛泽东风趣地说：书生已经变成"土匪"了，无暇做诗了。不知您老先生最近可有大作供拜读么？

一说到诗，柳亚子兴致大增，兴冲冲地说：匆匆作了一首，还请润之先生不吝指教。

毛泽东接过柳亚子递过来的《阔别羊城十九秋》诗，凝神细看。看罢，毛泽东赞叹不已，说道：好诗好诗，只是把我夸得太过了。我那里称得上弥天大勇，霖雨苍生更是不敢当。

柳亚子心里也不禁一阵得意，对毛泽东说：润之先生，无论如何也要赐我一首诗。

毛泽东沉吟片刻，说道：新作我是一时拿不出来的，我把旧作抄录一首送你可行？

柳亚子连连说：行，行。

于是，在宽大的会客桌上，雪白的宣纸铺开，笔、墨也准备好了。只见毛泽东微挽衣袖，提起毛笔，运劲于腕，随着毛笔的挥洒，顷刻间一首词跃然纸上。

哦，润之先生，先不看词怎样，光是这一手潇洒飘逸的书法便已令我羡慕不已，柳亚子拿起条幅轻声念道：

《沁园春·雪》

北国风光，千里冰封，万里雪飘。望长城内外，惟余莽莽；大河上下，顿失滔滔。山舞银蛇，原驰蜡象，欲与天公试比高。须晴

◎ 毛泽东——《沁园春·雪》

日，看红装素裹，分外妖娆。

江山如此多娇，引无数英雄竞折腰。惜秦皇汉武，略输文采；唐宗宋祖，稍逊风骚；一代天骄，成吉思汗，只识弯弓射大雕。俱往矣，数风流人物，还看今朝。


好气派，好气派！柳亚子简直抑制不住自己激动的心情，这种宽阔胸怀，英雄豪迈的词句，也只有润之先生才能写得出来。真是绝妙之作啊！我一定要好好珍藏，作永久纪念。

这首词是我 1936 年 2 月填的，那时我年轻气盛，聊抒胸怀罢了。毛泽东淡淡地说道。

那是 1936 年 2 月，中央红军刚刚胜利地结束两万五千里长征，渡河东征奔赴抗日第一线的时候。就在这个冰雪严寒、金戈铁马的时刻，毛泽东高度概括中国革命完成战略大转移，迎接抗日民族战争的新形势，吟咏出了这首气势磅礴，豪迈千古的《沁园春·雪》。

词的上半阕，刻画了北国风光，刻画了长城和黄河的雄伟气概，并且把静态的山川写成充满活力的生物。在这里，中心点是"欲与天公试比高"，即人定胜天的伟大精神，也是毛泽东永不服输的精神的概括。词的下半阕，在赞美祖国壮丽山河之后，品评了中国封建社会的杰出人物，指出不管他们在当时有多么大的成就，都有其阶级的和历史的局限。"俱往矣"，指这些过去的英雄人物，不过是历史舞台上来去匆匆的过客。只有今天敢于战天斗地改造世界的人民群众，才是真正的英雄。人民，也只有人民，才是推动历史前进的真正动力！

柳亚子满心欢喜地捧着这首词离开了桂园，一回到自己的住处，便将条幅铺开在案桌上，又仔细地诵读了几遍，边读边喝彩。禁不住邀来一些比较要好的文人墨客，共品佳作。于是一时间，《沁园春·雪》在重庆传抄，大有令重庆纸贵之势。后来，重庆的《新民晚报》把它发表了，一时引起巨大轰动，柳亚子、郭沫若、黄齐生皆步韵和之。

这首词终于传到了蒋介石的手中，他不相信这是自己的对手填的词。尽管他不懂填词，但凭直觉，他也觉得这是一首气势磅礴，非常罕见的好词，该词借古说今，意境不俗。他找到了自己的秘书陈布雷，陈布雷是有名的大才子，在诗词方面自然要比蒋介石强得多。

布雷先生，毛泽东的《沁园春·雪》想必你已看了，你觉得这是毛泽东自己填的吗？蒋介石问道。

是的，是毛泽东所填。陈布雷答道。

尽管蒋介石极想从陈布雷嘴里听到不是，可是，耳朵里听到的却是陈布雷毫不犹豫的肯定之语。

失望的蒋介石还不甘心，接着问道：你觉得这首词写得怎么样？

气度非凡，大有气吞山河之气概，是当今诗词中难见的极品啊！陈布雷不禁流露出几分崇拜和敬仰。

我看他的词有帝王思想。毛泽东想当秦皇、汉祖。失望的蒋介石眼睛盯着陈布雷，肯定地说，脸色铁青着。

这个嘛，我看，倒是有点。熟知老头子脾气的陈布雷不得不说几句令老头子高兴的话。

果然,蒋介石面色缓和了许多。

那好,你组织一批人,写文章批判毛泽东的帝王思想,让全国人民知道,毛泽东想当皇帝,要逆历史潮流而动。蒋介石命令道。

蒋介石一声令下,忙坏了御用文人,他们纷纷在舆论阵地发难,叫喊什么词中有帝王思想、宣传迷信复古。结果,蒋介石搬起石头,砸了自己的脚,没批倒《沁园春·雪》,反倒替这首词做了宣传,一时间,重庆言必谈《沁园春·雪》。后来这些发难者见到效果适得其反,不得不偃旗息鼓。这件事就成了毛泽东与蒋介石重庆谈判中间的一个插曲。

## 4.中共统战真厉害

时间进入了9月份,尽管重庆还是很热,可是已不如8月那样酷暑难耐了。昨夜下了一场雨,今天竟有几分凉爽。

9月1日傍晚,中苏文化协会孙科、邵力子两人为了庆祝中苏友好同盟条约的签订,在会所举行了一次盛大的鸡尾酒会,同时还举行了苏联各民族照片展。

下午6时,黄家垭口一带的街上就挤满了人,各式的汽车一辆辆停下来,苏联驻华大使彼得罗夫夫妇、罗申武官、宋庆龄、孙科、冯玉祥、翁文灏、张治中、鹿钟麟、梁寒操、朱家骅、陈立夫、吴铁城、沈钧儒、马寅初、左舜生、郭沫若、傅斯年、谭平山、王芸生、张申府、茅盾、侯外庐、阳翰笙等政界、军界和文化、新闻、戏剧界人士300多人,一个个准时到会了。这样的集会,在战时陪都是不常有的,于是,这天的情景就愈显得不平常。天下了一阵细雨,可是人和汽车却越聚越多,塞满了这带坡的斜道。6点半,拥挤的人群遍布街头,交通警察和宪兵,忙着维持秩序,傍晚的街头充满了汽车喇叭和市民们兴奋地谈话声。

今天这个会的意义是重大的，而因为一个人的参加，就更显得重要了。几千人望着中苏文协的大门，几千人谈论着一个响亮的名字"毛泽东"！虽然报上没有发表任何消息，举办者方面甚至守口如瓶地保守秘密，但是消息还是不胫而走。什么，毛先生要来参加？一位老公务员模样的人问他的同行者，脸上浮出了笑容来，瞻仰一下伟人的风采吧！他挤到文风书店屋檐下站定了之后，感慨地说：咳，毛先生啊，真说得上是一身系天下之安危了。

千余市民在细雨中停下了脚步，他们是从重庆各处特地赶来看望毛泽东的。他们想亲眼看看这个大名鼎鼎的"共党"领袖到底长得什么样子。

中苏文协二楼已经挤满了来宾，到处是欢声笑语和喜悦，期待的目光。全陪都的名人、党政军要人、文化艺术界人士，似乎都聚会在今天这显得特别狭窄的屋子里了。这一边宋庆龄在和郭沫若握手，那一边陈立夫和孙科碰杯，这里响起冯玉祥洪亮的笑声，那里传来谭平山诙谐的谈笑，彼得罗夫大使忙着和朋友们打着招呼，当主人的孙哲生今天更是满面春风。

忽然，四下响起一阵热烈的掌声，在周恩来和王若飞的陪同下，毛泽东出现在会场。

大家紧随着他，楼下的人都一起涌到楼上来了。数不清的热情的握手，洋溢着真情的招呼，一个十五六岁的小女孩恭恭敬敬地握了一下毛泽东的手，立刻跳跃着回到她妈妈的身边骄傲地说：妈妈，我握过手了。毛泽东就像一块强劲的磁石，一到会，便紧紧吸引了整个会场上人们的目光，晚会主持人立即迎上前去，紧紧握着毛泽东的手，许久不肯放开，说：润之先生，热烈欢迎您出席今晚的酒会！

毛泽东微笑着答道：多谢您的盛情。

冯玉祥是毛泽东的老朋友，他从座上站起来，三步并作两步走到毛泽东跟前，两手紧紧握住毛泽东的手，看了又看，然后举起酒杯，激动地说：您来了，中苏友好条约也缔结了，让我们为总理的三大政策的实现而干杯！毛泽东也兴奋起来，端起了酒杯，破例地呷了一口。

当苏联大使彼得罗夫紧紧地握住毛泽东的手，以一个外交家特有的风度说道：来来，让我们为了中苏两大民族的友好同盟，为了新中国的和平建设干杯。

毛泽东今晚上很高兴，尽管他平时滴酒不沾，可此时面对许多故友新朋的盛情，也只能破戒了。好在紧随其后的周恩来一次又一次接过酒杯，替毛泽东代酒解围。时针很快便指向了8点钟，为了晚上赴吴铁城的约宴，尽管毛泽东还有许多话要和老朋友谈，但不得不离开了。在人们恋恋不舍的目送下，毛泽东缓缓地步入黑色的轿车。

在重庆，毛泽东夜以继日地忙碌着，除了参加谈判，还同国民党的各种人物接触。他抽出时间，专门拜访了国民党右派头子陈立夫、戴季陶等人。

凡是懂点中国现代史的人差不多都知道陈果夫和陈立夫兄弟俩的名字，他们是国民党CC派的首领，是四大家族的首领之一。

二陈是蒋介石的老上级、辛亥革命时担任沪军都督的陈其美的侄儿，也是蒋介石的浙江同乡。辛亥革命失败后，陈果夫即与蒋介石在上海交易所胡混。20世纪20年代初，蒋介石在交易所投机失败，便到广东找孙中山投机革命。陈果夫看蒋介石在广州混得不错，也到了广东，并当上了国民党中央监察委员。中山舰事件后，蒋介石排斥共产党员，陈果夫接替蒋介石当上了国民党代理组织部长。1928年，陈立夫在美国大学毕业回国，担任蒋介石的英文秘书，同时亦插手国民党的党务工作。不久，二陈合伙创立所谓的国民党"中央组织部调查科"，此即中统特务组织的前身，并在国民党内组成以他们为首的ＣＣ集团，包办国民党的党务和控制文教部门，排斥其他派系，从事反苏反共活动，1931年，陈果夫出任江苏省政府主席，中央组织部长也一度由陈立夫担任。故有"蒋家天下陈家党"之说。

由于陈果夫、陈立夫及其ＣＣ派，从事反共活动和排斥异己不择手段，心狠手辣，故为各界正直人士所不齿。然而蒋介石却始终信任和重用他们，将其视为维护独裁统治的主要支柱之一。

毛泽东去拜访他们，对此，许多人不理解。毛泽东说道：尽管右派是反对我们的，但是右派是当权派呀，要解决问题，光找左派不行，尽管他们是赞同和我们合作的，但是他们不掌权，因而解决问题还得找右派，不能放弃和他们接触，我这次来重庆，不就是要和反共头子蒋介石谈判吗？

一天，陈立夫正在家中翻阅文件，这时，警卫报告，毛泽东前来拜访。听到这个消息，陈立夫不禁心里纳闷：我是一贯反共的，毛泽东来能安什么好心呢？尽管心里纳闷不已，可是来者为客，所以赶忙收拾一下，迎向大门。

欢迎毛先生光临敝舍，陈立夫拱着手说道。

还望不给陈先生添烦才是啊！毛泽东微笑着说道。

陈立夫陪着毛泽东进入客厅，分宾主就座后，仆人端上泡好的上品龙井茶。

寒暄过后陈立夫便流露出一种傲慢的神气，他对毛泽东说：

润之先生亲自到重庆，我们很欢迎。不过，谈判要成功，关键在于中共要放弃外国的思想观念，放弃党的武装和政权，与政府共图新中国建设。不然，政府即使想和，也没办法。

毛泽东面带微笑地接过陈立夫的话题，"先生之言差矣！和平不是共产党一家的事，需要大家共同努力。想二十年前，国共第一次合作，在孙逸仙先生领导下，革命开展得轰轰烈烈。国共两党亲密合作，革命前景一片光明，孰料国民党中一些仇共人士却发动对共产党人的血腥镇压，全不顾孙逸仙先生三大政策，非要置中共于死地而后快。"

说到这儿，毛泽东呷了一口茶，继续说道：事实证明，国民党对共产党人的屠杀政策是错误的，是不得人心的。十年内战，共产党不但没有被消灭，反而发展壮大了。而国民党"剿共"的后果，却同时引进了日本帝国主义侵略，险些招致亡国的祸害，这一教训难道还不引人深思吗？

嗯，这个嘛，都已经过去了，我们要向前看。毛先生何必要提这些不愉快的事呢。陈立夫尴尬地说。

毛泽东接着说道：我们上山打游击，是国民党给逼出来的，是逼上梁山。就像孙悟空大闹天宫，玉皇大帝封他为弼马温，孙悟空不服气，自己鉴定是齐天大圣。可是你们却连弼马温也不给我们做，我们只好扛枪上山了。

毛泽东在谈笑自如中，对国民党祸国殃民的政策，巧妙地给以批评，使得陈立夫无言可对，只是不住地说：是呀，是呀，国民党过去的政策是有一些地方出现了严重的偏差。

看到陈立夫的窘相，毛泽东也话题一转，说到中国共产党对这次谈判的态度。他这次来重庆，是想和蒋先生好好谈谈，冤家宜解不宜结，实现国内和平，望陈先生多出力！

陈立夫急忙说道：实现国内和平是全国人民的共同心愿，立夫定会尽心效力，为国内和平尽一份微薄之力。

在重庆期间，毛泽东还拜访了戴季陶，更充分地体现了毛泽东恢弘的气度，宽广的胸怀。一天下午，戴季陶接到毛泽东前来拜访的消息后，十分惊愕。戴季陶是蒋介石的忠实谋士和智囊，反共之坚决，称得上是"王八吃秤砣——铁了心了。"所以他万万没想到毛泽东会前来拜访。

一见面，毛泽东便说：咱们也算是老朋友了，想咱们上次见面，已是十八年前的事了。不是我毛泽东架子大，只是忙于逃命，实在无暇前来拜望老朋友。

戴季陶的脸一阵红，一阵白，半晌竟说不出一句话来。

◎ 重庆谈判后，毛泽东返回延安

相约不如巧遇。离开戴府，毛泽东前去拜访于右任，正巧碰上蒋介石要去看戴季陶，两个对手狭路相逢。

一见面，蒋介石很客气地问道：润之到哪里去呀？

毛泽东也很坦率地告诉他：刚去看了戴传贤。

蒋介石听罢一怔，一时没反应过来。他显然有点不相信自己的耳朵。许久，他才干笑着连声说：好，见见好，见见好。

蒋介石这时的心境，就如哑巴吃黄连，有苦说不出。

随着国共双方在一些问题上接近达成一致，毛泽东也决定于10月11日离开重庆回延安。

10月8日，为欢送毛泽东回延安，国民党中央军委会政治部部长张治中在军委大礼堂为毛泽东举行了一次盛大的宴会。重庆各界知名人士数百人齐聚一堂，出席张治中先生举行的宴会，热烈而隆重地欢送即将返回延安的毛泽东。

10月11日，毛泽东在张治中等人的陪同下，安全返回延安。

这样，两个宿敌在重庆面对面地较量，随着《双十协定》的签字和毛泽东返回延安，总算暂时画了一个句号。但是，这并不意味着斗争的终止，相反，它只是双方一场决定性较量的序幕，好戏还在后头。

# 三、双方签署停战协定

双方领袖签订了《双十协定》，留下的问题交由各自的谈判代表处理。毛泽东提出了解决伪军、重划受降区和承认解放区三大问题，后周恩来又提出四项要求，谈判毫无进展。正在此时，美国总统杜鲁门的特使马歇尔来到中国，在他的促使下，双方代表再一次回到谈判桌上，并组成了国民党、共产党和民主人士的三方小组，决定先停战再谈判。

## 1. 毛泽东提出三个要求

抗日战争胜利半个月后，毛泽东与蒋介石坐在了重庆的同一谈判桌上，并于一个多月后，在10月10日，国共双方签订了《双十协定》。但是，国共双方的最高领导人只是搭了一个各方都能接受的框架，不要说落实，就是在细节上达成一致意见尚有很大的距离。领袖们不谈了，双方委托的代表还得谈。一谈具体问题，双方就开始"顶牛"。

10月20日，国共在重庆开始了旨在解决《双十协定》没能解决的问题的第二轮商谈。

共产党方面的代表是周恩来、王若飞。国民党方面是张群、王世杰、邵力子。

会谈的地点在中四路德安里103号，这是宋美龄在市区的住宅之一，僻静幽雅。

商谈的主要内容是有关政治协商会议的组织问题。

双方讨论的基本依据是《双十协定》的有关规定。

《双十协定》第二条写道：关于政治民主化道路问题：一致认为应迅速结束训政，实施宪政，并应先采取必要步骤，由国民政府召开政治协商会议，邀集各党派代表及社会贤达协商国是，讨论和平建国方案及召开国民大会各项问题。现双方正与各方洽商政治协商会议名额、组织及其职权等项问题，双方同意一俟洽商完毕，政治协商会议即应迅速召开。

可见，有关政治协商会议的问题，基本原则已经确定。另据原谈判记录，出席政协会议的名额也已达成协议：暂定为37人。需要进一步商谈的，主要是名额的分配、组织及职权等问题。

经过协商，大部分问题都达成了协议。

双方一致同意，政协代表的名额为36人，由四方面组成。其中国民党方面9人，共产党方面9人，民盟9人，无党派社会贤达9人。

接下来的会谈逐渐复杂起来，所谈问题的重要性越来越大。

10月21日，双方代表继续商谈。

除继续讨论政协问题，双方还谈及军队停止前进、恢复交通、召开国民大会以及承认解放区等问题。这些都是比较棘手的问题，双方代表只是重复自己过去的立场，你讲你的，我讲我的。

一天谈下来，问题毫无解决迹象。

谈判可能再度陷入僵局。

周恩来、王若飞立即将这一情况和国民党方面在谈判桌上的动向报告延安。

10月22日，周恩来、王若飞收到了中共中央和毛泽东的回电。

毛泽东指示说：在谈判中，必须首先解决伪军、重划受降区和承认解放区这三大问题。否则，其他问题的解决均谈不到。如商谈军队缩编，必须先谈国民党军如何缩编，至少也应是两党军队同时缩编。

这个电报指示似乎表明，延安对谈判的态度一开始就比较强硬。

中共中央提出的三大问题都是国民党难以接受，或表面上接受，实际上绝对不肯兑现的。

国民党所关心的，只有两条，一是所谓恢复交通，一是缩编共产党领导的军队。前者便于他们运兵，继续抢占战略要地，同时也便于他们分割解放区。后者，是为达到不战而削弱、乃至消灭共产党军队的目的。

可见，国共两党各有打算，谈判肯定是困难的。

延安的态度强硬，是有原因的。

毛泽东看到，蒋介石毫无履行协定的诚意，正在玩弄边打边谈，以谈判掩盖大打的把戏，除了坚决自卫，打退国民党的进攻外，中国共产党必须在谈判桌上予以揭露和斗争，不能让蒋介石欺骗全国人民和国际舆论。

因此，他决定采取强硬态度。

周恩来、王若飞根据延安的指示精神，巧妙地同国民党代表进行了针锋相对的斗争。

10 月 22 日、23 日、26 日，双方代表又进行了三次商谈，主要谈及以下几个问题。

一是停止进攻、运兵和恢复交通。

周恩来提出，双方军队应立即停止进攻，各就原地不动，然后再谈其他军事问题的解决。

王若飞则激烈地批评国民党和美国人，他说：我方最为不满者为：美军不断在沿海登陆，美国帮助国民党空运军队，开入解放区的人数已达 70 余万；利用敌伪军队作前锋进占城镇和交通线，以便国民党军之前进。

国民党的代表狡辩说，停止前进和军事冲突是双方的事，只要共产党军队全部撤离交通线，恢复交通，让政府运兵，不予袭击，冲突就会停止。

对此，周恩来，王若飞立即予以反击：

现在国民党军队前进的地区，均属我解放区和收复区，所经过的交通线，亦都在我军控制之下。因此，今之冲突纯系中央军进攻我军而引起。要我方停止自卫，撤出华北地区的交通线，将这些地区的重要城市和交通线让给你们，使你们代替日寇控制我方地盘，然后再与我方谈判，这绝对办不到。

但国民党方面仍不肯罢休。

在26日的商谈中，张群等人重谈要共产党军队退出交通线的老调，并说，交通必须恢复是蒋介石、陈诚的要求，在铁路以外，中共现已占领之区域，可暂维现状。

共产党方面也不让步。周恩来气愤地说：

日本军队今日在中国境内，尚得保持武器，受命维护交通，而中共军队倒要退出交通线，揆诸情理，宁可谓乎？

王若飞也明确指出：

在现在的情况下，解放区问题未得解决，受降区没有重划以前，在我们看来，中央军之进军，即为进攻，而我方之破坏交通，以阻止中央军之进兵，乃为当然之事。故此问题很简单，交通应恢复，但必须于和平状态之下，始能恢复。若中央军必欲武装占领交通线，而将我方驱出于交通线之外，那便是战争。

恢复交通之目的在避免内战，而避免内战之唯一途径即是停止进兵。王若飞讲完后，周恩来又作了补充。

在这种情况下，国民党代表只好表示，同意停止进占，但不同意停止进兵。他们还要求共产党方面就恢复交通、避免冲突问题提出书面提案。国民党方面似乎退了一点：地可以不占，运兵要继续。谁都明白，运兵还是为了占地。

周恩来更清楚这一点，所以他表示：此事待请示延安后再作答复。

二是关于重划受降区。

日本投降后，由于蒋介石伙同美国剥夺了共产党军队受降的权利，引起了国共两党之间的一系列冲突。蒋介石下令把全国划为 14 个受降区，却一个也不给已有百万抗日大军的中国共产党。

对此，中国共产党当然不能答应。故自抗战胜利以来，共产党方面一再强烈要求重划受降区。只有这样，才能避免军事冲突，消弭内战。毛泽东赴重庆谈判期间又多次提出这一要求，国民党方面仍不答应。

重划受降区，意味着奉送武器与地盘，蒋介石不会让步。

《双十协定》第十二条对这一问题就写得很含糊：关于受降问题：中共方面提出：重划受降地区，参加受降工作；政府方面表示，在已接受中央命令之后，自可考虑。

这样的措辞，实际上没有解决任何问题。国民党也根本不给中共以参加受降工作的权利。

于是，在《双十协定》之后的商谈中，共产党方面不能不再次提

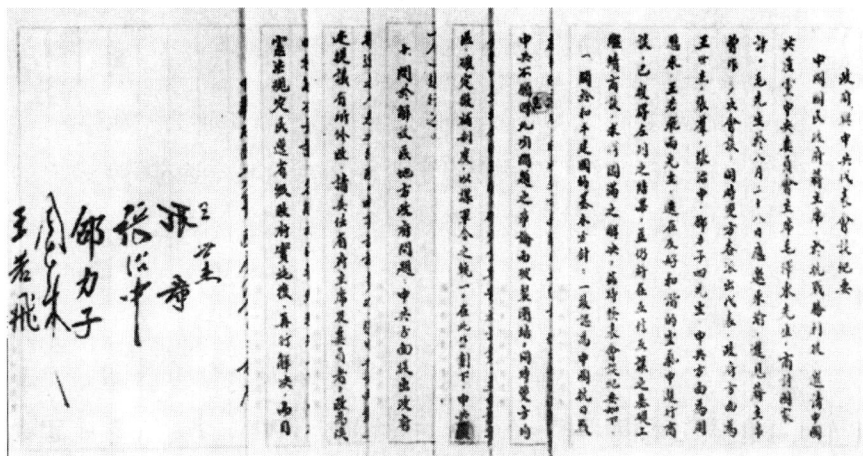

◎《双十协定》

出要求。

在 10 月 22 日的商谈中，周恩来主张：规定受降区，各自执行，不得相犯。

国民党方面对此却毫无兴趣。除了拒绝共产党的要求外，根本不愿再谈。

结果可想而知，重划受降区一事只好被搁置起来，毫无进展。

三是承认解放区。

这个问题的难度更大，解决的希望更加渺茫。

在重庆最高级谈判期间，是否承认解放区或解放区的地方政府，是国共双方争执的焦点之一。

最后，讨论的情况虽然写进了《双十协定》，但问题并没有解决。

《双十协定》第十条是这样写的：关于解放区地方政府问题，中共方面提出政府应承认解放区各级民选政府的合法地位；政府方面表示，解放区名词在日本无条件投降以后，应成为过去，全国政令必须统一。

接下去，便是一大段冗长的文字，叙述共产党方面就此问题提出的具体方案和国民党方面的答复。

可见，对这一问题，《双十协定》中并没有双方认可的统一协定，只是写上了各自的看法。

领袖们都解决不了的问题，新的谈判代表更找不到灵丹妙药。

在会谈中，中共代表先后提出了四种解决方案，但国民党政府的答复说来说去仍是一句话：这些方案有碍于中央政令的统一，故不能同意。

双方达成的唯一协议，是同意继续商谈。

在 10 月 22 日的会谈中，中共代表再次强烈地要求国民党政府承认解放区的民主政权。王若飞说：关于解放区问题，我主张现有解放区的村乡、县行政区、各级政府机构人员皆由民选产生，报中央政府和地方政府承认加委。各边区政府（包括冀、热、察、鲁四省）维持现状，俟宪政实施后，再次依法改选。

与过去的方案相比，中共又作了很大让步，暂时放弃了对承认边区和省一级政府的要求，提出先解决县以下民选政府的加委。

而这一点，是重庆最高级谈判中国民党方面曾表示可以考虑的。

可是后来，国民党方面收回了过去的允诺，十分明确地拒绝了共产党的方案，并且关闭了就解放区问题进行继续商谈的大门。

对共产党来说，是否承认解放区的合法性，这是一个带根本性的原则问题。

蒋介石的目的只有一个，就是在所谓政令必须统一的借口下取消解放区，使之完全为国民党政府所控制，从而置共产党于死地。共产党洞悉蒋介石之阴谋，无论如何不能答应。本着这一基本立场，周恩来、王若飞费尽口舌，据理力争。国民党则死不松口。

一年以后，周恩来在延安对这次谈判作了回顾，他说道：毛泽东同志回来后，我与若飞同志还同国民党谈了一个半月。我们用各种方法想使他们承认，但他们还是不承认，中心就是他们不愿中国人民得到一个民主的根据地。中国这样大的国家，革命不可能是平衡前进，中国的革命就是这样的走出来，起起伏伏，一个阵地一个阵地发展。所以对中国人民来说，根据地比什么都重要。武装固然重要，但武装毕竟是保持根据地的工具，武装脱离了根据地就无法生存。蒋看清了这点，他也特别懂得这个问题的重要性，因此，他无论如何不承认。

显然，解放区问题，亦即周恩来所说的根据地问题，成了国共谈判中一个最难逾越的障碍。

这不仅是导致两次重庆谈判流产的主要问题，也是导致抗战胜利后国共两党最终破裂的基本因素。

## 2. 周恩来提出四点主张

谈判搁浅了，为打开僵局，10月26日商谈之后，周恩来、王若飞根据国民党的要求，草拟出一个书面提案，提出四点主张：

坚决避免内战，为迅速恢复交通起见，应停止进兵、进攻、进占；停止利用敌伪；在八条铁路线（平绥、同蒲、正太、平汉北段、渤海东段、津浦、胶济、北宁线段）上双方均不驻兵；政府方面如需向平津、青岛运兵，须经过协商。

军事小组只能在上述问题之原则决定后，方能拟具体办法，否则无权解决此事。

如万一问题不能商得协议，中共方面不反对先开政治协商会议，但开会时，必须先行解决避免内战，恢复交通问题。

在回延安前须向政府问明关于国民大会的意见。

随后，周恩来、王若飞将上述书面提案报告延安。

10月29日，中共中央电复周、王，同意他们所提的方案。同时，中央指示周、王：要国民党立即撤退各地区进攻我军之部队；东北、华北、苏北、皖北及边区进行民选，实行地方自治；国民党政府不得委派人员；向各界说明，蒋介石已经发动了大规模内战，《双十协定》成了废纸；蒋急于召开政治协商会议，在于让各方承认旧国大代表有效；蒋之所谓和平是骗人的。

10月30日，11月1日、2日，周恩来、王若飞先后三次约见国民党代表张群、王世杰、邵力子，将上述书面方案交给他们，并同意他们就中共提出的四点主张进行商谈。国民党方面并无松动的迹象。

国共双方代表在谈判桌上唇枪舌剑之时，战场上的较量亦在激烈地进行。

11月2日，数十万大军在平汉线上鏖战已接近尾声。刘伯承歼敌数万，生俘了蒋介石的大将马法五，并缴获了蒋介石蓄意发动内战的大批反动文件，如《剿匪手本》、"剿共"、"剿匪"密令等。

罪证被送到延安，毛泽东一看就火了：蒋介石非君子也！

11月5日，一封密电发到重庆红岩村。

毛泽东告诉周恩来、王若飞：

邯郸战役缴获大批国民党文件，证明政府有全盘反共内战计划。请你们考虑，可否借此转弯，采取强硬态度，不要撤销原提四点，只说政府一面谈判，一面大举进攻，现并大举调兵，所谈尽是欺骗，我们不能信任；如欲取信，必须立即解决受降、伪军、自治三大问题。

仅隔了两天，又一封密电从延安发给周恩来和王若飞。中共中央进一步指出：目前的谈判，国民党方面全为缓兵之计，并无诚意解决问题，他们的一切布置，均在消灭共产党。赞成南方局的建议，加强宣传攻势，以"哀者"的态度出现，以利团结中间派。不要剑拔弩张，而要仁至义尽。我们对于谈判的方针是在不束缚手足的条件下，可以保留伸缩余地。

这两封电报的指示精神基本一致，但也有细微的差别。不再相信国民党的所谓"诚意"，并下决心予以揭露，这是共同的。但在策略上，前一封电报拟在采取极端强硬态度，并准备中断谈判。后一封电报则有所改变，在强调加强宣传攻势的同时，对谈判仍取谨慎态度，以保持政治上的主动。这大概是考虑到要争取中间派和国际舆论，不能不留有余地。

前后两份电报反映了延安的决策过程和毛泽东的思路。任何人，

◎ 王世杰

即使是最伟大的领袖人物的思想认识，也都有一个从片面到全面，从感情到理智的发展过程。

在收到延安第一封电报之后，11月7日，周恩来、王若飞曾有一电发往延安，提出了中共中央南方局贯彻中央指示的初步意见。电报说：拟要求国民党政府负责向其所属部队命令，实行下列四事：全面停战；从解放区撤退；从八条铁路线撤退；取消各地"剿匪"命令，保证以后不再进攻。国方如不接受，我可以发表蒋之申筱元电、胡宗南养电，及我们的紧急提议，以明责任。这样既转了弯，且操主动，而对国内外宣传，也被我们抓着题目了。这是第一步。过两天，我们再提第二步全面解决问题，即：停战、撤兵、受降、解伪、驻兵、自治、交通等问题。

显然，周、王二人的电报对延安全面考虑策略方针起了重大的作用。

看来，延安的第二份电报正是在收到周、王二人的电报之后发出的，虽然这两个电报发出的日期是同一天。

此后，在继续同国民党谈判的同时，周恩来、王若飞及其领导的南方局把工作重点转向揭露假和平、真内战的阴谋，与延安配合发动了一个声势浩大的宣传攻势。他们先后邀集黄炎培、张澜、沈钧儒、章伯钧、罗隆基等民主人士座谈，告以国民党发动内战的内幕。

谈判最主要的目的，不再是达成共识，而是打好一场不见硝烟的宣传战。

11月11日、15日，两党代表又先后进行了会商。这两次重点谈东北问题。

正是在11月中旬，国民党政府在外交接收东北受挫以后，决心以武力接收。东北的战火因此而突起。

会谈中，国民党代表坚持政府军队要进入东北，强行接收。共产党则希望东北能经过两党和平协商，成为民主之实验区，作为他省民主之楷模。

双方立场、观点相距甚远，东北问题也同其他重大问题一样，双方根本谈不到一块。

值得一提的是，国民党代表还提出，由美国驻华大使赫尔利从中斡旋，调解国共冲突。但共产党对赫尔利早已不信任，认为此人太不公平，拒绝了国民党的提议。

实际上，国共两党都不知道，此时，那位正在美国国内述职的大使先生正与美国国务院闹得不可开交。就在这个月的月底，白宫就把赫尔利抛弃了。

谈判成果甚微，周恩来决定返回延安向中共中央汇报，并研究下一步的计划。

11 月 25 日，周恩来乘飞机从重庆回到延安。王若飞仍留在重庆。

随着周恩来的离去，《双十协定》签字后的又一轮谈判遂告结束。


## 3. 国共重回谈判桌

1945 年 12 月 20 日，美国总统杜鲁门特使马歇尔飞抵上海，12 月 21 日便赶到南京，与在这儿等候他的蒋介石及其夫人兼翻译宋美龄会晤。

蒋介石当时也急于会见马歇尔。自杜鲁门总统宣布任命马歇尔为特使以后，蒋介石便一再找魏德迈打听马歇尔的真实意图。尽管魏德迈百般安慰蒋介石，蒋却一直疑虑重重。

会见在南京黄埔路蒋介石的官邸进行。

马歇尔强调国共两党应当停止冲突，中国应在和平民主的基础上实现统一。

经过这次会晤，蒋介石未能完全摸清美国政府的底牌，他不得不十分勉强地表示顺从马歇尔的主张。

同蒋介石见过面后，12 月 22 日，马歇尔又急匆匆地赶赴重庆。

12 月 23 日，即马歇尔飞抵重庆的第二天，中共代表周恩来、叶剑英、董必武便来到马歇尔住处，与他会晤。

11 月 25 日周恩来离开重庆之后，在延安住了 20 多天，与毛泽东等中共其他领导人商讨了今后的方针，特别是在下一轮国共谈判和即将召开的政协会议中，共产党应采取的立场和态度。周恩来认为：

我们今后的谈判方针，应本着反内战、争民主、求和平的基本方针，实行政治进攻、军事自卫的原则，确定双十会谈纪要我方提案为基本价钱，来边谈边打地谈判，在内战尚未停止的条件下，三人军事小组自无协商之可能与必要。在目前，应以政治协商会议为我方进行政治攻势的主要讲坛，辅之以国共的幕后商谈。不要希望这次商谈有什么大的结果，要准备在"政协"中以政治攻势和国民党厮杀一场，也可能在厮杀中得到一些结果。为在"政协"中采取政治攻势，其提案应着重于民主问题，国共商谈亦当以此为标准。

周恩来的看法得到毛泽东等人的赞同。于是，他带着这个基本方针返回重庆。

12 月 6 日，周恩来飞抵陪都。共产党准备出席政协会议的代表，除董必武、王若飞已在重庆外，吴玉章、叶剑英、陆定一、邓颖超四人也随机抵达山城。

12 月 18 日，周恩来等举行了一个记者招待会。他对记者们说：中共代表这次来渝，一方面是出席政协会议，一方面是要继续国共之间的谈判。而谈判首先要解决的是停止内战问题。

12 月 22 日，马歇尔飞抵重庆后，为了早一点弄清马歇尔的真实来意，并敦促马歇尔采取必要的行动制止内战的扩大，周恩来与董必武、叶剑英一起，主动地拜访了他。

这是马歇尔第一次与中共代表见面。握过手，彼此又作了介绍以后，周恩来代表中共中央和毛泽东主席欢迎马歇尔来华，欢迎他对国

◎中共代表团部分成员，左起：陆定一、周恩来、邓颖超、董必武、王若飞

共关系进行调解。这使马歇尔感到高兴。因为周恩来的话表明，共产党承认并接受了他作为调解人的地位。

接着，周恩来明确地阐述了共产党的立场和态度。他坦率地告诉马歇尔：中国赞成杜鲁门声明中的主要之点，即在民主的基础上统一中国。他强调，为达到这一目的，当前最重要的事情，就是立即无条件停战。只有在停战的基础上，才能对政府加以改组，实现政治民主化。

他还对马歇尔说道：中共希望建立一个民主的联合政府，其基本原则应当在即将召开的政治协商会议上加以确立。

对周恩来的话，马歇尔没有表示反对，也不能表示反对。因为，它与杜鲁门声明的内容并无不同。但马歇尔没有忘记让共产党交出军队，他提醒周恩来：中国必须寻找达成协议的基础，以便结束中国存在两支军队的局面。那意味着存在两个政府，两个国家。

周恩来并不回避军队问题，他也提醒马歇尔：目前的中国政府是国民党的一党政府，这是中国存在两支军队的基本原因。周恩来保证，民主联合政府成立之后，军队管理定能在这个政府的领导下实现统一。

马歇尔十分重视这次非正式的会晤，并注意倾听中共代表的叙述。他似乎从中看出了国共两党分歧的缘由。马歇尔后来在写给杜鲁门的报告中说：我留意这次谈话，因为它显示了国共两党间观点的另一种基本分歧。国民党争辩说，统编共产党的军队为一支国军应在联合政府建立之前；共产党也同样坚持一个他们在其中有真正发言权的联合政府，这是将他们的军队统编为一支国军的先决条件，每一方都在总统的美国对华政策声明中寻找证明自己的态度正确的东西。

其实，马歇尔所看到的分歧只是表面上的。国共双方争执的焦点并非国家民主化、军队国家化孰前孰后，而是要不要真正废除国民党的一党专政，要不要建立民主联合政府。

不管马歇尔怎样判断，他随后采取的调解步骤都与共产党不谋而合。马歇尔准备分三步走：

首先是实现停战，为解决其他问题奠定基础；第二步推动政治协商会议取得成功，改组国民党政府；最后完成统编中国军队，实现中国的统一。

通过与蒋介石、周恩来的会谈，马歇尔基本摸清了国共双方的底数。

为了更全面地了解中国各方势力的态度，马歇尔又花费一定的时间与精力会晤各方人士。

于是，马歇尔到中国后的第一周内就排满了会见日程表，这些人士包括：国民党政府的各色官员、共产党的部分代表、民主同盟成员、青年党党员、中国政府雇佣的美国人等。

在刚到中国的日子里，马歇尔成功地扮演了公正的中间人的角色。他认真听取每个人的意见，引导各方人士坦率地表达自己的观点。在这些会谈中，马歇尔一般不表示自己的态度，而是非常认真地连连点头。于是，马歇尔使所有的谈话对象都做出了这样的判断：马歇尔先生是我的朋友。

所有与马歇尔晤谈的中国人的心情是舒畅的。心情更为舒畅的是马歇尔，他在交谈中得到了所需要的信息。

通过平和、不动声色的交谈，马歇尔悄悄留下了如下印象：假如国民党政府要得到美国的持续大规模援助，就非改革不可，因为各方虽普遍同意接受蒋介石的领导，但各方有各方的条件与目的。

马歇尔及时地向杜鲁门报告了他的观察所得：与各方都有了接触，对各方的立场与想法虽不完全清楚，但多少有了一些底数。

至此，马歇尔开始为迅速达成一项可行的协议而努力。

在马歇尔的撮合下，国共新一轮富有新意的会谈开始了。


## 4. 1946年1月10日，国共同时发布停战令

马歇尔与国共两党代表首次会面以后不久，12月27日，中断了一个多月的两党谈判再度恢复。

共产党方面参加谈判的代表除周恩来、王若飞外，又增加了叶剑英。

国民党政府方面的代表仍是三个人：张群、王世杰、邵力子。蒋介石曾急电张治中回来参加谈判，但当时他还在新疆，未能及时赶到。

在一切有关中国外交政策的讨论中，马歇尔主要是听王世杰的。1945年7月末，他继宋子文为国民党政府外交部长。

王世杰对杜鲁门总统选派马歇尔肩负来中国进行调停的重任表示欢迎，他是国民党人中最坚决拥护马歇尔的人。

马歇尔在中国的一切努力的主要反对者是一位他经常听到却几乎从未见过的人——陈立夫。

陈立夫顽固地坚持他的目标：确保蒋介石不要过分表示合作。

在谈判恢复后的第一轮商谈中，周恩来就代表共产党方面提出了

无条件停战的三点建议：

一是双方下令所属部队，在全国均暂时各驻原地，停止一切军事冲突；二是避免内战的一切问题，均应于军事冲突停止后，经和平协商解决；三是在政协会议指导下，组织各界内战考察团，分赴全国发生内战的地区进行考察，以保证前两项措施的实行。

国民党对共产党的建议最初的反应是不予理睬，采取了顽固对抗的态度，致使谈判无法进行下去。但这时，马歇尔发挥了作用。12月30日，他会见国民党代表，要求他们放弃相当不妥协的立场。

由于马歇尔施加了压力，国民党才同意组织一个三人小组，由国共两党和美方各派一名代表参加，讨论解决与停战有关的问题。12月31日，国民党方面又对共产党所提三条建议作出了书面答复。不同的是，国民党的复文只是笼统地表示可以停止一切军事冲突，却避而不谈双方军队均应各驻原地，同时将恢复交通与停战并提，实际上是以恢复交通为停战的先决条件，确保停战以后国民党政府能够继续运兵。

共产党要求无条件停战，国民党则坚持有条件停战，这就成了停战谈判中的主要分歧所在。

马歇尔此时的态度对能否达成停战协议举足轻重。他比较倾向于共产党的立场。他深知，在战场上拼命厮杀的情况下，在谈判桌上不可能解决任何其他问题。

1946年1月1日，马歇尔指示他的助手起草了一份停战计划。1月3日，他又分别向蒋介石和毛泽东送交一份备忘录，提出了自己的建议。其主要内容是：立即停止一切战斗行动；停止一切军事调动，但国民党军队为接收主权而开入东北和在东北境内的调动除外；停止一切破坏交通的行为；一切军队维持其现时驻地。

这份备忘录综合了国共双方的意见，也体现了马歇尔在停战谈判中所采取的立场。

值得注意的是，马歇尔一方面主张无条件地停战和停止军事调动，另一方面又强调国民党可以继续向东北运兵。对这一矛盾的做法，马歇尔曾多次私下里向周恩来作过解释。他说，根据中苏条约和中美协议，不仅国民党政府必须从苏军手中接收东北，而且美国也有义务协助国民党完成这一使命。他的意图很明确，就是要继续支持国民党控制东北。这也反映出马歇尔对东北的重视和对苏联的戒心。

就在马歇尔发出备忘录的当天，中共代表团复函国民党，同意建立三人小组进行谈判。1月5日，双方代表继续协商，就三人小组和实现停战的主要问题达成协议，决定由中共代表周恩来、国民党代表张群、美国总统特使马歇尔组成三人小组，继续磋商实施停战的具体细节。

1月7日，三人小组在马歇尔的重庆宅邸举行第一次会议。会上，张群坚持要将国民党军队在东北的调动作为例外，并写到停战令上。他还要求，允许国民党军队接收热、察两省的重要城市赤峰和多伦。

共产党方面基于对当时形势的估计，认为，既然无法阻止国民党军队进入东北，也就难以阻止从苏军手中接收铁路及沿线的大中城市。因此，在东北问题上作出某些妥协势在必行。况且，国民党政府以履行中苏条约为由，共产党也不便公开反对。于是，周恩来在征得延安同意后，表示同意国民党军队为接收主权调往东北作为例外，但必须事先协商，以免引起军事冲突。周恩来还声明，此项谅解不能列入停战令正文，可写进与停战令同时公布的会议记录中。

共产党虽对运兵东北作了让步，却坚决反对国民党军队接收赤峰和多伦。周恩来的理由是：这两个城市早已被共产党解放，根本不存在接收的问题，且赤峰、多伦亦不在抗战胜利后国民党政府新划的东北9省范围之内。

然而，张群却十分顽固地坚持要求中共军队退出赤峰、多伦，由国民党军队占领。他强词夺理地说，抗战期间日本侵略军曾将这两个城市划入伪满洲，且苏军出兵东北时，也曾一度占领过该地。

其实，这些话不过是托辞，国民党的真正目的，是想通过对赤峰、多伦的控制，割断东北与华北两大解放区的联系，使东北的共产党军队孤立无援。

对此，共产党的态度也很强硬。延安洞悉蒋介石的诡计，无论如何不让其阴谋得逞。

1月9日，毛泽东电示中共代表团：必须坚决拒绝蒋介石占领赤峰、多伦的要求，同时向马歇尔声明，由于国民党军仍继续向热河、察哈尔进攻，内战尚未停止，美军应同时停止向华北、东北运送国民党军队，否则，一旦发生更大的军事冲突，中共概不负责。

这等于向蒋介石、马歇尔发出警告，如国民党不撤回其无理要求，共产党也将收回先前的承诺，反对美军帮助国民党运兵东北。当天，周恩来便将共产党的这一立场转告马歇尔。

这一来，马歇尔可急了。为了不使停战协议流产和确保美军继续向东北运送国民党军队，马歇尔只好直接去找蒋介石交涉。1月9日晚上，马歇尔向蒋介石反复说明利害得失，压他让步。

此时，蒋介石也看到，谈判僵持下去对自己不利。既然马歇尔亲自来说情，不如顺水推舟，给马歇尔一个面子。于是，他向马歇尔表示，可以接受共产党要求，在停战协定中不涉及赤峰和多伦的归属。

最后的障碍终于扫除。1月10日上午，停战谈判达成协议。下午3时，张群、周恩来分别代表国共双方在停战协定上签字，作为调停人的马歇尔也签了字。根据协定，毛泽东主席和蒋介石委员长同时分别向共产党军队和国民党军队发布了停战令。

停战协定除宣布从1月13日午夜起停止一切战斗行动，停止中国境内的军事调动，停止破坏和阻碍交通线之行动外，还规定在北平成立一个军事调处执行部，以确保停战协定的执行。该执行部由国共双方和美国各派一人组成，所有必要的训令及命令，均需三委员一致同意后方可公布。

接着，国、共、美三方指派了各方参加军调部的委员：国民党政府方面的委员为郑介民，共产党方面为叶剑英，美国方面，马歇尔派了美国驻华使馆代办罗伯逊。

1月13日，军调部三委员及其随从，一行15人乘上马歇尔的专机，离开重庆，飞往古都北平。

第二天，由三方组成的军事调处执行部在北京饭店正式宣告成立，并从即日起履行停战协定所规定的职责。

停战谈判的成功和军调部的建立，使抗战胜利后持续了近4个月的国共武装冲突暂时结束，国内的和平局面得以实现。

这是马歇尔来华后，国共谈判取得的第一个重要成果。

东方的地平线上出现了一缕曙光，中国人民当然为之欢欣鼓舞。不过，最高兴的还是马歇尔。初战告捷，马到成功，这位美国特使确有理由兴高采烈。他非常乐观地称停战协定是中国取得有效统一的非常重要的奠基石。

停战令白纸黑字签订了，三方曾为此举杯庆贺。但是，中国地域太大了，国共双方的军事力量又犬牙交错地绞在一起，在那些签订停战协定的人看不到的地方，冲突仍在继续。

# 第六章

# 硝烟中的和谈

## 一、政协会议上的争吵

1946 年 1 月 10 日，由各党派和无党派人士参加的政治协商会议召开，中国似乎即将出现一个各党派联合执政的政权。一开始蒋介石就大唱和谈的调子，也确实欺骗了一些人。政协会议讨论了政府改组、施政纲领、军事问题、国民大会、宪法草案等五大问题。但大家都知道争论的焦点仍然是军队和政权问题。政协协议总的来讲是有利于人民的。

### 1. 蒋介石大唱和平高调

正是在停战协定签字的同一天，政治协商会议也在陪都重庆正式开幕。

开幕式在重庆的国民政府礼堂举行。由于停战协定签署的好消息已经传开，出席会议的 38 名代表和列席会议的中外记者个个兴高采烈，喜形于色。

会场的气氛也显得格外热烈、轻松。

在开幕式上唱主角的当然是蒋介石。

代表们都已到齐，他才最后一个走进会场。

以往，凡在公开场合露面，蒋介石总是板着面孔，双眉紧锁，装腔作势，以显示其"领袖"的威严。今天则完全不同。只见他满面春风，笑容可掬，显得特别高兴。蒋介石一到，会议主席便宣布开会。

例行的仪式完成之后，蒋介石便以国民政府主席的身份致开幕词。他首先以惯用的训斥口气告诫与会代表：第一，要真诚坦白，树立民主楷模；第二，要大公无私，顾全国家利益；第三，要高瞻远瞩，正视国家前途。

操着宁波官腔的蒋介石虽然说得起劲，但代表们显然对这些冠冕堂皇的话不感兴趣，希望他讲一点实际的东西。

蒋介石仿佛也知道大家要听什么，只见他话锋一转，出人意料地说道：乘此机会，我要向各位宣布政府决定实施的几个重要事项。话音未落，代表们的耳朵便竖了起来。不少人心里在想：果然有惊人之举！

蒋介石宣布了四条：

第一条是确保人民之自由。人民享有身体、信仰、言论、出版、集会、结社之自由，现有法令依此原则，分别予以废止或修正。司法与警察以外机关，不得拘捕、审讯及处罚人民。

第二条是确保政党之合法地位。各政党在法律面前一律平等，并得在法律范围之内公开活动。

第三条是实行普选，各地积极推行地方自治，依法实行由下而上之普选。

第四条是释放政治犯。除汉奸及确有危害民国之行为者外，所有政治犯分别予以释放。

这就是后来人们常常提及的，蒋介石在政协开幕式上许下的四大诺言。

对一般民主国家来说，这四条都是起码的原则，本不足为奇。然而在国民党实行专制统治的中国，人们吃尽了法西斯专政之苦，想得到一点民主与自由，真比登天还难。人们没有想到，人们求之不得的民主和自由，如今却由于蒋介石大发慈悲，突然要从天上掉下来，这真是一个奇迹！不等蒋介石说完，代表们便情不自禁地议论纷纷。

不少人为蒋介石实行民主的诚意所感动，称赞这是明智之举，是政协会议成功的好兆头。

但也有人惊喜之后表示担心：这会不会又是空头支票？

他们的担心并非多余。

类似的许诺，蒋介石过去不知作过多少次，但一次也没有兑现。这一次，民主和自由真的唾手可得吗？有经验的人谁也不敢轻易相信。

历史证明，不轻信是对的。蒋介石仍在演戏。

不管是政协会议期间，还是在会后甚至一直到国民党政权在大陆彻底垮台，蒋介石的四条诺言一条也没有实现过。中国人民非但没有享受过任何民主与自由，所受的压迫和摧残反而更加沉重了。

不过，蒋介石的"四大诺言"倒给了共产党一个"可乘之机"，迫使国民党政府释放了拘禁多年的叶挺和廖承志。

既然蒋介石宣布释放所有的政治犯，周恩来便有理由要求蒋介石兑现。

于是，在政协会议期间周恩来大声疾呼，呼吁国民党政府首先释放西安事变后被蒋介石监禁的张学良和杨虎城，以取信于国民。

对此，蒋介石无论如何也不答应。他拒绝释放张、杨，实际上也就戳穿了自己的谎言。

接着，周恩来又要求释放叶挺和廖承志等人。

叶挺原是北伐名将，抗战后担任了新四军军长，在 1941 年 1 月蒋介石制造的皖南事变中，由于所部遭国民党军的围歼，弹尽粮绝，叶挺被迫下山与国民党军谈判，结果被第三战区顾祝同部扣留。

4年来，蒋介石软硬兼施，企图迫使叶挺投降。但叶挺始终不屈，蒋介石遂一直将其监禁。

中共和各界人士多次强烈要求释放叶挺，蒋介石都置若罔闻。

廖承志是著名国民党左派人士廖仲恺、何香凝之子。他继承已故父亲的遗志，坚持革命，1928年加入了中国共产党，成为共产党的重要干部。抗战爆发后，他奉命到国民党统治区从事秘密工作，1942年担任中共南方工委海外部部长。不久，国民党侦知他的行踪，将其秘密逮捕。

也许因为父母的关系，廖承志被捕后，国民党内许多著名人士要求蒋介石予以释放，中共也竭尽全力营救，但均未奏效。

中共方面提出释放叶、廖二人，也是经过仔细考虑的。叶挺当时已与共产党脱离了关系；廖承志虽是共产党员，国民党并未拿到证据，加上他是廖仲恺之子，比较好说。

周恩来等人认为，对释放叶、廖的要求，蒋介石难以拒绝。

果然，蒋介石不得不做一点样子，以表示其实现民主的诚意，终于在共产党的一再交涉下同意释放叶、廖。共产党也以释放被俘的国民党高级将领马法五等人，作为交换条件。

1月22日，廖承志获释。3月4日，叶挺也被释放。

不幸的是，叶挺获得自由一个多月以后，却在4月8日乘飞机返回延安时，因飞机失事遇难。

和他同时遇难的还有他的妻子李秀文、女儿扬眉、幼子叶阿九及王若飞、秦邦宪（博古）、邓发等人。这就是著名的"四八"空难事件。

释放叶挺、廖承志，对蒋介石来说只是一个例外，大批的共产党人、民主人士仍被关在国民党政府的监狱里。

尽管蒋介石的民主和自由是骗人的，但在当时，确有一些天真的人未能看透他的花招。一些人听过蒋介石的开幕词，欣喜若狂，奔走相告。

## 2. 争论的焦点：政权与军队

开幕式过后，政协会议便开始讨论各项议案。列入会议日程表的，主要有政府改组、施政纲领、军事问题、国民大会、宪法草案等五大议案。

会议的议程规定，38名成员应分成五个小组，分别对五大议案进行审议，各项议案经小组讨论一致通过后，最后交由大会表决。

由于各党派，特别是国共两党的立场不同，分歧当然难免。尤其是对一些重大的原则问题，各方代表争论得相当激烈。

争论的重点，实际上仍是重庆谈判时未能解决的两大问题，即要不要实现政治民主化和军队国家化及如何实现政治民主化和军队国家化。

关于政治民主化的讨论，涉及除军事以外的四大议案，而每项议案又涉及许多具体问题，其复杂性可想而知。

不过，尽管问题又多又复杂，实质的东西却只有一个，即要不要彻底改变国民党的一党专政，要不要彻底改变蒋介石的独裁专制。

共产党的一贯立场，就是要彻底废除国民党的一党专政和蒋介石的独裁专制，代之以真正的民主制度。主张在中国实现资产阶级民主政治的民主同盟与共产党的立场基本一致。因此，这两个代表团结成了统一战线。

国民党正好相反，一党专政的独裁专制是它的命根子，无论如何要拼命加以维护。他们的一切提案，均围绕着这一目的。

争论首先在政府改组的问题上展开。

国民党代表团提出了一个所谓的扩大政府组织方案。他们玩弄偷梁换柱的手法，将"改组"变成了"扩大政府"。该提案声称，可以扩大国民政府委员会，吸收国民党外人士参加。但提案连起码的用人权也不给这个国府委员会，而规定要确保国民政府主席包括用人权、紧急处置权在内的各种权力，使之高踞于国府委员会之上。

对这样一个花瓶式的国府委员会，国民党政府还毫无愧色地称之为"政治之最高指导机关"。

其实，谁都明白，这样的国府委员会只能是政府主席的橡皮图章而已。

对于国民党方面明目张胆的欺世盗名，不仅共产党反对，民盟反对，连一贯看国民党眼色行事的青年党也不敢贸然赞同。

共产党和民盟的代表在讨论中一针见血地指出，国民党的方案名曰扩大政府，实为维护专制独裁。

共产党主张，可以改组或扩大国府委员会，但它必须成为最高国务机关，不但有决策权，而且有任免政府各主管官员的权力；必须取消国民政府主席的紧急处置权；行政院也必须与国府委员会同时改组。

共产党的建议得到民盟的支持。但国民党却顽固地坚持它的方案，经过多次交锋，才不得不作出让步，使政府改组的问题基本上按共产党的意见达成协议。

另一个分歧很大的问题，是宪法草案的修改。

1936年5月15日，国民党政府曾公布过一部《中华民国宪法草案》，俗称"五五宪草"。它打着执行"总理遗嘱"的幌子，偷天换日，使国民党的一党专政和蒋介石的独裁专制合法化。孙中山生前确实讲过"人民有权，政府有能"和"人民行使政权，政府行使治权"一类的话。"五五宪草"便以此为根据，以形同虚设的国民大会代表人民行使所谓的选举、罢免、创制、复议等四权，而以总统蒋介石为首的政府却不向国民大会负责，实际上独立地行使至高无上的治权，从而为个人独裁开了方便之门。因此，有识之士都说：五五宪草是一部人民无权，总统万能的宪草。不过，这部宪草公布后不久便爆发了抗日战争，国民党准备召开的制宪会议彻底流产，当然也就没有任何法律效力。

难以置信的是，政协会议开幕后，这部遭到全国民主进步势力唾弃的"五五宪草"，却又被国民党捡了回来，作为政协讨论宪草的蓝本，让大家接受。

事情明摆着，如果按国民党的意见，原封不动地保留"五五宪草"，就等于承认一党专政和专制独裁制度的合法性。包括共产党、民盟在内的民主派当然不能答应。

怎么办？出席会议的共产党、民盟代表为此颇费了一番心思。以共产党主张的新民主主义制度来代替"五五宪草"，当时也行不通。民盟代表张君劢等人绞尽脑汁，终于想出了一个办法，说可以借用英、美宪法，以西方的资产阶级民主制度为武器，来反对和代替国民党蒋介石的独裁专制。

这个主意得到中共代表团的支持。

尽管西方资产阶级的民主政治和中国共产党主张的新民主主义政治有很大差别，但终究要比国民党的专制独裁进步得多。况且，在当时的历史条件下，也只能走这一步棋，才能获得包括美国政府在内的大多数人的支持，而国民党也不好公开反对。

于是，张君劢等人在中共代表团的帮助下，拟出了一个"五五宪草"的修正案，其中包括十二条修改原则，要点是：

将"有形国大"变成"无形国大"，即虽不取消"五五宪草"中国民大会的名称，却改用这样的条文：全国选民行使四权，名曰国民大会，实际上并不开什么国民大会。

规定：立法院为国家最高立法机构，由选民直接选举之，其职权相当于民主国家之议会；行政院为国家的最高行政机构，行政院长由总统提名，经立法院同意任命之，行政院对立法院负责，确定省为地方自治之最高单位，省得制定省宪，但不得与国宪抵触，如此等等。

按照这些原则修改后的草案，实际上便成了英国宪法的翻版，总统的权力受到很大限制。

对这样的修改方案，国民党代表当然不喜欢，不过，他们理屈词穷，有口难辩。

因此，经过多次辩论，十二条修改原则终于在小组获得通过。

不料，这个宪章修改案却在国民党内惹起了一场风波。

事情发生在 1 月 31 日政协会议闭幕的那一天。

上午，包括宪草修改案在内的五项议案都已达成协议，准备交付晚上的政协全体会议正式通过。下午，国民党中央讨论政协决议，会议一开始，国民党内的一批顽固分子，如谷正纲、张道藩之流便顿足捶胸，大哭大闹。他们说：国民党完蛋了！什么都没有了！都投降给共产党了！宪草十二条修改原则把五五宪草破坏完了！他们还指着国民党出席政协会议的代表孙科等人大骂，骂他们出卖了国民党，投降了共产党。

面对这场闹剧，身为国民党总裁的蒋介石竟一言不发，听之任之。一直到谷正纲等人闹够了，他才慢慢地说：

我对宪草也不满意，但事已至此，无法推翻原案，只有姑且通过，将来再说。好在只是一个草案，只是党派协议，还要取决于全国人民，等开国民大会时再说。

显然，蒋介石也同谷正纲之流一样，对政协决议，尤其是对宪草修改原则十分不满，但是，他又表示，现在对此事无能为力。看起来，他仿佛有难言的苦衷。

据后来国民党内部人士透露，原来是孙科耍了一个小小的花招。

在讨论民盟和共产党提出的宪草修改原则时，孙科便萌生了一点私心。

他想，将来宪法通过后，总统的宝座非蒋莫属，自己无力与之竞争。但当个行政院长，却有可能。既如此，缩小总统的影响，扩大行政院长的权力，岂不是一件有利于自己的美事。有了这样的念头，他也就不愿过分顽固地反对十二条宪草修改原则。

也是无巧不成书，政协会议期间，各个小组的国民党代表每天都将讨论的情况面报蒋介石，唯独孙科懒得见蒋，只叫秘书把会议记录送蒋过目。

蒋介石呢，又始终未看孙送来的会议记录，到了政协闭幕前夕，协议已经达成，蒋介石审阅协议书的内容，才发现事情已被弄糟，生米已做成熟饭，再也来不及挽回。他虽然对孙科十分不

◎ 孙科

满，却又不好发作，只好当哑巴，暂且把黄连先吞进肚去。

蒋介石虽然在宪草问题上失算，但在国民大会的代表问题上却占到了便宜。

1936 年，国民党不但公布了"五五宪草"，同时也"选"出了国民大会代表。10 年过去了，国大没有开成，但国民党政府却始终承认国大代表的资格有效。当讨论国大代表问题时，尽管共产党和其他民主党派的代表强烈地反对 10 年前国民党一党包办的代表"选举"，国民党却顽固地坚持原来的代表不能推翻重选，它只同意增加代表名额，分给没有代表的党派和地区，进行补选。

对立一直持续到政协闭幕的前不久。其他议案都已达成协议，唯独剩下国大代表问题尚在争吵。

中共代表团考虑到如此僵持下去于大局不利。既然基本的民主原则已经确立，无须再在这一问题上纠缠。因此，在征得延安同意之后，

中共代表团决定让步，并说服了民盟的代表。

10月31日上午，国民大会议案按国民党的主张，也达成了协议。

在讨论军事议案，亦即军队国家化的问题时，共产党作出了更大的让步。放弃了先前的主张，同意军队国家化与政治民主化同步并进；同意在整编国民党军队的同时，尽快改编共产党军队；同意民盟代表提出的军党分立、军民分治、以政治军的原则和方法。尽管这与共产党历来坚持的建军原则有很大差别，但在当时，没有比这更好的解决方案。

为了和平、民主和统一，共产党作出了妥协和让步。

经过整整20天的艰苦努力，在会外各界民众的促进下，政协会议通过了五项决议，完成了它肩负的使命。

美国特使马歇尔没有直接参与政协谈判。他宁愿将主要精力放在军事方面，而把政治问题留给中国人自己解决。但这不等于说马歇尔对政治问题不感兴趣，不对政协会议的进程施加影响。他知道，政治问题能不能顺利解决，将直接关系到军事调解的成败。

据马歇尔本人透露，当政协会议经过10多天的讨论，进展仍很缓慢时，1月22日，他秘而不宣地拜访了蒋介石，与蒋介石进行了一次长谈。

事后，马歇尔致函杜鲁门，报告了这次谈话的主要内容：

> 我已告诉蒋委员长，按照我的意见，有两个因素使他绝对必要与共产党人尽早就建立一个统一的政府和军队达成一项协议。第一，在目前的形势下，中国非常易受俄国人小规模的渗透之害，使中国共产党政权得到加强，逐步削弱国府在西北和满洲的地位；第二，显而易见，美国陆海军不能继续长期待在中国。

马歇尔如此苦口婆心地陈明了利害得失，蒋介石不能无动于衷。

国民党政府当时尚未完全摆脱被动困境，还需要时间来调整部署。蒋介石心里有数，不敢表现得过于顽固。他后来所以作出某些妥协，与此不无关系。

可见，政协会议的成功，马歇尔也起了积极的推动作用。

在大多数问题达成协议之后，1 月 27 日，周恩来特意从重庆飞回延安，向中共中央汇报政协会议所取得的进展，汇报中共代表团的工作。

在当天召开的中共中央书记处会议上，周恩来说：这次到重庆有三件事，停战、开政协会议、解决东北问题。停战已做到，政协会已开得差不多，只有东北问题还没有谈起。

听了周恩来的报告，书记处的书记们一致肯定，中共代表团取得的成果很大，方针都是正确的。

第二天，又开了中央政治局会议，会议同意已商定的政协会议文件，委托代表团在文件上签字。

1 月 29 日，周恩来启程飞回重庆，途中因气候恶劣，在西安滞留一夜，次日回到重庆。

1 月 31 日晚上，政治协商会议举行了闭幕式。在五项决议通过以后，蒋介石致闭幕词。和开幕时一样，他又做了一次精彩的表演。

谁都知道，蒋介石是一个视权力如生命的人，绝对不允许任何人向他的独裁统治挑战。然而，他在政协闭幕词中却说：

中正个人自从幼年起，对政治是不感兴趣的，平生的抱负和事业，是只知献身于国民革命，以期救国救民。

仅仅在两个小时以前，蒋介石还在国民党中央会议上对政协决议表示不满，现在又当着全体政协代表的面发誓赌咒：

今后中正无论在朝在野，均必本着公民应尽的责任，忠实的坚决的遵守会议的一切决议，确保和平团结的一贯精诚，督促我们国家走上统一民主的光明大道，以期报答为革命抗战牺牲的先烈，完成国父缔造民国未竟的事功。

蒋介石生来就有一个特别的本领：说谎话从不脸红。这一次，他又故伎重演，并且一度骗了许多不明真相的人。

不管蒋介石如何骗人，政协会议总算成功地告一段落，政治民主化也有了一个各方都能接受的方案。

民主的曙光终于穿透满天阴云，第一次出现在古老中国的上空。人们正翘首以待，有朝一日，一个真正民主的中国能够呱呱坠地，诞生在亚洲的东方。


# 二、军事问题是第一要务

国共谈判谈得最多的是军事问题，马歇尔最关心的也是军事问题。随着停战的实现和政协会议的成功召开，军队整编被提上了日程，双方同意以马歇尔、张治中和周恩来组成三人军事小组。经过讨价还价，确定国共军队比例为 5∶1，并签订了整军协定。既然整军协定签订了，三人小组就开始赴各地进行视察，看了情况，并一度到了延安。


## 1. 国共军队比例为5∶1

政协会议的成功，为军队的整编和统编奠定了基础。

马歇尔决定趁热打铁，一鼓作气，解决国共两党军队的整编和统编问题。

对于政协通过的军队国家化的原则，马歇尔十分赞赏。不过，他并不以此为满足。他还要实现中国军队美国化，从而使美国能够通过影响和控制中国军队，达到牢牢控制中国的目的。

蒋介石对军队国家化远比对政治民主化热心得多。

十几年来，共产党军队的存在对他的独裁统治威胁太大，一直是他的心腹之患。他朝思暮想、念念不忘的一件大事，就是吃掉这支军队。不管用什么办法，打也好，谈也好，只要能达到目的就行。日本投降后，他谈了几个月，也打了几个月，均未奏效。马歇尔来华后，他便寄希望于马歇尔，把共产党军队"编掉"。为此，他不得不耐着性子，听一听马歇尔的劝告，在政治上做点姿态，以此作诱饵，然后像钓鱼一样，把这支军队钓过来。

毛泽东对蒋介石的心思了如指掌，也深知马歇尔的意图所在。

人民的军队是人民利益的捍卫者，是和平与民主的保障，当然不能交给专制的蒋介石，更不能让蒋介石"吃掉"。但是，如果国民党的一党专政真正为联合政府所代替，那么，把所有的军队都交给这样的政府来统辖，也是顺理成章的事。为了中国的和平、民主与统一，毛泽东准备这样做，也要求蒋介石这样做。

整军谈判就在上述背景下开始进行。2月14日，由美国特使马歇尔、中共代表周恩来、国民党政府代表张治中组成的三人军事小组召开第一次会议，拉开了整军谈判的帷幕。此后，该小组几乎天天开会，直至签署协议时为止。

这个三人军事小组是根据重庆最高级谈判达成的协议建立的，与1946年1月初进行停战谈判的三人小组并不是一回事。

《双十协定》第九条曾经规定，有关军队整编问题的具体计划，由双方同意组织的三人小组（军令部、军政部及第十八集团军各派一人）进行之。

后来，国共双方都指派了代表，其中叶剑英代表第十八集团军，林蔚代表军政部，刘斐代表军令部。但是，由于内战的扩大，国共双方根本谈不拢，故这个所谓的"三人军事小组"从未开过会，形同虚设。

现在，随着停战的实现和政协的成功，军队整编被提上了日程，双方都同意以三人军事小组的名义进行工作。

不过，目前的三人军事小组从组成到人员都发生了变化。共产党方面改由周恩来作代表，而且并非只代表第十八集团军。国民党政府方面改由张治中作代表，原来的军令部、军政部代表撤销。同时，双方一致赞成邀请马歇尔以顾问资格参加三人军事小组。

此外，按照国共双方达成的协议，这个三人军事小组有权对北平的军事调处执行部发指令，要求军调部三委员予以执行。

重庆中四路上有一座院子，叫做尧庐。这里是国民政府办公厅所在地，蒋介石的侍卫处也设于此，军事三人小组谈判整军的地点也选在这里。

2月14日，天气晴朗，和暖的阳光普照着这座山城小院。不过，室内仍然是寒冷的、阴森森的凉气，顽强地抵抗着外面的阳光，使人感到冷飕飕的。马歇尔、张治中、周恩来先后走进尧庐。马歇尔带着担任翻译的华裔美国军官李上尉，周恩来身边是翻译章文晋，张治中的随员郭汝瑰、廉壮秋和皮中阁也来到室内。

今天是军事三人小组的第一次正式会议，三方人员握手问好后，就在一张大方桌前成门字形就座，马歇尔居中，右为周恩来，左是张治中。

马歇尔坐下后，掏出他的那把小刀，开始玩弄起来，玩一会儿后扬了扬说：这是用一块巧克力糖从一个德国人手中换来的，如果换女人，只需半块巧克力糖。

在座的人大笑起来，冲淡了室内严肃的空气。

这时，马歇尔才说道：我拟的方案已分别送给双方，不知张将军、周将军是否认为可在此基础上进行协商。

我们认为可以对马帅的方案进行讨论，张治中首先表态道。

周恩来说：我们赞成这个基础，在讨论中再进行修改。我建议，在讨论每一节之前，先核正译文。

周将军讲得好！马歇尔表示同意。

会谈一开始，就涉及方案的定名问题。

张治中拿出一份《双十协定》，指着其中的第九条说：这是建立军事小组的基本原则。这一条规定组成军事小组，以展开一项计划，将中共军队整编为 20 个师。

◎ 军事三人小组，左起：张治中、马歇尔、周恩来

张治中有意强调了中共军队整编，没有提出国民党军队整编问题。用意很明白：整编就是"整"共产党的军队。

反应敏捷的周恩来马上感到张治中的用语味道不对，便马上反驳。

周恩来说道：建立军事小组是为了讨论整编中国军队，此种目的已在三人小组向蒋委员长和毛泽东主席所提出的建议中陈述明白，其后又被批准，对军事小组职责的解释也已在政协决议中提出。

马歇尔没有说什么，笑了笑。私下里，张治中向他说过，他愿意使小组会议的讨论扩展到包括整编中国一切军队的问题。

我建议，周恩来说道，我们应当确定一个能够反映小组会谈和协定实际内容的名称。

张治中的发言很谨慎，总是小心地避免使用危及国民党军队合法地位的名称，希望强调协定的目的是整编和统编共产党的军队。

听了这些，周恩来把话讲得更明白了：整编和统编对于国民政府军队和共产党军队同样适用。

大概美国人在这方面有着特殊的才能，像基辛格在几十年之后，使用了海峡两岸的中国人一样，马歇尔提出了《军队整编及统编中共军队为国军之基本方案》而被国共双方所接受了。

方案的第一条是统帅权。马歇尔解释说：最高统帅有任免所属军官的权力，但遇必须撤换共产党所领导部队的司令官时，应指派政府内资深的共产党代表所提名的军官，因此，对共产党军官的任免须经共产党提名补缺一节，必须要有时间限制。

张治中同意了。周恩来建议加上在整编军队过程中一语，也被通过。

国共双方争论的另一个重要问题，是整编后双方应保留军队的比例。

在重庆最高级谈判中，共产党在军队比例问题上作了重大让步，曾提出，全国军队整编结束后，国共两党所留军队的比例可为6：1。然而，即便如此，蒋介石也不同意，直到毛泽东离开重庆，此事仍未达成协议。

此次整军谈判开始之前，马歇尔事先曾秘密地向蒋介石提交过一个建议草案，对国共双方军队的比例提出过意见。

这个草案的内容，据张治中透露，有以下几点：

中国陆军应编成野战部队及后勤部队。野战部队应包括由三个师组成之各军，再加不超过总兵力20%之直属部队。各军军长应经军事委员会报告于最高统帅。至各条款所定复员时期结束之时，作战部队应有20个军，包括60个师；每师人数不超过14000人。60个师中20个师应由共产党领导。

中国空军应编于一个司令官之下，经过军事委员会报告于最高统帅。空军将接受来自共产党领导之官兵，使受飞行、机械及行政训练，其比率至少占30%。

中国海军应编于一个司令官之下，经过军事委员会报告于最高统帅。中国海军将接受来自共产党部队之官兵，其比率至少占30%。

细心的读者一定注意到，马歇尔的方案显然对共产党有利，而对国民党不利。陆军 60 个师，共产党占 20 个，国民党军 40 个，国共之间的比例是 2：1。共产党本没有空军，也没有海军，马歇尔却要在空、海军中各给其至少 30% 的编制。

这个秘密方案表明，马歇尔并不像蒋介石那样，对两党军队的比例斤斤计较。他很自信，不管原来是谁的军队，只要由美国加以装备和训练，都会美国化。他甚至认为，共产党军队的素质远比国民党军队强。因此，他很乐意共产党的军队多保留一点，甚至连共产党当时根本没有的海、空军也可以吸收 30% 的共产党官兵。

显然，马歇尔的建议是蒋介石决不会答应的。难怪蒋介石看到马歇尔这个方案时，大为震惊。他气急败坏地立即让张治中去找马歇尔赶快修改。他还再三叮嘱张治中，此事千万不能让周恩来知道。

在蒋介石的强烈要求下，马歇尔只好把比例修改为 5：1，并取消共产党官兵加入海、空军的动议。

即便如此，国民党仍很被动。谈判中，张治中要求把比例减为 6：1。周恩来则强烈反对，坚持 5：1，即整编完成后，国民党军队为 50 个师，共产党军队有 10 个师。

经过反复辩论，讨价还价，最后，达成了 5：1 的方案。

至于中国共产党为什么同意了后来的方案？这一年的 12 月 18 日，周恩来在延安的干部会上说得很明白：

这件事，许多同志不太理解。整军方案是使中国人民的武装受束缚的，但也受保障的，这有它的两面性。在数目上，50：10，对我们是一个束缚，但也还不是重要的，主要的是规定要经过美国装备，我们的 10 个师也包括在内。装备虽好，但可把你集中起来，不给你汽油弹药，那你就没有办法，而且这些东西都是美国来的，如果打起来是废铁一堆。美国人是想经过这些东西来控制我们，但这是否能把我们完全困死了呢？不会的。整军方案还有它好的一面，这就是地方自治。

人民的武装是地方自治的东西，60个师只是用在国防上的，地方自治要依靠人民的武装的自卫，我们这里已经自治了，不再需要国家的军队来防匪了，这样就保障了我们解放区人民自己的武装不受国家军队的干涉。这样一看，人民并不吃亏。受束缚的就是美国人插进来一只手，但也不要紧，我们就准备着把那10个师变为废铁好了。

## 2. 出人意料的整军协定

接下来在讨论复员及配置时，双方发生了分歧，一直持续到15日也没有达成一致的协议。

马歇尔说道：复员及整编应于12个月内完成。

周恩来说：我们有困难，须12个月以后之6个月内方可完成。

马歇尔表示可以考虑周恩来的意见。

张治中却不同意，他说：在这个时间内完成，才能进一步混编，方为妥善。

周恩来已收到2月8日延安发来的电报，电报中明确说道不同意国民党提出的国共两党军队混编的办法。此刻听到张治中说到混编，他马上说：应以师为单位混编成军，师以下单位不动，故应称为统编。

张治中立即反驳道：统编如何能使军队国家化？

至于进一步军队国家化，须看将来情况发展如何而定，周恩来回答说。

马歇尔看到难成协议，又到了18时，便宣布休会。

当晚，张治中写了一封信，派郭汝瑰送给在南京的蒋介石。蒋介石看信后表示，如果马歇尔主张国共军队于12个月后的6个月混编，也可同意。还写了一封信，说：按马歇尔意思，他说怎么办就怎么办。

张治中得到蒋介石的手谕，在2月18日的会上，同意了周恩来的意见。

在这天的会谈中，周恩来又提出宪兵和铁路警察问题，他说：在协定中要规定保护民政不受宪兵干扰的必要性。据说有在戴笠领导下组织 18 个团的铁路警卫队的计划，这是不妥的，我们强烈反对在政府个别的机构下建立独立的部队。

军队属于国家，可宪兵与警察却属于国民党，这也是军事力量。

周恩来不会放过这一问题。

马歇尔明白周恩来的担心和所指，没有说什么。

张治中解释说：宪兵编制小，队伍不集中，且无重武器，不能形成力量，而将来谈此问题，尚有时间，最好不要在此方案内讨论。

宪兵之任务为何？马歇尔问道。

张治中答：维护军人纪律，检查车站，维护秩序，从未参加过战争。

我并非注意力量的对比，而是注意宪兵制度，周恩来说道，现在，宪兵在大城市尤其活跃。在协定中，应当限制宪兵的数额，并限定职责为军事的，因为它与民事相对立。宪兵到处干涉人民，中国民主何以能实现？至于铁路警卫队，于秩序恢复后，即不应存在。

张治中不同意周恩来的提议，反对把宪兵的地位和兵力问题写进协定中，他说：根据政协决议规定的改组政府方案，共产党有代表参加行政院，共产党可以在政府高一级会议上提出这一问题。

双方在这一点上争来争去，谁也不愿从自己的立场上退让一步。

还是马歇尔提出了解决的办法：宪兵制度与政治之间有微妙的关系，可由政治负责人去解决。张将军可向行政院建议，授权张将军和周将军商谈铁路警卫队的问题，在宪兵与铁路警卫队问题解决之前，恢复交通的协议继续适用，根据该协议，国军和共军的指挥官在各自区域内保护铁路线。

周恩来同意这个办法，张治中也同意了，这个问题的争论才告结束。

方案中有一节讲到军队和政党的关系，写道：现役陆军人员，禁止担任某一政党之职员或其他任何委员会之委员。

当讨论至此时，张治中和周恩来都反对。

周恩来说道：政协决议已经规定了，担任军队现职的军官不应参加党派活动，不参加任何党派或类似组织。言外之意是说，无需写此一条。

张治中则明白地说：政协会议期间，国共两党都同意不从各自党内消除那些在他们军队内担任现职的军官；两党又同意，军官为两党中央委员会成员者，也不解除其党内职务，因为他们已被党的代表大会选出，而新的选举须待下届代表大会的召开。

马歇尔无法，只得同意将此删去。

第二天，周恩来带着这个方案飞到延安。第三天又原机返回重庆，当晚与马歇尔晤谈。又经过21日、22日的两次军事三人小组会议，终于达成了一致的协议。

在会谈中，争论十分激烈。整军关系到双方的存亡。

会谈的气氛却相当融洽，三人几乎发挥所有的幽默才能来缓和气氛。

有时，双方争执不下，张治中会慢悠悠地说：现在开始上课，请教授讲一讲。

马歇尔会适时地发表折中意见。

又一次陷入僵局，马歇尔显出焦急的神态。张治中哈哈一笑，说：如果双方达成妥协，马歇尔先生就要暂时失业。

笑意马上显示在马歇尔的脸上，道：如能妥协，我情愿失业。

僵局中，仍有轻松。

2月25日，三人军事小组终于在重庆上清寺尧庐正式签署了整军协议。

在双方的力请之下，马歇尔以顾问的名义签了字。他一面签字，一面对众人说：如果我们要被吊死，我同你们吊在一起。

在有许多中外记者参加的签字仪式上，三方代表曾先后致词。张治中和周恩来一致认为，整军协议的签署"意义甚为重大"。他们分别代表国共双方作出保证，要百分之百地执行协议，并不约而同地盛赞马歇尔为此作出的重要贡献。

张治中说：此次会议，能有如此良好的结果，愿郑重提出归功于伟大之友人马歇尔将军。他还说，有人把马歇尔将军比为中国和平、团结、统一的接生婆，称马氏是政府与共产党合作的媒人等等，对此，马将军均当之而无愧。

周恩来也说：我同样想，这次成功，正如停止军事冲突协定之成功一样，应感谢马歇尔将军之协助与努力。他虽不像张治中那样，把马歇尔捧到天上，但对马歇尔两个多月的调解所起的作用，也诚恳地给予积极的评价。周恩来和毛泽东都认为，马歇尔在来华的初期，尚能保持客观、冷静与公允的态度，从而使停战、政协和整军谈判先后取得成功。毛泽东曾让周恩来转告马歇尔：他很欣赏马歇尔所持的公正合理态度，中共准备以马歇尔的态度所体现的原则为基础，在地方和全国性的问题上与美国合作。

马歇尔本人也视整军协议为得意之作。不过，在致词时，他却表现得比较谨慎，没有为成功所陶醉。他的演说很简单，总共只有两句话：此协定为中国之希望。吾相信其将不为少数顽固分子所污损，盖此少数顽固分子，自私自利，即摧毁中国大多数人所渴望之和平及繁荣生存权利而不顾也。

据张治中后来透露：马氏的致词虽只寥寥数语，但刺激性甚大。显然，他所谓的少数顽固分子是指国民党方面的。

张治中没有说错，马歇尔是在向国民党的顽固分子发出警告。不过，马歇尔并没有看清楚，顽固分子的首领正是蒋介石。2 月 28 日，即协议签字后不到三天，蒋介石便在自己的日记中写道：与中共商定统编所部为 18 个师之方案，业已签字，此为政府最大之损失。

蒋介石说的共产党 18 个师，是指整编一年后共产党所保留的军队数字，此时国民党军应保留的军队则为 90 个师。按照整军协定，整编工作 年半以后，共产党方面只能保留 10 个师，国民党方面则保留 50 个师。

蒋介石对整军协定最热心，可是，协定真的达成了，他却又不满意。他认为共产党保留的军队多了，他的愿望是，共产党的军队留下的越少越好。这样，只要一有机会，他就可以轻而易举地将共产党军队吃掉。

尽管蒋介石实际上并不喜欢整军协定，也不喜欢停战协定和政协决议，但全国各界民众却热烈地欢迎和庆贺三大协定的成功，认为它给中国带来了希望，使中国的和平、民主与统一有了保障。

由于三大协议出人意料地顺利签订，一向谨慎的中共中央领导人，此时也对形势的发展持从未有过的乐观态度。

2 月 1 日，即政协五项决议通过后的第二天，延安便给全党发出指示：

> 由于这些决议的成立及其实施，国民党一党独裁制度即开始破坏，在全国范围内开始了国家民主化，这就将巩固国内和平，使我们党及我党所创立的军队和解放区走上合法化。这是中国民主革命一次伟大的胜利。从此，中国即走上了和平民主建设的新阶段。虽然一定还要经过许多曲折的道路，但是这一新阶段是到来了。
>
> 中国革命的主要斗争形式，目前已由武装斗争转变到非武装的群众的与议会的斗争，国内问题由政治方式来解决。党的全部工作，必须适应这一新形势。

这份题为《中央关于目前形势与任务的指示》的文件，明确地提出了和平民主新阶段已经到来的论断。

其实，关于中国已走上和平民主新阶段的认识，早在 1 月 10 日毛

泽东主席签署的停战令中就有这样的话：全国人民在战胜日本侵略者
之后，为建立国内和平局面所作之努力，已获得重要之结果。中国和
平民主新阶段即将从此开始。

在当时的历史条件下，中共中央对形势作了比较乐观的估计，出
现了某种判断上的失误，是完全可以理解的。

停战协定的签订，政协会议的成功，尤其是美、苏两大国对中国
内战的态度，都促使延安的领导人相信，中国的形势有好转的可能，
和平与民主有可能实现。

## 3. 三人小组出巡

政治协商会议召开了，停战令下达了，军队的整编和统编又达成
了协议，马歇尔认为可以松一口气了，第二天就约张治中和周恩来外
出巡视，看一看停战令的执行情况，整军该怎样开始，并亲自定下了
日程。

周恩来看了日程后，说：3 月 4 日可否由太原到武汉再到广州去
一趟，那里也有个执行小组。

张治中看出了周恩来的用意。国民党认为长江以南没有共产党的
军队，东北只有国民党军队接收主权的问题。如果到广州去，不是等
于承认那里有共产党的军队了吗？所以他不同意到武汉和广州去。

周恩来愤愤地说：你们口口声声土匪，那我们干脆到广东到东北
去看看！

马歇尔见周恩来发火，温和地说：周将军，我们都很忙，可以考
虑去武汉，广州是否就不去了？

张治中没说话。周恩来也默认了，他说：张治中先生，我们出
巡，必须有一致的语言，如果新闻记者问我们东北停战如何？我们是
否可以回答：东北停战正在研究之中？

张治中一时没想好如何回答，转向马歇尔，说：将军，你看怎么说好？

马歇尔漫不经心地讲了一句：就说这个问题我们以后再商量好了。

军事三人小组出巡的消息当天就通过报纸和电台公布了。

三人军事小组决定乘飞机到全国，主要是华北和华中各地巡视一遍，检查停战协定、整军协议的执行情况。

巡视地点的确定，主要有两条根据，一是有较好的飞机场，便于三人军事小组成员乘坐的飞机起降；二是军事调处部所派执行小组的工作不太顺利，问题较多，亟待解决的地方。

由于 3 月初张治中必须赶回重庆参加国民党六届三中全会，故巡视的时间、日程都安排得极紧凑。

三人军事小组的这次巡视，计划先到北平，然后到张家口、集宁、济南、徐州、新乡、太原、归绥，再到延安，最后在汉口结束。

2 月最后一天的下午 2 时左右，在北平西郊机场上，一大群欢迎者已翘首等待三人军事小组的到来。

人群中有二位国民党政府的封疆大吏，一个是北平行营主任李宗仁，一个是东北行营主任熊式辉；有北平军事调处执行部的三委员：罗伯逊、叶剑英、郑介民；还有一群中外记者。

不多时，一架银色的美国 C-54 号巨型飞机出现在机场上空，降落在欢迎人群的面前。

机门开处，三人军事小组的成员几乎同时出现在舱门口。66 岁高龄的美国五星上将马歇尔身披皮领浅棕色呢大衣，执手杖首先缓缓地走下舷梯；全身戎装，精神抖擞的张治中、周恩来将军紧随其后。

欢迎的人群迎上去，与马、张、周三位将军握手、寒暄，记者则忙着摄影，捕捉最值得纪念的镜头。

三人军事小组历时一周的巡视活动，就这样拉开了序幕。

下了飞机，到协和医院稍稍休息后，三人军事小组不顾旅途的疲劳，听取了北平军调部三位委员的工作报告。

自停战令签订之后，军调部成立以来，三委员已做了大量的工作。除了东北，凡有国共两党军队对峙、容易发生冲突的地方，军调部都派出了国、共、美三方组成的执行小组到那里调解冲突，监督停战。

总的说来，到这次军事小组巡视为止，华北、华中各地的内战基本上停止。但是，国共双方的对立情绪远没有消除。加上各地因力量对比不完全相同，摩擦和小规模冲突不时发生，派出去的执行小组也因各方立场不同，在调停过程中互相指责，争吵不断。

由于调停的任务越来越重，国、共、美三方不断地增派人员到军调部工作。迄止2月底，北平军调部已发展成一个拥有两百多人的大机关。所有这些情况，都不能不反映在军调部罗伯逊、叶剑英、郑介民三委员的报告中。三委员虽然不像下面的执行小组那样公开争吵，但汇报的内容却无不反映各方的立场。特别是叶剑英和郑介民的报告，在很多问题上明显地针锋相对。

面对这种微妙、复杂的形势，三人军事小组无疑感到很棘手。不过，为了避免过多地纠缠各种具体的争执，马、张、周三位将军确定了一个原则，要求各方从大处着眼，他们也不对具体争执作出评判。

于是，在维护和平这个大的话题下，争执被丢在一边。气氛也就显得比较融洽了。

在北平的活动，除了三委员作汇报，还有马、张、周将军一起接见军调部全体工作人员、出席北京饭店的鸡尾酒会和萃华楼的晚宴等。国共两党代表，美国人，还有参加酒会、宴会的北平各界人士欢聚一堂，举杯庆贺和平的实现，而把彼此的分歧和内心的疑虑暂时搁置一旁。

3月1日上午，三人军事小组在军调部三委员的陪同下，离开北平，飞往张家口、集宁等地。

因受当地机场条件限制，马、张、周将军和军调部罗、郑、叶三委员一起改乘一架涂有五星标志的 DC—3 运输机，此外尚有随行中外记者 10 人及国、共、美三方的新闻发布组 10 余人，另乘一新闻记者专机同行。

在各地巡视过程中，因停留的时间都比较短，三人军事小组并不能深入细致地了解情况。巡视连走马看花都谈不上，只是飞马看花而已。

一般的程序总是先听当地执行小组的汇报，其间夹杂着争吵，然后同当地国共两党驻军首长会面、座谈，此外还有欢宴、祝酒等等。

在三人军事小组"飞马看花"的旅程中，留下了件件趣闻。

在张家口，晋察冀军区司令员聂荣臻将军曾设宴招待马、张、周将军和罗、郑、叶三委员。

吃的菜一律是中国菜，但也有刀叉乳油果子酱。才吃了 20 多个菜，大家都说吃饱了。次日，军调部美方委员罗伯逊对人说，这顿饭是他在世界上所吃过的饭中最好的一顿。

在济南，执行小组国共两方成员汇报时，因济南处于共产党解放区的包围之中，国民党方面强调解决粮食问题，而共产党方面则因国民党大量收编伪军，强调解决伪军问题，各唱各的调。

马歇尔很尴尬，但他也有绝招，幽默地说：这就像一场棒球赛，美国只是评判员，不过评判而已，不能参与一方比赛。他还说，比赛的双方都不喜欢评判员，但又离不开评判员，否则球就打不起来。

在新乡，巡视完毕，马歇尔一行正准备上飞机，没想到国民党第三十一集团军司令官王仲廉还有一个节目：送礼。只见这位王司令叫人捧着一个大银鼎，恭恭敬敬地把它送给马帅。看来马帅也懂得中国人的规矩：恭敬不如从命。于是，他也就毫不客气地笑纳了。

在太原，据说阎锡山已得到王仲廉送礼给马歇尔的风声，惟恐落后，因而深更半夜约请了一名随访记者到官邸，向他打探消息，新乡

◎ 军事三人小组在张家口晋察冀军区司令部门前

到底送了一些什么礼物？记者照实说了。不过，这位阎老西给马帅又送了什么，记者们却没有打探清楚，故世人也不得而知。

……

到过归绥，三人军事小组的飞机便直向延安飞去。

3月4日一大早，从延安各个窑洞里走出来的人们便涌向机场。

坐落在延安东门外的飞机场上，早已搭好了一座红布牌楼。牌楼上插着色彩鲜明的中美两国国旗，两旁挂着剪纸标语，标语用中、英两种文字写着：欢迎马歇尔将军！欢迎张治中将军！欢迎周恩来将军！

到机场欢迎的，有热情洋溢的数千干部群众，有服装整齐、精神抖擞的仪仗队，有延安的最高领导人毛泽东、朱德、刘少奇、彭德怀、林伯渠、徐特立、谢觉哉等。

不多时，两架银色飞机安全地降落在机场上，毛泽东等迎上前去，欢迎从飞机上下来的马歇尔、张治中、周恩来、罗伯逊、郑介民、叶剑英等人。

毛泽东与马歇尔是第一次见面，彼此尚不熟识。周恩来连忙给他们作介绍。毛泽东握着马歇尔的手说：

欢迎马将军到延安来视察！

感谢毛主席的盛情欢迎！马歇尔回道。

周恩来又把罗伯逊、郑介民介绍给毛泽东，毛泽东也表示热烈的欢迎。张治中则是老相识，当他和毛泽东握手时，两个人几乎不约而同地说道：

真想不到，我们又见面了！

接着，在毛泽东、朱德的陪同下，三人军事小组检阅了延安卫戍司令部的仪仗队。

这一珍贵的历史镜头被随行的记者们拍摄了下来。从照片上看，主要检阅者共五人，成一横排，朱德在左、毛泽东在右，中间为三人小组成员，张治中在左、周恩来在右，马歇尔居中。

被检阅的仪仗队既整齐，又精神，颇能表现出军人的气概。检阅完毕，又同欢迎群众见面。

群众的热情使马歇尔、张治中颇受感动。

然后主人将客人接到王家坪朱德将军官邸——两孔修整得较好的窑洞小憩。主人准备了茶点，宾主一边吃喝，一边叙谈。

稍事休息后，马歇尔、罗伯逊等去美军观察组，又到"迪克西使团"驻地看望他们在延安工作的同胞，张治中等人则留在王家坪。

下午，马歇尔到枣园毛泽东的官邸——也是两孔窑洞，拜访了他和他的夫人江青，并进行了他们之间的第一次，也是最后一次会谈。

《马歇尔传》这样描写了两人会谈的情况：

毛答应遵守各项协议的规定，马歇尔则赞扬周恩来在长期的重庆谈判中友好的合作。这位美国人宣布他无意干涉中国的事务，但他强调了停火的必要。然后他向毛直接表明了已对蒋介石讲过的要求：如果中国不统一，美国就不能给予援助。

在会谈过程中，毛说他希望停战协定能引用于满洲，把执行小组派到那里去。马歇尔想到，当共方在满洲得势时也很不愿意实行上述措施去限制他们，他决定直截了当地讲出来。他向杜鲁门报告说，他讲得"极其"坦率，毛并没有表示不满。马歇尔说，据他理解，停战协定本是可以引用到满洲的，但共产党方面事先宣布，在那里有特殊权益，对引用停战协定有怀疑。蒋介石不愿执行小组去满洲，是为了小组内有美国人，怕引起国际纠纷（委员长甚至断然说，苏联要求派人参加执行小组）。

会见毛泽东后，马歇尔也拜访了朱德。

张治中与毛泽东、朱德等领导人也有互访。

当天傍晚，在杨家岭中共中央招待所，毛泽东、朱德设宴款待三人军事小组和军调部三委员。

宴会开始，毛泽东首先致词。

他对马歇尔、张治中、周恩来与各位将军、同志表示热烈欢迎，对各位努力于中国的和平、民主、团结表示衷心感谢。他还表示，中共准备作出一切努力促进中国的和平、民主、团结。最后，他举起杯来，用下面一段话结束了自己的祝词：

中美合作万岁！国共合作万岁！全国人民团结万岁！祝杜鲁门总统健康！祝蒋主席健康！祝马歇尔将军、张治中将军和各位朋友健康！

轮到马歇尔祝酒时，他讲得仍很简单：

感谢毛泽东主席、朱德将军及各位主人的热情欢迎和盛情款待。为中国人民干杯！说完，他和大家一齐举杯，一饮而尽。

丰盛的宴会结束后，客人们又被请到中共中央大礼堂内，出席为欢迎他们而举行的歌咏晚会。

晚会由中共中央办公厅主任杨尚昆主持，朱德致欢迎词。他再一次代表中共中央向客人表示欢迎，对政协、三人小组的一切协定表示拥护，并声明中共将忠实履行这些协定，在蒋主席的领导下实现全国和平、民主、团结、统一。

为了感谢主人的盛情款待，在晚会上，张治中也发表了热情洋溢的讲话。他首先向主人保证，国民党百分之百地执行整军协议。然后，他便风趣地说：

你们将来写历史的时候，不要忘记张治中三到延安这一笔！

他的话赢得热烈的掌声和欢笑。

将来你也许还要四到延安、五到延安，怎么保证说三到呢？毛泽东也十分高兴，他笑着道，以浓重的湖南口音纠正张治中的"错误"。

和平实现了，政府改组了，中共中央就应该搬到南京去，您也应该到南京去，延安这地方，我不会再有第四次来的机会了！张治中对答如流，并没有被毛泽东难住。

毛泽东为张治中的机智和真诚所感动，又说：

是的，我们将来当然要到南京去，不过，听说南京热得很，我怕热，希望常住在淮安，开会就到南京。他说得非常认真，大家笑得更加起劲了。

毛泽东说要搬到淮安去，也并非在开玩笑。当时中共中央确实有过搬到淮安的打算。

早在1945年毛泽东决定赴重庆谈判前夕，他就曾在政治局会议上说过：延安之所以重要，一因打日本，一因蒋介石在重庆，即都是偏安之局。如蒋介石回到南京，延安就不那么重要了，当然，不要轻易搬家。

1946年1月28日，政协决议通过前夕，周恩来在政治局会议上也提出：将来我们要参加国民政府、行政院，党中央要考虑搬到国府所在地去。接着，2月2日，中央书记处讨论如何实施政协决议时，刘少奇也提出：华中（指苏皖解放区）我们应保留，也可能党中央将来搬去。这个问题也要告诉周恩来。2月6日，刘少奇在政治局会上再次提及这个问题，他说：如果改组政府确定了，党中央的工作重心会搬过去。因此，党中央机关要考虑搬家问题，搬到离国民政府近一些的地方，不要对抗。

一直到同年3月间，毛泽东还对到延安访问的梁漱溟说：

中共中央准备搬到清江浦（即淮阴），我也准备参加国民政府，作个委员，预备在南京住几天，在清江浦住几天，来回跑。

以上材料表明，毛泽东对张治中说的话，是真心实意的，并非即兴之言。毛泽东说完之后，不知又是谁插了一句：

张将军，你的话说得很好，我们确实可以写历史了。就是说，我们是成功的，而不是失败的。

张治中立即应声答道：

我从来就没有想过共产党会失败。会场上又响起一阵热烈的掌声。

马歇尔、张治中的延安之行，就在这样友好、和谐而又充满希望的气氛中结束。他俩不能不为中共领导人的和平诚意所感动。

3月5日上午，马歇尔、张治中、周恩来一行离开延安，飞往此次巡视的最后一站——汉口。毛泽东等中央领导人又亲自到机场欢送。在马歇尔临上飞机之前，毛泽东握着他的手诚恳地说：

再说一句，一切协定，一定保证彻底实行。

马歇尔很高兴，在他看来，延安之行很有价值，达到了这次巡视活动的最高潮。而毛泽东的一再保证，更使他有了信心，一定要帮助中国实现和平民主。

3月6日，三人军事小组完成了在汉口的巡视，乘机返回重庆。至此，行程达17000里的巡视全部结束。

尽管争吵仍未完全消除，但总的气氛是和谐的。这次巡视给三人军事小组的成员，特别是马歇尔的印象，不但相当深刻，而且令人鼓舞。

然而，包括马歇尔和张治中在内所有参加巡视的人，谁也没有想到，这次巡视不久，一度令人陶醉的和谐气氛就被内战的炮声驱赶得无影无踪了，人们为之高兴，为之欢呼的和平与民主竟成了昙花一现，人们心中刚刚燃起的希望之火突然又被内战的倾盆大雨浇灭。

心地善良的中国人民难以相信，但历史的事实却无法改变。


# 三、国共双方都在利用和谈


政协协议是党派协商的结果，需要各党签字方能生效。蒋介石认为政协协议草案国民党吃了亏，甚至自称是"党国自杀"，拒绝签字，共产党当然也拒绝签字。但和平的牌两党都不愿丢，谈判仍在进行。周恩来利用谈判，为中原突围赢得了宝贵的时间；共产党要求先停战再谈判，蒋介石反对，马歇尔追着蒋介石，蒋一怒之下跑到庐山上去了。马歇尔要选一个新的驻华大使，周恩来推荐了司徒雷登。司徒雷登要周恩来让步，周不愿，并去了上海，但表示随时回南京。


## 1. 蒋介石反悔和中原突围

政协会议闭幕不久，对会议达成的协议，国民党表现出悔意，认为让步太大，吃亏太多。只是碍于签字不久，不好明确表示反对，但总在寻找机会发泄不满。于是，企盼和平、热烈庆祝政协会议达成协议的人们成为国民党发泄不满的对象，2月10日制造了较场口事件。不久，北平"游民"又大闹军调部。

之后，特务们又先后煽动不明真相的学生举行反苏反共游行、捣毁中共的《新华日报》馆和民盟的《民主报》等多起恶性事件。

按照政协的规定，参加政协会议的各个党派，应在政协会议结束后分别召开本党派的中央全会，批准政协决议，以确保决议得到不折不扣的执行。

国民党定于 3 月 1 日至 17 日召开六届二中全会。

令人诧异的是，在国民党全会开幕的时候，蒋介石却在讲话中公开提出，对政协决议应就其荦荦大端，妥善补救。此话虽然说得隐晦曲折，其意却十分明了：蒋介石是在号召对政协决议进行"修改"。

3 月 17 日，国民党六届二中全会结束，闹剧也暂时收场。在蒋介石的亲自导演和顽固分子的巨大压力下，会议通过了一项决议，强调要对政协关于宪草问题的决议进行五点修正。

这是一个名为修正，实为全盘否定和推翻政协决议的决议。

中共为此作出决定：

暂时不召开中共中央全会，推迟对政协五项决议履行批准手续；

明确宣布：鉴于政府四项诺言迄今未切实履行，国民党二中全会造成违反政协决议之混乱情形尚未澄清，宪草修改原则之争端尚未解决等等，中共方面暂不考虑参加国民政府及行政院人选；

暂不交出按整军协议规定交出的，中共方面准备保留的十八个师的部队表册，理由是国民党未能履行各方一致同意的政协决议；

在东北问题上采取强硬政策，坚决自卫，顶住国民党的进攻。

这样一来，国共两党间一度存在的和谐气氛不但从此消失，而且一去而不复返了。

国民党六届二中全会成了 1946 年春中国时局恶化的一个转折点。

地处中国腹地的中原，自古便是兵争之地。

古人云，得天下者，先得中原！

中原解放区占地 15 万平方公里，中原军区 6 万兵力，面积并不大，中原军区的兵力也有限，然而，它的存在对国民党政府却是一个潜在的威胁。

为此蒋介石调集近 30 万大军，修筑 6000 座碉堡，把中原解放区围了个水泄不通。严密的经济封锁，使中原我军得不到任何物资和武器弹药的补充。

蒋介石的如意算盘是，等到我军精疲力竭、条件具备时，再发动进攻，届时一定能马到成功。

这一着果然奏效。

由于国民党军实行蚕食政策，中原解放区的面积已不及原先的六分之一，6 万大军被压缩到以宣化店为中心，方圆不足百里的狭小地区，困难重重，处境维艰。

蒋介石的险恶用心自然瞒不过毛泽东的眼睛。

身在延安的毛泽东始终关注着中原局势的发展与 6 万将士的安危。

毛泽东的对策分两方面。

一是命令中原军区在军事上对国民党的蚕食坚决回击，寸土必争；在经济上，开展生产自救，打破封锁。

二是利用国共和谈的条件，指示周恩来和北平军调部的中共代表，揭露事实真相，利用谈判桌尽量监督国民党方面遵守停战协定。

毛泽东的两项措施都取得了一定成效。

经过周恩来等人的努力，国共双方与美国代表一起曾先后签订了《罗山协定》、《应山协定》。两个协定虽没有完全捆住蒋介石在中原的军事手脚，但也起了部分制约作用。

5 月份，周恩来又使国民党方面同意北平军调部派出第 32 执行组进驻中原军区司令部宣化店，由国、共、美三方实地监督停火协定的执行情况。

5 月 6 日，大雨滂沱。早上 8 点，周恩来带领 32 执行组三方代表及工作人员和新闻记者 60 余人，分乘 4 辆吉普车和两辆卡车，向宣化店驶去。

由于路况太差，周恩来一行于 5 月 8 日上午才赶到宣化店。

宣化店军民对周恩来等人的到来感到欣欣鼓舞。一时间，锣鼓震天，鞭炮齐鸣。小小的宣化店沸腾了。

身处危难之地的军民为能在此危急时刻看到自己的领导人而倍感振奋。他们奔走相告：党中央派人来了。

周恩来一下车就接见了中原区的党政军领导。李先念、郑位三、王震、陈少敏，像远离父母的孩子见到家长一样，握着周恩来的手，久久地不愿松开。

周恩来此行的任务，一方面是送 32 执行组到宣化店，落实得来不易的国民党方面的妥协；更重要的任务是，了解中原军区的具体情况，指导中原我军如何打破围困。

一番会谈之后，周恩来代表中共中央下达指示：中原迟早要打起来，很可能大打、早打，中原军区应立足于打，做好突围的准备工作，并利用第 32 执行组到宣化店实地调处的有利时机，遏制国民党军队的进攻，争取主动，在蒋介石不发动全面进攻前，完成突围的一切准备。

第二天，周恩来恋恋不舍地与战友握别，返回武汉。

周恩来走了，第 32 执行组留在了宣化店。

宣化店是大别山区的一个小镇，四周青山环抱，一条名叫竹竿河的小河从中流过，把小镇一分为二。河东岸，是宣化店大街，中原军区司令部设在那里。河西岸，有一所中学，早年是"湖北会馆"。此时，它变成了接待外宾的国际招待所。三方代表、工作人员和新闻记者都住在这古老的几间房子里。

第 32 执行组的三方代表，共产党为任士舜、国民党为陈谦、美国为白罗素中校。

第 32 执行组的到来，确实使国民党采取的明目张胆的军事攻势多少有所收敛。

但是，冲突也时有发生。

第 32 执行组没有闲着。

5 月下旬，国民党十五军四十五团发动进攻，抢占了河口东北我独立二旅控制的一个制高点。

旅长张体学立即向第 32 执行组送来备忘录。

任士舜随后向国民党方代表陈谦提出抗议。

经过多方调查，三方代表都作了记录。在事实面前，美方代表无奈地宣布调查结果：国民党十五军四十五团首先向共军独立二旅发动进攻，抢占了制高点。

独二旅旅长张体学就此发言：

> "限令国民党军队必须在 24 小时以内撤出侵占的我方阵地，否则，破坏停战的后果由国民党方面承担！"

经过这场谈判斗争，陈谦感到执行小组太碍事，便偷偷溜回汉口，致使宣化店的执行组停止工作达 7 天之久。

就在我方谈判代表在宣化店据理力争的时候，身在武汉的周恩来，正在进行另一场更具意义的谈判斗争。

周恩来返回武汉之后，就中原问题与美方和国民党代表进行谈判。

周恩来的目的有两点：一是尽量在军事上保证中原解放区的安全；二是为万不得已的突围奠基础。共产党方面的要求并不高。

不高的要求促进了协议的尽快达成。

5 月 10 日，三方在汉口杨森花园签订了《汉口协议》。

《汉口协议》是周恩来谈判斗争的一个不大不小的胜利。

《汉口协议》规定：

> 双方指挥机构之指挥官应立即下达命令，制止本地区之小规模战斗及前哨冲突；
>
> 凡违反原停战协定的部队移动，应立即停止；
>
> 应立即停止新碉堡及永久性工事之构筑；

双方对峙部队可相互派遣必要的联络军官；

同意中原军区伤病员 1000 多名，眷属 100 人及照顾伤员的医护人员 60 名，由广水乘火车北上，运送至安阳转晋冀鲁豫解放区；

同意双方交换被拘人员名册，凡确定为政治犯或战俘者，均应于 6 月 1 日前释放；

同意保证中原军区为整军而复员人员之安全。

在协议的所有内容中最让周恩来满意的是将中原军区的伤员、妇女、儿童长途送到晋冀鲁豫解放区。

中原军区突围的最大困难不是来自军事上，打了那么多年的游击战，在敌人的鼻子底下自如地穿来穿去是共产党军队的基本功。突围最大的困难是在中原军区有那么多的非军事、非战斗人员。这些人随部队在敌军重围之下胜利突围是一件十分困难的事情。

周恩来利用谈判桌把中原军区最为头疼的事解决了。

于是，在国共冲突不断的情况下，我中原军区的伤员、妇女、儿童利用国民党的火车向北方从容转移。这是一场枪口下的转移。

协议签订的当天，周恩来即对中原军区伤病员的转移事项进行了布置，指定中原军区驻汉口办事处主任郑绍文、第 9 执行小组共产党代表薛子正以及新四军原五师参谋处副处长张文津等负责护送任务。

5 月 16 日，列车终于抵达了安阳车站。广水至此，本来只需要 1 天 1 夜的时间，这趟车却走了 3 天两夜！艰难困苦，难以形容。

经过执行小组代表的反复交涉，列车继续往前开，一直开到离华北解放区 1 里许的地方才停住。

这时，中共华北局派了手枪队和民兵，带着车辆、担架，前来接应北撤的战友。

薛子正弄来一辆自行车，往来联络奔跑着，累得满头大汗。

当 1000 多北撤人员全部踏上解放区的土地，薛子正才如释重负地

◎ 李先念

舒了一口气。

伤病员的安全北撤，使李先念心里的一块石头落了地。

李先念长松了一口气后，集中精力解决军事问题。

7月28日，我北路突围部队、中原局与中原军区领导机关，终于到达了陕西南部之商南，与巩同志率领的原在陕南活动的游击队会合了。

李先念率领的北路主力到达陕南之后，8月下旬，另一部由王震率领，安全转移到陕甘宁边区。

7月中旬，南路突围主力，在王树声的指挥下，突进到鄂西北地区，也完成了战略转移的任务。

与此同时，为掩护主力西进，单独向东突围的皮定均旅5000余人，则先后飞越大别山中的松子关天险，穿过淮南公路和津浦铁路，到达苏皖边区，与新四军主力会师。

至此，中原军区的突围取得了完全的胜利，实现了毛泽东提出的生存第一，胜利第一的目标。


## 2. 马歇尔空欢喜一场

1946年夏天以来，苏皖、鲁西南、晋南、察绥等地硝烟四起，战火纷飞，国共两党拼杀得不可开交。

战争已经打起来并将继续打下去，而与此同步，"和谈"却还在进行。

7月1日，即休战期满后的第一天，当包括中国人在内的全世界的人都急于想了解国共两党态度的时候，国共两党都不失时机地开口发了话。

蒋介石发表了一个文告，声称：我政府为谋取和平，已极尽忍耐，委曲求全，一再让步；兹为促使共产党改悔，政府决定，以共军不进犯我军，我军亦不进攻共军。若有共军向我军进攻，则我军为自卫，保护人民之生命财产及维持地方治安计，将集中力量予以反击，以尽我军人之天职。

毛泽东、朱德也发表了一个联合声明，强调：在任何地点，如果国民党军不攻击我军，我军即不应主动地攻击国民党军。如被攻击，我军将坚决采取自卫手段，以保护人民财产，并维持民主政府的法律。

两份文件针锋相对，都不示弱，像是说给对方听的，但主要是讲给别人听的。文件字里行间充满准备打仗的味道，但都同时都在传递这样一条信息："和谈"还要进行。

和谈虽然陷入了僵局，但和谈的大门还留有缝隙。马歇尔的调解虽然严重受挫，但他自认为还没有严重到失败的程度，他还要为和谈的进行继续他的努力。

在蒋介石、毛泽东发表公开文告、声明的前一天，也就是休战期的最后一天，即6月30日，马歇尔急匆匆地驱车到蒋介石的黄埔路官邸，寻求打开和谈僵局的可能性和办法。

造成"和谈"陷入僵局的焦点是苏北问题。蒋介石除了坚持要共军限期退出苏北，又进一步提出解散共产党在苏北建立多年的地方政权。这些苛刻条件，共产党当然不能答应，周恩来前一天告诉马歇尔：我已经作出我能够作出的一切让步，共产党不能接受蒋介石的条件。

周恩来还告诉马歇尔，说：除去涉及我军撤离苏北和保留地方政权外，我准备考虑任何方案。为此周恩来建议国共两党代表可以直接会谈。这也是共产党不愿关闭"和谈"大门的一种努力。

马歇尔就是装着共产党的主张来找蒋介石的。

必要的礼节性的问候以后，蒋介石首先询问马歇尔：我已经提出江苏的共军必须在一个月之内撤到陇海路以北，共产党愿意在哪些条件下妥协？

我不相信共产党会作出妥协，马歇尔已经从周恩来那里得到了准确的信息，所以他肯定地回答道：江苏的问题是很严重的；在一个月之内撤到陇海铁路以北在军事运输上是不可能的；如果共军在一个月以内撤到淮安以北为蒋委员长所接受，我或许可以说服共产党在3个月以内撤到陇海铁路以北。

国共双方的立场差距太大，这正是谈判陷入僵局的原因。马歇尔十分清楚这一点，他的想法是设法拉近这种差距，以使谈判能够进行下去并获得成功。因此他向蒋介石建议考虑放宽共产党撤军的时间期限。

蒋介石反对，他表示，一个月的时间不能延长。

马歇尔意识到军事问题恐怕一时难以解决，不如先谈政治问题，特别是地方政权问题，如果这一问题达成协议，就可以为军事问题的解决创造条件。

于是，马歇尔根据周恩来的建议，向蒋介石提议，现在应该开始进行政治讨论，由国共两党的代表组成一个小组，直接会谈，首先制定出一个地方政权的解决办法，然后再谈其他问题。马歇尔同时还提议，最好由蒋介石和周恩来先行会晤，探讨一下打开僵局的可能性。这两个提议都不是原则问题，蒋介石同意了马歇尔的这两条无关轻重的提议，蒋介石也不愿关闭"和谈"大门。

虽然这两个提议距离解决实质问题还非常遥远，但也足以让马歇尔的情绪兴奋起来，这一趟总算没白来。当天下午他兴冲冲地征求周恩来的意见，是否同意先和蒋介石会晤？周恩来也答应了，马歇尔的情绪又是一阵兴奋。

7月2日，周恩来和董必武如约前去与蒋介石会谈。

虽然都是老熟人，见面时却都板着脸，连起码的寒暄都没有。蒋介石又念旧经，把已遭到共产党多次拒绝的要求又悉数提出，要求共产党立即从苏北、承德、胶济铁路等地区无条件撤出。

苏北地方并不大，让出来不算什么。你们还有很多的地方可以生存。现在大家都看到，你们在苏北，对南京、上海威胁很大。

胶济铁路如不让出，则交通常遭破坏，就无法安宁。北宁路无承德掩护，也不安。

蒋介石的要求既实在又无理。对此，周恩来已经听到过多次，今天听起来也不觉得意外。周恩来不期望在这些根本无理的具体问题上辩出什么理来。他只要求蒋介石无条件全面停战，然后通过谈判和政协会议来解决其他问题。蒋介石重弹老调，周恩来也没新词，他重申了共产党当前的主张：

目前形势严重，军事、政治问题都必须通过主谈判来解决。军事问题由三人会议来解决，政治问题由政协综合小组会议解决。今日必须一面求全面停战，一面开政协、谈改组政府。

蒋介石也避开周恩来的意见，又接起了他开始的话题，反复强调共产党必须首先答应他的要求，把苏北等地让出。

只有这个问题解决了，全国就和平了，一个月以后就可开国大，改组政府。

让出这些地方，全国人民都说你们好，你们不会吃亏的。

蒋介石的话让周恩来感到索然无味，会谈的气氛更加沉闷，最终，在双方同意召开五人会议，并草草指定了参加会议的人选后，会谈不欢而散。

不知是出于什么原因，周恩来、董必武离开时，蒋介石非要"屈驾"坚持送一送他俩，一直把周恩来、董必武送下楼，送出门。

7月3日，由马歇尔提议，蒋介石、周恩来同意召开的五人会议开始举行。国民党出席会议的代表是外交部长王世杰、参谋总长陈诚、政协代表邵力子。共产党的代表是周恩来和董必武。

为了真正体现出这是国共两党代表的直接会谈，马歇尔没有直接介入五人会议，他的情绪仍然较好，他说：我对于蒋委员长准许由五人会议进一步讨论表示高兴，不过，他很快便又失望了。

从 3 日到 10 日，一个礼拜的时间里，五人会议共举行了 4 次。会议一开始，国民党的 3 位代表直言不讳地把蒋介石向周恩来提出的要求一条不剩地拿到了会议桌上，他们自始至终坚持共产党必须从苏北、承德以南（包括承德）、安东和胶济铁路 4 个地区撤出军事控制权和地方政府，强调这是国民政府停战的先决条件。否则，一切均无从谈起。同时，国民党代表透露，他们是按蒋介石的指示办事，任何违背蒋介石旨意的方案，他们均无权讨论。

周恩来、董必武当然不会答应这些早已拒绝了多次的要求，他们仍坚持必须首先实行无条件停战，然后召开政协会议解决问题。

双方的要求和主张完全对立，到 7 月 10 日，五人会议实在无法继续下去，不得不宣布无限期休会。

五人会议的搁浅再一次给马歇尔当头泼了一桶凉水，也再一次将马歇尔置于难堪的境地。五人会议本是马歇尔所提议，他也期望会议能够打开僵局，但事与愿违，马歇尔白忙碌了一场，也空欢喜了一场。

马歇尔对蒋介石表示出不满。7 月 11 日，他对国民党俞大维说：我对于五人会议未能为地方政府问题寻求一项解决办法表示失望，似乎委员长同意这个五人会议举行会议是为了使我高兴，而同时却向政府代表们发出如此明确和详细的指示，因此他们在讨论中采取顽固态度，以致没有妥协的基础。

马歇尔虽然对蒋介石感到失望和不满，但他仍不甘心，继续向蒋介石呼吁，同时也与周恩来一次次交换意见，希望双方重新回到谈判桌上。

马歇尔的希望很快落空，而且他发现他的地位已经发生了微妙的变化。周恩来还能与他讨论，不管这种讨论有无积极意义，但周恩来的耐心态度让他感动。然而，蒋介石却明显地把他撇在了一边。

7月14日，蒋介石以避暑为由离开南京，上了庐山，住进了牯岭，其实蒋介石是为了避开马歇尔的"纠缠"，准备进攻苏北解放军的逃身之计。对此马歇尔沮丧地在他的《使华报告》中写道：

由于五人小组的讨论没有结果和它不继续开会，显然我的调处努力将越来越困难。7月14日，蒋委员长从南京动身到牯岭去，这是于事无补的。这意味着他不在南京期间谈判将大受阻碍。

但是马歇尔还准备为谈判努力下去，尽管谈判将大受阻碍，但毕竟还没有彻底破裂。国共两党的和平旗号还没丢。

### 3. 周恩来建议司徒雷登任大使

司徒雷登这是个中国人十分熟悉的名字。需要说明的是，马歇尔看中司徒雷登是事实，但最先提议司徒雷登做驻华大使的，却是周恩来。

赫尔利辞职以来，美国驻华大使的职位一直空缺。马歇尔在3月回华盛顿之前就认识到，他需要一位全天候工作的大使来协助他，随着执行调解使命日益艰难，马歇尔感到自身力单势孤，迫切需要一位帮手。在使华报告中，马歇尔谈了他当时的想法：

中国局势的恶化和围绕着蒋委员长的反动的政治和军事集团所表现的决定性的势力使我确信，在调解的努力中，最好能获得一位德高望重并且在中国有长久经验的美国人的帮助。

杜鲁门总统已经有言在先，马歇尔的任何要求，他都完全支持和答应，包括驻华大使的人选，杜鲁门也授权马歇尔选拔。马歇尔一度青睐魏德迈，有意让魏德迈出任此职。

周恩来是听说马歇尔有意让魏德迈出任驻华大使后找马歇尔的。

周恩来对马歇尔说道：我希望有一位没有政治偏见，理解中国和平统一的杰出人物来担任大使，魏德迈将军在他接替史迪威当盟军参谋长时，就倾向国民党反对共产党，他正是促使中国内战激化的人，他与蒋介石的关系极为密切，如果让这样的人作为大使待在中国，就等于消灭了中国和平统一的希望。

马歇尔问周恩来：那么，在这种非常时期，究竟谁是大使的合适人选呢？您没有留心过谁吗？

周恩来当即就回答：燕京大学校长雷登·司恰特博士，无论在学识上和人格上，还是政治态度上，难道不是合适的人选吗？

周恩来所说的雷登·司恰特就是司徒雷登。司徒雷登的父母都是美国的传教士，1876年，司徒雷登的母亲正在中国的杭州传教时，生下了他。司徒雷登在中国度过了童年，直到11岁才回美国上学。

18年后，司徒雷登承继父业，回到中国传教，3年后，他在金陵神学院教书，直到1919年，这一年他被聘为新成立的燕京大学的校长。

1941年，珍珠港事件爆发，日美之间的太平洋战争开始之际，司徒雷登被日本人逮捕，他和两个朋友被监禁在北京的家里。直到战争结束，他才被解放。司徒雷登的这一经历，使他赢得许多中国人的赞赏。1945年，他被邀请去重庆参加了庆祝日本投降的胜利庆典，受到了蒋介石的接见，并在不久以后见到了毛泽东和周恩来。

司徒雷登在中国驻足的时间比在美国还要长，他能讲一口流利的汉语，对中国的社会生活和文化传统有相当的了解，懂得中国人的情感。从美国人的角度看，他可称得上是一个地地道道的中国通。

正如毛泽东所言，司徒雷登平素总以爱美国、也爱中国自居。他常常对人讲：我是美国人，也是中国人。我爱美国，也同样爱中国。我生在中国，也要死在中国。不管这是不是他的肺腑之言，这句话却在中国广泛流传，博得许多中国人的好感。

马歇尔来中国前，还不知道大洋彼岸的这片土地上还生活着这样一位颇有名声的老乡。只是在 1946 年 3 月，他刚从华盛顿回到南京不久，在蒋介石的引荐下，他俩见了面。据说，这是司徒雷登的好奇心使然，他非常想一睹在全世界都知名的特使先生的风采。

◎ 司徒雷登

第一次见面，双方都留下了良好的、深刻的印象。美国人福雷斯特·C·波格著的《马歇尔传》一书中写道：马歇尔跟他谈了好久，对他之熟知中国形势和了解中国，深为叹服，当即请他协助和惠予忠告。

这次会面以后，马歇尔和司徒雷登之间的直接交往并不多，但马歇尔对司徒雷登的兴趣却越来越大。周恩来的建议提醒了马歇尔，经过深思熟虑马歇尔判断，司徒雷登在中国的经历、经验和影响等，对他的赴华使命会有很大的帮助。正如马歇尔给国务院的报告中所讲的那样：

司徒雷登博士对于中国及其人民心理的了解，他对于中国语言的运用自如，他受到国民党和共产党同样的尊敬，使他具备了参与调解的努力的极好条件。

听到马歇尔提名他担任驻华大使，司徒雷登感到很突然，他开始以年过 70 的理由婉言相拒。

马歇尔认为他学会了中国人的谦虚——一种虚假的姿态，便又竭力劝说，司徒雷登终究不是一个清心寡欲的基督徒，他答应了马歇尔的要求。

在以最快的速度履行了各种官方程序后，司徒雷登走马上任了。

司徒雷登的加盟，既使马歇尔感到增加了力量，也使马歇尔增强了信心，他热切地希望司徒雷登能够帮助他走出困境，打破业已陷入僵局的谈判。

司徒雷登似乎没有辜负马歇尔对他的信任和期望，他又是找周恩来会谈，又是冒着酷暑上庐山与蒋介石会面，经过半个多月的奔波，他基本摸清了国共双方的立场和态度。

司徒雷登了解到，国共双方的立场实在相距太远，对立的程度比马歇尔介绍的还要严重得多。共产党坚持要求首先立即无条件实行停战，然后才能商谈其他问题。而国民党方面则坚持要求共产党首先让出苏北等4个地区同时交出地方政权，并把它作为考虑停战的先决条件。

司徒雷登同时发现，尽管国共双方的立场迥异，意见相左，尽管他们在好几个地方互相开枪放炮，但他们有一点是共同的，他们都声言不放弃"和谈"。

司徒雷登自信地认为，这就是调解的基础，只要国共两党都有谈判的愿望，总能够找到一条弥合他们分歧的途径。

经过苦思冥想，司徒雷登很快想出了一个新主意，点燃了他上任以来的第一把火。

司徒雷登的想法是成立一个特别小组，国共两党代表参加，他担任主席，专门商谈政协决议拟成立的国民政府委员会的组成问题。司徒雷登认为，这一问题能解决，停战及其他军事、政治问题便不难达成协议。

马歇尔支持司徒雷登的想法。尽管他说不出这个办法有什么高明之处，但确实有一定新意：既然停战问题一时无法解决，那就暂时绕开它，先从政治问题，主要是国府委员会的改组问题入手，或许能为打破谈判僵局找出一条路来。

8月1日，司徒雷登在庐山与蒋介石的长谈中，正式提出了他的新建议。蒋介石原则上表示同意，但需要进一步考虑再作决定。

8月3日，马歇尔也把司徒雷登的建议告诉了周恩来。周恩来没有反对。他认为在为停战协议进行谈判时，解决政府改组问题是可取的。

但周恩来同时又向马歇尔表示了他的担心，他怀疑国民党正试图以开始讨论的办法来进行拖延，而背后真正准备的则是全面内战。

为了说明他担心的依据，周恩来告诉马歇尔两个事实，一个是8月2日国民党的飞机轰炸了延安，另一个是国民党的军队正从徐州以北向山东南部进攻。

因此，周恩来向马歇尔建议，当政治谈判进行时，国共双方还应该谋求某种实行停战的方法。

马歇尔不愿意把停战问题纳入首先谈判的框架内，他竭力向周恩来解释，政治问题如能达成协议，将为停战扫除障碍。

由于新建议尚未完全出台，周恩来没再坚持什么。

8月5日，蒋介石正式通知司徒雷登，同意他提出的建议，即成立一个小型的、非正式的小组，由国民党和共产党代表组成，以司徒雷登为主席，讨论国民政府委员会的组成。

事情的进展竟如此痛快顺畅，马歇尔和司徒雷登仿佛又从黑暗中看到了光明。马歇尔满满倒了一杯香槟酒，一饮而尽，表达他的喜悦心情。在《使华报告》中，马歇尔写道：

在8月初，看来挽救局势的主要希望在于以司徒雷登博士任主席的小型的非正式的小组的召开。

然而，马歇尔又一次高兴得太早了，24小时后，产生了新的严重的问题。

8月6日，蒋介石告诉司徒雷登，他对五人小组开始谈判有五项先决条件，也是对共产党必须在1个月至6个星期以内实行的五项要求：第一，苏北共军应撤至陇海铁路以北；第二，共军应自胶济铁路撤退；第三，共军应自承德及热河省承德以南的地区内撤出；第四，共军应退出东北的两个半省内（新黑龙江、嫩江和兴安省）；第五，共军应撤离6月7日以后在山西和山东两省内所占领的地区。蒋介石强调说，如果在五人小组的第一次会议上，共产党接受上述五项条件，就立即停火，小组将再次开会并恢复谈判。

这就是当时人们议论纷纷的国民政府的五项条件，这五项先决条件实际上又回到了蒋介石6月底对共产党提出的要求，甚至比6月底的要求更为苛刻。马歇尔、司徒雷登本来想绕开军事问题，先谈政治问题，但绕来绕去，还是被蒋介石一把绕了回来，因为蒋介石根本就没动。

五项条件一下子扑灭了马歇尔和司徒雷登刚刚燃起的希望之火，脸上的喜悦一扫而光。他们很难想象共产党会接受这些早已拒绝不止一次的要求，更何况这些要求现在又增加新的内容。马歇尔、司徒雷登相信"上帝"存在，但他们不敢指望"上帝"会在这个问题上创造奇迹。

当然，按照程序，他们要把蒋介石的五项先决条件毫无保留地转达给周恩来。8月6日，司徒雷登从庐山一回到南京，就跑到了周恩来的住地。

诚如他们预料的那样，"上帝"果真没有"显灵"创造奇迹。

司徒雷登在回忆录中写道：在我讲出那些条件后，周恩来向前倾着身子，低垂着头，神色沮丧，有好几分钟没有开口。显然，周恩来是在强压怒火，使自己尽可能地冷静下来。司徒雷登试探地问周恩来：对这些条件，有没有商量的余地？

绝对不能接受，蒋委员长提出的要求比以前提出的一切要求更为苛刻，我们不能接受其中的任何一条。周恩来断然肯定地回答。

司徒雷登还试图说服周恩来在某些条款上作某些让步，但周恩来态度坚决，几次重复：一条也不答应。当然作为一位有丰富经验的外交家，周恩来还不忘向马歇尔和司徒雷登表示感激和鼓励，说：希望你们继续为中国的和平而努力。

司徒雷登从周恩来的住处无功而返，马歇尔又急忙披挂上阵，匆匆飞往庐山找蒋介石寻求妥协。

这是自从蒋介石7月14日庐山"避暑"以来，马歇尔第三次来找蒋介石了，马歇尔已经清楚地意识到他在蒋介石心中的地位不再那么神圣和尊贵了。为此他感到懊丧、屈辱、气愤。但为了完成总统交给的任务，也为了自己的人生画卷上不致因为中国问题而留下败笔，他依旧顶风雨冒酷暑一趟趟地来到庐山，寻求打破谈判僵局的途径。如果撇开政治立场，这位60多岁的美国老人的不辞辛苦、执著顽强、委曲求全的精神着实令人感慨和赞赏。

8月8日，一次马歇尔自称为"十分坦率"的谈话在他与蒋介石之间开始了。

马歇尔在他的《使华报告》中比较仔细地记述了这次谈话的内容。

马歇尔首先明确告诉蒋介石：

司徒雷登博士和周恩来将军的协商毫无进展。周将军认为，项项条件的提出又回到了6月30日的僵局，由于包括了新增加的苛刻的规定，使这些条件更严酷了。

不用马歇尔说，蒋介石也知道周恩来不会答应他的要求，因为这正是他处心积虑设计的方案，共产党不答应他的要求，他就可以符合逻辑地指责共产党破坏和平，从而就可以让枪炮合理合法地发话。

因为在蒋介石的预料之中，所以蒋介石毫无吃惊的样子，反应很平静。

蒋介石的平静反让马歇尔感到吃惊，他有些激动：

华北的冲突太久就会完全无法控制，一旦它蔓延到热河省，就会波及满洲，然后会扩展到全国各地。我的目的是促成一个统一的新生的中国，不是与蒋委员长的某些顾问所想象的那样——使共产党就范，而是完全相反。我与蒋委员长及委员长的顾问们的意见不同，我认为他们目前的做法可能导致共产党控制全中国。现在正在发展中的混乱状况不仅会削弱国民党，而且将为共产党提出一个破坏国民政府的绝好良机。它也会给苏联以特殊的机会，直接或隐蔽地用对中国共产党有利的方式来从事干涉。

马歇尔从目前的形势说起，讲出了他的担心，或者说是美国政府的担心——共产党上台，国民党垮台，他讲这些的目的是为了使蒋介石发热的头脑冷静下来，推断一下内战的严重后果，从而能够回到谈判桌上来。

蒋介石能够听出马歇尔的立场是站在他这一边，但马歇尔对未来的悲观估计让他听了很不舒服，他皱起了眉头，两腿不停地摆动，很不耐烦。

可马歇尔还要说下去：

我从多方面所获得的情报表明，国民党的威信严重下降，对国民党政府所采取的措施的批评也与日俱增。甚至更为严重的后果将会出现。

中国最近的局势已引起了美国的许多议论，即出版自由和言论自由正遭到禁止，知识分子，特别是国外受过教育的那些知识分子受到蓄意的迫害，并且肯定处于镇压措施之下，想要威胁他们并防止他们发表不利于国民政府的观点。"这种情况引起的最严重的后果，是对蒋委员长威望的极大损害，而蒋委员长的威望也许是中国的最大本钱。"美国的知识界有一种感觉，即中国对自由主义见解的压制与德国所实行的做法基本相同，它已使全世界震惊和愤怒。

马歇尔在这里言辞激烈地提到了民主人士李公朴、闻一多遭暗杀这件事，他用美国知识界的不满代表美国政府对蒋介石的不满，策略地给蒋介石施压，迫使蒋介石改变对谈判的顽固态度。当然，根本目的还是为蒋介石着想，维护蒋委员长的威望。

听到马歇尔批评他已经与德国法西斯无异时，蒋介石再也无法沉默了，他辩解道：

你不要听他们的反动宣传。共产党和民主同盟对这件事的许多谴责，是故意歪曲国民政府保护人身不受侵犯的目的，这必然会引起对国民政府的指责。

蒋介石的辩白难以让马歇尔服气，而蒋介石的顽固更让马歇尔不满和遗憾，整整一天，任凭马歇尔苦口婆心的怎样劝说，蒋介石都丝毫不为所动。

第二天，马歇尔只好无可奈何地下山回到了南京。

由于国共两党都拒绝接受对方对停战、谈判的要求，致使司徒雷登的新建议很快流产，五人小组会议连一次会都未开就宣告破产。

而马歇尔、司徒雷登也表现出同样的顽固，他们还不甘心失败，还要把他们越来越艰难的调解工作进行下去。

对于"和谈"，周恩来坚持共产党的一贯立场，他并不反对在公平合理的基础上作出妥协，但坚决反对国民党方面任何违背停战协定和政协决议的无理要求。在与马歇尔的一次谈话中，周恩来告诉马歇尔：

国共谈判首先必须就无条件停战达成协议，实行 1 月发布的停战令，然后再谈其他政治军事问题，并逐一加以解决。

退一步讲，如果不能立即实行停战，中共亦同意就政治问题商谈，或同时谈判军事、政治问题，但国民党必须放弃其先决条件；一旦政治问题，如改组国府委员会等达成协议，紧接着就必须实现停战，否则中共既不会出席五人小组会议，也不参加国府委员会和交出国大代表名单。

在停战前，共产党必须参加国府委员会和交出国大代表的名单，这是蒋介石对共产党提出的要求，出席五人小组会议是马歇尔和司徒雷登向周恩来提出的建议。周恩来的上述表示说明，如不实行停战，这个要求和建议共产党拒不接受。

谈判依然未能走出僵局，而此时内战的烽火还在蔓延，且愈演愈烈。

经过从7月份以来的两个多月的情况判断，共产党已充分认识到：和谈确实无望，内战势不可免。美国政府不肯放弃援蒋政策，他们的调解努力，实际上已经成了蒋介石大打内战的遮羞布。

鉴于这种情况，9月16日，周恩来决定离开南京去上海。

周恩来临行前，将3份备忘录交给了马歇尔的总部。第一份备忘录里，周恩来代表共产党向美国继续援蒋提出正式抗议。第二份备忘录的内容较长，中心是要求马歇尔尽早安排三人小组会议，讨论发布停战命令的问题。第三份备忘录里，周恩来宣布他将赴上海，并说，一旦召开三人小组会议，他接到通知就返回南京。

关于周恩来去上海的目的，中共党史这样解释：为了揭穿蒋介石的内战阴谋，让全中国人民了解内战扩大、和谈濒于破裂的真相，周恩来同志决定以退为进，暂时退出谈判。

共产党的用意非常明确：不背破坏和谈、发动和扩大内战的罪名。

更何况周恩来去的是上海而不是延安，还声称一旦召开三人小组会议即回南京，并且周恩来走了，中共代表团的董必武、王炳南还留在南京。所有这些都表明了共产党的上述意图。

看来，"和谈"的戏虽然随着周恩来去了上海暂告一段落，但这出"戏"还没演完，国民党要演下去，共产党要陪到底。

# 第七章

# 和谈的破裂和
# 短暂的重开

## 一、国共合作落下帷幕

时间一天天地走到了 1946 年末。中共"和谈"代表周恩来先是到了上海,等待三人小组会议的召开。随着张家口被国民党军队所攻占,中共已经对和谈彻底失望。11 月 16 日,周恩来在梅园新村举行了告别性的中外记者招待会,随后不久便回到了延安。蒋介石把第三方面抬了出来为他的"国大"装点门面。马歇尔在无所事事中要向中国告别。"和谈"死了。中国的命运是喜,还是忧?

### 1. 周恩来去了上海

在上海的周恩来与马歇尔保持着频繁的函电往来。

9 月 19 日,马歇尔向周恩来寄出一份备忘录,转达蒋介石对召开三人小组会议的态度。这个问题正是周恩来在离开南京时向马歇尔提出的要求。备忘录称：

蒋委员长已通知我，在以司徒雷登博士为主席的五人小组召开会议，对组织国民政府委员会的协议取得若干进展之前，将不授权政府代表出席三人小组的会议。

三人小组会议的任务是商讨停战，共产党要求召开三人小组会议就是要求全面停战。在这个问题上，蒋介石从来没有让过步，今天也不会例外。

9 月 22 日，王炳南向司徒雷登转交了周恩来的复函，重申迅速解决停战问题的必要性，敦促马歇尔召集三人小组会议：

当前严重局势之中心实在于刻不容缓地颁布停战令，查处这类事件的唯一合法机关是三人小组，我们要求你召集三人小组会议，目前的局势正与 1 月颁布停战令时的状态相同，目前唯一合适的办法只有立即停战……

马歇尔对此感到十分为难，他首先认为三人小组会议召开的可能性不大。退一步说，即使召开三人小组会议，国共两党的立场相距太远，不会有什么进展。在《使华报告》中，他写道：我确实感到，如果三人小组会议召开，共产党将会坚持回到 1 月 13 日的状态，而国民政府将坚持贯彻蒋委员长的五项条件——这两种立场是截然相反的。

尽管马歇尔对三人小组会议持悲观看法，但他还想试一试。这时蒋介石已经下了庐山，不久即可返回南京，马歇尔决定等蒋介石回来再说，但他想到应该也让周恩来回到南京来。

蒋介石上了庐山，马歇尔感到对谈判不利，周恩来虽然刚走几天，马歇尔的这种感觉更强烈。现在蒋介石要回来了，周恩来却还滞留在上海，还是三缺一，三缺一的牌可不好打。

对于周恩来避居上海，马歇尔认为是一种恫吓，或者是对蒋介石久居庐山的一种对等报复。现在他想让周恩来回到南京，便考虑了一个体面的办法。

9月26日，马歇尔和司徒雷登联名给周恩来写了一封信，信中说：

基于我们以往的友好关系，和我们个人对周将军的尊重，我们敦促你立即返回南京，以便我们能够共同探讨所能想象到的一切办法，以实现我们所寻求的和平目标。

马歇尔自信地认为：我们这封联名信能使周将军返回南京，而不会使他感到他的恫吓没有奏效而有失面子，他可以指出他返回南京是由于美国调停人的特别请求。

然而，马歇尔低估了，也误解了周恩来。周恩来要的不是那种所谓的个人的面子，而是给自己的党要面子——召开三人小组会议，停战谈判。

第二天，周恩来复函马歇尔和司徒雷登：

我并非不欲回南京共商停战之办法，只因国民政府不仅无停战表示，且更加紧了对张家口及其他地区的军事行动；进一步的谈判对真正的和平决无补益，只能成为掩盖政府全面内战的烟幕。为此，宁留上海，以待三人小组会议之召开。

周恩来没有回南京，蒋介石却回来了。9月27日马歇尔立即去见蒋介石。

鉴于周恩来拒绝回南京，为打破僵局，马歇尔建议蒋介石应发表一份声明，声明的要点是，同时召开五人小组和三人小组会议，分别商谈政治、军事问题。蒋介石委托马歇尔起草这个声明。

五人小组和三人小组会议同时召开，就等于既照顾了共产党的要求，也照顾了国民党的要求，和谈的僵局有望打破。

然而，仅仅三天后，蒋介石就变了卦，30日晚的一次宴会上，蒋介石明确告诉马歇尔：我已决定此时不发表任何有关两个小组同时召开会议的声明。

马歇尔对蒋介石的出尔反尔已领教多次，现在基本上可以平心静气地对待，但这一次，他震惊了。

让马歇尔震惊的不是蒋介石变卦本身，而是蒋介石变卦的原因：蒋介石于9月29日进攻了张家口。

张家口是个特殊的城市，在共产党统辖的解放区，它的地位仅次于共产党中央的驻地延安。张家口的另一个特殊性是，在3月的整军谈判和6月的休战谈判中，蒋介石均先后信誓旦旦地承诺，张家口是共军的驻地之一。现在，蒋介石竟然大举进攻张家口，撕毁协议，这对目前已濒于绝境的和谈无异于雪上加霜。

马歇尔怎能不震惊？

共产党的反应不仅仅是震惊，而是震怒。9月30日，周恩来向马歇尔提出一份备忘录，向蒋介石发出措辞极为严厉的警告。

蒋介石全神贯注于进攻张家口，对周恩来的抗议充耳不闻，然而作为调解人的马歇尔却不能无动于衷。

马歇尔的动作不是调解，而是准备退出调解。他向杜鲁门总统报告说：我正在考虑退出目前的谈判，据我看，国民政府的政客们正尽力使司徒雷登博士和我成为傀儡。只是不死心的马歇尔还想再做努力。

10月1日，马歇尔向蒋介石递交了一份备忘录。他首先表示，他对国民党和共产党的目前行动都不同意，然后声明说：

除非觅致协议的基础，以终止战争，而不以建议和反建议更事拖延，则我将向总统提议将我召回，美国政府亦将终止其调处的努力。

对这份通牒式的声明，蒋介石不得不敷衍马歇尔一下。第二天下午，蒋介石将一份答复马歇尔备忘录的备忘录送到马歇尔的总部。在备忘录中，蒋介石宣称：政府为节约时间，掬示忠诚起见，特坦率表明对解决时局可能之让步之最大限度。

蒋介石抛出的最大限度主要有两点：

1. 中共不断催促国民政府改组，而改组之关键为名额之分配，政府同意国民政府委员名额为中共8名，民盟4名，共12名。中共则要求中共10名，民盟4名，共14名。兹政府折中让步，中共8名，民盟 4 名，无党派名额中，一名由中共推荐，政府同意共 13 名……

2. 为实施整军方案，先行迅速规定中共 18 个师之驻地，并遵照规定期限，进入驻地，此项决议，应由三人小组正式协定后，交由军事调处执行部监督施行。

蒋介石备忘录最后称，如果共产党愿迅速解决此二问题，则双方当于获得协议时，立即宣告停止军事行动。

蒋介石与其说是让步，不如说是在耍花招，这里边的猫腻儿，明眼人一看便知。

10 月 3 日，马歇尔和司徒雷登商讨局势时，对蒋介石的备忘录做了重点讨论。马歇尔对司徒雷登说：在目前形势下，非常明显的是，国民政府不想停止它的进攻，在夺取张家口方面，它是那样的专注。有关共产党各师驻地的第二项条件牵涉到冗长的程序，在这期间进攻张家口将告结束。

最后，马歇尔和司徒雷登得出这样的结论：国民政府利用美国的调处使自己得到好处，而且显然将继续这样做。他们估计，共产党不会接受蒋介石的条件。

果不出两位美国人的预料，第二天，董必武向马歇尔指出：蒋委员长的备忘录没有提及停止国民政府向张家口的进攻，这就表明国民政府无意停战或停止它对张家口的进攻。董必武还向马歇尔表示，只要蒋介石不停止进攻张家口，共产党就不同意恢复谈判。

共产党对蒋介石两点最大限度让步的一口回绝，表明马歇尔的斡旋仍在原地打转。马歇尔的神情又回到了 10 月 1 日的状态，甚至比 10 月 1 日那天更糟，他决定去找蒋介石，做最后一次的努力。

一见面，马歇尔便重提 10 月 1 日他给蒋介石的备忘录，他表示，除非立即采取某种行动，否则他将建议总统将他召回，美国也终止其调处努力。

马歇尔这回动了真的。第二天，即 10 月 5 日，马歇尔致电杜鲁门总统和代理国务卿，建议终止他的使命，并立即将他召回。

马歇尔打点行囊，正准备开路，可蒋介石略施小计，就又套住了他这位"冤大头"。

10月5日晚，蒋介石的一位手下从司徒雷登口中得到了马歇尔要离华归国的消息，这条重要消息很快被汇报给蒋介石。蒋介石急了。

马歇尔在中国一天，就表明中国的和谈还在进行。这就是马歇尔对蒋介石的价值所在。蒋介石马上召见司徒雷登，表示同意停止进攻张家口5天，若美国调解人坚持，还可延长，条件是共产党应立即参加五人小组和三人小组的会议，并将张家口问题首先提出协商。

后在马歇尔坚持下，蒋介石同意休战10天。但蒋介石要将休战作为马歇尔和司徒雷登的建议予以宣布，而不由国民政府宣布。马歇尔欣然同意。

这又是蒋介石的一招，如果共产党拒绝而且极有可能拒绝这个建议，就意味着拒绝美国人调解，从而与美国人发生直接对立，引起马歇尔的强烈不满。这样，蒋介石就能把马歇尔更紧紧地"团结"在一起，更便利地利用马歇尔了。

马歇尔则天真地以为，共产党会接受这个建议，因为争得10天的休战期，是他和司徒雷登所能获得的最好条件。

看来，对共产党的了解，蒋介石也有比马歇尔正确的时候。

为尽快把这项来之不易的会谈成果告诉共产党，马歇尔立即口授了3份备忘录交给司徒雷登：

请你通知王炳南先生，根据我们与蒋委员长商订的安排，我们建议，在下列条件下对张家口的攻势休战10天：

（1）休战目的在于"实行"10月2日蒋委员长致我的备忘录中所提的两次建议。

（2）……

（3）……

不知是由于时间仓促还是马歇尔的粗心大意，在这份备忘录中，他在解释休战目的时，用的是实行，而不是商讨。可在两天后（10月8日）的公开声明中，他却用了商讨一词。就是这一词之差，引发了后来马歇尔与周恩来的一场争吵。

10月18日，中共南京代表团成员王炳南向司徒雷登转达了周恩来从上海转来的延安对10天休战建议的口头答复，司徒雷登记录了要点：

休战应无时间限制，除非政府军队撤退至原来阵地。

共产党希望召集三人小组及五人小组会议，但讨论者不应限于蒋委员长10月2日的备忘录中之两次。在休战条件下，讨论此问题，应视为系在军事压迫之下进行谈判。

共产党方面对于蒋委员长10月2日之备忘录尚无答复，因共产党希望自马歇尔将军与司徒雷登博士获得其阐明局势之消息。最近之建议暗示形势并无多少改变，因此，周恩来将军将准备作一书面之答复，而以为无返南京之必要。

共产党的态度很明确，也很坚决，拒绝10天休战的建议，要求无限期休战；拒绝在国民党的军事压迫下谈判，周恩来也不回南京。

而且，来自于共产党最高当局延安的这份答复还申明：休战应在国民党军队撤到原来（1月13日以前）阵地后才可进行。这意味着共产党对谈判方针做了重大调整，即由以前坚持的无条件停战而转为有条件停战了。这同时也意味着共产党对谈判的态度更加强硬起来。

马歇尔显然不完全了解共产党立场的巨大变化，或者说了解了还侥幸地认为他有改变这种变化的可能。他对中共拒绝休战10天的建议十分震惊，但他还宁愿不相信这是事实，便又紧急约见董必武和王炳南，想进一步证实一下共产党的态度。

当董必武和王炳南再一次明确表达了拒绝休战10天的建议的立场后，马歇尔急了，甚至不顾风度地咆哮起来：我不知道你们目前对司

◎ 王炳南夫妇和儿子

徒雷登博士和我的期望到底是什么？

盛怒之余，马歇尔和司徒雷登发表了一项联合声明。关于声明的内容，马歇尔想把自己摆在一个公正的立场上，力图不使用任何带有刺激性的语言，但他把声明的发表时间安排在中共拒绝休战 10 天的建议之后，这分明是把拒绝和谈的责任加在了共产党的头上，所以这份声明只能说是貌似公正。

这样，马歇尔又上了蒋介石的圈套，他与共产党已直接对立，站到了蒋介石这一边。尽管本来就是这样的格局，但现在这种格局表面化了，他的调解从此便走入了绝境。

尽管如此，马歇尔还不死心，他产生了到上海找周恩来谈一谈的念头。尽管这有失美国人高贵的尊严，但他决定还是要去，用他自己的话说是：为挽救局势不愿留下任何我能做而没有做的事情。

会面是在美国将军吉勒姆的住宅中进行的。10 月 9 日马歇尔要吉勒姆邀请周恩来共进午餐，但不能告诉周恩来马歇尔在场。他担心周恩来拒绝与他见面。

当吉勒姆把周恩来请进来的时候，马歇尔从屏风后面走出来。

他一点儿也没有想到马歇尔会在那里，他吓了一大跳，不过，他还是留下来谈了一个下午。吉勒姆后来回忆说。会谈的气氛极不融洽。

周恩来责问马歇尔：在同一句话里，为什么你给司徒雷登的备忘录中用的是实行，而你对外发表的声明却用的是商讨！

马歇尔辩解：这两个词的英文意义是一样的。

任何一个懂英文的人，谁能说这两个词是一样的呢？周恩来生气地说。

马歇尔也生气了，两人争吵起来，虽然后来都努力克制平静下来，但会谈没有任何积极成果。

马歇尔垂头丧气地回到了南京，怎么也不理解共产党为什么拒绝了他辛辛苦苦争取到的休战建议。

共产党为什么拒绝休战？毛泽东给周恩来的一封电报最能说明问题：

目前形势停战对我极为不利，我只有于今后三个月内继续歼敌二十几个旅，方能停止敌之进攻。且我声明攻张家口即为全面破裂，并要求恢复1月13日位置，则我外交、宣传态度应采取明确强硬立场，在蒋方真正停攻以前，停止任何谈判，不宜继续宣传无条件停战及三人会议、五人会议、参加政府等。

共产党的气魄、决心和强硬态度在这封电报里都表露无遗。蒋介石进攻张家口，已使共产党背负内战罪名的嫌疑基本澄清，在这时，已无必要再与蒋介石搞所谓的"和谈"。在政治上赢得了主动，共产党要毫无顾忌地在军事上明明白白地打了。

当然马歇尔看不到毛泽东的这封电报。就像对蒋介石多次一相情愿估计那样，这次他也一相情愿地估计了毛泽东。

共产党曾口口声声地要求停战，他也认为军事上处于劣势的共产党确实需要停战，但他不知道这是共产党在一定时期的策略。现在情况变了，毛泽东的策略也就变了。

马歇尔不了解毛泽东的"心思"。在蒋介石面前，他是个被来回驱使的"傀儡"；在毛泽东面前，他是个费力不讨好的"傻蛋"。

谁把他弄成这个样子？是杜鲁门？蒋介石？毛泽东？他自己？还是他们集体的合力？

共产党拒绝了屈膝就范的休战建议，蒋介石听了极为高兴，他继续进攻张家口。10月11日，他的青天白日旗插上了张家口的城墙。

而对共产党来说，丢了张家口，军事上甩掉了包袱，政治上也甩掉了包袱，"和谈"，现在真的死了。

## 2. 中间党派出来活动了

共产党这边的"和谈"死了，国民党这边的"和谈"却还活着，占领张家口后，国民党的"和谈"回光返照似的，活得很精神了一阵儿。

不能不佩服蒋介石的胃口，鱼和熊掌要兼得。占领了张家口，以及在占领张家口之前抢占的100多座县城和若干条重要交通线，都是军事上的胜利。但军事上的胜利正好说明了政治上的失利。蒋介石要把失利扳过来，来一个双丰收，为即将召开的"国大"粉饰一点"和平"、"民主"的气氛。

蒋介石决定向共产党发动一场新的"和平攻势"。

但谁来打头阵呢？

马歇尔、司徒雷登已成为共产党眼中的赫尔利，"调解"人的角色正扮演不下去，撤下了行头，饭碗已经砸了，不好再端起。

总得有人吧！蒋介石想起了被他冷落多时的一批人，他们是沈钧儒、章伯钧、罗隆基、黄炎培、张君劢、梁漱溟、左舜生、莫德惠、李璜等。从政治团体的角度讲，他们的名称叫第三方面。

蒋介石虽然对第三方面一直冷眼相向，有时甚至怒目而视，但蒋介石对他们还是很熟悉，不仅他们的政治倾向，就连他们的私生活蒋介石也了解。他的案头经常摆着他们的材料，他不乏搞到材料的手段，通过这些材料一旦发现他们有人做出他不能容忍的事，他就派人去教训一通。

蒋介石知道，在政治上，第三方面的人千差万别，有的接近共产党，有的接近国民党，有的很独立，但他们有一个共同的倾向，就是希望国共两党停止内战，实现中国和平、民主和统一。

蒋介石还知道，为了这个目标，第三方面也付出了极大努力。1月的政协，他们积极参加，多方奔走，费心谋划。仗打起来了，他们捶胸顿足，心急如焚，有的骂他蒋介石，有的骂共产党，也有的来回奔波斡旋。时至今日，他们还在活动，何不召他们出山上阵，向共产党施压，夺取政治主动权，同时也让他们在"国大"上象征性地坐几个座位，显示他的宽容和民主？

蒋介石征求马歇尔、司徒雷登的意见，二人连说 OK，表示为了"和平"，甘当配角。

于是，一场以蒋介石为主创，美国人协拍，第三方面为演员的"和谈"戏又紧锣密鼓地上演了。

10 月 14 日，蒋介石招来国民党中的大员孙科、吴铁城等人开会。孙科等人与第三方面的人都有联系。蒋介石责令他们马上行动，发动一场"和平攻势"，动员第三方面的人出山，为重开"和谈"牵线搭桥。

听到蒋介石的召唤，第三方面的人反映不一，少数人认为"和谈"无望，大多数人则持乐观态度，认为和谈有望。经过一番争论，最后一致认为应该抓住机会，为和谈尽一把力，即使和谈已成死马，也要努力把它医活。意见一致，他们就开始行动。

10 月 15 日下午，张君劢、黄炎培、沈钧儒、罗隆基等人一同来到上海周公馆，敦请周恩来回南京，重开和谈。

第三方面对蒋介石的本意是雾里看花，而周恩来对蒋介石的用心是洞若观火。周恩来热情接待了他们，并着重向他们介绍了一年多来和谈的经过，揭露国民党的和平骗局。不过，考虑到第三方面的情绪，对于是否回南京重开谈判，周恩来没有正面表态，既未同意，也未拒绝。

第三方面已经行动起来，当了马前走卒。蒋介石、马歇尔、司徒雷登也从幕后走上前台，抛出了一份以谈判条件为内容的声明，进一步向共产党施压。

声明发表于 10 月 16 日，蒋介石共提出八条，核心内容是两条：一是在华中、华北就地停战；二是在蒋介石下令停战的同时，共产党必须宣布参加国民大会，并交出国大代表名单。蒋介石的这八条，既要求共产党承认他占领解放区的既成事实，又要求共产党承认国民党片面宣布召开的国民大会，这与共产党一贯的原则和立场大相径庭，共产党当然不能答应，照理可以置之不理。

但是，第三方面的人现在兴致勃勃地鼓动和谈，共产党不能不注意自己的策略，免得给蒋介石以可乘之机。

在 10 月 15 日周恩来送走张君劢等人后，就致电延安。他说，目前局势是国民党正在发动和平攻势，而第三方面因怕破裂，也参加了这一和平运动。现在的中心环节是争取第三方面，如能争取民盟全部和大部分不参加"国大"，就是胜利。

第二天，也就是蒋介石的八条公布的当天，周恩来再次致电中央。他说，蒋之八条，我们当然不能接受，但要给第三方面以面子，以免这些朋友对我们产生误解。

中共中央赞同周恩来的意见，认为对蒋介石的和平攻势要主动迎战，如置之不理，就恰好中了蒋介石圈套。因此，在 10 月 18 日，中共中央也发表了一份声明，提出对重开谈判的两条要求，作为对蒋介石和平攻势的回击。

声明强调说：本党为表示最后最大让步计，兹特郑重声明：今日一切会谈如欲其有正式结果，必须承认停战、政协、两协定的神圣效力，即承认恢复 1 月 13 日国共双方军事位置为一切军事商谈准则，承认实行政协一切决议为一切政治商谈的准则。

这份声明与蒋介石的声明针锋相对，水火不容，虽给第三方面的折中没有留下余地，但也同时向第三方面显示：共产党也主张

"和谈"。

　　与此同时，周恩来也准备回南京谈判。他这种明知不可为而为之的行动当然也是策略上的考虑，用周恩来自己的话说：为了使第三方面得到教育，懂得谈判不会有结果，就同意他们的调解。

　　共产党真要"谈"了，蒋介石却又缩了回去。

　　10月21日，按照协议，中共代表及第三方面代表一行十几人由上海飞到南京。

　　他们一下飞机，就受到蒋介石的"亲切"接见，可仅仅8分钟后，蒋介石就走了，他说要去台湾。孙科代表政府参加会谈。

　　第三方面的人心凉了半截，我们来了，周恩来也来了，蒋介石却走了，怎么谈呢？他们都知道，在国民党上层，凡事都由蒋介石拍板，和谈大事孙科能决定吗？

　　第三方面虽受了冷落和戏弄，但既来之，则安之，他们开始忙碌起来，开会商议，探询摸底，多方游说，试图在国共两党中间折中出一条新的道路。

　　然而，一个礼拜过去了，第三方面辛苦的操劳还没多大成效。27日，蒋介石回到南京，这时第三方面还没有一个成型的调解方案，他们都很着急，就委托民盟秘书长梁漱溟执笔尽快起草一个折中方案。

　　梁漱溟的笔挺快，第二天就起草完毕并提交第三方面开会审议。

　　审议的速度比梁漱溟的笔还快，几小时后，方案就被草草通过了。

　　梁漱溟的方案有三条，外加两条补充规定：

　　双方即日下令全国军队各就现地一律停战。关于停战之执行调处及恢复交通办法，由军调处及其执行小组，依据军事三人小组已有之协议处理之，双方军队应以军队整编统编方案处理，其驻地分配，由三人小组协议定之；全国地方政权问题，一律由改组之国民政府委员会，依据政协决议，和平建国纲领之规定解决之，其有争执之地方，并依军民分治之原则，尽先解决；依据政协决议及其程序，首先召集综合小组，商决政府改组问题，一致参加政府；并商决关于国大问题，一致参加国大，同时尽速召开宪草审议委员会，完成宪法修正案。

两条补充规定是：

中共在东北之驻军地点为齐齐哈尔、北安和佳木斯；国民党政府指派县长和警察接收东北各铁路沿线之县政权。

这个折中方案未与共产党、国民党和美国调解人三方中任何一方交换意见，经第三方面全体代表签名后，就被匆匆分送到各方的手中。

28日下午，梁漱溟、李璜、莫德惠三人亲自把给共产党的一份文件送到中共代表团的驻地梅园新村。

梁漱溟掏出文件，不无得意地向周恩来、董必武等人逐条宣讲解释，第一条刚讲完，周恩来的脸上已经充满愤怒和痛苦：

不用再往下讲了！我的心都碎了！怎么国民党压迫我们还不算，你们第三方面也一同压迫我们？今天和平破裂，即先对你们破裂。十年交情从此算完。今天国民党是我的敌人，你们也是我的敌人！

梁漱溟三人面面相觑，他们知道，共产党对他们的折中方案不满。

不用仔细研究就会发现，第三方面的这个折中方案既有失公正，又前后矛盾。

方案第一条，全国军队各就现地一律停战，这不就等于承认国民党军队进占共产党地区的合法地位吗？这明显有利于国民党，而距离中共恢复到1月13日以前的军事位置的要求相距太远。

两条补充规定，第一条仅规定共产党军队的驻地却不限制国民党军的驻地，未免有失公正。第二条，铁路沿线各县本为共产党控制，让蒋介石接收，显然更不合理，而且这明显与第二大条相左。

这种明显有利于国民党，不利于共产党的方案，周恩来听了当然会气愤。

周恩来之所以气愤还有一个原因。那是三天前，在一次座谈中周恩来与梁漱溟等人相约：以后有什么主张和行动，彼此先通通气，免得蒋介石利用第三方面孤立共产党。

梁漱溟在起草方案及分送方案之前，都没有跟周恩来通气。周恩来怎能不气愤？

梁漱溟这时也想起前约，觉得十分理亏，但事已至此，该怎么办呢？他惶然不知所措。

李璜提醒：文件刚送出去，或许还能追回。

梁漱溟赶快找到黄炎培、章伯钧和罗隆基等民盟成员磋商，三人一听原委，齐声赞同：收回、收回！

事不宜迟。黄炎培、李璜、莫德惠、罗隆基四人立即乘车直奔行政院长孙科的公馆。来到公馆门前时，正碰上国民党宣传部长彭学沛从孙公馆走出，罗隆基认识彭学沛，便下车探信儿：

你们的方案很好，我们刚才开会讨论通过了，我们也电话报告了蒋主席，主席也同意。

罗隆基陪着假装高兴，问道：孙院长在家吗？

在，还在，你们要见他就快进去，他就要去见蒋主席了。

罗隆基顾不上再与彭学沛多说，四个人赶快跑进去找孙科。

孙科没问四人的来意，只是夸赞第三方面提出了一个公正合理细致周到的好方案并告诉四人：政府方面刚才开会，已决定接受这一方案，蒋主席也在电话中同意了。

好是好，只是我们粗心，漏抄了一条。黄炎培说道。

漏了哪一条？重要不重要？孙科忙问。

重要，太重要了！黄炎培回答。

到底是什么条文这么重要？孙科追问。

请院长把文件拿来，我告诉你漏了哪一条。黄炎培说。

孙科从口袋中取出文件交给黄炎培。

黄炎培接过文件，一面用手指点，一面不断地说：喏、喏、喏……

孙科见状，以为黄炎培忘记了，便说：你记不清了，就另外补抄一条送来好了。

罗隆基看见不妙，一把从黄炎培手中夺过文件，故作严肃地说：这种既重要又正式的文件怎么能补抄一条呢，还是赶快回家另外誊写一份送来吧！

对，对，还是重誊一份送来好！黄炎培、李璜、莫德惠一齐帮腔道。说完，四人站起来向孙科告辞。

孙科被四人搞得糊里糊涂，不得不站起来送客，嘴里还念叨着：要重抄吗？要重抄吗？

接着，罗隆基又驱车赶到马歇尔的总部。马歇尔没在，第三方面的文件还原封不动地放在秘书桌上。罗隆基没费任何周折便取了回来。

取回的两份文件都交给周恩来过目，周恩来见危机已过，才转怒为笑。

这场事故后，第三方面再也不敢轻易提出什么折中方案了，这实际也就表明第三方面的调解失败。

"庸医"治"死马"，能医活吗？

1946年11月19日，周恩来离开南京回到延安，国共两党的"和谈"宣告结束。作为中间人的马歇尔已经没有什么事可做，照理也应该打道回府了，但他还没走，他认为他还有事做。

马歇尔已经知道自己失败了，只是他还不死心，还想再挣扎几下，期望奇迹在最后时刻出现，期望他主张的和谈能起死回生。

周恩来离开南京前夕与马歇尔的最后一次谈话结束时，马歇尔请求周恩来办一件事。他对周恩来说：希望将军能根据延安的态度正式作出判断，是否明确地希望我个人继续担当目前的角色。

马歇尔是想清楚地知道中共是否还需要他调解。为了使周恩来准确理解他的要求，马歇尔还向周恩来强调解释说：

我请求你和你的同事把这个问题当做纯事务性的问题来看待，而不必想到你们中国人关于面子的考虑。我对面子不关心。我关心的只在于我是否还有通过调解作出某种贡献的可能。

最后，马歇尔更着重强调：我将等待你和延安给我的回答。

周恩来答应了他的要求。

可十多天过去了，马歇尔还没有听到延安的答复。

马歇尔其实也知道延安对他及他的调解工作的态度是什么，可他就是不死心。

对共产党不死心，对国民党也不死心。12 月的头一天，马歇尔又去找蒋介石。

蒋介石答道：将军不应该把自己的使命仅仅局限于在国民政府和中国共产党之间起撮合作用。既然共产党已经表明他们不愿意合作，阁下的任务就应该是促进和发展现政府在中国和远东的稳定。美国政府应该考虑到目前的局势而重新确立其对华政策。

蒋介石这番话的多重含义马歇尔能够听明白：国共合作已到尽头，你不要站在中间调解了，你现在最应该做的是痛痛快快、明明白白地站在我这一边，对付那一边的共产党。

马歇尔意识到，他作为调解人在国民党这边已没有利用的价值了，蒋介石不需要他调解了。谈话也该结束了。

三天后，马歇尔从共产党那边也得到了同样的信息。

马歇尔一直盼着周恩来的正式答复，为此，他一再要求共产党留在南京的人员向周恩来转达他的这种期望。

事实上，共产党根本不会给马歇尔这种正式答复。共产党虽然对马歇尔的调解早就持不信任态度，对他的调解作用也早就失去信心，并从根本上做了否定。但出于策略上的考虑，共产党不愿意公开拒绝马歇尔的调解，因为这样将被美国人和蒋介石抓住把柄，成为他们攻击共产党反对和谈的口实。所以共产党宁愿采取回避的态度。

其实这也足以说明问题了，但马歇尔就是不死心，一再催问。共产党觉得应该让他死心了，就由周恩来给马歇尔发来了一份颇具策略技巧的电文，电文称：

由于一党操纵的国大之召开，政协协议已为蒋介石主席所撕毁无疑，国共两党已无谈判的基础。然为符合全国人民争取和平之愿望，本党主张，如国民党立即解散刻在开会的非法国大，恢复1月13日停战令时之军队原防，则两党可重开谈判。

中共的"要价"还是那么高，一点都没降，重开和谈，可能吗？马歇尔一看就明白：这时的共产党对我们实际上已经远不可及，而且实际上已拒绝了美国的调解。这是他在给杜鲁门报告中讲的话。他还说：重开谈判的前景这时是渺茫的。

既然是渺茫的，那么他的调解也就彻底结束了。

他该走了。

他也下决心要走了。

1946年10月11日，国民党军队进占了解放区政治军事中心之一的张家口，蒋介石被暂时的军事"胜利"冲昏了头脑，遂于当天颁发所谓国民大会召集令。

当晚正式发布了10月12日召开伪国大的命令。国民党中央宣传部部长张道藩还发表了一通谈话，要各党派迅速提交国大代表名单。

共产党对此坚决抵制。11月初，中共驻南京代表团再次指出：国民党单独召开国大，违反政协精神。

梁漱溟的折中方案流产后，实际上已标志着第三方面调解的失败。第三方面的许多代表感到和谈已彻底无望，便纷纷准备动身离开南京。

部分第三方面代表虽然被迫留在南京，但毕竟力竭技穷，再也拿不出什么方案，只好建议国共双方直接商谈。

10月29日晚，国、共两党和第三方面的代表在孙科家里举行了一次非正式会谈。孙科提出先从改组政府入手，一个一个地解决问题，周恩来则主张，首先应延期召开国大，否则什么问题都难以解决。孙科知道蒋介石不会同意国大延期，不敢正面答复周恩来的要求，会晤遂无结果而散。

时间一天天地过去，离国民党宣布的国大开幕日期越来越近。为了给国大的召开制造一点"和平"空气，11月8日蒋介石突然决定颁布停战令，并要求中共派代表参加三人小组会议。

这又是蒋介石的一个新花招，其目的是企图把反对停战、破坏和谈的罪责推给共产党。

周恩来马上作出反应。他表示同意参加非正式的三人小组会议，但同时又郑重声明，国民党如有和平诚意，就必须停开一党包办的国大，并从解放区撤退军队。否则，中共代表团将撤回延安，国民党政府必须承担破坏和谈的责任。

蒋介石当然不会答应。结果，非正式的政协综合小组和非正式的三人小组会议虽然分别在11月10日和11日各举行了一次，但没起到任何作用。

11月15日上午，国民党拉着青年、民社两个小党，总共1381名代表，在南京单独召开了伪国大。这个一党包办的所谓国民大会的揭幕，实际上宣告了抗战结束以来长达15个月的国共和谈从此结束。


### 3. 中共代表团回到延安

11月16日，即"国大"开幕后的第二天，周恩来通知马歇尔，他将返回延安。他对马歇尔说：和谈大门虽然已被国民党关闭，但中共仍将在南京、北平、上海等地留下部分人员，便于今后一旦谈判时有人出面联络。他还告诉马歇尔，董必武将留在南京。

马歇尔虽然感到十分遗憾，但他知道既然"国大"已开，他已没有挽留周恩来的理由。他只是表示，美方愿意为中共人员返回延安提

◎ 1946 年 11 月，周恩来在中外记者招待会上

供飞机。

为了申明共产党的态度、立场，揭露国民党破坏和谈的真相，11 月 16 日下午，周恩来又在梅园新村举行了告别性的中外记者招待会。周恩来首先散发了严厉谴责国民党破坏和谈、违背民意的书面声明。

接着周恩来开始回答中外记者的提问。

周先生认为现在已无可再谈了吗？有记者问道。

是的。一党国大的召开，已把政协决议破坏无遗，政协以来的和谈大门已被最后关闭。周恩来平静而又肯定地回答道。

周恩来与记者一问一答道：

周先生何日回延安？何人同行？

两三天内。为政协而来的代表团将同行。但京沪两办事处，仍将保留，由董必武及钱之光两同志主持。

周先生何时回京？

现在还没有想到这个问题，不过我相信，总有一天。周恩来的语气仍然十分肯定。

记者们特别关心战场形势。一个记者问道：延安附近地区的军事状况如何？

周恩来指着地图告诉记者们，国民党政府已在延安附近集结了大批兵力，有可能先对延安作试探性进攻，不久之后，将大举进犯。他还指着地图上代表解放区边界的蓝线说：

我们一直是在自己区域内实行自卫。但假如政府继续进攻，特别是进攻中共和解放区的中心延安，那就逼得我们从蓝线里打出来，那就是全国变动的局面。

假如国大通过对中共下讨伐令，中共将何以自处？记者们继续问道。

周恩来微微一笑，坦然回答说：那又有什么不同呢？早就在打了。抗战前十年内战，抗战中八年摩擦，胜利后一年纠纷，都经历过了。再打二十年还是如此。我们还是要为人民服务的。只要不背叛人民，依靠人民，我们在中国的土地上一定会有出路的。说到这里，他将目光转向提问者，继续说：假如你是替我们担心的话，我可以告诉你，不要紧的。会场上所有的人听了都笑了起来。

又有记者问：假如国际干涉，中共采取什么态度？

如果是武装干涉，不论来自何方，我们一概反对。如果善意调解，我们都愿考虑。周恩来的回答仍是不卑不亢，义正词严。

记者们知道，这是周恩来在国民党统治区的最后一次招待会了，因而提的问题特别多，一个接着一个。周恩来也始终耐心予以解答。招待会结束了，很多记者不愿离去，纷纷请周恩来签名题字。周恩来满足了他们的要求，他写道：为真民主真和平而奋斗到底！

11月19日，周恩来率中共代表团一行10余人，乘坐马歇尔提供的美军专机，辞别南京，飞回延安。

周恩来走了，对国共一年来的谈判，特别是对1946年下半年以来的和谈，他在事后总结说：

7月以来的谈判的本身不会有什么结果，但马歇尔、蒋介石还在欺骗。假如那时我们不谈就会孤立，因为人民不了解，我们只有在国大开了之后才能走，一定要在第三个阶段结束后才能走，这样才能完成教育人民的一课。

12月25日，制宪国大通过《中华民国宪法草案》，决定于1947年元旦公布宪法。

12月31日，民主建国会、民主促进会、九三学社等11个人民团体，也发表联合声明，坚决反对和否认国民党的一党宪法。

蒋介石军事进攻的同时，并未放弃政治欺骗。

马歇尔离开没几天，蒋介石把张治中请到了黄浦路官邸。

张治中是力主和谈的重要人物，曾三次到延安负责与共产党联络。但从 1946 年 4 月东北大打开始，蒋介石已无和谈之心，张治中也因此被搁在一边，不再参与和谈之事。

现在，张治中突然被召见，他预感到应该是有关与共产党方面的关系问题。果然不错，蒋介石提出：现在大家都希望你再到延安去一趟，怎么样？

张治中知道，由于国民党奉行武力政策，和谈之路已不通，另一个重庆谈判的可能性微乎其微。因此，在思想上、情绪上，他都很消极。不过，他是非常希望恢复和谈的，不管前景如何，他觉得都应该去试一试。

原来就在马歇尔离开中国的第二天，蒋介石便授意国民党中宣部声明：政府愿同中共重开谈判，讨论一个停止冲突和改组政府的全面计划。与此同时，他又让当时担任立法院长的孙科出面发表一项声明，呼吁包括中共在内的各党派举行一次圆桌会议，以解决彼此间存在的分歧。

就这样，新的和平攻势在紧锣密鼓中开始了。在前台表演的是国民党中宣部长彭学沛和立法院长孙科，在后台导演的则是蒋介石本人。

共产党的反应十分冷淡。延安没有立即发表公开评论，仅由中共驻南京代表团的发言人出面表态：除非国民党政府接受中共两点要求，否则就没有什么可谈。在这种情况下，蒋介石一面召见张治中，要他准备去延安，一面请求美国驻华大使司徒雷登帮忙。

1947 年 1 月 15 日，蒋介石在会见司徒雷登时，正式请求他与中共留驻南京的代表接触，询问延安是否愿意邀请一个政府代表团去访问，商讨和平统一大计。他还告诉司徒雷登，政府领导人已经讨论了与中共重开谈判的办法。

1 月 16 日，根据蒋介石的要求，司徒雷登向中共驻南京代表团正式转达了蒋介石的询问。司徒雷登同时声明，他的作用仅仅是充当转达意见的中介，而不是直接的参加者。美国大使的这一表白，说明美国人不再和过去一样充当调解人。

同一天，未等共产党答复，彭学沛又在记者招待会上宣布了国民党政府将派一个和平代表团前往延安的计划及对国共重开谈判的希望。看来，国民党想以此在舆论上先声夺人，占据主动，逼迫共产党接受他们的建议。

1 月 18 日，中共代表拜会司徒雷登大使，向他递交了延安对国民党询问的正式答复，答复简要而又明确：

如果答应原先提出的两项条件，和谈即可在南京恢复，否则，派代表团前往延安也无济于事。

两项条件是：军队配置如 1946 年 1 月 13 日的状态；废除国民大会制定的宪法。

蒋介石绝对不可能接受共产党的两项条件。因为对他来说，一旦接受这两项条件，就意味着他费尽心机从共产党和解放区军民手中抢占到的成果将付诸东流。蒋介石无论如何是不会这样干的。

但是，让骗局草草收场，蒋介石又不甘心。于是，1 月 20 日，他又指示彭学沛以国民党中央宣传部的名义发表声明，为他的和谈骗局辩护，并发出再次呼吁。

这个声明除了大耍颠倒黑白的惯技，把国民党扮成"和平的天使"，把共产党说成是"反对和平的罪人"外，便是公开地拒绝共产党的两项条件，并为此进行狡辩。

声明说：共产党仍以恢复 1946 年 1 月 13 日以前军事位置，及取消国民大会所制定之宪法为先决条件。殊不知 1946 年 1 月 13 日以前军事位置，因越时经年，彼此位置变更甚大，而且政府已经收复之地区如一经撤退，则该区人民之生命财产即无所依托。至于国民大会，决非中共所称系为国民党一党包办者。所通过之宪法，亦即根据共产党和各党派共同参加之政协所协议之原则，及宪草审议会根据该项原则所制成之宪法草案，中共实无理由可以反对。

最后，声明还公布了蒋介石原先不愿说出的四点方案，表示要以此方案为依据，与中共继续商谈。

为了给蒋介石和谈骗局以最后的一击，六天之后，延安亦以中共中央宣传部部长陆定一的名义发表了一个声明。

陆定一在1月26日的声明中，一开头先对国民党中宣部的声明作了评论，他说：国民党中央宣传部声明的全部内容，是拒绝中共恢复和谈的两个条件，即拒绝取消蒋介石伪宪与恢复去年1月13日军事位置，而提出所谓和平方案四条。就蒋介石这一行动本身来看，就知道所谓和谈，完全是欺骗。

接着，陆定一针对国民党为拒绝中共两项条件而提出的歪理，毫不含糊地予以批驳。

陆定一还阐述了中共方面提出两项先决条件的原因和中共坚定的立场、态度。

陆定一最后说：我们不要民族统一、国内和平与民主自由则已，如果还要独立、和平、民主，则一定要蒋介石实现取消伪宪与恢复去年1月13日军事位置两条，不达目的决不能休止，一切欺骗都是无用的。现在蒋介石既然拒绝这两条，悍然提出欺骗的和平方案来对抗，则一切后果，当然由蒋介石负责。

陆定一的这个声明，就像一把利剑，把蒋介石辛辛苦苦策划起来的"和谈"骗局，捅了个底朝天；又像一枚重磅炸弹，把蒋介石费了九牛二虎之力，好不容易发动起来的"和平攻势"，一下子炸飞了。

蒋介石见和平骗局又遭破产，决意彻底破裂与中共的关系，一心一意放手打仗。于是，和谈之门被关死了，共产党驻南京、上海、重庆的机关和人员，被驱赶限期撤回延安。

共产党驻国统区的代表团，在周恩来返回延安后，由董必武、吴玉章领导，遵照党中央的指示：坚持不撤，非赶不走。这样，一可在蒋管区公开宣传我党争取和平、民主、团结的一贯主张，揭露蒋家王朝决心内战的罪行，团结更多的群众；二可进一步暴露蒋介石破坏和平的真面目，如果他公开赶中共代表团，他就要负关死和平谈判大门的责任。

2月底，国民党在做好重点进攻延安的准备后，蛮横地通知中共代表团全部撤离，并声称：以后如发现中共党员，即作为匪徒间谍治罪。他们开始以口头通知，遭我代表团严词拒绝，后来他们发出了书面通知，中共代表团就抓住其文字凭证并公之于中外记者。

首先发出驱逐令的是陪都重庆。

2月27日夜间7时，重庆警备司令部孔元良送达中共驻渝代表吴玉章指令，限令中共在渝人员及其眷属于3月5日前一律撤离重庆，并限于2月28日3时起停止一切活动，必须在28日正午12时前在曾家岩22号及化龙桥新村76号两处集合完毕，并要所属中共机关报《新华日报》之成员将其一切电台、机件、器材自行分别造册，由司令部暂代为保管。

接着，南京卫戍区司令部致中共南京联络处代表电：梅园新村17号中共南京联络处及代表周公鉴：自贵党拒绝和谈关闭和谈之门，贵党军队公开在各地进兵，处处攻击国军，而贵党人员又在各处散布谣言鼓动变乱，本部为维持地方治安，请贵处将留居本市人员于本年3月5日前全部撤退，并将驻京人员姓名、性别、年龄、籍贯、职务，造名册送往司令部，以便护送离境，特此电达及系！

上海淞沪警备司令部28日致电中共上海办事处：查该处拒绝和平谈判，制造内乱，复在本市煽动风潮，组织暴动，本部为确保治安，兹将通知该党在沪人员，限于3月5日前全部撤退，所有撤退人员及其眷属限于 3 月 5 日前开名单送部核办。

都是一个腔调：拒绝和谈，制造内乱，为确保治安，令其撤退。都是同样的时间：3 月 5 日之前。

中共代表只好从各地收拾行装回延安。

此前，2 月 21 日，国民党还迫使中共北平军事调处执行部的代表叶剑英等撤回延安。同时，还强行封闭了中国共产党在国统区出版的唯一报纸《新华日报》。

对这一情况，共产党解放区报纸作了如下证实：

晋冀鲁豫《人民日报》2 月 21 日讯：

军调部我方最后一批人员薛子正、徐冰、黄华等人，由叶剑英率领，在美方人员马丁上校的陪同下从北平回到延安……

《解放日报》3 月 7 日讯：

中共留京沪工作人员董必武、华岗、潘梓年、王炳南、梅益、陈家康等 74 人及留渝部分同志，乘飞机撤退回延安……

《解放日报》3 月 9 日讯：

被迫撤走的中共留渝工作人员吴玉章、张友渔、何其芳等一行乘飞机返回延安……

1936 年西安事变发生后，中国共产党以民族利益为重，多方奔走，从中斡旋，迫使蒋介石停止内战，一致抗日，从而促进了国共合作。自此，共产党人便不遗余力地抗日救国，为统一战线而努力。这些和平的使者们，长期战斗在国统区，为和平、统一、民主而委曲求全，殚精竭虑，还常常遭到国民党特务的跟踪、盯梢、逮捕和暗杀。

今日，蒋介石竟将破坏和谈的罪名强加于他们，并且公然明令驱赶。

中共代表团离开南京那天，在南京的各民主党派负责人、友好人士、新闻记者都赶往机场送行。在机场上，董必武发表了书面讲话：

必武等今日被迫离此，感慨莫名。十年来，从未断绝之国共联系，今日已为国民党好战分子一手割断矣！彼等此一举动，显然企图配合政府之改组，俾求得美国政府公开的大量援助，借以鼓励前方颓落之士气，镇定后方动摇之人心，似亦认为不妨一试。内战显将继续，人民之灾祸必将更大更深。然而此种以千百万人性命之赌注之极大冒险，因其违反全体爱好和平人民之愿望，终必失败无疑。好战分子行将自食恶果。彼等中外友人亦将后悔莫及。目前虽战祸蔓延，我们中共党员仍将一本初衷，竭力为和平民主奋斗到底。当此握别之际，必武等愿以此与全国一切爱好和平民主人士共勉。

就这样，蒋介石以一纸驱逐令和进攻延安的隆隆炮声，宣告中国国民党与中国共产党彻底决裂，至此，国共之间的第二次合作宣告彻底完结。

第二次国共合作落下帷幕。

## 二、和谈是李宗仁的牌

共产党军队的进攻势如破竹，素怀问鼎之志的桂系又来逼宫，蒋介石抓耳挠腮，被迫又玩起了"下野"的把戏。李宗仁的"上台"并不能收拾国民党政府破败不堪的残局。蒋介石在溪口进行遥控，李宗仁左右为难，终于打出了与中共"和谈"这张牌，让"上海人民和平代表团"赴北平以造和平声势。

### 1. 李济深给白崇禧一封密信

国共谈判破裂，但蒋介石却在战场上连连败北。美国人决定换马，李宗仁代替了蒋介石，又打出了和谈的牌。在国民党、李宗仁、共产党、中间势力之间有一个神秘的穿梭人物，他就是桂系的立法委员黄启汉，他最近披露了许多北平和谈的秘事：1948年底，李济深让黄给李宗仁、白崇禧转一封信，让他们与美蒋分手，与共产党合作。开始，李、白未置可否。后来，李、白觉得此机可用，便派黄启汉左右联系，并一度接受包括惩办战争罪犯在内的中共八项和谈条件，其目的有二：一是拖延时间，延缓中共渡江；二是利用惩办罪犯一条逼蒋出国，以便桂系一统天下。这就是李宗仁和谈有腹稿，这是一条缓兵之计。

1948年12月22日，他找到桂系立法委员黄启汉，对他说，李济深曾写过信托人带给李宗仁和白崇禧劝他们认清形势，同蒋介石决裂，向人民靠拢，但均未得复音，也不知道他们收到信否。李问黄启汉可不可以带他的一封信到武汉去见白崇禧，争取他起义。黄启汉听了很高兴，立即答应愿意去试一试。李济深当即拿出一小块白绫条子，上面写好了他给白崇禧的亲笔信，嘱咐黄启汉妥为收藏带去。此时，白是国民党华中军政长官，在武汉一带指挥着第一兵团陈明仁、第三兵团张淦、第十兵团徐启明、第十一兵团鲁道源及第十四兵团宋希濂等部队共40多万人。李济深写给白崇禧的亲笔信原文如下：

健生吾兄勋鉴：

革命进展至此，似不应有所徘徊观望之余地，放下屠刀，立地成佛，至所望于故人耳。革命原是一家，革命者不怕革命者，望站在国民党革命委员会立场，依反帝、反封建、反官僚资本主义、反独裁、反戡乱主张，赞成开新政治协商会议，组织联合政府，立即行动，号召全国化干戈为玉帛，其功不在先哲蔡松坡之下也。详情托黄启汉面陈。

专此即颂筹祺。

弟李济深上

12 月 22 日

此外，李济深还和黄启汉讲了许多道理，要黄启汉转告白崇禧。黄启汉和李告别后，一面收拾行装和办理一些业务结束手续，一面去函给白崇禧，告知有要事将去武汉见他。

1949 年 1 月中旬，黄启汉得白崇禧复信表示欢迎他去。与此同时，黄绍竑忽然到了香港，他向黄启汉和黎蒙（桂系在香港办的《珠江日报》社长）打听李济深的行踪，而这时李已从香港坐船去华北了。黄很失望，但他并没有告诉黄启汉他来香港找李济深的目的。黄启汉也没有告诉他关于李写信要黄带给白崇禧的事情。

黄启汉于 1 月 15 日到广州，19 日到汉口。这时候，中国人民解放军已在淮海战役、平津战役中取得了震惊中外的决定性的胜利，国民党政权摇摇欲坠。白崇禧见到黄启汉带来李济深的信，喜出望外。他吩咐黄启汉，对任何人都不要透露这封信的事情，黄启汉唯唯诺诺。实际上，在车过衡阳的时候，黄启汉碰见李任仁从桂林来，转车去武汉，他说是应白崇禧的电召去商量要事的，黄启汉估计一定是白叫他去商讨时局问题，同时黄启汉相信李任仁是赞成李济深之主张的，所以黄启汉悄悄地把李济深写给白崇禧的密信让他看了。

黄启汉对白崇禧说，根据任公（即李济深）和黄启汉在香港谈话时的分析，蒋介石败局已定。中华民族已到一个新的历史转折关头。何去何从，对于这个问题，不能不进行认真、严肃、慎重的考虑。白频频点头表示对此无异议。黄启汉继续告诉白，任公说他自己并不懂得什么是共产主义、社会主义，但他相信共产党、毛泽东是真正为国

◎ 白崇禧

家民族、为人民谋利益的，一切稍稍具有一点正义感、民族感的人，都应该赞同和掩护他们；何况蒋介石统治中国二十多年，已经把国家弄得一团糟，凡是有志之士无不痛心疾首，如今蒋介石即将彻底垮台，谁还再跟他走，那是再愚蠢不过了。也许有人以为过去曾经反过共产党，现在怎么能够合得来？任公说，过去是过去了，历史是向前发展的，我们也要向前看，莫要向后看。任公说到他自己，不是也反对过共产党吗？但此一时彼一时也。过去不认识，今天认识了，只要现在我们所作所为，有利于人民，有利于建立一个独立自主的富强的新中国，就会化敌为友。

白崇禧对黄启汉说，任公讲得都很对，自从东北战事失利，继之徐州告急以后，他早已看出这个仗再也打不下去了，故已电蒋施加压力，要求停止作战，和平解决国共问题。同时，湖北、河南等省参议会也发出了电报要求和谈。他说：我要季宽（即黄绍竑）去香港，就是想请任公来武汉，主持大计。原来白崇禧于1月中叫黄绍竑带着港币7万元（这笔钱是由广西省政府驻粤办事处主任阚家骅交给黄的）去香港活动，想挟持李济深到武汉来举起国民党革命委员会的旗帜，"联共"反蒋。由于黄绍竑到香港扑了个空，白的这个计划没能实现。现在他看了李济深叫黄启汉带来的密信和口信，又泛起了一线希望，所以他很高兴。他再三嘱咐黄启汉要保密，叫黄启汉暂时少露面。

这时，报纸上已发表了毛泽东1月14日《关于时局的声明》，提出 8 项条件，作为和平谈判的基础。20 日晚上，白崇禧召集一些人在汉口三元里他的办公室密谈。参加这次密谈的有李品仙（华中"剿总"副总司令）、夏威（第八绥靖区司令官）、李任仁（立法委员）、刘斐（刚辞职不久的国民党军委参谋次长）、徐祖贻（"剿总"参谋长）、韦永成（立法委员）和程思远等七八个人。散会后，虽已深夜了，白崇禧到黄启汉的卧室来，问黄的感冒好一点吗？黄说，好了，没有什么了。白就对黄说道：自从我们发给蒋电，主张和平解决国共问题后，蒋很恼火，这一回势必和他闹翻了，而现在我们和共产党还没有取得联系；李任公又北上去了，怎么办呢？当前最迫切的问题，就是必须尽快和共产党取得联系，我想请你和一位老先生（即李书城）到信阳转赴前方，去和中共接头。第一步先搭上一条线，以后好联络。黄启汉问他，我去到那里，讲些什么呢？他说：你只讲我们主张停止内战，恢复和平谈判解决问题，先彼此联系就是了。到那里以后，看情况，如交通许可，可以到北方去找周（恩来）和叶（剑英），也顺便打听李任公。黄启汉答应接受这个任务。

次日（21 日）上午，李书城果然来了，白介绍李、黄认识，并对黄说，他已经吩咐徐参谋长为他们准备车辆和其他事项，明天准备好了就动身。

当天下午，白收到了蒋介石"引退"、以李宗仁为代总统的通电；晚上，白又收到蒋从溪口专门发给他的一封电报，说什么数十年袍泽，同生死，共患难，临去不胜依依的话。白看了嗤之以鼻，要黄启汉随便拟个复电给他，敷衍一番。接着，白在他的办公室继续邀约参加昨夜密谈的那几个人来密商，黄启汉也在座。白说：老蒋干不下去了，要德公作挡箭牌，看样子他还要在幕后控制，但事已至此，只好全力支持德公，早日实现停战和谈。

李任仁提出要对毛泽东提出的 8 项条件表明态度，并主张华中 5 省先停止征兵征粮，以示要求和谈的诚意。白恶狠狠地盯了李一眼说：

还未开始谈，怎么能够停止征兵征粮呢？万一谈不成，又怎么办呢？李不敢再说。过一会儿，李品仙说，还是看看 8 项条件吧。于是话题就转到集中研究毛泽东捉出的和谈 8 项条件。但事实上，并没有逐条认真考虑，却纠缠在第一条，即对惩办战犯这一条，有所争论。白崇禧和李品仙认为这条不能接受。白说：惩办战犯等于把我们一网打尽，这怎么受得了？李任仁说：惩办战犯问题，无非是明确战争责任的问题。讲到个人，只要促成和谈，实现和平、民主、统一，就可以从战犯变为功臣。

白听了还是不同意，他针对李任仁的话说：这是我们自己这样讲的，哪个能保证？刘斐说：重老（即李任仁）说的还是对的。如果只同意七条，不同意第一条，显然会给人看出是因为你自己的名字也在战犯之列的关系，这就太不漂亮了。黄启汉补充一句说：如果不是完全同意八项条件为谈判基础，根本就不可能进行和谈。夏威、韦永成也说，看来不同意也得要同意了。最后，白崇禧勉强同意接受包括第一条在内的八项条件为和谈基础。他当即要黄启汉写了一篇简短的谈话稿，派人连夜送给武汉各报纸在第二天发表。散会时，他把黄启汉留下来，对他说：既然蒋已引退，德公当了代总统，那就不必去信阳前方找关系了，可以从南京飞北平，也许能更直接和更快地找到共产党联系。白崇禧决定明天派一架飞机送黄启汉到南京去见李宗仁，并亲自打电话告诉李。黄启汉表示听从他的安排。

第二天一早，黄启汉来到白崇禧的办公室，希望他对自己此行的任务，讲得具体一点；同时，黄想再摸他的底，究竟他对和谈有多大诚意，有什么具体打算。但白对黄说的还是昨天深夜说的那几句：先去和共产党取得联系，表示希望就地停战，及早开始和谈。不过他也流露出希望解放军不要过江，以长江为界，暂时南北分治的想法。他又强调还是要找到李济深，希望李能到武汉来共商大计，他随后拿起毛笔来给李写复信，要黄启汉带去当面交给李。原文如下：

任公赐鉴：

启汉同志带来手示，语重心长，至深感奋。禧对于革委会反帝、反封建、反独裁、反官僚资本等革命主张，素表赞同，建立真正民主和平之中国，尤早具决心，只以过去处境困难，未能完成志愿。去岁华中军民曾数以坚强语气电蒋建议和平停战，并请其早日引退，以谢国人，旋更联络各方施以压力，以扫除和平之障碍。兹蒋已去位，德公承认艰危，决以最诚恳态度与中共进行和平谈判，以坚确决心，扫除独裁祸根，将来国是全由国人公意抉择。务恳我公鼎力及革委会诸同志，早日莅临武汉或南京，指导一切。余托启汉同志面报，此颂崇安。

白崇禧手敬启

1 月 22 日

另外，他又在信笺上端，加注中共 8 项条文，禧已有表示可以商谈等字。

22 日下午，黄启汉从汉口坐飞机到南京。行前，白崇禧要黄对李宗仁说，要注意防备蒋介石幕后捣蛋，最好请他国外走走；又说，孙科和我们也不合作的，这个问题必须注意。

当天下午，黄启汉到南京见李宗仁。晚上，李宗仁约黄和刘仲华（山西人，据说参加过共产党，抗战时期，一直给李宗仁当参议）在他房间谈话。他表现心头沉重，情绪不安，对黄和刘仲华略略讲了一些关于蒋介石决定"引退"，要他做"代总统"的经过。接着他说：当前最迫切的事情就是要和共产党取得联系，要求解放军停止进攻。他说，他已经由空军派定了一架飞机，明天就把黄和刘仲华送去北平。当时平津战役基本结束，守卫北平的国民党军，在傅作义率领下接受和平改编，北平和平解放的局面已定，只是解放军尚未进城而已。李宗仁就是要黄启汉和刘仲华趁着北平和平解放，去见中共中央的领导人，表示"求和诚意",要求共产党在军事上停止进攻,及早开始和谈。李说,他愿意接受毛泽东提出的 8 项条件作为谈判基础。当时,黄信以为真,感到很兴奋,并把李济深写信给白崇禧以及白在汉口和黄讲的话转告李。他说,他也要写一封信交黄带给李济深,希望李济深从旁协助。他吩咐秘书起草一封写给傅作义的信,肯定傅接受和平改编做得对。也希望傅支持他搞好"和谈"。他亲笔写给李济深的信原文如下:

任潮吾兄勋鉴:

去岁迭奉惠书,弟因处境困难,未获裁复,实深抱歉。然对或兄反独裁、反封建之主张则极表同情。兹者蒋已引退,弟勉支危局,愿以最大努力促和平之实现,中共方面亦已表示愿商谈。除由政府派定人员与中共进行和谈外,兹派黄启汉同志趋前承教,甚盼和平能早日实现,弟亦得早卸仔肩也。未尽之怀,统由启汉同志面陈。

专此敬候勋安。

弟李宗仁敬启

1 月 22 日

在言谈中,黄启汉看出李宗仁心情焦急。他最怕解放军继续前进,动摇他在南京的地位,那就连"和谈"都不能"谈"了。他再三嘱咐,要求中共中央体谅他的处境,暂时停止军事进攻。

1949 年 1 月 23 日下午,黄启汉和刘仲华乘坐一架军用运输机到达北平。当时守卫北平的国民党已在傅作义将军率领下,接受中国人民解放军的和平改编,但解放军还未进城。黄启汉一行乘坐的飞机在城内东单附近广场降落,傅作义派车来接,并安排黄启汉在北京饭店暂住。当天他请黄启汉一行吃晚饭,黄启汉把李宗仁的信交给他,并说明此行任务。傅对李宗仁来信肯定他接受和平改编做得对,当即表现很高兴，答应帮助和解放军联系。

25 日，原北平市长何思源，请黄和刘仲华吃饭，同席的有北大教授钱端升等人。席间，他们介绍了北平接受和平解放的情形。黄启汉一行都为这座历史古城不为战争所损坏感到高兴。

27 日，徐冰进城来接黄启汉和刘仲华到颐和园。当晚，受到叶剑英的接见。抗战时期，黄在武汉、重庆各地多次见过叶剑英，这次被接见更使黄感到亲切，喜出望外。黄启汉首先向叶剑英表明其态度，说他虽然是李宗仁派来的，但他还是要站在人民这一边的，绝对不做不利于人民的事。接着，他把白崇禧在汉口、李宗仁在南京对其讲过的话以及他所知道的有关武汉、南京的情况向叶作了反映，并把李宗仁和白崇禧写给李济深的两封信，统统交给了叶剑英。叶剑英很耐心地听了他的汇报。将近 11 点钟的时候，叶说：夜深了，先休息吧，明天再谈。

第二天，叶剑英设午宴招待黄启汉和刘仲华，席间有徐冰、莫文骅等人。饭后，叶剑英对黄启汉和刘仲华谈了一番话。他首先表示欢迎他们两人的到来，并希望以后继续联系。接着，他严肃地指出，自从日本投降以来，毛主席和中国共产党即尽一切努力，防止内战，要求巩固国内团结，保证国内和平，实现民主，改善民主，以便在和平民主团结的基础上，实现全国的统一，建设独立自由与富强的新中国。为此，1945 年 8 月，毛主席在周恩来陪同下，亲自到重庆和蒋介石谈判，后签订了国共两党《会议纪要》即《双十协定》；1946 年 1 月，又在有国共两党和其他民主党派参加的政治协商会议上，通过一系列有利于和平民主的决议，并签订了国共两党的《停战协定》，发布了停战令。但是这些协议和停战令墨迹未干，就一件件被蒋介石撕碎了。蒋介石以为有美帝做靠山，美援无穷无尽；以为他有数百万美式装备的军了，就可以横行全国；他还以为中国人民解放军只有小米加步枪，"不堪一击"，他狂妄地认为可以在 3 个月至 6 个月的时间内，消灭全部解放军。于是蒋介石就以 1946 年 6 月 26 日大举围攻中原解放军为起点，发动了向解放区的全面进攻。中国共产党为了保卫抗战胜利果实，保卫民族的生存和人民的民主权利，不得不坚决地给将军狠狠地反击。现在解放军经过两年多来的战斗，特别是经过辽沈、淮海、平津三大战役，已经把国民党军队的主力歼灭，剩下也不多了，这就迫使他又装出要"和谈"的样子，并退居幕后，让李宗仁出来在台前周旋。今天我们已有足够的力量可以完全、彻底粉碎蒋介石的残余势力，全国的解放，指日可待。但为了迅速结束战争，减少人民的痛苦，毛主席已发声明在 8 项条件的基础之上，愿意和国民党南京政府及其他任何国民党地方政府和军事集团进行和平谈判。古云：识时务者为俊杰。在这伟大的历史转折关头，谁能认清形势，顺应潮流，向人民靠拢，前途就是光明的。叶剑英同志还对黄启汉和刘仲华说：我们首先欢迎你们两位到我们这边来。

叶剑英讲完后，黄启汉激动地感谢他对自己的关怀，并向他表示决心，不论如何，他一定投靠人民。当天下午，黄告别回到城内。29 日上午，在傅作义的安排下，黄启汉一行搭国民党空军最后一架撤离北平的飞机回南京（刘仲华暂时留在北平）。黄被带到机场旁边的一个机关办公室里闷坐，没有什么人来理睬，一直到下午 2 时许，才被送上另一架专机飞回南京。

## 2. "上海人民和平代表团"赴平始末

到南京后，黄启汉立即去见李宗仁，向他汇报在北平见到叶剑英以及谈话的详细内容。李很高兴，说道：总算很快就搭上了关系。但他问及关于他要求解放军停止进攻的问题，黄说：这个问题叶参谋长（即叶剑英）只答应向中共中央反映。李听了似乎有点失望。黄说：两军对垒，尚未达成任何协议，就单方面要对方停止军事进攻，这本来是不合情理的，叶参谋长不当面驳斥我们，已经是很客气的了。黄请李认真考虑叶剑英的话，并向李指出，如全面和谈不成，我们自己（指桂系）要有个打算。他说，现在先力争全面和谈，且不考虑别的。

就在黄启汉从北平回到南京的几天里，连续发生了几件事情。

第一件事，就是甘介侯出谋献策，并负责筹备组织一个"上海人民和平代表团"，准备日内去北平呼吁"和平"。黄问李宗仁这个代表团去的目的、作用是什么？它又不能代表政府和双方具体谈判。李说，他们去就是"敲和平之门"嘛。当时，甘介侯和邵力子在座。甘介侯得意洋洋地向李宗仁表功，说："上海人民和平代表团"已经筹备就绪，代表人选是颜惠庆、章士钊、邵力子、江庸和他自己，准备2月初去。

黄再次提出"代表团"去的目的何在？说是去"敲和平之门"，事实上，"和平之门"是开着的，根本不需要敲。甘介侯抢着说，我们来一个"宣传攻势"，制造舆论，对促进和谈是大有好处的。黄说，这有点近于虚张声势，不是诚心诚意为和平的应有态度。邵力子似乎同意黄的看法，他简单地说：不去也可以。最后，李宗仁说：还是让代表团去吧，至少没有什么妨碍。于是甘介侯忙着准备一切，在南京和上海之间，飞来飞去。

第二件事是李宗仁于2月1日电台湾省主席陈诚，要他释放囚禁在台北的张学良。2日，陈诚复电，一句话也不提及释放张学良事，却请李派程思远去台北面商。4日，程到台北见陈诚。陈竟当面责备李宗仁未经国民党中常委和行政院讨论，即宣布接受毛泽东提出的8项条件为和谈基础是非法的。关于释放张学良问题，他说张学良现关押于新竹，归保密局负责，他不能过问。10日，程思远从台北回南京，把陈诚的话转达给李宗仁。李听后，很恼火，但也无可奈何。

第三件事是国民党行政院长孙科，未经李宗仁同意就于2月7日把行政院迁往广州，孙本人也跟着去广州。李宗仁认定孙科此举，必得蒋介石幕后支持，甚为愤慨。李宗仁感到他处境孤立，想求助于社会贤达，这也是他赞成甘介侯搞和平代表团去北平的原因之一。甘介侯原想借此捞取政治资本，想不到就在代表团准备启程的前几天，新华社从北平广播出一则电讯，声明人民的北平，绝不允许帝国主义的走狗甘介侯插足（大意如此），这无异给甘介侯当头一棒。李宗仁无奈，只好要黄替代甘介侯，陪同颜、章、邵、江等四位老先生去北平。黄对李说，如果只是以"上海人民和平代表团"作了幌子，此去实在没有多大意思，敬请他考虑另派别人，不必要他去。李说他准备要黄带些口信给叶剑英，而且要黄去了之后就留在北平担任联络工作。于是黄接受了李交代的任务后到上海去准备行程。

上海人民和平代表团一行定于2月23日从上海起飞去北平。起飞前两天，李宗仁来到上海，除分访颜惠庆、章士钊、邵力子、江庸诸人外，并和黄启汉在霞飞路（即现在的淮海中路）1105号谈话。他要黄带给毛泽东一封信，并要黄口头向叶剑英或其他中共领导人转达以下6点意思：

（1）希望能实现全面和平，倘有局部人反对，再合力以政治军事力量对付之；（2）和谈以毛主席提出的8项原则为基础，但战犯问题之处理，最好留待新政府成立之后；（3）绝不期望以外援进行内战，只要答应进行和谈，可作公开声明；（4）希望能及早派定代表，开始商讨和平方案；（5）对蒋介石本人，如认为他留在国内于和谈有碍，可提出使之出国；（6）对国际关系，希望中国成为美苏友好关系的桥梁，不希望依附一国反对另一国，美苏两国的友谊，均须争取。

李宗仁要黄把这几条意见用笔记下来，再三嘱咐务必转达勿误。李还要他的机要科编了一本专用电报密码给黄，并把设在他"官邸"的电台呼号抄来，要黄向中共方面提出，允许黄在北平设立一个电台作为和他通讯之用。

2月13日上午10时许，黄随同"上海人民和平代表团"从龙华机场起飞。飞机上除颜惠庆、章士钊、江庸、邵力子4位老人和黄以外，还有负责联系南北通航的金山以及4位老人的秘书潘伯鹰、张丰

◎ 1949年2月，周恩来和邵力子、颜惠庆

胄等人；刘仲华的爱人及3个儿女和黄启汉爱人李素平也同行。当天飞机到青岛，住了一夜。14日到北平，在六国饭店住下。当晚，叶剑英单独接见黄启汉。黄把李宗仁写给毛泽东的信请他转交，并把李对黄讲的话以及他这次组织"上海人民和平代表团"来的内幕，向他作了汇报，至于李给毛泽东的信的内容，主要是表白他要求早日和谈，实现和平的愿望，并介绍4位老人前来请教等语。

第二天，叶剑英到六国饭店来会见"上海人民和平代表团"的4位老人，对他们此来表示欢迎，并和他们进行了友好的谈话。下午，叶剑英（当时是北平军事管制委员会主任委员兼北平市长）设宴招待4位老人以及和他们同机来的人员。出席宴会的还有董必武和罗荣桓、聂荣臻、薄一波等人；傅作义、邓宝珊也被邀参加。此后，叶剑英分别和颜惠庆、章士钊、邵力子、江庸4位老人个别谈话。

20日，中共北平市委在北京饭店举行盛大宴会，出席大会的有党政军负责人、工农兵代表、知识分子和爱国民主人士共400余人。"上海人民和平代表团"全体人员也被邀参加。会上，叶剑英作了重要讲话，大意是说，和平、民主、统一建设新中国，这是一种天津方式，就是以人民的武装力量，粉碎负隅顽抗的反动军队，扫除和平民主统一的障碍，在这方面，中国人民解放军完全具有足够的力量可以胜任。

另一种是北平方式，就是通过谈判，和平解决问题。叶剑英指出，从我们的愿望来说，希望用北平方式，可以减少人民的损失，但这取决于国民党是否以民族利益为重，以人民利益为重，改弦易辙，放下屠刀，立地成佛。傅作义将军能做到的事，别人也应该能做得到。

散会前，叶剑英告诉黄启汉，毛泽东准备到石家庄接见4位老人，他希望黄和刘仲华两个人当中，有一个人陪他们一块去。黄当即推让刘仲华去。次日，4位老人搭从上海坐来的中国航空公司的专机到了石家庄，晋见毛泽东和周恩来。他们回来后，都表现十分愉快，章士钊对黄说，他一生见过许多大人物，他觉得毛泽东是令他最佩服的一个领袖。他又说，此行所得的一个总的印象是和平的障碍在南方，不在北方。

### 3. 李宗仁派黄启汉驻平联络

27日，"上海人民和平代表团"乘原专机返回南京。黄启汉遵照李宗仁的旨意，留在北平继续担任联络工作，住在六国饭店。刘仲华随代表团回去，向李宗仁汇报。黄写了一封信请他带回去给李宗仁，信里主要是谈个人对和谈的看法。黄在信中指出，和谈成败之关键有三：第一，和谈出发点必须纯粹是为了人民，不容夹杂半点私心，坚定这一出发点，和谈便易进行；第二，和谈的动机与目的必须是光明正大，是为了要建立一个独立自由民主之新中国；第三，和谈的手段，必须是备和言和，而不是备战言和。

黄为什么写这封信给李宗仁呢？因为年初黄第一次去北平回到南京的时候，知道蒋介石、孙科等国民党头目，都反对李宗仁接受毛泽东提出的8项条件作为和谈基础，特别是对第一条惩办战犯意见更多。实际上李宗仁、白崇禧虽口头上表示赞同8项条件，也是"口是心非"的。但蒋介石对这一点"口是心非"的表示，亦不容许。其次，当时李宗仁一面求和，顾祝同（国民党参谋总长）、汤恩伯（京沪杭警备总司令）等一面积极布置长江防线，作出"备战求和"姿态。关于备战方面，因黄不是军事人员，不知道内情。但有一次在傅厚岗李宗仁"官邸"办公室里，黄听到刘士毅（国民党总统府参军长）对李汇报刚从顾祝同那里开会回来的情况。刘说，以长江天险，加上有海陆空军联防，中共军队没有海空军，他们要想渡江是不容易的，特别是长江水涨之后，困难更大。李听了点头默认。所以，黄第二次到北平后，为了坚定李的和平决心，就写了这封长信让刘仲华带去，这是黄当时对李宗仁存在幻想的具体表现。

"上海人民和平代表团"南回时，黄还叫刘仲华向李宗仁扯了一个谎，说黄已经得到傅作义的支持，在北平建立了一个电台，以后通讯由这个电台收发电报。实际上，傅作义是答应黄把电报交给他拍发到绥远去，再由绥远转去南京，但黄把南京傅厚岗李宗仁"官邸"的秘密电台呼号以及他带来的电报密码本，全部交给了王拓（当时是北平军管会交际处长，奉派在六国饭店和黄联系）转交到李克农处，由李指定一个电台和工作人员为黄收发和翻译李宗仁和黄来往的电报。

1949 年 2 月 27 日，黄启汉欢送走"上海人民和平代表团"回南京之后，就在北平六国饭店住下来。徐冰给他送来收录马列和毛泽东著作的干部必读。黄每天无事，就看书学习，有时也到王府井大街、天安门广场、故宫、颐和园等地方游览。看到市面安定，各行各业照常营业，物价平稳，不时传来锣鼓声、歌声，一片欢乐的气氛，同死气沉沉的南京对比起来，真是两个世界。

这时，李宗仁三天两头，不是打长途电话就是打电报来，询问有无开始和谈的消息，表现十分焦虑。黄请示叶剑英后，在电话中告诉李宗仁，和谈是一定要谈的，但需要准备，请他安心等待，也要做好必要的准备。

◎ 李宗仁

2 月底的一天，傅作义请黄启汉吃晚饭。饭后，他出示由他的秘书起草的一封电稿，洋洋数千言，说明他在北平接受和平解放的情况，要黄提点意见。黄说，他的一个总的感觉是电文太长了，似可压缩一些，只要态度明朗，其他可有可无的话，就少说或者不说，傅坚决要黄把电稿带回作进一步研究，提出具体修改意见。于是，黄就把电稿带回来，第二天送给徐冰看。后来黄不知徐冰怎样对傅作义提了意见，不久正式发表出来的傅作义通电就很简短。但黄记得，有一次叶剑英亲自对他说：你可以转告傅作义将军，他率领国民党军队接受和平改编，为人民做了好事。至于他本人愿不愿意留在这里，完全有他的自由。我们从来都是对留者欢迎，对去者欢送，并保证给予种种便利。黄启汉把叶剑英的话转告傅作义。傅很感动，说道：我当然留下来，还去跟他们（指国民党）干什么。叶参谋长这样说很好。我就是怕他们（指国民党）说我被扣留了。这件事，对黄来说，也有很大教育，因为黄当时对党的政策也不大了解。之后，黄还把这事，在电话中告诉了李宗仁。

大约是 3 月初，李济深和其他民主党派负责人、爱国民主人士等数十人，从东北来到北平。黄到北京饭店拜望了李济深，向他陈述带信到武汉见白崇禧的经过以及最近李宗仁谋求和谈的情况。李济深用坚定的语气对黄启汉说：你告诉德邻（即李宗仁）和健生（即白崇禧），要他们一切听毛主席的，就什么事情都好办了。这句话很简单，却一针见血，非常重要。后来黄把这话在长途电话中转告了李宗仁，李没有什么表示，只是说请任公（即李济深）多多从旁帮助。实际上，他还是在那里徘徊不定，下不了决心，也就不可能听毛泽东的话。

3月6日，陈劭先到六国饭店来见黄启汉，说有一位爱国人士王葆真最近在上海被捕，希望黄转请李宗仁设法营救。陈还带来李济深写给黄的一封亲笔信，要黄即电转李宗仁。原文如下：

> 启汉兄：得沪电，王葆真先生（号卓山）在沪被捕。当德邻兄力主和平，解决国是，并释放政治犯以取信于国人之时，尚有此违反人民意志之行动，闻之不胜愤慨。望即电知德邻兄即饬上海军警机关迅予释放为荷。馀由邵先生兄面详，顺候旅祺。

> 李济深　启<br>三月六日

李宗仁在登场当"代总统"时，曾宣布要释放全国政治犯，包括释放张学良、杨虎城；要恢复各民主党派合法地位；取消戒严令、停止特务活动等措施。但事实上，一条也没有办到。黄将李济深原函全文用急电转给李宗仁，并说明各方面对此事件非常重视，如不设法补救，将对和谈前途产生严重影响。李接电后，当天晚上用长途电话答复黄启汉，说已派人到上海去调查了解。后来，不知道他通过什么渠道和手续，不几天便使王葆真恢复了自由，此事遂告一段落。与此同时，李在电话中告诉黄启汉，为了协调"政府""和谈"的步调，正改组"行政院"，由何应钦继孙科出任院长，在南京主持政务；"立法院"也将在南京复会。他要黄相机试探中共在这方面有什么反应。

3月中，中共中央已从西柏坡迁到北平。19日晚上，周恩来派齐燕铭到六国饭店来和黄启汉见面，对他在北平的生活关怀备至。齐对黄透露，不日即将宣布定期举行正式和谈，并暗示他可以先对李宗仁打个招呼。次晨，黄通过长途电话把这个消息告诉李宗仁，又鉴于2月间孙科自作主张派彭昭贤、钟天心二人为和谈代表，不受欢迎，黄建议李宗仁这次在宣布和谈代表人选前，应先征得中共的同意，以免临时发生分歧，不好处理。李同意，并即时告诉黄启汉，和谈代表人选已内定为张治中、邵力子、章士钊、黄绍竑、李蒸等5人，张是首席代表。当天，黄把代表名单抄送燕铭转报中共中央。这之后，国民党南京政府才将人选名单在何应钦主持的行政院政务会议上正式通过。

26日，中共中央正式宣布派周恩来、叶剑英、林伯渠、李维汉和林彪为和谈代表，周恩来为首席代表，定于4月1日在北平与南京方面的代表团举行谈判。

当天傍晚，李宗仁打电话给黄启汉，说拟增加刘斐为和谈代表，要黄征询中共中央的意见。黄当即用电话向叶剑英请示，过一会儿就得到答复，说没有意见。过几天，中共也宣布增派聂荣臻为代表。

# 三、注定没有结果的北平和谈

1949年4月1日，在蒋介石、李宗仁之间左右为难的张治中，在没有任何准备的情况下，飞抵北平，与中共和谈。一方面是李宗仁、白崇禧的划江而治，南北朝的割据；另一方面是周恩来的谈不成要过江，谈得成也要过江统一中国的决心。谈不成是必然的。4月16日，黄绍竑带"国内和平协定"8项24款回到南京。南京政府一口回绝，蒋介石见后，大骂："文白无能，丧权辱国！"和谈被拒绝了，和谈代表却留在北平，做了共产党的官。

## 1. 国民党和谈代表团到达北平

4月1日下午2时许，以张治中为首的南京国民党政府和谈代表团到达北平：来的除6个代表外，还有代表团秘书长卢郁文（先一天

到达）、顾问屈武、李俊龙、金山和其他工作人员共 20 余人。北平市
副市长徐冰、中共和谈代表团秘书长齐燕铭和第四野战军参谋长刘亚
楼等到机场欢迎。黄启汉也到机场迎接并为前来的代表一一介绍。张
治中等到达六国饭店后，刚在房间坐下来，中共中央副主席、和谈代
表团首席代表周恩来马上到来，接着其他几位中共代表也都来了。双
方代表随即进行初步个别接触，非正式交换意见。中共代表团并设盛
宴招待南京国民党代表团全体人员。

宴会后，黄启汉分别到由南京来平各代表房间拜望他们。黄问张
治中对和谈带有什么草案或腹案来？张说：没有，什么都没有。黄知
道他多次去过溪口见蒋介石，不可能不谈到这个问题，只是他不愿讲
罢了。张反问黄，中共方面的态度怎么样，有所闻否？黄说：这方面，
毛主席提出的 8 项条件已经讲得很清楚了。张说：那只是个原则，具
体谈起来还有所商酌吧。黄说：当然有，但总不会离开那 8 项的范围。
接着，张治中突然转了话题，说：德公说你在这里设立了一个电台，
所有同南京来往的电报，都是经过这电台收发的，是吗？这个问题把
黄难住了，黄事前又没有思想准备，只好硬着头皮说：是的。我们有
一个电台，代表团要和南京通电报，就交给这电台发好了。张进一步
问：电台设在什么地方？黄含糊地说：就在东单附近，离此不远。

过后，黄即将对他和张治中谈话的情况向徐冰反映。次日凌晨 2
时许，有两人到黄房间把他从梦中叫醒。他们说，周恩来知道张治中
对他追问电台的事，特派他们两个来和他商量，怎样处理这个问题。

4 月 2 日，双方代表继续进行个别交谈。周恩来和张治中谈，叶
剑英和黄绍竑谈，林伯渠和章士钊谈，李维汉和邵力子谈，聂荣臻和
李蒸谈，林彪和刘斐谈。

晚上，周恩来在六国饭店接见黄启汉，在座的有徐冰、王炳南、
齐燕铭等人。周恩来先问黄对南京代表团来和谈，有什么看法。黄说，
他们既同意在毛主席提出的 8 项条件基础上来谈，照理，谈起来不应

该有很大的困难，困难还是在将来实行的时候，可能会遇到很大阻力。周恩来很气愤地说：现在就是他们并没有接受8项原则为基础。根据这两天来和他们6个代表个别交换意见的情况看，除邵力子外，其余几个人都异口同声地说惩治战犯这一条不能接受。这是什么话呢？李宗仁不是公开宣布承认毛主席提出以8项原则为谈判基础的吗？怎么，代表团来了，又变了卦呢？周恩来继续说：还有，南京代表团到北平来之前，张治中还到溪口去向蒋介石请示，这就产生另一个问题，你们代表团究竟是代表南京还是代表溪口呢？这两个问题不解决，和谈怎么进行呢？周恩来同意黄回南京把这两个问题向李宗仁问个明白，并决定明天就乘代表团坐来的专机回去。原定于4月5日开始的正式和谈，也决定推迟了。

　　3日上午，周恩来又在六国饭店单独接见黄启汉，周恩来严正地指出：蒋介石不顾全国人民要求和平、民主、统一的愿望，不顾中国共产党为防止内战的真诚努力，悍然发动全面内战，给人民带来了重大损失和痛苦。现在经过辽沈、平津、淮海三大战役的较量，国民党军主力部队已被歼灭殆尽，可以说，内战基本结束，剩下的不过是打扫战场而已。但为了尽快地收拾残局，早日开始和平解放，改善人民生活，在毛主席提出的8项原则基础上进行和谈，我们还是欢迎的。但南京来的代表团，却想对这8项原则讨价还价，这是我们不能容许的。本来，我们对蒋介石及其死党，就不存在任何幻想，倒是希望那些错跟蒋介石走的人，应该认清形势，猛醒回头了。接着，周恩来要黄启汉告诉李宗仁、白崇禧，中国人民解放军完全有足够的力量在全国范围扫除和平的一切障碍。李、白不应该再对帝国主义存幻想，不应该再对蒋介石留恋或恐惧，应该团结一切可能团结的力量，坚决向人民靠拢，也只有这样，才是他们唯一的光明的出路。

　　周恩来进一步要黄转告李、白几点具体意见：（1）在和谈期间，人民解放军暂不渡过长江，但和谈后，谈成，解放军要渡江，谈不成，也要渡江；（2）白崇禧在武汉指挥的国民党军队，应先撤退到花园（在汉口北）以南一线；（3）希望白在安徽让出安庆；（4）希望李宗仁在任何情况之下，都不要离开南京，能够争取更多的国民党军政人员同留在南京更好。考虑到安全，他可以调桂系部队一个师进驻南京保护，万一受到国民党军队攻击，只要守住一天，解放军就可以到来支援了。周恩来语重心长，为李、白指明了方向。他的话，黄一一记在心头。周恩来又跟叶剑英一样地对黄说，欢迎黄站到人民一边来。黄当即向他表示决心，不管李、白走什么道路，他自己一定跟共产党、跟毛主席走。

## 2. 李宗仁要求中共不要过江

当天下午 2 时，黄启汉从北平乘飞机直飞南京。行前李济深和邵力子先后到六国饭店来看他。李济深要他告诉李宗仁，务必当机立断，同帝国主义和蒋介石决裂，向人民靠拢。只要他见诸行动，将来组织联合政府，毛泽东和其他民主党派负责人，都愿支持他担任联合政府副主席。至于白键生，无非想带兵，联合政府成立了，还怕没有兵带吗？到时，我们也支持他。邵力子对黄说，他一向对和谈的看法是，认定蒋介石为首的死硬派是没有希望的，只有希望桂系在武汉、南京、广西，局部接受和平解放，这对整个局面就可起推动作用。邵要黄把他的这点意思转告李宗仁和白崇禧。

3 日下午 6 时，黄回到南京，住在傅厚岗 69 号李宗仁的"官邸"，立即向李宗仁汇报南京和谈代表到达北平的情况。黄详细地把周恩来的话告诉了他，也把李济深、邵力子两人的话告诉他。李聚精会神地听着，不时流露一丝微笑，向黄问这问那。最后，他对黄解释，张治中在代表出去前还去溪口见蒋介石，那是张本人要去的，他并不同意，但碍于张的情面，又不好阻止其不去。至于对 8 项原则为谈判基础的问题，他自己认为完全可以接受，但确实有许多人反对"惩治战犯"这一条，主要还是蒋介石本人。所以他主张要蒋介石到国外去走走，不要留在溪口碍事。但蒋坚决不肯出国，自然有他自己的打算。李答应对战犯问题当进一步表明态度，绝不使其影响和谈的进行。他要黄吃过晚饭后去见何应钦，将一般的情况对何讲讲。他决定要黄日内到汉口去向白崇禧详细汇报，并听取白的意见。接着，他叫人找他的秘书长来，当面交代他起草一个电稿打给毛泽东，再次表示"诚恳求和"的意思。那就是后来发表的卯阳电，原文如下：

> 张长官文白兄（即张治中）请转润之先生（即毛泽东）
>
> 有道：自宗仁主政以来，排除万难，决定谋和，悱恻之忱，谅贵党及各位民主人士所共亮察。今届和谈伊始，政府代表既已遵邀莅平，协谈问题，亦已采纳贵方所提八条件为基础。宗仁懔于战祸之惨酷，苍生之憔悴，更鉴于人类历史演成之错误，因以虑及和谈困难之焦点，愿秉己饥溺之怀，更作进一步之表示：凡所谓历史错误足以妨碍和平如所谓战犯也者，纵有汤镬之刑，宗仁一身欣然受之而不辞。至立国大计，决遵孙总理之不朽遗嘱，与贵党携手，并与各民主人士共负努力建设新中国之使命。况复世界风云，日益诡谲，国共合作，尤为迫切。如彼此同守此义，其他问题便可迎刃而解。宗仁何求，今日所冀，惟化干戈为玉帛，登斯民于衽席，耿耿此心，有如白水。特电布悃，诸希亮察。
>
> > 弟李宗仁
> > 卯阳印

3日晚上，黄按照李宗仁的意思去见何应钦，告诉他代表团到北平后的一般情况。何问黄，北平方面对他出任行政院长有些什么议论？黄说："我未听到有什么不好的评论，依我观察，大多数人认为你总比孙科更能与德公合作，促进和谈，北平各方面也有同样看法。"何听了很高兴，表示一定全力支持李宗仁搞好和谈。实际上，在关键时刻、重大问题上，他还是听从蒋介石，不听从李宗仁的。

何应钦和黄启汉谈话未完，南京卫戍司令张耀明来了。他来向何汇报最近南京发生的镇压学生游行事件。

4月1日，南京各专科以上学校学生和职工一万余人，举行有组织、有秩序的游行，要求南京国民党政府切实按照毛泽东提出的8项原则搞真和谈，不搞假和谈。这本来是正当的行动。据说在游行中并未发生事故，岂料游行结束，其他特务分子拦截毒打，造成学生死伤多人，还抓去几个师专师生。这显然是南京当局有意镇压学生运动，证明他们和谈是假，备战是真。何应钦装腔作势，吩咐张耀明对这件事要做好善后处理，要释放被捕学生；对死者伤者，分别给予抚恤和医治。

黄启汉从何应钦那里告辞出来，一路上想，正当和谈代表去北平开始谈判的时候，南京居然发生这种流血事件，实出意料之外。此事，李宗仁对黄一句不提，讳莫如深，报纸上也不透露，要不是黄启汉在何应钦这里碰上张耀明，还不知道有过这样一回事。

4日上午，美国驻华大使司徒雷登的私人顾问傅泾波来访李宗仁，

◎ 傅泾波（右一）

李在会客室单独接见他，谈了好久。随后，李宗仁派人找黄启汉进去同傅泾波见面。这是黄第二次见傅泾波。第一次是 1947 年秋黄启汉刚从美国回来，去北平看李宗仁的时候，那时李是国民党军事委员长北平行辕主任。有一天，傅泾波来访李宗仁，李就介绍黄启汉和傅认识，但只作一般的交谈。

这一回，李宗仁当着傅泾波面对黄说："傅先生想今天请你到大使馆吃晚饭，因为司徒雷登大使想和你见见面。"黄启汉事前没有思想准备，被李这一说，顿时不知怎样回答才好。傅泾波见黄犹豫不决，就补充说："司徒雷登大使很想见见你，但他不便到代总统这里来，以免引起外间误会，所以就由我约你吃饭，借此会面。"黄沉思了一会儿，便说："吃饭，可不必了，因为我已另有约会。饭后，晚上 8 时左右，我到大使馆去一趟就是了。"李宗仁对傅泾波说："那就这样吧，请你回复大使。"

傅走后，黄估计有关和谈的情况，李宗仁要讲的，必定都对傅泾波讲过了。黄问李：要我去见司徒雷登，讲些什么呢？李说：你就随便讲些一般情况，应付一下吧。黄还猜不透为什么司徒雷登要和他见面，李宗仁事前不和黄讲，就当着傅泾波的面答应要他去，使他进退两难。

既然答应了，黄就如约坐着李宗仁常坐的那一辆黑色美制别克牌轿车去美国大使馆。守卫大使馆门口的两个美国兵，问也不问一声就让黄的车子开到一间会客室的阶前。开车的司机，好像很熟悉这个地方，似乎来过多次了。傅泾波从会客室里走出来接黄，司徒雷登则在会客室里等着。他能讲一口相当流利的国语，一见到黄就站起来握手表示欢迎。但灯光下他面色苍白，无笑容，看上去好像有点不舒服的样子。他先讲了一些客套话，又问黄北平和平解放后的情况。黄告诉他，和平解放后的北平，政府气氛、社会秩序都很好，学校照常上课，商店照常营业，物价稳定，人民安居乐业，从来没有这样的欢欣。

他又以婉转的口吻问黄对这次和谈前途的看法。黄说，南京和谈代表刚到北平，尚未开始正式谈判，谈成与否，现在要想作准确的判断还为时过早。此时黄只能说和谈是有希望的，但也有困难，因为这是大问题，相当复杂。黄反问他的看法。他说，他不知道内情，更难推测。他表示美国在这次国共和谈问题上不插手参与，但希望能看到经过双方努力，谈出一个结果来。最后，他还问及黄什么时候从美国回来，在美国哪所大学念书等情况，黄略为告之，随即告辞。

5日上午，黄启汉从南京乘飞机去汉口见白崇禧。黄把他在南京向李宗仁汇报的情况，向白复述一遍，特别强调周恩来说的几点，请他认真考虑。他对于将桂系军队防线退到汉口北面的花园以南，表示完全同意；但对于要他让出安庆这个问题，表示疑难。他引黄到挂在壁上的地图前指给黄看，说安庆是渡江的一个要道口，让出安庆就是为共产党军队渡江开方便之门。黄说，长江那样长，共产党军队要渡江的话，哪里不可以渡？要你让出安庆，依他个人看法，这无非是看看你采取什么态度罢了。

后来，白说：这样吧，现在安庆驻防的是我们广西部队四十六军一七四师，我要参谋处打电报调刘汝明部队来接防，以避免广西军队和共产党军队直接冲突。接着他说：最好共产党军队不要渡江，以长江为界，他们在江北，我们在江南，划区而治，事情就好办了。黄说：这是办不到的。周恩来已说过，和谈期间，共产党军队不渡江；和谈后，谈成要渡江，谈不成要渡江。黄继续说：划江而治，南北分裂，破坏统一，为帝国主义和蒋介石卷土重来创造机会。这一点，谁都看得很清楚，共产党绝不答应。

正当白崇禧和黄谈话的时候，阎锡山从南京打来长途电话，谎称山西形势还好，太原坚守，可万无一失。阎也问白武汉的情况，白答目前平静无大战。白问阎，太原兵工厂是否继续生产？阎说继续生产炮弹，但经费奇缺，目前迫切需要银元100万元，希望白设法接济，他以炮弹供应武汉。白答应他，待向李代总统商量后再说。他俩通完电话之后，黄即对白说，据他在北平得知，阎锡山在山西的处境十分不妙，太原、大同、榆林都仍被包围中；他这次到南京，可能是逃出来的，千万不要受骗上当。白默然沉思不作答。过一会儿，他问：李任公（即李济深）怎么样？他能不能到武汉来？黄说：我们的态度还不明朗，他不大可能来。他希望我们要有自己的打算，要下决心独立行动，和人民靠拢。黄向白建议，不管现在北平进行的和谈，商定什么样的和平协议，一经宣布，武汉方面应首先表示拥护。白说：这个问题不是那样简单。从白的这些谈话中，黄看出他态度暧昧，居心叵测。

6日，《新湖北日报》社长廖行健来见黄，问他对和谈的看法。黄对廖说：和谈的前途是乐观的，但和平不是苟且偷安，必须为国家民族作长远的打算；和平也不是划区而治，必须对政治、经济、文化、军事作全面的改造。所以谈起来就不是一朝一夕可以解决的。后来，廖行健把黄这段话在该报1949年4月8日版发表，并送给上海《大公报》同一天发表。

### 3. 白崇禧与李宗仁在南京的密谈

黄启汉在汉口的几天里，看到白崇禧的态度相当顽固，他每天还在那里忙于听取军事情况汇报，亲自部署武汉防御工事。当时守备武汉外围的是桂系部队第三团张淦，所属第七军军长本一、第四十八军军长张文鸿，每军三个师，是桂系部队硕果仅存的精华。桂系的另一部队第十兵团徐启明，所辖第四十六军军长谭何易、五十六军军长马拔萃，多系新兵，驻江西南昌、九江一带。

7日上午，白崇禧巡视汉口城防工事，他问黄有没有兴趣同他一起去走走。黄答应去，想借机会看看他的城防工事到底如何。黄既然不懂军事，也不妨看个概貌。但后来他又变卦，叫黄不要去了。他说：看你有点感冒的样子，还是不要去吧。午饭后，黄利用午休前时间，故意问白崇禧：城防工事怎么样？能抵挡得住吗？他皱起眉头，半晌才说：靠不住，靠不住。黄又问他关于安庆的问题。他说，已电调刘汝明部去安庆和桂军换防，但还未见刘部行动。黄乘机进一步对他说：最好把我们的部队（指桂系的部队）全部集中到武汉来，只要我们按兵不动，就可以避免和共产党军队冲突。必要时，全部撤退回到广西去，静观时局发展，再作打算。白崇禧沉思一会儿说：现在还未到此地步，再过一些时候，长江水涨，共产党军队要想渡过长江，也不是那么容易的。

8日，忽接刘仲容从南京打来电话，白叫黄接听。刘在电话中说，他前天从北平回到南京。黄想一定是毛泽东、周恩来要他回来的。同来的还有朱蕴山和另外一位先生。他们已在南京见到了李宗仁，但主要的还是想到汉口来见白崇禧。黄当即问白意见怎样？白说：叫他们莫要到汉口来，明天我们去南京见面。

9日上午，白崇禧和黄启汉以及几个随从人员乘飞机到南京，在飞机场上受到夏威、李品仙（不知他们什么时候来到南京）、邱昌渭、韦永成、程思远等人的欢迎。黄先跟他们一起到大悲巷白公馆坐了一会儿，随即到傅厚岗李公馆住下。李宗仁问黄启汉在武汉和白崇禧谈得怎么样？黄说没有什么结果。关键在这一次，白和夏威、李品仙都来了，大家应好好地谈一谈。黄提醒李，一定要考虑我们自己（指桂系）的去向，再不能犹豫不定了。黄请他特别注意，要马上解决调一师桂军来南京保卫的问题，因为黄当时寄希望于李多于对白。黄想到周恩来的指示，希望李宗仁在任何情况下不要离开南京，那么，调一师桂系部队来保卫李的安全，是十分必要的。

当天下午，夏威和李品仙来见李宗仁，李叫黄把在北平联系和谈情况，对他们两人详细地讲一讲。过后，夏威在黄启汉面前没有什么表示，李品仙却恶狠狠地说：共产党的话听不得。黄说：事到如今，不听共产党的话，那就只好再听老蒋的话啦，还有什么别的路子吗？李品仙没有再说什么。沉默了一会儿，黄告辞」。

晚上，李宗仁、白崇禧、夏威、李品仙四人在小会客室里关起门来密谈至深夜。第二天早上，黄启汉问李宗仁昨夜商量怎样？李宗仁情绪很不好，冷冷地答道：没有怎么样。黄再问关于调一师桂军来南京的问题决定了吗？李宗仁气急败坏地说：调来干吗？调来守住南京，还不是瓮中之鳖！过了一会儿，他又愤愤不平地说：就说要调来吧，我也不能做主。从他的语气可以看出，他们之间（即李、白之间）意见很不一致。过后，李宗仁说，那天晚上主要是白崇禧讲的多，而且有许多话是抱怨李宗仁当空头代总统，不管用。他们讨论了怎样进一步逼蒋介石交权的问题，因为蒋介石名为引退，实际上是在溪口指挥一切。李、白都甚恼火，但又拿不出一点具体的有效的办法来对付他。

10日，黄在白崇禧家见到朱蕴山和刘仲容，知道他们此来主要是要做白的工作。后来，他们多次和白谈话。有一次刘仲容还与白借名游玄武湖，在游艇上从容谈了半天，但都没有什么结果。白崇禧始终要以长江为界，组织联合政府，实行南北分治。他也不考虑桂系单独行动的问题了，口口声声要全面和谈、全面和平。12日，刘仲容和朱蕴山等乘飞机回北平。之后，李宗仁、白崇禧、何应钦等，一度酝酿公推于右任和加派邱昌渭、韦永成还有其他几个人作为非正式代表再去北平活动。他们（李、白、何等人）以为可以在和谈中漫天讨价，虚与周旋，拖延时间，待长江水涨，就有渡过危机的希望。他们万想不到中共中央、毛泽东早就识破了他们的阴谋，在张治中为首的南京国民党政府代表团到北平的半个月内，就根据毛泽东、共产党提出的8项条件进行谈判，达成国内和平协定8项24款，于4月16日由黄绍竑和屈武带回南京，限期4月20日以前签字接受。

## 4. "文白无能，丧权辱国"

4月16日，黄绍竑和屈武由北平飞回南京，何应钦、白崇禧、张群、夏威、李品仙及一大帮国民党高级军政人员都到机场欢迎。他们把黄绍竑接到李宗仁官邸。李宗仁和一帮桂系头目，带着焦急的心情望着黄绍竑，等待他拿出国内和平协定来，先睹为快。

黄绍竑先作一番说明。他说北平谈判中，南京去的代表已尽了最大努力，经过激烈的争论，三番五次的修改，才力争得到如今比较好的条件。他举例说，毛泽东提出的8项条件中的第一条惩办战争罪犯问题，是最棘手的问题，经过多次讨论，决定一旦战犯如能认清是非，确有事实表现，有利于和平解决国内问题的，都准予取消战犯罪名，得到宽大待遇。这既坚持了原则，又灵活运用区别对待，比较合情合理。

他又举关于改编军队问题为例，商定由双方派出人员组成全国性的整编委员会，分两个阶段进行整理改编军队，而且没有时间限制；关于组织民主联合政府问题，在民主联合政府成立之前，南京政府各院、部、会，仍暂行使职权。黄说，能取得这样的协议，已经是很不容易了。

黄绍竑提醒大家，我们（指国民党）现在所处的地位，既不是1925年时的地位，也不同于1937年时的地位了，大势如此，谁能改变？白崇禧一面听黄的讲话，一面翻阅黄带来的国内和平协定。他看完之后，怒气冲冲地对黄绍竑说：亏难你，像这样的条件也带得回来！他站起来向外走了。李宗仁则默不作声。

随后，李宗仁、何应钦一连两天在"总统府"召开会议正式讨论"国内和平协定"的问题，并由张群带着协定去溪口向蒋介石请示。与此同时，李宗仁又连续两晚邀约白崇禧、李品仙、夏威、邱昌渭、程思远等桂系头目开秘密会议。他没有叫黄启汉参加这些会议，可能是已对黄不大信任了。黄也不在乎此。黄启汉断定李宗仁不会签字接受，也不可能自己做主。果然，张群带文件去溪口请示蒋介石，蒋大骂文白无能，丧权辱国！到20日那天，南京正式宣布拒绝了。

4月20日子夜，人民解放军百万雄师横渡长江。21日，毛泽东、朱德发布《向全国进军的命令》。23日，人民解放军占领南京，国民党反动政府覆灭。

4月21日晚12时，南京代表团接到李宗仁、何应钦电报：

> 张文白兄并转行严、力子、云亭、为章诸兄暨代表团全体同志：
>
> 　共方本日广播毛朱对共军之命令全文已悉，此间迎代表团之专机应于何日飞平，请洽妥电告。兄等此行劳苦，事虽未谐，俯仰无愧，谨先奉慰，诸容面罄。
>
> 　　　　　　　　　　　　李宗仁　何应钦　卯马印

南京代表团面临抉择：是回南京还是留北平？大多数人认为，和谈失败回去，绝不会有好结果，徒作无谓的牺牲，毫无意义。还是认清形势，明辨是非，留在北平，静待形势发展，再为和平努力。首席代表张治中则天真地认为，代表团是为和谈而来的，和谈既已破裂，自无继续留在北平的必要。同时，代表团是南京政府派遣的，任务终了，理应回去复命。别人不回去可以，他是首席代表，论情论理都不能不回去复命。

4月22日，张治中复电南京，请于23日派机来北平，预定24日回去，同时通知中共方面。

周恩来得到张治中坚持回南京复命的消息后，当即赶到六国饭店和张治中谈话。周恩来说，这次和谈，活动紧张，大家都辛苦了，应该好好休息。双方代表团同意的《国内和平协定》竟然为南京政府所拒绝，彼此都感到十分遗憾。目前形势发展迅速，仍有恢复和谈的可能。即使退一步说，全面的和平办不到，亦可能出现一些局部地区的和平，这个协定还是用得着的。

张治中在谈话中，向周恩来强调了复命的理由。

西安事变的时候，周恩来晚到了一步，张学良陪同蒋介石回南京的飞机已经起飞了。天真和轻信，铸成了张学良被无期监禁的悲剧。周恩来每每想到这件事，就感到十分痛惜。因此，他非常诚恳地挽留张治中说，现在的形势，你们无论回到南京、上海或广州，国民党的特务是会不利于你们的。西安事变时，我们已经对不起一位姓张的朋友，今天不能再对不起你了！

周恩来的话真挚、温和而又坚决，张治中被深深地打动了。

中共代表们也先后到六国饭店看望南京代表，进行劝留。林伯渠、李立三劝他们说：过去在重庆、南京谈判破裂后，我方代表并不撤退，保留未来和谈恢复的接触，现在挽留你们，也是同样意思。你们留下来，也就是坚持和平的主张，是对和平的支持。

4月24日，国民党派的专机到达北平，并带来了何应钦23日写给代表的信。信中说：

文白吾兄并转邵、章、李、刘诸兄均鉴：

此次和平谈判，经兄等尽最大之努力，仍未能克底于成，此属国运使然，凡我爱国之士，莫不同声悲叹。兹特派专机来平，敬祈与全国同人即日径飞上海为盼。

专此敬颂勋安。

弟　何应钦敬启
四月二十三日

经中共代表团恳切挽留后，南京代表团表示坚决留下。同时，周恩来指示上海地下党组织，秘密将张治中的家属随专机送到北平。张治中无后顾之忧，也不再坚持复命了。他还写了一封复信，由留平代表签名：

　　敬之院长先生：

　　　　李民欣先生带来二十三日手示奉悉。和谈破裂以后，同人等正待命南返中，二十二日晚间接奉德公电话，谓于翌日派机来平，当即转告各同仁准备南行，并即函告共方查照。旋由周恩来、林祖涵、李立三诸位分别访问同人等，坚相挽留，并表示随着将来新的形势发展，尚可续为和平努力等语，曾于二十二、二十三两日两电并于二十三日晨以电话向南京请示数次，皆未得通。昨闻中央公司今日有机来平，复与共方洽商，申明必须南返理由，冀其同意，然周仍诚意挽留，未肯同意，似此只有暂留静待而已。尚祈亮察。再同人等此行未克达成任务，万荷李代总统与先生函电相慰，殊深惭汗！并请为转陈德公为祷。专此奉复，敬颂勋绥。

　　　　　　　　　　张治中　邵力子　章士钊　李蒸　刘斐

　　　　　　　　　　四月二十四日

　　国民党方面的专机带着这封信于 4 月 25 日飞回去了。

　　张治中留在北平，思想上很矛盾，感到很苦闷。毛泽东、周恩来等亲自和他谈话，帮助他解开思想上的疙瘩。

　　周恩来诚恳地对张治中说：你还是封建道德，为什么只对某些人存幻想，而不为全中国人民着想？为什么不为革命事业着想？

　　这些话既尖锐，又中肯，对张治中的触动很大，他逐渐弄通了思想，决心同蒋介石决裂，投向人民，皈依革命。

　　6 月 15 日，国民党中央社发出电讯《张治中在平被扣详情》。6 月 20 日、22 日，中央社又相继发出电讯，说张治中又在北平策动和平，受了中共的"唆使"，离开北平，行踪不明。张治中不能再保持沉默了，他在 6 月 26 日发表了《对时局的声明》。《声明》说：

……我现在北平所过着的是闲适自在的生活；而且引起一种欣喜安慰的情绪，与日俱增。为什么缘由呢？我居留在北平已八十多天了，以我所见所闻的，觉得处处显露出一种新的转变、新的趋向，象征着我们国家民族的前途已显露出新的希望。就是中共以二十多年来的奋斗经验，深得服务人民建设国家的要领，并且具有严格的批评制度，学习精神，和切实、刻苦、稳健的作风。这些优点反映到政府设施的，是有效率的、没有贪污的政府。反映到党员行动的，是俭朴、肯干、实事求是的军政干部。尤其中共所倡导的新民主主义，在现阶段看来，实与我革命的三民主义之基本要求相符合。综合说一句，这都不是过去我们国民党所表现于政治设施和党员行动所能做到的。

我们既然无能，就应该让给有能的；自己既然无成，应该让给有成的。……目前大局已演变到此，我觉得各地同志们应该惩前毖后，当机立断，毅然决然表示与中共推诚合作，为孙先生的革命三民主义，亦即为中共新民主主义的实现而共同努力。至于我们国民党，早就应彻底改造，促进新生，才能适应时代，创造时代，达成我们革命党人应负的历史使命。在目前，我们如果把眼光放远些，心胸放大些，一切为国家民族利益着想，一切为子孙万代幸福着想，我们不但没有悲观的必要，而且还有乐观的理由。国家要求新生，也正在新生；人民要求新生，也正在新生，为什么我们国民党和个人独甘落后，不能新生呢？

张治中的声明在当时产生了强烈的反响，对于进一步分化国民党内部，推动各地起义起了一定的作用。

北平和平谈判实际上揭开了新政治协商会议的序幕。这场斗争揭穿了国民党反动派假和谈的阴谋，宣传了中国共产党将革命进行到底的基本立场，深刻地教育了人民，教育了一些曾幻想走中间道路的同盟者。南京代表团的全体代表后来都参加了中国人民政治协商会议，会后都参加了政府工作，对于新中国的建设事业作了积极贡献。

# 第八章
# 两岸试探性接触

## 一、50年代两岸和谈初探

20世纪50年代初，中国人民解放军大军压向台湾岛，国民党当局一片惊慌。蒋介石为自保，秘密派出与陈毅有亲戚关系的李次白，赴大陆求和。后因朝鲜战争爆发，美国干涉台湾事务，台湾自觉有了靠山，此事搁下不提。50年代中期，国际、国内局势缓和，中共台湾政策变化，武力解决与和平解决台湾问题相结合，章士钊带着中共给蒋介石的信到香港，蒋介石当时没有回应。李宗仁回应周恩来的万隆讲话，发表了"解决台湾问题的建议"。中共秘密联系程思远，并让他与李宗仁联系。蒋介石于1957年秘密派宋宜山到大陆"摸底"，后因大陆反右派斗争，和谈又搁浅。

### 1. 李次白秘赴大陆求和

1949年10月，中华人民共和国成立后，人民解放军乘胜向沿海各岛屿推进，并准备一鼓作气，解放台湾。

毛泽东访问苏联，在与斯大林会晤时，谈到了解放台湾的问题。斯大林非常支持中国人民解放台湾的正义之举，决定给中国 1.5 亿美元的贷款，用以装备人民海军；并提供 200 架战机及人员训练，准备大举进攻台湾。

1950 年 5 月，人民解放军先后解放海南岛、舟山群岛和闽南的东山岛等沿海岛屿后，进攻台湾就被提到议事日程上来。

第三野战军第 9 兵团担任主攻台湾的任务，三野副司令员粟裕具体负责台湾战役的准备工作。6 月，16 个军在沿海集结完毕，准备于 7 月对台湾进行侦察，8 月开展对台进攻。

解放军大军压岛，台湾国民党当局一片恐慌。自海南岛被攻占、舟山撤守后，许多人预感到下一个目标就是台湾。台湾岛一片惊慌，国民党立即宣布台湾进入战时状态。蒋介石在给军队将领训话中，甚至作了最坏的准备，他说：军人要知廉耻，辨生死，负责任，重气节，忍辱负重与中共周旋到底。如果台湾沦陷，就要以身殉国。

当时相当数量的"党国要员"对守台湾根本丧失了希望，而争相逃往海外。蒋介石在大陆的两个最有力的经济支柱都远飞而去——孔祥熙去南美洲经营橡胶园，宋子文去美国当了寓公。在国民党内位居第二的李宗仁更是在美国称病不归。蒋介石嫡系的军事将领也有相当大的一部分自奔海外或寓居香港，其中特别有趣的是原徐州"剿总"司令官刘峙竟不顾自己的上将之尊，跑到印度尼西亚当了一个华侨中学的教员。

台湾政权在保密防谍口号的伪装下，下令禁止台湾人员出岛，大有要完蛋大家一起完蛋的架势，但却更加剧了全岛人心崩溃的进程。

蒋介石虽然反复强调台湾一定能守得住这句话，但他内心非常清楚当时的军事形势对台湾是何等的不利。150 海里的台湾海峡在 300 年前尚且阻挡不了郑成功的木船船队和手持冷武器的兵勇，现在又如何能抵挡得住排山倒海的人民解放军？各种军事情报也显示着中共军队的绝对优势，除了几十万精锐部队、各种型号的船只皆在准备之中，如：彼等所准备的空军，到民国三十九年（1950年）已有飞机400架；上海的龙华机场一度为我政府炸毁者，现已借助俄人之助，修复至可以使用；长江以南各地约有30个空军基地，包括对日作战时英国所修筑的若干基地，亦已恢复可供使用之程度。

雪上加霜的是，国民党的最大盟友美国也决定采取弃蒋政策。台湾孤岛上的国民党已是风雨飘摇、危机四伏。

山雨欲来风满楼。蒋介石此时此刻必须要拿出一个有效的办法应对时局。

时任国民党"国防部"政治部主任的蒋经国，面对台湾风雨飘摇岌岌可危的局势也忧心如焚，在走投无路、万般无奈中，他决意抛去个人的荣辱向他父亲蒋介石进言。

一天，夜深人静，他大胆地对蒋介石进言：父亲，我们是否和中共谈谈？

蒋介石闻言沉默不语。蒋经国不敢再作打扰，只好按蒋氏家规悄然退出。

第二天，蒋介石却对蒋经国说：我决定派遣秘密使者前往大陆，试探国共和谈的可能性，以争取好的结局。这事，就由你负责。

这样，蒋介石在万般无奈之下，再度生出与共产党谈判

◎ 蒋介石和蒋经国

的想法，主动与大陆进行试探性和谈。

蒋经国接到任务后，自然感觉任重，需非常谨慎地对待。他很清楚，此时已今非昔比，中共是胜利之师，国民党成了败军之将，要与中共谈判，必须选择一个能在共产党方面说得上话的人。

他反复考虑，总觉得没有合适人选，当时任"总统府"战略顾问的汤恩伯闻知此事，便推荐李次白，并介绍了李的情况。

李次白，原国民党将领，黄埔军校第六期毕业生。在黄埔军校学习时，汤恩伯也是该期学生兼任大队长，既是李次白的同学，又是他的老上司，因此李与汤的关系很好。

当时，李次白的军事才能一度被身为黄埔军校教育长的张治中看中，按理说本应官运亨通，步履青云。但是由于他与中共之间的扯不断、理还乱的社会关系，他的兄嫂均为中共党员，他的妹妹又嫁给了中共大名鼎鼎的陈毅的哥哥陈孟熙。因此，他在国民党内得不到升迁，极不得志。

后来，国民党军统竟怀疑他是共产党员，李次白一气之下于1946年脱离了国民党军队，利用自己的积蓄到当时尚没被战火波及的台湾高雄市，开设了一家名为"凯歌归"的饭店，当起了老板，发誓不再介入政治。

然而，李次白并没能如愿以偿，中国政局的急剧变化，将他再次卷入政治。

蒋经国听后便认为李次白非常合适。一是因为李是特工出身，头脑灵活，为人机警。还有一个更重要的因素，即陈毅的哥哥陈孟熙是李的七妹夫，而陈毅当时是上海市长兼华东军区司令员，负有主攻台湾的任务。

随即，蒋经国派其亲信胡伟克去请李次白出山。胡伟克曾是国民党空军军官学校校长，与李次白有过交往。

1950年5月初的一天，台湾的天气已经十分热了，而民众的情绪这几天却骤然凉了许多。在高雄市"凯歌归"饭店,几位常来的顾客,正在私下低声惶然地议论国军丢失海南岛的话题。

"凯歌归"饭店的老板李次白,50岁左右年纪。他虽然也看了报,却装着没有听见顾客的言论。

此时,"凯歌归"饭店门口驶来一辆军用小车,下来了3位不速之客。李次白赶紧迎了上去,其中有两位他认识,是他在大陆黄埔军校六期的老同学,如今跟着蒋经国,官运亨通,一位担任"陆军"司令部的政治部主任,一位担任"战车"司令部的政治部主任。寒暄介绍之后,李次白得知,为首的那位是蒋经国属下的厅长胡伟克。他们都是"国防部政治部"主任蒋经国的心腹。

双方寒暄后,胡伟克便直截了当切入正题。他告诉李次白目前的形势:实不相瞒,目前党国的处境非常困难,而美国总统杜鲁门乘人之危,说什么不予蒋保护,任其自生自灭。美国人要看蒋总统的笑话,目前我们如在火山之巅。经国主任既被倚长城,当然更加深感不安。

接着,那两位老同学向李次白亮了底:次白兄,令妹是陈毅的大嫂子,这就是请你和共产党对话的资本。你如能出山,到大陆走一趟,就等于救了我们的性命。不,应该说是整个党国的命运。

听后,李次白没有理由拒绝。一是考虑到蒋经国对自己的信任,而且这一工作的成功将有利于国家和民族;二是同时也想去看望妹妹和妹夫。

当时,蒋经国受蒋介石委托,5月3日飞赴舟山群岛为国民党守岛部队撤出舟山作调查摸底,回到台北后就召见了李次白。蒋经国向李次白交代了去大陆的任务。他说:李先生,现在谈国共合作,我看希望不大,共产党席卷大陆,踌躇满志,幸金门一仗,显示了我国军潜在威力,尚不容小看。你和陈毅是至亲,我看可以深谈,最低限度,希望不进攻台湾。

5月下旬的一天,李次白离开台湾,站在开往香港的班轮的甲板上，凭栏远眺，心中思绪如同海中的波涛上下起伏着。为了这次重要使命，李次白变卖了饭店、告别了妻子，作为国民党方面的"出访使者"，他感到肩头沉甸甸的，心中不禁感叹：这真是信矣及彼，疏矣及彼。

李次白到了香港，再由香港转赴上海，并在上海很顺利地见到了妹妹和妹夫。两人都是军人出身，有话直说，李次白开门见山说明来意：奉蒋经国之命，试探国共再次合作的可能性。

陈孟熙觉得事关民族统一大业，应该同陈毅推心置腹地谈一谈。于是打电话告诉时任上海市市长的陈毅，说：我的妻兄李次白近日从台湾绕道香港到上海来了，他想去你那里拜访。

陈毅听说有亲戚从台湾来沪，自然十分高兴，他表示欢迎李次白先生到家中作客。得到了陈毅这样的表态，陈孟熙心中有了底，他马上把这个情况转告给了李次白。

当时，陈毅正准备赴北京参加中共七届三中全会，从百忙中抽出时间会见李次白。

两天后的晚上，陈孟熙带着李次白来到陈毅住所。对远道而来的客人，陈毅表示了十二分的热情，他亲手为李次白搬椅子，以香烟和水果款待客人。

一番客套后，李次白便将蒋经国所托之事直言相告，说台湾方面想与中共重开谈判，并提出了国民党的条件，通过谈判解决两党之争，将来共走美国两党制道路，最低限度要求不进攻台湾。李次白要求陈毅把以上意思转达给北京方面。

闻听此言，陈毅颇感意外。作为中共中央委员和人民解放军的高级将领，他是十分了解当时台湾海峡的军事形势和党对台湾作战部署的。国民党陆军总共才 30 余万人，军事上的败势是蒋介石无法挽回的。陈毅所负责的华东军区和中央军委当时研究的重点问题，就是如何渡过台湾海峡，解放台湾。在这种时候提国共和谈的确不适宜。

因此，陈毅十分干脆地说：国共合作的话题，现在先不提。现在提为时尚早，以后会有机会的。但陈毅表示，愿将这一信息转告中共中央和毛泽东。

陈毅又为二人谈了海峡两岸的形势。他最后说：孟熙兄和次白需立即进革命大学学习，明天就去，你们的亲友们都去，你们把名单开来，我明天就告诉市委统战部。哦，我还要欢迎次白的回来，请他吃饭。至于台湾，让它烂下去！

李次白立即将陈毅的意见和他在大陆的情况，按预先约定的联络地址写信到香港，再转给台湾的胡伟克。这个讯息很快被转达到蒋经国那里。

李次白则继续留在上海，表面上探亲访友，游山玩水，实际上是在等共产党的消息，希望共产党能讨论国共两党重开谈判的问题，并能有所决定。

然而，天有不测风云。一个月之后的 6 月 25 日，朝鲜战争爆发。美国为了自己在亚太地区的战略利益，改弃台为保台，杜鲁门派出以第七舰队为先导的大批美国军事力量进入台湾海峡。

台湾又有了靠山。

人民解放军本来准备解放台湾的部署暂时搁置下来，台湾国民党当局得以暂时喘息。此时在香港的胡伟克接到来自台湾的指示：国共合作之事不必说了。胡伟克马上将这个讯息急函告知在上海的李次白。

自此，李次白本人和他的大陆之行自然失去了意义，台湾方面从此不再理会这位被他们派往大陆的秘密使者。

## 2. 章士钊、程思远各负使命

20 世纪 50 年代中期，国民党通过改造整顿和经济上采取一系列改良的措施，台湾的社会政治局势逐步稳定，岛内人民期望和平。

自 1953 年朝鲜战争交战各方达成停战协议后，1954 年日内瓦会议召开又签订了越南停火协议，使一度紧张的国际形势有所缓和。

在此情况下，中共的台湾政策发生了重大变化，由过去的单纯靠武力解决的方针改变为立足武力伺机彻底解决和力争和平解放相结合的方针。

1955 年 4 月，周恩来率中国政府代表团参加由 29 个亚非国家参加的万隆会议。毛泽东指示周恩来：可相机提出在美国撤退台湾和台湾海峡的武装力量的前提下和平解放台湾的可能。周恩来在会上郑重声明：台湾问题是中国内政，台湾地区的紧张局势是美国造成的。中国政府愿意同美国政府坐下来谈判，讨论缓和台湾地区紧张局势的问题，但任何谈判都丝毫不影响中国人民行使自己的主权——解放台湾的行动。中国人民有权用一切方法解决台湾问题，包括和平解决的方法。

5 月 13 日，周恩来在全国人大常委会 15 次会议上作的《关于亚非会议的报告》中明确表示：中国人民解放台湾问题的方式有两种，即战争方式和和平方式，中国人民愿意在可能的条件下，争取用和平方式解决问题。

7 月 30 日，周恩来在全国人大一届二次会议上又指出：只要美国不干涉中国的内政，和平解放台湾的可能性将继续增长。如果可能的话，中国政府愿意同台湾地方的负责当局协商和平解放台湾的具体步骤。

1956 年，中国即将进入全面的社会主义建设时期，这不仅需要一个和平的环境，而且要调动一切积极因素参加进来。在这种形势下，中共中央方面争取用和平方式解放台湾，并且愿意同蒋介石进行第三次合作的思想，更加明确起来。

1956 年 1 月，毛泽东在第六次最高国务会议上，正式提出第三次国共合作的构想。

到了 6 月，中共中央争取和平解放台湾的政策又有新的发展。

6 月 28 日，周恩来在第一届全国人民代表大会第三次会议上，花了相当多的时间谈台湾问题。他把和平解决台湾问题，说得更为明白：我国政府曾经再三指出：中国人民解放台湾有两种可能的方式，即战争的方式和和平的方式；中国人民愿意在可能的条件下，争取用和平的方式解放台湾。

周恩来代表中国政府正式提出：愿意同台湾当局协商和平解放台湾的具体步骤和条件，并且希望台湾当局在他们认为适当的时机，派遣代表到北京或其他适当的地点同我们开始这种商谈。

中共对台政策的变化，对国共对峙的政治格局产生了深刻的影响，为海峡两岸人民所欢迎。一些曾参加过国共谈判的人士都深受鼓舞。他们回顾过去的两党谈判，展望未来，认为新一轮的国共两党谈判一定会到来。

1949 年参加过北平和谈的南京政府代表团代表章士钊更是激动不已，他向周恩来主动请缨去香港，找他滞留在香港的国民党故旧，去向蒋介石做工作，沟通与台湾的关系，争取实现国共谈判。

却说章士钊在谈判破裂后，留下来参加新政协工作，新中国成立后被任命为中央文史馆馆长。他经常奔走于北京、香港之间，利用滞留在香港的一些国民党故旧，沟通与台湾的关系。

章士钊跟毛泽东有着很深的个人友谊，他是湖南长沙人，早在 1919 年便结识了毛泽东。毛泽东的岳父——杨开慧之父杨怀中，是章士钊的挚友。章称毛泽东为“润公”。

毛泽东和周恩来为了尽早打通与台湾的关系，同意了章士钊的请求。

中共中央专门给蒋介石写了一封信。在信中，中共主张国共谈判，实现第三次国共合作，并提出了两岸统一的四条具体办法：第一，除了外交统一中央外，其他台湾人事安排，军政大权，由蒋介石管理；

◎ 章士钊

第二，如台湾经济建设资金不足，中央政府可以拨款予以补助；第三，台湾社会改革从缓，待条件成熟亦尊重蒋介石意见和台湾各界人民代表进行协商；第四，国共双方要保证不做破坏对方之事，以利两党重新合作。

信中结尾说："奉化之墓庐依然，溪口之花草无恙"，希望蒋介石能在祖国统一后回故乡看看。这些显然是想向蒋介石传达一个信息，他所魂萦梦绕的"慈庵"、"丰镐房"这些故乡景物均完好无损，并不像港澳某些报纸所说"蒋氏墓庐已在镇压反革命和土地改革的运动中荡然无存。"

1956 年春，章士钊带着中共中央给蒋介石的信，带着这个特殊使命，身负重任来到香港。

在香港，章士钊会见了台湾派在香港负责国民党文宣工作、主持《香港时报》的许孝炎。

许孝炎与章士钊是湖南同乡，湖南沅陵人。抗战时期，在重庆，许和章同为国民参政员，交往密切，关系特别好。抗战胜利后，章士钊去了上海，许孝炎在南京当立法委员，后又到天津任《民国日报》董事长，解放战争开始后不久去了台湾。

时过境迁，香港重逢，双方分外亲热，感叹不已。章士钊向许孝炎谈了中共以和平方式统一祖国、实现第三次国共合作的设想与诚意，并拿出中共中央给蒋介石的信，委托他亲手转交蒋。

许孝炎知道事情重大，即从香港飞往台北，直接到蒋介石的"总统"府，亲手将中共的信交给了蒋介石，并将他与章士钊的会谈情况向蒋作了报告。

蒋介石听后，再反复看了几遍中共给他的信，长时间沉默无语，没有作任何表示。

虽然说蒋介石默不作声，客居美国的一位国民党要员却公开表态了。此人便是李宗仁。

李宗仁仔仔细细研读了周恩来的万隆讲话，深受鼓舞。他立即写信给在香港的程思远，嘱同海外爱国人士交换意见，替他准备一个关于和平解决台湾问题的文件，以备在适当时候发表。

程思远收到信后，非常重视，立即和在台湾中央大学任教的罗梦册商议。罗梦册起草了一份解决台湾问题的建议大纲。

李宗仁根据这份大纲，亲自写出了"解决台湾问题的建议"，并在美国纽约公开发表。

这份建议提出：台湾自古就是中国的领土，清末甲午战后，台湾割归日本五十年。然珍珠港变起，中国对日本正式宣战，马关条约失效，按照国际公法，台湾遂复还于中国。1943 年开罗会议，更经同盟国领袖正式承认，故台湾绝无独立的法律依据，任何中国人自皆不愿接受。

李宗仁认为，台湾局势拖下去，可能引起世界严重的问题，对中国不利，对美国亦无益。鉴于此，李宗仁提出，今后解决问题，只有两条路可走：第一条，国共再度和谈，中国问题由中国人自己解决，经过谈判可能得一和平折中方案。第二条，美国应正式声明它承认台湾是中国领土不可或缺的一部分，但它可以成为这个国家的一个自治州。然后，在美国撤走其第七舰队的同时，实行台湾海峡地区非军事化。只有通过这样的办法，才能免除台湾海峡的战争危险。经过长期的和平，两个敌对政府间的彼此仇视就会逐渐消失，然后就能够为国家统一作出安排。

李宗仁的建议发表以后，海外反共人士舆论大哗，在他们的眼中，李宗仁的建议荒谬绝伦，狂妄至极。

李宗仁态度立场上的变化，也立即引起我国有关部门的重视。争取李宗仁回国的工作便积极开展起来。

谁是能同李宗仁取得联系的最合适人选呢？周恩来反复地思考着这一个问题。

1956年4月下旬，周恩来授意李济深：想法以你的名义告诉程思远，让他到北京来谈谈。

程思远（1908—2005年），广西宾阳人，政治活动家。青年时代投笔从戎，逐步成为桂系的核心人物。他曾捭阖纵横于蒋介石、李宗仁之间，参与筹划了反蒋、助李宗仁竞选"副总统"、逼蒋下野、与共产党和谈等重大事件。

李济深按照周恩来的意思，当即给香港方面的朋友打电话，请其转告程思远。并且允诺，这件事第一绝对保密；第二来去自由。

程思远虽觉突然，但事关重大，经过再三考虑，决定如约秘密北上。

1956年4月28日，程思远应邀第一次来到北京。

5月12日，周恩来在中南海紫光阁接见了程思远。当程思远由外交部副部长兼副总参谋长李克农陪同来到宴会厅时，看到过去的一些国民党军政大员赫然在座，其中有李济深、蔡廷锴、陈铭枢、张治中、邵力子、黄绍竑、刘斐、屈武、余心清、刘仲容、刘仲华，还有国务院副秘书长罗青长等。

饭后，周恩来在客厅里同程思远进行了3个小时的长谈，涉及许多方面。周恩来情意恳切地对程思远说：我们主张爱国一家，团结对外，以诚相见。过去，中国共产党和国民党人曾经两度并肩作战，反对帝国主义。我们希望将来有第三次的国共合作。

谈到李宗仁时，周恩来高度评价李宗仁在去年发表的声明，说：李宗仁先生在声明中反对搞台湾托管，反对台湾独立，主张台湾问题由中国人自己协商解决。这是李先生身在海外心怀祖国的表现。请你向李先生转达，爱国一家，爱国不分先后，我们赞成中国的一句古话和为贵，我们欢迎李先生在他认为方便的时候回来看看。

周恩来饱含深情的这番话，深深打动了程思远。他后来回忆说：这是周恩来给我的光荣任务，我当即表示愿意为此而努力。

程思远怀着兴奋的心情回到香港，花了几个晚上，把回大陆的经历、感受和周恩来要他转达给李宗仁及海外人士的话，写了一封长信。因为篇幅太长，他分装了几个信封，寄给远在美国的李宗仁。

## 3. 宋宜山密访北京

对于章士钊的那封信，蒋介石当时保持了沉默。他没有立即回绝，也没有马上答复，事关重大，他不能不反复考虑。

蒋介石将这封信看了许多遍，每看一次，都要独自沉思，不许人打扰。

经过近一年认真考虑后，蒋介石终于决定派人到大陆去进行试探性接触。为了留有后路，将来进退自如，他考虑从海外选派人去。于是，1957 年初，蒋介石召许孝炎回到台北，在"总统"府与他进行了长时间的密谈。

许孝炎在香港的公开身份为《香港时报》社长。《香港时报》是国民党在香港的机关报，他实际上为台湾在香港主持国民党的宣传工作。

许孝炎来到台北市郊的阳明山总统官邸，蒋介石对许孝炎谈了大陆来信的主要内容和目前的局势。然后，蒋介石对许孝炎说了下面一番重要的话：基于知己知彼、百战不殆的原则，针对中共发动的和平统一攻势，决定派人往北平一行，实际了解一下中共的真实意图，至于人选，不拟自台湾派出，而在海外选择。你考虑一下，提出两三个人选来，香港或是南洋的，都可以。

许孝炎根据蒋介石的要求，经过反复斟酌，最后定在留居香港的"立法院"的人员中挑选。他认为，"立法院"是国民党中央的民意机构，从中挑选人到大陆，身份比较灵活。

于是，许孝炎提出了在海外的三个人供蒋介石选用：一个是曾任"立法院长"的童冠贤，一个是曾任"立法院"秘书长的陈克文，一个是"立法委员"宋宜山。

蒋介石颔首，说：这三个人都可以，都还靠得住。宋宜山是宋希濂的兄弟，据说宋希濂被共产党关在北平的功德林战犯管理所，可以说是去那里探亲，还是毛泽东的湖南老乡。

蒋介石说：首先要本人自愿，你回香港找他们三个都联系一下，我再最后决定派谁去。

许孝炎回到香港，经征求意见，童冠贤摇头，陈克文和宋宜山点头。

许孝炎到台湾向蒋介石汇报了情况，请蒋介石最后定夺。蒋介石在陈克文和宋宜山二人之间经过一番比较，最后确定派宋宜山赴大陆。

蒋介石为什么选中宋宜山呢？原因有四：第一，宋宜山对国民党一贯忠贞。早年自南京中央党务学校毕业后，被派往英国留学，归国后一直在国民党中央党部工作。国民党自南京败退后，宋任国民党组织部人事处长，可谓久经考验；第二，宋宜山是台湾立法委员，为所谓"中央民意机构"代表，身份比较灵活；第三，宋宜山的胞弟宋希濂是国民党高级将领，被解放军俘虏后，关在战犯管理所改造，宋宜山到北京去，可以说是去探亲；第四，宋宜山为湖南人，而当时湖南同乡唐生智的弟弟唐生明也在北京，利用乡情进行对话，比较方便。

许孝炎回到香港后，给宋宜山安排了赴大陆的使命，并告诉宋宜山，唐生智的弟弟唐生明将协助他完成任务。

宋宜山和唐生明是比较熟悉的，二人同为湖南老乡，早在国民党南京政权时期就认识。前几年，在香港的湖南同乡会聚会时也常见面。

唐生明是位活跃在国共两党之间的人物。毕业于黄埔军校四期，在日本侵华期间曾奉蒋介石之命卧底于汪伪政府，并在国共内战即解放战争末期掩护共产党地下活动，使湖南和平解放。

宋宜山接受台湾方面的使命后，就积极准备回大陆的各项事宜，其中最关键的还是要与中共的上层取得联系。

为此，宋宜山找到刚从大陆返回香港的程思远，向他说明来意：蒋介石知道你去了北京，见到了周恩来，谈了国共和谈问题。他叫许孝炎回到台北，面授指示，意思是要他在居留香港的"立法委员"中选一个前去北京一行，了解情况，……结果蒋圈了我。

宋宜山希望程思远能够给他一些去大陆的帮助。程思远利用自己与中共的良好关系，对宋宜山的大陆之行做了有益的帮助。

程思远是一个多月前即4月27日回到大陆的，5月1日，被邀请登上了天安门广场的观礼台。程思远此行，不仅促成了1965年李宗仁的回国，而且由于程思远与北京高层周恩来等人的联系，使他能够帮助安排好宋宜山到北京的途径。

1957年4月，宋宜山以探望弟弟宋希濂为由办好各种手续，自香港经广州乘火车顺利到达北京。

宋宜山特地带了大衣、围巾，准备裹个严严实实的。他一下火车到站台上，却觉得暖融融的。在站台上迎接他的唐生明，接过他手上的大衣，说：宜山兄竟然全副武装，害怕给冻坏了？

北……宋宜山尽管事先有所准备，还是差一点儿将北京按国民党老习惯说成北平，北京的气候想不到也有了变化。

是啊，岂止是北京的气候有了变化，坐火车这一路，宋宜山处处感到令人欣喜的变化。车窗外碧绿的旷野，农民们在水田里忙着插秧，一派田园景象。大陆的社会并不像在台湾所听到的那样凄苦、那样充满火药味。

唐生明把宋宜山安顿到新侨饭店住下后，就告诉他一个十分值得兴奋的消息：这两天，周恩来总理要请你吃顿饭。至于具体的问题，则由统战部的部长李维汉先生出面跟你商谈。李部长亦是湖南老乡。

宋宜山在饭店里休息了两天，不敢轻易出门，等着与周恩来见面。

第三天，周总理在北京有名的饭店东兴楼会见了宋宜山。宋宜山一走进餐厅，周恩来径直朝他这边走来，与他亲切握手，并表示欢迎他来北京。宋宜山立刻感觉氛围轻松了不少。

周恩来说道：我特地让生明兄来接待，他和你是老乡，前几年在香港又见过面，他跟我们做朋友的历史已经不短了。

宋宜山向周恩来提到，在抗日战争时期，唐生明为了执行特殊任务，打到汪精卫汉奸政府里去，忍受了各种误会和委屈，为国家和民族做了很多工作，受到国民党方面的肯定，特别是受到蒋介石的赞赏。

◎ 唐生明

闻此，周恩来笑道：我们共产党人也忘不了他。1927年大革命受挫，我们党处于最困难的时候，得到了生明兄的同情与支持。我们举行南昌起义和秋收起义，得到了他给予枪支、弹药和物资的支援，一些伤员也得到他的营救和保护。

对唐生明与共产党有这样一段历史关系，宋宜山还是首次听到。但他联想起1949年程潜在唐生明的辅佐下在湖南起义，也就不感到十分奇怪了。

接着，他们谈起了宋宜山的弟弟宋希濂。

周恩来提到当年宋希濂与湖南老乡陈赓一起在长沙应考黄埔军校合格后，两人结伴经武汉，下上海，又到广州赴军校报到，一同在黄埔第一期学习的情况。同时，还特别提起抗日战争时期，宋希濂在大别山和滇西通惠桥所指挥的战役，重创日军，立下了卓著战功，说人民是永远不会忘记的。

宋宜山听到这席话，心里十分感动。

接着，令宋宜山没想到的是，周恩来主动表示：50岁是人生的大日子，你来看他正是时候。之前，宋宜山还担心此行能否见到胞弟宋希濂。

他连连感谢周恩来。同时，他在香港所听到的对共产党的种种谣言以及他自己的各种疑虑，也全然消释了。

话题转到国共和谈上。宋宜山说，台湾方面此次派他来的目的，就是了解中共对和谈的意向。周恩来听后意味深长地说：总的来说，在中华民族大家庭里，我们都是一家人嘛。抗战胜利在重庆谈判时，蒋先生就说，大革命的时代，国共两党的同志们曾在一个屋里开会，共一个大锅吃饭。希望我们还会在一起合作。具体的问题，李维汉先生跟你商谈。

最后，周恩来提到了曾任国民党"立法院"院长的童冠贤。周恩来深情地回忆了他过去与童冠贤的友谊，提起当年自己在国外留学时很苦，曾得到过童冠贤的帮助，希望宋宜山回香港后一定转告童冠贤，欢迎他回国定居。

周恩来还表示，中国共产党欢迎滞留海外的国民党人和爱国人士回祖国考察、观光、探亲、访友，更欢迎他们回国工作、定居，并表示来去自由。

不久，在周恩来的安排下，中共中央统战部部长李维汉出面与宋宜山商谈，就第三次国共合作，祖国统一的一些具体问题进行协商。

由于宋宜山只是奉命来了解共产党方面对于台湾问题及国共合作的意图，没有带来台湾当局的具体意见。于是，李维汉提出了中共关于合作的具体条件，其内容如下：

（1）两党可以通过对等谈判，实现和平统一；

（2）台湾可以作为中央政府统辖下的自治区，享有高度自治权；

（3）台湾地区的政务仍归蒋介石领导，中共不派人干预，而国民党可派人到北京参加对全国政务的领导；

（4）美国军事力量撤离台湾海峡，不容许外国干涉中国内政。

宋宜山此行仅仅是摸底的，因此他表示说回台湾后，将向蒋介石报告，并为促成两党谈判而努力。

宋宜山在北京期间，还在唐生明等人的陪同下，参观了石景山钢铁厂、四季青高级农业生产合作社，还游览了故宫、颐和园等名胜古迹。当时，大陆正广泛提倡百花齐放、百家争鸣，经济建设热气腾腾热火朝天，整个政治气氛和社会面貌，很有生机和活力，一片欣欣向荣的景象。

最让宋宜山感到难忘的是，他到北京功德林战犯管理所探望了胞弟宋希濂。宋宜山见弟弟在战犯管理所学习、改造、生活都很不错，也十分放心。宋希濂告诉他，有希望不久就可以特赦出来。

5月，宋宜山返回香港，章士钊、唐生明等到车站送行。他们握着宋宜山的手，情深意长地说：希望再见到你，是你陪同国民党更高的官员前来谈判。宋宜山笑了，他也充满信心地说：我们会再见的。

宋宜山回到香港后，蒋介石并没让他回台湾当面汇报，而是让他先写一书面报告。宋宜山即写了一篇1.5万字的报告，报告主要包括以下内容：与周恩来、李维汉见面商谈的情况，中共提出的和平谈判的具体条件；沿途及北京的各种见闻；他本人对两党和谈的意见和看法。他在报告最后写道：我认为，中共意图尚属诚恳，应当响应。大陆从工厂到农村，所到之处，但见政通人和，百业俱兴，民众安居乐业，与中共鱼水相依，以前提的反共复国似已无望。

报告通过许孝炎转给了蒋介石。

由于宋宜山的报告对共产党、对新中国的成就颂扬过多，蒋介石看了大为不悦，认为宋宜山被赤化了。

再加上此时大陆已开始反右派斗争，蒋介石认为国共谈判的时机并不成熟。因此，他命许孝炎转告宋宜山，不必回台湾见他了，"立法委员"的薪金可以按月汇给。

这样，秘密使者宋宜山被搁置在香港，再没到大陆，本来可以深入的新一轮国共两党谈判又搁浅了。

# 二、曹聚仁穿针引线

20世纪50年代中期开始，非国非共的记者、文人曹聚仁成为了两岸穿针引线的和谈密使。受蒋氏父子之托，曹聚仁多次来到北京，得到毛泽东、周恩来等中共领导人的多次接见，为两岸传递信息。1957年，他替蒋氏父子游浙江奉化溪口，写下了重要的报告，信件和照片曾打动"老人"的心。1965年，李宗仁归国，蒋介石再次派曹聚仁与中共联系和谈。双方秘密商定六条和谈条件。可惜，大陆发生"文化大革命"，和谈搁置。此后，曹聚仁为国共和谈事业战斗到生命最后一刻。

## 1. 曹聚仁北京之行

1956年，当章士钊受中共委托，从北京来到香港为国共和谈穿针引线的时候，却有另外一个神秘人物也风尘仆仆地负着同样的使命从香港而来，出现在首都北京，这个神秘人物就是曹聚仁。

曹聚仁，浙江省浦江县人，是颇负盛名的记者与文人。虽说是个做学问的文化人，却与国共两党的高层人物有很深的交情。他是章太炎的高足，鲁迅的朋友，有《鲁迅评传》、《鲁迅年谱》等书。抗战时期，担任中央通讯社记者，常到新四军战地采访，成为叶挺的座上宾，并与陈毅结成至交。后来在赣南担任《正气日报》主笔、总编辑，与蒋经国成了无话不谈的莫逆之交。当年蒋经国曾说：知我者，曹公也。

正是这种特殊的身份，使曹聚仁成了国共两党重开谈判的穿针引线人。

他的女儿曹雷这么勾画他的形象：五短身材，操着一口浙江官话，嗓音也没什么特点，唱什么歌都像吟古诗那样哼哼，右脸颊上还因儿时患牙龈炎留下了一条深深的疤痕。

1956年7月1日，离别大陆6年之久的曹聚仁怀着喜悦的心情，携妻、子回到祖国。曹聚仁走过罗湖桥，踏进国门。北京派中联部徐淡庐主任迎接，自此他成了曹聚仁与北京当局联络的秘密通道。后来曹聚仁前往北京，或者到中国内地各地，常由徐淡庐陪同。

他此行是以新加坡工商考察团随团特派记者的名义。要想成行，必须首先要得到北京的同意。国务院原副秘书长兼总理办公室主任罗青长说：曹聚仁是通过费彝民介绍来大陆采访的。费彝民是香港大公报社社长。

当然，曹聚仁此行不仅仅是采访。他的妻子邓珂云曾说：1956年春，曹聚仁寄我一信，内附一信，嘱我转寄北京邵力子先生，信的内容大意说：为了两党的和好、祖国的统一，愿作桥梁，前去北京，请邵老向中央转呈此意。我即将信封好寄出。不久，邵老回复一简函，由我转给聚仁，大意是欢迎他回来。邓珂云当时带着子女住在上海南京西路润康邨。

邵力子接到曹聚仁的信，不敢怠慢，立即向上面作了汇报。周恩来了解情况后，迅速安排曹聚仁进京面谈。

经过费彝民的联络，安排曹聚仁以新加坡工商考察团随团特派记者的名义前往北京。此后，费彝民一直成为北京方面指定的在香港经常与曹聚仁沟通的联络人。

广州休憩两日，7月4日直飞北京。下午5时半飞机降落在西郊机场。邵力子到机场迎接。曹聚仁住在东交民巷的新侨饭店，单独一个套间，规格很高。

到了北京后，曹聚仁除了到西直门附近马相胡同看望母亲外，其余时间进行了广泛的采访。他写信给新加坡的李微尘，说：我到了北京，政府当局明白告诉我：可以随便访问什么人，可以到任何地方去看看。他们叫我不要专说好的一面，缺点很多，可以老实不客气写出来。我的访问，完全我自己做主，并没有人陪我去；而被访问的客厅上，也并没有别人在座。（我相信绝无录音机一类的设备）……

《周恩来年谱》记载：一九五六年七月十三、十六、十九日先后由邵力子、张治中、屈武、陈毅等陪同，三次接见曹聚仁。一周三次接见，足见对曹聚仁的重视。

7月16日下午，周恩来在颐和园宴请曹聚仁，陈毅、邵力子、张治中出席作陪。

曹聚仁进颐和园时，周恩来、陈毅已早5分钟到达。把曹聚仁迎到玉澜堂。三人略事寒暄，就根据周恩来的提议上了游艇。周恩来说：我们欢迎曹先生回来看看，我代表党和政府欢迎你。陈毅作为上海市长，也对从上海到香港的曹聚仁表示了欢迎。曹聚仁感到十分畅快。

这是曹第三次与周恩来见面。第一次是1939年在金华中国旅行社。当时，周恩来为消除新四军与第三战区国民党军队之间的矛盾，以军委会政治部副部长的身份来到东南。曹、周二人曾有短暂会见。第二次见面是1943年在重庆。

而陈毅，曹聚仁与他于1938年初识于南昌，以后相处很熟。

游艇到了清遥亭。舍舟登岸，来到听鹂馆，晚宴就设在这里。邵力子夫妇和张治中已在此候客。曹聚仁握着张治中的手激动地说：张将军，我们一别20年了，真是韶光易逝啊！曹聚仁早在1937年，"八·一三"上海抗战时作为战地记者，采访过前敌总指挥张治中，以后又多次见过面。

宴会上，大家叙旧谈新，觥筹交错，十分融洽。

晚宴结束后，主宾6人再上游艇游昆明湖。

话题重开，并很快进入台湾问题。曹聚仁就周恩来在6月28日全

◎ 曹聚仁

国人大三次会议上所作"和平解放台湾"的讲话问周道：你许诺的和平解放的票面里有多少实际价值？

周恩来答道：和平解放的实际价值和票面完全相符。国民党和共产党合作过两次，第一次合作有国民革命北伐成功，第二次合作有抗战胜利。这都是事实，为什么不可以有第三次合作呢？

听了周恩来的话，曹聚仁颇有感触地说道：国共合作，则和气致祥；国共分裂，则戾气致祸。

周恩来继续说：台湾是内政问题，爱国一家，为什么不可以来合作建设呢？我们对台湾，决不是招降，而是彼此商谈，只要政权统一，其他都可以坐下来共同商量安排的。

周恩来郑重指出中共的政策：说过什么，要怎么做，就怎么做，从来不用什么阴谋，玩什么手法的，中共决不做挖墙脚一类的事。

邵力子对曹聚仁说：你有许多条件，又有海外地利之便，这工作要多做些。曹聚仁会心地点点头。

陈毅问道：曹先生不会推辞吧？曹十分爽快地回答：哪里，哪里，聚仁身为炎黄子孙，义不容辞。

那天，曹聚仁称赞周恩来是政治外交上的隆美尔。隆美尔是第二次世界大战中的德国陆军元帅。英国首相丘吉尔曾评价隆美尔说：尽管我们在战争浩劫中相互厮杀，请准许我说，他是一位伟大的将军。

曹聚仁还推崇陈毅是了不起的人物，上马能武，下马能文，既是将军，又是诗人。

8月初，曹聚仁乘火车经广州返回香港。

曹聚仁把这次宴会的经过，以《颐和园一夕谈——周恩来会见记》为题，发表在 1956 年 8 月 14 日《南洋商报》第 3 版上。接着，他更加详细的报道《周总理约曹聚仁在颐和园一夕谈》，也于 9 月 8 日在印度尼西亚华侨主办的《生活周刊》上发表。这两篇文章正式向海外传达了周恩来的国共和谈设想，在海内外引起极大震动。

曹聚仁回到香港，蒋经国马上派人前往香港探望曹聚仁。这位台北信使，便是曾经担任蒋经国机要秘书的王济慈。王济慈与曹聚仁都是浙江省立第一师范的学生，在赣南的时候，王济慈就已经成为蒋经国亲信，跟曹聚仁也有许多交往。正因为这样，蒋经国从台湾派遣王济慈跟曹聚仁联络。

曹聚仁详细地转达了周恩来几次谈话的内容。王济慈也转达了蒋经国对于国共进一步谈判的意见。

3 个月后，即 10 月 3 日，毛泽东在中南海接见曹聚仁。这天下午，党和国家的好多领导人都出席了欢迎印度尼西亚总统苏加诺访华的大会。毛泽东没有出席这次大会，而是在中南海居仁堂静候曹聚仁，足见毛泽东对国共两党重开谈判的重视。

曹聚仁怀着激动的心情乘车到中南海。他过去曾对人说过：我不止一次地向别人介绍毛主席，而自己却无缘亲睹这位伟人的风采。没想到终于如愿以偿了。

关于这次谈话的内容，曹聚仁没有告诉别人，只是在和家人的谈话中或他的文章中零星地透露点滴。

毛泽东一见曹聚仁，便十分诚恳地问：你这次回来，有什么感想？你可以多看看，到处走走，看我们这里还存在什么问题，不要有顾虑，给我们指出来。

曹坦诚地讲了自己的观感。

随后，毛泽东和曹聚仁便开始了无拘无束的长谈。他们谈古典文学，谈毛泽东的诗词，谈现代文学，谈鲁迅的作品，也谈曹聚仁的著作。曹聚仁曾对曹艺（曹聚仁的胞弟，现代著名作家）说过：想不到，我的著作主席差不多都看过。我说我是自由主义者，我的文章也是有话便说，百无禁的，主席认为我有些叙述比较真实，而且态度也公正，又叫我不妨再自由些。

后来进入正题，谈国共合作，谈蒋介石、蒋经国。毛泽东听说曹聚仁在赣南和蒋经国共事几年，便请曹聚仁详谈蒋经国。曹聚仁便回忆起当年与蒋经国在赣南共事的情形，充分肯定了蒋经国的为人。毛泽东还要曹聚仁回香港后，寄一本《蒋经国论》来，他说想看看这本书。

在谈到国共合作，谈到蒋介石的时候，毛泽东认为，对蒋介石在某些历史时期的作用，还是可以肯定的，并表示了他准备再次与蒋介石握手的想法。一年后，曹聚仁在《北行小语》一文中披露了他与毛泽东会谈的一些内容，文章说：因为毛氏懂得辩证法，世间的最强者正是最弱者，而最弱者正是最强者。老子说：天下之至柔，驰骋天下之至坚。天下莫柔于水，至坚强者莫之能胜。从这一角度看去，毛泽东是从蔑视蒋介石的角度转而走向容忍之路的。他们可以容许蒋存在，而且也是承认蒋介石在现代中国历史上有他那一段不可磨灭的功绩的。在党的仇恨情绪尚未完全消逝的今日，毛氏已经冷静下来，准备和自己的政敌握手，这是中国历史又一重大转变呢。

会谈结束，毛泽东送曹聚仁上汽车后，还亲手关了车门。

这是殊荣，是礼遇！

毛泽东的谈话使曹聚仁对促成国共谈判信心百倍。他回香港后，很快将他在大陆和中共领导人接触的情况详细转告台湾方面，并静等台湾的消息。

## 2. 奉化溪口之行

不久，台湾传来指令，说让曹聚仁再去大陆一趟，主要任务是委托他到浙江奉化去，去看看蒋氏祖坟是否完好。显然，蒋介石对中共所称奉化墓庐依然并不相信。

1957年5月，正是万木葱茏的初夏日子，曹聚仁又一次返回大陆。

他以记者的身份，于5月28日下午，专访了国民党原高级将领杜聿明、王耀武、康泽、宋希濂、黄维等5人。

下午约3时，曹聚仁来到北京北郊功德林战犯管理所，与杜聿明等5人单独谈了一个小时，了解他们真实的思想和生活情况。

宋希濂一进门就和曹聚仁握手，二人原本相熟，在"八·一三"淞沪战线上曾见过面。杜聿明谈锋很健。王耀武当时则沉默寡言，曹聚仁谈起抗战时曾在江西吉安和王耀武相晤，王却始终无法忆起此事。后，曹聚仁把他的家属在香港的情况相告于他时，王才露出笑容。黄维的肺结核病未愈，因此说话很少。

后来，曹聚仁把这些发表于1957年6月6日的《南洋商报》，文中强调了当时的情景：记者访问他们时，并无任何人在旁监听或偷听，招待记者的W同志，他只把一壶茶、几只茶杯、一包香烟放在桌上，便掩门出去，让我们可以畅所欲言。

这次，他在北京待了短短几天后，便匆匆赶到浙江。据邓珂云的记载：1957年春夏之交，聚仁在京住了一些日子，总理接见后，我们就离京……目的是到庐山和溪口二地，那是和老蒋有密切关系的两个地方。

曹聚仁这次庐山、溪口行，由中联部的徐淡庐主任陪同。

曹聚仁一行先乘火车到了汉口。翌日，他们离汉口乘长江轮东下，直抵九江，住花园酒店。当年蒋介石每次上庐山就住在这个地方。

第二天一大早，他们就上庐山，到牯岭。当时为春夏之交，牯岭乃为避暑胜地，因此游人不多。晚上，他们下榻于河西路442号别墅，这是一幢美式别墅，隐于牯牛岭东坡的松林里，隔河相望就是蒋介石的美庐别墅了。

在庐山，曹聚仁一行整整住了7天。他们参观了美庐别墅、庐山大厦、仙人洞、花径、含鄱口等地方，并留下了很多的影像。

下山回九江后，他们又从庐山南麓去看海会寺——当年蒋介石练兵之处、白鹿洞、栖贤寺、归宗寺。

庐山之行结束后，他们乘轮船到了上海。在上海，陈毅曾邀曹聚仁长谈。

在上海住了些时日，曹聚仁一行即开始了浙江之行。此行的重点是游览绍兴和溪口两个地方。

在绍兴，曹参观了鲁迅的故居、百草园、鲁迅纪念馆等处。他还赋诗数首：台门败落无新旧，百草园中剩废垣；佳话争传孔乙己，投枪触处有啼痕！

在奉化溪口镇，曹住进了当年蒋介石回溪口时常住的妙高台。妙高台上那副对联仍在，只是因岁月侵蚀，字迹不像过去那般鲜明了，"台前飞瀑长留，激浊扬清，淡薄能明高士志；窗外孤峰特立，居高临下，鞠躬须识老人心。"

曹聚仁游览了武岭、雪窦寺，并在蒋介石寓居过的丰镐房和蒋经国寓居过的文昌阁仔细看了很久。蒋氏故居丰镐房门庭依旧，内部打扫整洁。

同时，曹聚仁还代蒋氏父子到蒋母的墓园扫墓，敬香烧纸，行民族传统的孝仪。所到之处，曹聚仁都一一拍摄了照片。

曹聚仁回香港后，于7月19日即写了一份书面报告送往台北：

> 聚仁此次从5月5日北行，遵命看了一些地方，本月14日方回香港，先后两个半月。这一段时期，有着这么重大的政治变化，也不知尊处意向有什么变动？我的报告是否还有必要？因此，我只写了一封简短的信。向钧座报告，我已经回来就是了。
>
> 目前，国际情势如此复杂，聚仁殊不愿做任何方面的政治工作，我个人只是道义上替台座奔走其事。最高方面如无意走向这

一解决国是的途径，似乎也不必聚仁再来多事了。诵于右任先生读史诗："无聊豫让酬知己，多事严光认故人"之句，为之惘然！依聚仁这两个多月在大陆所见所闻，一般情况比去年秋冬间所见更有进步，秩序也更安定些。聚仁所可奉告台座者，6月13日我和朋友们同在汉口，晚间且在武昌看川剧演出，社会秩序一点也没有混乱过。海外谣传，万不可信。聚仁期待台座早日派员和聚仁到大陆去广泛游历一番，看看实情如何？千万勿轻信香港马路政客的欺世浮辞。

周氏（即周恩来）再三嘱聚仁转传台座，尊处千万勿因为有什么风吹草动就意志动摇，改变了原定的计划。以聚仁所了解最高方面，千万勿认为时间因素对台方有利。这一因素，对双方同样有利，或许对大陆比台更有利些。聚仁为了国家、民族之未来才来奔走拉拢，既非替中共作缓兵之计，也不想替台方延长政治生命。说老实话，中共当局不独以诚恳态度对我，也耐着性子，等待你们的决定。希望最高方面，再不必弄机谋与玩权术，要看得远一点才是。

聚仁回港之后，看了最高方面所刊印的《苏俄与中国》，实在有些不快意。这一类书，聚仁不相信会有什么特殊效果。但刊印的时期并不适当，北京方面的反应如何？我还不曾知道。为了彼此依赖的基础，似乎应该把不必要的芥蒂消除掉。

报告送出三天后，台北方面就有了反应。在曹聚仁的记录里写道：7月23日下午接W兄电话：G兄嘱兄耐性，我即来港面谈。（笔者注："G公"指蒋经国，"我"即前已提到的蒋经国的特派员王济慈）之后，曹聚仁又送出一份报告，汇报了庐山及溪口近况：

聚仁此次游历东南各地，在庐山住一星期，又在杭州住四日，往返萧山、绍兴、奉化、宁汉凡两日，遵嘱有关各处，都已拍摄照片，随函奉上全份（各3张），匀检。……

　　庐山已从九江到牯岭街市区筑成汽车路，大小型汽车均可直达（轿子已全部废去），约一小时可到。牯岭市区在修筑马路，交通非常便利。以牯岭为中心，连缀庐山北部、西部各胜地（以中部为主），已建设为修养疗养地区。……美庐依然如旧，中央训练团大礼堂，今为庐山大厦，都为山中游客文化娱乐场所。……

　　聚仁私见，认为庐山胜景，与人民共享，也是天下为公之至意。最高方面当不至有介于怀？庐山内部，以海会寺为中心，连缀到白鹿洞、栖贤寺、归宗寺，这一广大地区，正可作老人悠游山林，终老怡美之地。来日国宾驻星子，出入可由鄱阳湖畔，军舰或水上飞机，停泊湖面。无论南往南昌，北归湖口，东下金陵，都很便利。聚仁郑重奉达，牯岭已成为人民生活地区，台座应当为人民留一地步。台座由台归省，仍可居美庐，又作别论。

　　美庐景物依然如旧。前年宋庆龄先生上山休息，曾在庐中小住。近又在整理，盖亦期待台座或有意于游山，当局扫榻以待，此意亦当奉陈。

曹聚仁所称台座便指蒋经国，而老人则指蒋介石。

曹聚仁在以上汇报庐山情况的同时，显然也表达了大陆方面欢迎蒋家父子回来的诚意。

　　接着，曹聚仁还汇报了蒋家父子故里情况：溪口市况比过去还繁荣一点。我听说的过去，乃是说1946年冬天的情形（战时有一时期特殊繁荣，那是不足为凭的）。武岭学校本身，乃是干部训练团。农院部分由国营农场主持，中小学部分另外设立。在聚仁的心目中，这一切都是继承旧时文化体系而来，大体如旧。尊府院落庭院，整洁如旧，足证当局维护促使之至意。聚仁曾经谒蒋母及毛夫人墓地，如照片所见，足慰老人之心。聚仁往返溪口。原非地方当局及知，所以溪口政府一切也没有准备。政治上相反相成之理甚明，一切恩仇可付脑后。聚仁知老人谋国惠民，此等处自必坦然置之也，唯情势未定，留奉化不如住庐山，请仔细酌定。

报告的最后，曹聚仁表明了他的心迹：聚仁决不考虑个人出处问题，严光还是严光，事成之后决不居功，愿以新闻记者终其身。今日或者近于做豫让，为了国家民族的前途，当然不惜献身的。我的话说得很切直，希望在最高方面善为之辞。

曹聚仁的信如实地介绍了大陆的情况，也转达了中共对和平统一祖国的意愿。据海外传来消息说，曹聚仁的这番溪口介绍和照片，曾打动过老人的心。

此后，曹聚仁又多次回大陆，为国共重开和谈而奔走。

1958 年曹聚仁回来时，毛泽东第二次接见了他，并与他共进午餐。

这段时间，他与陈毅谈得最多最久。陈毅在抗战时期就在南昌认识了蒋经国，对当时蒋经国在江西推行的新政给予好评。因此，曹聚仁极力促成陈毅与蒋经国见面，并为此做了很多工作。双方达成默契，表示一旦条件许可，即可见面，而且约定了会面地点，当时是想让经国和陈先生在福州口外川石岛作初步接触的。但由于种种原因，陈毅与蒋经国终于未能会面，这不能不说是一大遗憾。

1959 年，曹聚仁又两次回大陆。他访问了东北 6 大城市：沈阳、抚顺、鞍山、哈尔滨、长春、吉林。当他第二次回国南返时，因为有"新闻工作以外的事要赶着回去办"，路过南京时不能回家看望老母亲。母亲候在车站与儿子见面 8 分钟，拉手告别。这一别，竟成了永诀。

1959 年 11 月，曹聚仁自上海回香港，从此再也没有机会回大陆。

后，曹聚仁把他在大陆的见闻、采访所得，写成专稿 230 余篇，计 200 万字，汇成了《北行小语》、《北行二语》、《北行三语》、《人事新语》等著作，使海外华人了解大陆新政权。周恩来称赞这些文章是"宣传祖国的新气象"。

### 3. 未成的和谈六条

自 1959 年以后，曹聚仁仍然在为海峡两岸的统一而奔波。

对此，曹聚仁曾在给家人的信中谈道：……本来，我应该回国去了，但此事体大。北京和那边都不让我放手。前几年，我把局面拖住，可说是对得起国家了。……这两年，我一直向北京请求回国去，但京中为了那件事，非叫我留在香港不可……

这样一拖就是好几年。

1965 年夏，国民党二号人物李宗仁回到大陆。7 月 20 日，李宗仁在北京飞机场发表了声明：多年来美国必欲踞台湾为己有，阴谋诡计，无所不用其极。台湾是中国的领土，绝不容美国霸占。台湾与大陆统一，纯属中国内政，绝不容美国插手。留台的国民党人回到祖国怀抱，团结抗美，一致对外，为完成国家最后统一作出贡献。

李宗仁的毅然回国和在北京受到热烈的欢迎，给台湾国民党当局极大地震动。为了探听大陆中共方面对台政策的去向。台湾蒋氏父子展开了行动。

关于蒋氏父子在涵碧楼接见曹聚仁的消息，最早见于 1978 年 4 月 21 日的香港《七十年代》杂志的《记一次中国统一的秘密谈判》一文。文章的作者是王方，曾与曹聚仁相熟。

王方的文章一开头就说：这是一次实现中国统一的差不多已成功了的谈判；不过北京与台北都从未对此发表过一个字。我因为在人事安排方面，曾帮了负责谈判的二位主角之一的一些小忙，承他（笔者注：曹聚仁）告诉我谈判经过与双方同意的条件。现在三位主角中两人已归道山，只蒋经国尚存。可是，蒋经国在今天的地位与立场，决不会承认此事的。天下政治家的否认，本来与恋爱中女孩子的撒娇一样，口中说不，心中却在说是！

他在文章中爆猛料道：在1965
年，蒋经国在极神秘情况下，派了一
条小船，专程来港迎接曹聚仁前去台
湾。曹登岸以后，立刻坐直升机前往
南投日月潭的蒋氏官邸（涵碧楼）。
蒋氏父子听取曹密访北京报告，经几
次商谈，在曹国共再携手，一笑泯恩
仇说动下，达成一个"与中共关于和
平统一中国"的谈判条款。

而在台湾日月潭的涵碧楼纪念
馆的说明词中，有这么一段不寻常
的话：民国五十四年（笔者注：即
1965年）七月二十日，蒋介石、蒋

◎ 晚年曹聚仁

经国父子在涵碧楼，听取曹密访北京报告，形成一个与中共关系和平
统一中国的谈判条款草案，当时称为"六项条件"。其中第一条即为
蒋介石仍为中国国民党总裁，可携旧部回大陆，也可以定居在浙江省
以外的任何一个省区；北京当时建议以江西庐山作为蒋介石的"汤沐
邑"，意即台湾最高长官在中国内地的起居与办公之地。

当时，经常往来于香港和台北负责联络工作的使者王君（笔者
注：王济慈）通知曹聚仁，蒋经国在近期将亲临香港，接他去台湾商
量要事。

曹聚仁听了这一消息喜出望外，他急忙直飞北京，面见周恩来。
周恩来托曹聚仁转交给蒋介石一封信，信的内容是"一纲四目"。一
纲：只要台湾回归祖国，其他一切问题均按蒋介石意见处理。四目：
第一，台湾回归祖国后，除外交必须统一于中央外，台湾所有军政大
事安排等均由蒋介石全权处理。第二，所有台湾军政及建设费用，不
足之数，中央政府拨付。第三，台湾社会改革从缓，待条件成熟，亦

尊重蒋介石意见，和台湾各界人民代表进行协商。第四，国共双方要保证不做破坏对方之事，以利两党重新合作。

信中，还附有毛泽东写给蒋介石的一首词，内中的"明月依然在，何日彩云归"，表明了毛泽东期待蒋介石归来。

之后，曹聚仁匆匆返回香港，等候蒋经国的到来。

7月18日，曹聚仁正在寓所午睡，突然响起了门铃声，他急忙开门，王济慈气喘吁吁地进来说：经国来了，不方便上岸，在海上等你。曹聚仁急忙随王济慈出来，由一辆小车将他们送到码头，然后登上小快艇，再由小快艇将他们送到一艘大轮船边。

曹聚仁登上轮船，立即被人引进一间豪华客舱，一个西装笔挺、打扮成商人模样的人连忙迎上来和他握手，这就是蒋经国。

蒋经国和曹聚仁寒暄叙旧后，便斥退左右随从，关起舱门。两人进入实质性的交谈，蒋经国告诉曹聚仁，台湾想和北京方面谈判，但不知北京方面的具体意向，希望曹聚仁多介绍些北京的情况。

于是，曹聚仁便详细介绍了中共方面的关于谈判的条件。蒋经国仔细听后，也谈了蒋介石关于国共谈判的一些想法。他希望曹聚仁多将双方情况吃透，以使曹与蒋介石谈话时做到时间短，效率高，这样也可以使曹聚仁秘密赴台不致走漏消息，为外界所洞悉。

轮船秘密在海上行驶，终于在台湾一个偏僻小港停泊。曹聚仁即与蒋经国上岸登机，飞往南投日月潭蒋介石的官邸。蒋介石起先并不急于和曹聚仁谈话，而是让他观赏秀丽的日月潭风景，尽兴游览。

曹聚仁住进日月潭宾馆。日月潭是"台湾八景"之一，是一个很大的天然湖，湖中有一个小岛，北面半个湖宛似日轮，南边的湖形同上弦月，所以得来此称。湖上水光潋滟，碧波荡漾，千年老树倒映水中，景色甚是美丽。

蒋介石非常喜欢日月潭，游日月潭必住涵碧楼。1949年，蒋介石下令翻新、改建涵碧楼。从此，涵碧楼成为蒋介石的行宫。

到了第三天，也就是 7 月 20 日，蒋介石在自己的官邸涵碧楼，由蒋经国陪同，接见曹聚仁。甫见面，曹聚仁出示了毛泽东给蒋的那首词，道出毛"国共再携手，一笑泯恩仇"的诚意。

三个人在极秘密的状态下开始了谈判，并且自始至终只有他们三个人。

开始由曹聚仁介绍中共方面的条件，然后便逐条讨论、商谈，蒋氏父子也不断提出自己的意见。曹聚仁充分发挥了他的史才识见，经过几次讨论，很快达成了 6 项条件。其主要内容为：

（1）蒋介石偕同旧部回到大陆，可以定居在浙江省以外的任何一个省区，仍任国民党总裁。北京建议拨出江西庐山地区为蒋介石居住与办公的汤沐邑。

（2）蒋经国任台湾省长。台湾除交出外交与军事外，北京只坚持农业方面必须耕者有其田，其他政务，完全由台湾省政府全权处理，以 20 年为期，期满再行洽商。

（3）台湾不得接受美国任何军事与经济援助；财政上有困难，由北京照美国支援数额照拨补助。

（4）台湾海空军并入北京控制。陆军缩编为 4 个师，其中 1 个师驻在厦门、金门地区，3 个师驻在台湾。

（5）厦门与金门合并为一个自由市，作为北京与台北间的缓冲与联络地区。该市市长由驻军师长兼任。此一师长由台北征求北京同意后任命，其资格应为陆军中将，政治上为北京所接受。

（6）台湾现任文武百官官阶、待遇照旧不变。人民生活保证只可提高，不准降低。

本来，这些商谈内容属高度机密，蒋、曹当时约定不得泄露一个字。但后来曹聚仁在需物色第五项双方认可的市长人选时，求助于一个叫王方的人，迫不得已透露了他与蒋氏父子协商同意的 6 项条件。

后来，据王方回忆说：曹聚仁先生因第五条规定的那位师长兼市长人选，必须北京与台北双方都能接受的陆军中将，颇难挑选。原来内定的人，年老逝世。他要我征求一位朋友同意，出任此国共桥梁的要职。所以他特别邀我去，告此一切。我当然很乐于为促成国家统一而尽一点力，立刻就动身到那个朋友居住的城市，征求他的意见。这位朋友是一位文武全才，品格尤其廉洁高超。一九四九年后，他一直居于海外恬淡清苦地生活，虽历经蒋介石等多次邀请，始终不愿重做冯妇。经过我一再劝以大义，他也同意了这个工作，并曾与曹聚仁先生面谈过几次。

曹聚仁与蒋氏父子在日月潭谈妥了这 6 项条件后十分兴奋，他作为两岸之间牵线搭桥的人，至此可以说成功在望了。

他回香港后，即将谈判情况及 6 项条件报告给中国共产党。祖国统一大业指日可待。

然而，当此事正在进行之时，1966 年，大陆发生了"文化大革命"，极左思潮在中国内地泛滥，蒋介石对国共重开谈判产生了疑虑，并改变主意，否定与曹聚仁商妥的 6 项条件。

这样，国共两党重开谈判一事再次中断。

1972 年 7 月 23 日，曹聚仁因癌症病逝于澳门镜湖医院。

曹聚仁在弥留之际，也曾念念不忘祖国的和平统一，他不断反复地留给人世间的最后一句话是：我有很多话要向毛主席，向周总理说。十分遗憾的是，他要向毛泽东、周恩来说的话，再没有第二个人知道了。

曹聚仁去世后，遗体舁至拱北火化。按周恩来总理的指示，叶落归根，其骨灰被送到南京，让他安息于雨花台侧望江矶。

# 三、70年代和谈的努力

1973 年, 90 多岁高龄的章士钊, 心挂两岸和平, 再次请缨赴港,为和谈献力。可惜，壮志未酬，病逝于香港。70年代的蒋介石，思乡心切，章士钊晚年赴港的行动也深深触动了他，将和谈使命交予陈立夫。在没有得到回应之时，陈立夫发表了《假如我是毛泽东》，呼吁国共再次合作。因大陆当时局势，和谈未能实现，随着国共两党重要领导人相继逝世，国共和谈成为未竟事业，留待下一代人的努力。

## 1. 心系祖国统一的章士钊

国共和谈史上，有一位重要的人物无论如何也要浓墨重彩一番。他就是章士钊。

章士钊，字行严，笔名黄中黄、烂柯山人、孤桐、青桐、秋桐等，湖南长沙人，是中国近现代史上一位有影响的政治活动家和学者。他一生跨越了清朝、民国与新中国三个历史时代，经历极为丰富，在思想、政治上走过曲折复杂的道路。

章士钊早年投身辛亥革命，与孙中山、黄炎培等国民党创始人关系密切，他又坚持民族气节，因此与国民党的上层人物交往很广很深。

他在武昌求学，寄读于两湖书院时，与黄兴同住一室，成为莫逆之交。他加入过蔡元培、章太炎等人组织的提倡民权、宣传排满的革命组织爱国学社，与邹容成为同窗好友。他还策划过刺杀路经上海的清廷要员、广西巡抚王之春，暗杀失手后，被捕入牢，而备受折磨。他曾编译日本人宫崎寅藏所著关于介绍孙中山革命事迹的书《三十三年落花梦》。在编译中，因一时笔误，将孙先生的真名"孙文"与假名"中山樵"的两个字连缀成文，写作"孙中山"。该书出版后，这个名字也随着该书的传播而传开，久而久之，取代了"孙文"，竟成了孙先生的正式名字。

章士钊流亡日本时，在东京与黄兴住在一起，经杨度介绍，结识了孙中山，常在一起共议天下大事，颇为投机。同盟会成立时，孙中

◎ 在剑桥读书时的章士钊

山以为章士钊必是该会的积极成员，不料他竟不愿入会。结义兄弟章太炎苦劝，他也不为所动，仍坚持做他的无党派人士。

章士钊赞成过资产阶级代议制，又宣传过基尔特社会主义。他接近过袁世凯，又参加了反袁、讨袁斗争。

抗战期间，他坚持民族气节，面对威逼利诱，严词拒绝加入汪伪政府。他先是避难香港，而后来到重庆。在重庆结识殷德贞，是为他的第三位夫人。

此外，章士钊与中国共产党之间也是渊源颇深，有着真挚的友谊之情。

毛泽东曾为筹备中国共产党的成立和组织青年去欧洲勤工俭学，急需一大笔钱，而到上海找到章士钊，说为一批有志青年去欧洲勤工俭学筹款，请求帮忙。章士钊发动社会各界名流捐款，筹集了两万银元，交给了毛泽东。这笔钱一部分用于了资助留法学生，一部分用于了帮助湖南的革命活动。

章士钊曾利用他的外交免验权，帮助当时在法国的周恩来等，把一台印刷机和一批革命宣传材料带往德国，以支援在德国的中国学生的学习。

章士钊曾设法营救过共产党领袖李大钊。李大钊牺牲后，他亲自持香烛纸钱并书写祭联去停灵的长椿寺祭奠，还向社会募捐，处置善后。

章士钊还曾出庭为陈独秀辩护，数千言辩护词，滴水不漏，震惊法庭，轰动一时。后辩词被上海大学选为法学系教材。陈独秀免判死刑。

章士钊曾为赴重庆谈判的毛泽东，直言不讳地提出了他对时局的分析和看法，认为蒋介石正在背后准备内战，对和谈无诚意，乘蒋还没准备就绪，毛泽东应该马上离开重庆，以防突变。毛泽东认为当时情境下的章士钊能够提出这样的中肯意见，是共产党的真正朋友。

新中国成立后，章士钊历任全国政协委员、政协常委、全国人大常委会委员、中央文史馆馆长等职。

章士钊作为学者，一生从事著述，有专著20余部、论文数百篇、诗词数千首传世，特别是对逻辑学和柳宗元文章的研究，作出了重大的贡献。他晚年的力作《柳文指要》由于得到毛泽东的关照，得以在1971年出版。1972年尼克松访华时，周恩来曾将此书赠给尼克松一套，作为纪念。

章士钊有着如此丰富而独特的资历，作为促进国共两党重开和谈的代表，是最合适不过了。

而他在1949年的北平和谈中，已经当过南京政府的代表，为国共和谈努力过。

1949年，人民解放军以不可阻挡之势直逼长江，代总统李宗仁被迫提出了和谈要求。而中共拒绝了李宗仁一开始提出的和谈代表名单，因为其中的彭昭贤主战最力的国民党CC派主要干将，是一名战争罪犯。

李宗仁苦思冥想，想到了国民党立法委员章士钊。对，此任非他莫属。

当李宗仁登门拜访告知此一想法时，已是68岁高龄的章士钊满口答应了他的请求。他说："实现国内和平是全国人民的共同愿望，我一定尽心效力。"

这样，由章士钊、颜惠庆、江庸、邵力子（国民党政府官员以私人资格参加）四人率领的上海人民和平代表团，进行了试探性访问。

章士钊一行受到中共方面的热情接待。

毛泽东与章士钊晤谈时，曾深情地回忆起20多年前的往事。那是1920年章士钊筹款帮助毛泽东的事情。多年来，毛泽东一直铭记在心。重庆谈判时毛向章提过此事，今毛又一次谈起，再三表示谢意。毛泽东说：共产党不会忘记为他做过好事的爱国人士，新中国成立后，我一定会还给你的。接着，毛泽东向章士钊通报了共产党关于和平谈判的基本立场和原则，希望他为国内和平作贡献。

此次试探和平，据程思远说：章士钊是和谈中关键性人物。若不是李宗仁让章出来，组织上海人民和平代表团北上，当时共产党不以李为和谈对手。章等北上，见了中共领导人，决定以李为对手，重要性就在这里。又说：对李宗仁能否代表南京政府，表示怀疑。因为国民党内部派系众多，蒋介石下台后，仍掌握实权，李宗仁是否能够代表政府，是个问题。经过章极力鼓吹，再三说明李能代表政府。又说：和平是人心所向，大势所趋。这次谈话关系很大。27日回到南京，这样才肯定下来。没有他们搭桥，根本没有4月份的和谈，这是历史事实。

同年4月，以张治中为团长的国民党代表团来到北平，与中共方面进行了正式和谈。章士钊作为代表之一，又一次来到北平。毛泽东再次接见了他，在交谈中，章士钊对一些具体问题提出了自己的看法。他说：蒋介石已下台，战犯的名字是否可以不列入条文？考虑到减少代表们的困难，毛泽东答应了他的请求。

在国共双方代表的共同努力下，终于在4月15日晚通过了《国内和平协定最后修正案》。然而，国民党方面却拒绝签字，谈判陷于破裂。

章士钊对此十分痛心。5月18日，他与邵力子联名写信给李宗仁，揭露国民党假和平真备战的骗局。这封信义正词严，由刘斐带到香港转广州面交李宗仁。信中说道：自正式开会，我方对协定草案所提修改意见，以书面提出，总计四十余处，被采纳者半数以上。平情论之：中共坚持其所应持，慨让其所可让，虚怀雅度，弥足钦迟。惟吾人有不宜忘者：此次和谈，乃败者之所要求；又国民党执政二十年，智尽能索，甘于退让，向后吾国之政治领导权属于中共。只需了此二义及和会构成之前后事实，则问题中之国内和平协定，在明眼人非唯无深闭固拒可能，反而以善善从长甚或得此已足之意念迎之，似为事势之所必然。最后信中说道：中共虽于公失其信心，顾仍未至断然绝望。公虽不脱束缚驰骤之境，顾发愤仍未始不足有为一人性命。

此后，章士钊义无反顾，毅然投向人民革命的行列，与共产党真诚合作，积极从事于和平解放的事业。

## 2. 章士钊晚年赴港

海峡两岸对峙局面形成后，章士钊同许多爱国人士一样，对祖国的和平统一十分关心，并为此奉献出他的一份力量。

50 年代中期，章士钊通过香港与台湾的国民党方面的故朋旧友，成功地为中共转交了一封给蒋介石的信，才促成了蒋介石派宋宜山赴大陆了解情况。

在这段时间里，章士钊旅居香港，除了应酬各方来客，还写了大量的诗分赠台湾和香港的一些友人。

章士钊对在台湾的故旧，几乎每人赠诗一首，所谓招隐怀人之作，他们差不多都是台湾方面的政要。给张群的诗：四十年过旧迹非，适然相望海之湄。燕来几度新巢定，人在无妨野圃移。如子壮猷仍自展，只今时难要同支。张公九尺饶苍宾，倘许料量似少时。给何应钦的诗：曾从江介遣明驼，亲送行人务协和。未意北盟成逸史，翻教名将失金河。危时风度诚无雨，乱后交情也可歌。好与闽人谈旧事，几回恳款说沙哥。张群是蒋介石的亲信，担任过国民党政府的行政院长等职，而何应钦是蒋介石政府的一员武将，曾任国防部长等职。他们均为蒋介石所信任，而且和章士钊交好。章士钊用诗文的形式，寄希望于他们能为国共合作作一些贡献，可谓用心良苦！

1962 年和 1964 年，为沟通国共两党和谈，章士钊不顾年事已高，曾先后两次赴香港，找了与台湾方面有联系的老朋友，给台湾的于右任、胡适等人致信联络，为国共两党再开和谈做了大量工作。

港台许多报纸称章士钊是中共的和谈专使，拟通过私人关系向台湾高层转达中共的和谈条件。但是由于台湾方面反应冷淡，加上大陆"文化大革命"的开始，章士钊的活动不得不中断了。

时间进入70年代，"文化大革命"虽尚未结束，但国际国内形势有所好转。当时已90岁高龄的章士钊仍时时牵挂着祖国的和平统一，他再度萌生赴港为国共和谈架设桥梁的想法，并让在外交部工作的女儿章含之一定向周总理汇报他的心愿。他女儿章含之在谈起父亲最后的香港之行时，曾说：到了最终那几年，父亲常常谈到他见不到国共和谈、祖国统一是他一大遗憾。我感到他一生最后一个愿望是台湾的回归。

同时，章士钊与长住香港的殷夫人已经有9年没有见面了，也希望赴港做一次探亲。当时殷夫人与其养女章眉长住香港。

章含之报告后，周恩来说：与台湾方面的对话，行老去是再适合不过了。但是，行老已92岁高龄，恐怕身体已不允许作此长途旅行了。当时，章士钊头脑虽然清晰，但耳朵却聋得厉害，加上他几年前曾在病床上掉下来造成骨折，致使腿部肌肉萎缩，行动不便，只能靠轮椅代步。

因而派章士钊去香港联络，确实是很难决定的事。于是，周恩来把章士钊的赴港想法告诉了毛泽东。

1973年春天，正是《中美上海公报》发表一周年的日子。毛泽东在一次会见外宾时，突然向翻译章含之提到章士钊希望去香港促成国共和谈的心愿，问章含之：行老还有没有这个念头？

章含之回答：有，不过周总理和我都觉得他年岁太大，恐怕去不了。毛泽东想了一下说：我们如果准备得好一点，是不是还可以去呢？譬如说派个专机送去？

章含之转告了父亲，章士钊很高兴，说毛泽东懂得他的想法。

最后，毛泽东让周恩来考虑一个周到的计划，安排章士钊在能够保证健康的条件下去香港。

周恩来在最短时间内为章士钊赴香港做了周到细微的安排。当时台湾方面的班机与香港通航，但大陆则与香港民航处于断航状态。外交部等单位在周恩来的亲自过问下，同港英当局为章士钊的专机赴港进行了洽商和周到的安排。

1973年5月23日，一架中国民航专机由北京飞抵香港启德机场。临行前，周恩来亲自到机场为他送行，章士钊握着总理的手，表示此次赴港一定要完成中共交给的特殊任务。这架专机除载有章士钊外，

◎ 章士钊

还有北京医院内科主任张惠芬医生和一名护士，还有章士钊的儿子章可、女儿章含之、小外甥女以及秘书、厨工、保姆。

这架专机成了"文化大革命"以来大陆方面第一架降落在香港启德机场的飞机。

当时很多报纸进行了报道及评论。香港《明报》6月3日社论，称：章士钊来港，目的是为进行国共和谈，国民党方面由张群来港会谈。一则报道说，大家关心的是章士钊的健康情形，他下飞机时，虽然有轮椅可用，但据在机场目击迎接场面者说："老先生是被人抱下飞机的。"

在国内，事后，据梁漱溟说：关于要派行严到香港的事，因我常去他那里走动，行严告诉我他要去香港，告诉我他去的使命是经过香港到台湾。提了两个人：一个是黄杰，是个军人，湖南人。一个在外交方面，是魏道明。此二人都是我的后辈。党中央、总理要我去香港，再去台湾，对台湾做工作，这些话都是行严亲自对我讲的。他之所以

去香港，是有意义、有使命的，使命在由香港到台湾，不想病故在香港，没有去得成！

当时，关于章士钊的香港之行，说法很多，都说明此次章士钊的任务，确在于恢复两岸和平对话。但是否有含有台湾之行，待史料之证。

章士钊此次赴港所带中共关于和谈条件与过去大体相同，即尽快举行国共两党谈判，台湾承认是中华人民共和国的一部分，中央可给予台湾省类似当年陕甘宁特区的地位，经费不足可以由中央政府负担。如果台湾认为谈判条件不成熟，可以先进行官方或私人及团体互访，作一定接触，暂不举行谈判。

章士钊到香港后，第二天，就急忙安排准备所要会见的各方故旧。他先后见到了许孝炎、宋宜山、童冠贤等人，故旧见面，颇多感慨，都为过去几次没能成功的谈判感到惋惜，并表示要继续为祖国统一尽力，通过各种途径向蒋介石进言，以促成国共两党的高级谈判。

不料天有不测风云。章士钊到香港后不到一个月，便因频繁的活动，再加年事已高等原因，难以适应香港炎热夏天的气候，到6月下旬便病倒了，而且一病不起，迅速转重，虽经医生尽力医治，却终不见好转。

周恩来得知章士钊病重的消息后，立即指示医疗队紧急赴港，尽一切办法稳定病情，然后护送老人回京医疗。

但为时已晚，在医疗队及其家属将出发的头一天，即7月1日凌晨，章士钊与世长辞，享年93岁。他为祖国统一大业，促成国共两党重开谈判，奋斗到生命的最后一息。

章含之在《我与父亲章士钊》一文中，介绍了当时的情况：

父亲到达香港的情绪并不热烈和兴奋。我觉得他出奇的冷静，甚至很严肃，话语都不多。他似乎意识到他是在履行他在人世间的最后一件伟大使命，他是在一场最后的拼搏中使尽自己的最后一点余力。……一周后，我带妞妞离港回京。临行前，父亲单独与我谈了一会儿。他要我转告毛主席和周总理，他很好，正在联系各方面关系。此时他在台湾的一些老友和于右任等都已经去世，他说他正在接触其他一些朋友。他要我告诉总理，他在香港最多停留三个月就要回北京。他深情地对我说：告诉周总理我很想北京，事情办好我就回去，叫周总理不要忘记派飞机来接我。人也许真有一种第六种感觉，会对未来发生的事情有种预感。在我同父亲的 30 年相处中，我很少见到他动感情。他是个感情极深邃的人。他的诗作洋溢着强烈的激情而在生活中却极少动情。我在香港寓所辞别父亲时，不知怎么我产生了一种悲哀，对老父亲依依不舍。父亲也是这样，他特别舍不得妞妞，临别前再三抚摸她的手和脸，要她三个月后来接爷爷！冷酷的时间没有给父亲留下三个月的生命。一个半月后，我和妞妞去香港迎回的竟是他的骨灰！

章士钊逝世后，香港各界举行了公祭，许孝炎、宋宜山、童冠贤等国民党故旧及港澳同胞 1000 多人参加了公祭仪式，深切悼念这位为国共和谈奔走的老人，许孝炎等人表示要尽快将章士钊带来的中共和谈条件转告给台湾方面。全国人大常委会派代表于 4 日专程从北京飞港，向其家属表示慰问。

中共也表示了沉痛的哀悼，周总理派专机在广州迎接章士钊的骨灰。7 月 12 日，又在北京八宝山革命公墓，举行了隆重的追悼会。周恩来、朱德、叶剑英、邓小平、李先念、郭沫若、阿沛·阿旺晋美等参加了追悼会。

毛泽东送了花圈。郭沫若致悼词：章士钊先生为国家的统一大业，不辞劳苦，鞠躬尽瘁，始终怀念台湾省的故旧，时刻关心台湾的解放，盼望早日实现祖国统一。

### 3. 陈立夫晚年出马

1966 年开始的"文化大革命"使国共两党重开谈判受到影响。

当历史进入 70 年代，出现了新的转机。1971 年 10 月，联合国第二十六届联大就中国代表权案进行表决，会议以 76 票赞成，35 票反对，17 票弃权，3 票缺席，通过阿尔巴尼亚等 23 个国家的提案，恢复了中华人民共和国在联大的合法席位，并把台湾方面的"代表"从联合国一切机构中驱逐出去。紧接着，有 20 多个国家与台湾当局断"交"，承认中华人民共和国是中国唯一合法政府。

1972 年 2 月，美国总统尼克松访华，并发表中美《上海公报》。同年 9 月，日本首相田中角荣随着尼克松的脚步之后踏上了中国大陆。

在此情势下，和平解放台湾的问题又被提到议事日程上来。重提国共谈判，周恩来表示愿意与蒋介石面对面晤谈，希望国共两党能就祖国统一问题坐下来谈判。同时，中共对台湾同胞的意见更加重视，将这些意见作为日后制定有关台湾具体规划与政策的重要参考，周恩来曾对台胞说："政府之所以愿意与蒋介石谈判的原因，主要是为台湾同胞着想。""尽量避免战争的损失，我们不愿见到台湾成为一个流血的地方。因此处处为台湾同胞着想。"

而与此相反，台湾孤岛更加孤独。随着形势的变化，截至 1973 年 2 月，与台湾当局保持所谓"外交"关系的，仅剩 39 个国家和地区，蒋介石似乎陷入了被国际社会抛弃的境地。

已经 80 多岁高龄的蒋介石再也支撑不住这一个又一个的打击，于 1972 年 3 月份住进了医院，因前列腺肥大做了手术。

据台报载，宋美龄曾提出要蒋介石到美国去做手术，她认为美国医生的医术高明。蒋介石也承认这一点，但又认为美国有人要把他赶下去，这些人必要时可能对他实施暗杀计划，因此他表示不愿去美国就医。蒋经国从来唯乃父决定为决定，也不同意宋的提议，认为宁可花钱延聘美国名医，也不能前往美国。最后，蒋介石还是在台北荣民医院做了手术。因年龄不饶人，身体机能减退，后转为前列腺宿疾，其健康状况一蹶不振。

然而祸不单行，1972年8月6日蒋介石乘坐的专车与一辆小车在阳明山的岔路口相撞，蒋介石又一次进荣民医院疗养，直到次年年底才出院回"士林官邸"。

各方面的压力使他的健康每况愈下，肺炎和心脏病时常发作。在他生命的最后3年，他仅公开露面3次。

自1972年8月起，蒋介石实际上已避不见客。

蒋在医院期间，高度保密，不让外人知道。至1973年7月，报纸上又公开刊载了蒋介石在其第四个孙子蒋孝勇结婚时与他的合照，算是病后第一次公开露面，向公众表明他的健康状况和并未暗中引退。

1974年1月，中国与侵入西沙海域的南越之间的西沙之战爆发。

西沙之战初起，蒋介石当即指示台湾方面就南越侵犯西沙和南沙两群岛主权发表声明，指出该两岛是中国领土，不容侵犯。

不久，台湾"国防部"一封电报呈到蒋介石面前，内称：中共海军导弹护卫舰4艘，清晨抵达东引岛一侧，企图穿越台湾海峡。蒋介石看完，沉吟良久，说了一句：西沙战事紧呐！台湾军方心领神会，作了妥善布置。当天晚上，解放军东海舰队4艘导弹护卫舰顺利通过台湾海峡，国民党军不仅没有开炮，还打开探照灯，让解放军的舰队通过。

此事说明，蒋介石与毛泽东虽然处于敌对状态，但在涉及国家领土主权的重大问题上，二人却有着强烈的共识。

晚年蒋介石在思考什么，我们不得而知。但蒋介石有强烈的返回大陆的愿望，这是确实的。1975年元旦，蒋介石发表了一生中最后的一个新年文告，依然念念不忘光复大陆。

正当台湾孤独之时，大陆派章士钊专机赴香港，通过各方面渠道做台湾当局的工作。蒋介石在得知章士钊所带来的共产党和谈条件后，虽然表面上不动声色，但内心深处却是有触动的，一些国民党元老也深受感染。

从美国回台湾不久的陈立夫，即满怀热情，在香港《中华月刊》以

◎ 陈立夫

辜君明的化名写了一扁呼吁祖国统一的文章。在文中，陈立夫指出：中国统一的真正实现，使世界知道中国人是不可欺的，要使中国成为文化大国，为全人类所崇仰，帝国主义者无从破坏。陈立夫已经认识到，要使中国强大起来，经济发展，文化发达，两岸必须统一。同时，陈立夫还认为，中国的统一必须靠中国人自己的努力。他说：没有一个帝国主义者愿中国统一，要统一只能靠中国人自己的觉悟。在双方分裂对峙中，靠帝国主义者在后撑腰，这些撑腰是为中国吗？不，是为他们自己，这是很清楚的。文章的结尾，陈立夫对祖国的统一充满了信心和希望，他说：中国人无论在大陆或台湾以及海外各地，势必额手称颂，化干戈为玉帛。

中共多次发出和谈建议和邀请，当时台湾政治前景黯淡，同时也是晚年思乡心切，蒋介石经过一年多的思考，也动了与共产党重开和谈的念头。1975年春节期间，蒋介石将这一秘密使命交给了与共产党打过多次交道，抗战前主持过国共秘密谈判的国民党元老陈立夫。陈立夫接受任务后，即以"总统府资政"的名义通过秘密渠道向中共中央发出邀请毛泽东到台湾访问的信息。

但当时大陆正在进行"文化大革命"，因此，陈立夫的这一信息没有得到任何反馈。

虽然如此，陈立夫希望国共两党进行和谈的心情十分迫切，他在没有得到中共回音的情况下，写了《假如我是毛泽东》一文，在香港报纸上公开发表。他在文章中殷殷欢迎毛泽东或者周恩来到台湾访问，与蒋介石重开谈判之路，以造福国家和人民。他特别呼吁希望毛泽东能以大事小，不计前嫌，效仿北伐和抗日国共合作的先例，握手一笑，开创再次合作的新局面。

然而，当时国共两党的主要领导人都没有能够看到国共和谈再次合作的新局面的出现。

大陆还没有反馈过来消息，蒋介石的病情从 3 月 26 日即开始恶化。他从昏迷中醒来，深感来日无多，遂召蒋经国等官员来家中听蒋介石口授遗嘱，由国民党中央委员会副秘书长秦孝仪笔录。

蒋授完遗嘱后，病情是忽好忽坏。

1975 年 4 月 5 日，是中国的传统节日清明节。早上，蒋介石已经起床坐在轮椅上，面带笑容。

谁知，当日下午，蒋介石感到腹部不舒服。医疗小组报告：腹部不适，同时小便量减少。

晚 8 时 15 分，病情恶化。医生施行心脏按摩及人工呼吸，并注射药物等急救，然而效果不佳，心脏时跳时停，呼吸终未恢复，11 时 50 分，蒋介石瞳孔放大，人已死去，但急救仍在进行。

蒋介石终年 89 岁。国民党为其举行"国丧"一个月，蒋介石灵柩暂放于台北市南 60 公里处的慈湖，准备待来日"光复大陆"，再葬。

过了 9 个月，周恩来因患癌症，于 1976 年 1 月 8 日逝世了。

周恩来在说话已十分艰难的情况下，还专门约罗青长来谈对台工作，询问在台老朋友的情况，谈着谈着就昏迷过去了。

周恩来逝世时，胸前佩有写着"为人民服务"的毛泽东像章，确实做到了鞠躬尽瘁、死而后已。

7 月 6 日，年高德劭的委员长、被称为"红军之父"的朱德元帅与世长辞。

毛泽东在病榻上吟南北朝庾信的《枯树赋》：此树婆娑，生意尽矣！……昔年种柳，依依汉南；今看摇落，凄怆江潭；树犹如此，人何以堪！不胜感慨。

在毛泽东的晚年，在他生命的最后时刻，心脏病、肺气肿、白内障、脑血管病等多种疾病，把他折磨得心力交瘁。他的腿软弱无力迈不动步子，他的嘴唇说话吐字都很艰难，他的手颤抖着拿不起一支很轻的笔，但他仍旧在工作着……

1976年9月8日晚间，毛泽东看着一本介绍日本首相三木武夫生平的资料，突然昏迷了过去。时间是晚上8时10分。

抢救在紧急地进行着。屏幕上显示毛泽东心跳的曲线在起伏抖动。

9月9日零时10分，这条曲线突然变成了一条直线，一条微微抖动的直线。

一代伟人逝去，毛泽东享年83岁。

唁电唁函雪片般飞来，全世界为他下半旗致哀，全国的男女老少痛哭失声……

国共和谈、祖国统一成为他们心头未竟的事业。

回想，1972年春，毛泽东在会见尼克松时曾谈起蒋介石。他将蒋介石称作他和尼克松共同的朋友，并说他与蒋介石做朋友的历史要比尼克松与蒋做朋友的历史长得多。在谈到台湾问题时，他对蒋介石在坚持一个中国、维护国家统一问题上的一贯态度表示赞赏。

遗憾的是，毛泽东和蒋介石最终未能再次握手。

解决台湾问题需要时间，国共和谈、祖国统一的神圣使命，历史地落在了他们的继任者身上。

# 结　语

_____

　　中国共产党与中国国民党，这两个活跃在中国近现代历史舞台上的大政党，由于各种原因，他们之间既有合作的关系，也有对立、斗争的历史。九十多年来，国共两党之间除了用激烈的军事对抗和战争的手段解决矛盾，也用和平与合作的方式缩小和解决矛盾，而谈判作为一种特殊的解决问题的斗争方式，始终贯穿于国共两党关系的始终。

　　国共谈判有其独有的特点。首先，在与国民党的谈判中，中国共产党始终坚持原则，代表无产阶级和广大人民的利益，同时又运用了灵活的策略，顾全大局。其次，国共两党谈判，涉及的都是关系着两党关系、国家前途、民族命运的重大问题，因此，谈判的过程不是一帆风顺的，总有曲折反复。再次，国共两党之间的谈判，前期主要是政治、军事谈判，新中国成立后，谈判内容也越来越多样化。

　　回顾国共谈判的过程，总结其经验教训，有其重要意义。

　　中国共产党建立后，在共产国际的推动和帮助下，经过国共之间多次的谈判和磋商，共产党员以个人身份加入国民党，实现了第一次国共合作，推进了北伐战争，取得了重要成果。然而，以蒋介石为首的国民党右派发动反革命政变，第一次国共合作破裂。

　　第一次国共分裂后，两党十年内战，双方处于长期对峙状态，欲置对方于死地而后快。九一八事变后，民族矛盾日益加剧，面对日本帝国主义的侵略和国家生死存亡的关键时刻，国共两党转变政策，开始坐下来谈判，为抗日救国走到了一起，国共两党终于形成了第二次合作。虽然期间也有皖南事变等的不和谐插曲，但国共两党通过谈判方式，维护了合作局面，为抗日战争的胜利作出了重大贡献。

抗日战争胜利，赶走了日本帝国主义。由于国共两党各自代表不同的阶级利益，这个深层次的矛盾分歧，使得第二次国共合作最终走到尽头。解放战争中，中国共产党在三大战役中取得决定性胜利，国民党一败涂地，蒋介石提出和平谈判，中共为避免战争，争取和平，北平谈判进行。但蒋介石的假和平真备战使得谈判又一次失败，国民党也最终失了民心，甚至国民党的谈判代表也留在北平，参加了建设新中国的伟大事业。

新中国成立后到 70 年代末期，国共两党依据当时国际、国内情势，双方多次秘密派出使节，接触谈判，但迫于形势多变，各种努力均未实现。

20 世纪 70 年代末以来，"和平统一、一国两制"方针推动两岸关系取得了新的发展。海峡两岸长期隔绝的局面被打破，两岸人员往来和各个领域的交流达到新的高度。

大陆海协会和台湾海基会的成立，使两岸协商开启了新的模式，尤其 1992 年海协与台湾的海基会达成了各自以口头方式表述"海峡两岸均坚持一个中国原则"的"九二共识"，在此基础上，两岸谈判取得重大成果。第一次汪辜会谈、第二次汪辜会晤、胡连会、五次陈江会谈等等，两岸直接"三通"实现，海峡两岸同胞一步步走近。

当然，两岸关系中也有不和谐的声音，如李登辉、民进党陈水扁等的台湾分裂叫嚣，给两岸关系的发展带来的复杂的不确定因素，使得分裂与反分裂的斗争更为尖锐、复杂。但是，两岸同胞和国际社会承认一个中国的大框架改变不了。尽管双方所代表的利益不同，在思想信仰、政治主张等方面也不一致，但海峡两岸都是炎黄子孙，在维护中华民族利益和祖国统一这一点上是一致的，谁都无法改变的。

　　两岸同胞心连心，反对分裂、维护国家主权和领土的完整是中华民族的光荣传统。进入 21 世纪，和平与发展仍然是时代的主题。尽管国共两党有不同存在，也有过斗争与分裂，但是合作的趋势却是历史证明的主流！

# 参考书目

1. 张国焘著：《我的回忆》，东方出版社，1980 年。

2. 达林著，侯均初译：《中国回忆录》，中国社会科学出版社，1981 年。

3. 中国社会科学院现代史研究室编译：《维经斯基在中国的有关资料》，中国社会科学出版社，1982 年。

4. 包惠僧著：《包惠僧回忆录》，人民出版社，1983 年。

5. 于俊道编：《中国革命中的共产国际人物》，四川人民出版社，1986 年。

6. 唐宝林、林茂生编写：《陈独秀年谱（1879—1942）》，上海人民出版社，1988 年。

7. 张广信主编：《国共关系史略》，陕西人民教育出版社，1989年。

8. 田克勤著：《国共关系论纲》，东北师范大学出版社，1992 年。

9. 张瑛编著：《蒋介石"清党"内幕》，国防大学出版社，1992年。

10. 杨奎松：《失去的机会？——抗战前后国共谈判实录》，广西师范大学出版社，1992 年。

11. 彭明主编：《中国现代史资料选辑》，中国人民大学出版社，1993 年。

12. 陈以沛等合编：《黄埔军校史料》，广东人民出版社，1994 年。

13. 马齐彬主编，杨圣清等撰稿：《国共两党关系史》，中共中央党校出版社，1995 年。

14. 毛磊、范小方主编：《国共两党谈判通史》，兰州大学出版社，1996 年。

15. 范小方、毛磊著：《国共谈判史纲》，武汉出版社，1996 年。

16. 王功安等主编：《国共两党关系概论》，武汉出版社，1996 年。

17. 梅剑主编：《国共秘事》，中国文史出版社，1997 年。

18. 范丽青著：《汪辜会谈——海峡两岸高层握手》，华艺出版社，1997 年。

19. 温贤美等主编：《抗战时期的国共关系》，北京出版社，1997 年。

20. 马辂著：《国共和谈演义》，花山文艺出版社，1999 年。

21. 李新、陈铁建主编：《中国新民主革命通史》（第 6 卷），上海人民出版社，2001 年。

22. 李新、陈铁建主编：《中国新民主革命通史》（第 8 卷），上海人民出版社，2001 年。

23. 陈雪著：《国共谈判中的周恩来》，中共中央党校出版社，2001 年。

24. 中共中央党史研究室编：《中国共产党历史》（第一卷），中共党史出版社，2002 年。

25. 黄修荣著：《国共关系史》，广东教育出版社，2002 年。

26. 曹聚仁著：《北行小语》，三联书店，2002 年。

27. 戚如高主编：《国共和谈秘梓》，广东人民出版社，2002 年。

28. 黄嘉树、刘杰著：《两岸谈判研究》，九州出版社，2003 年。

29. 王永钦主编：《中国结——两岸关系重大事件内幕》，新华出版社，2003 年。

30. 李伟著:《曹聚仁传》,河南人民出版社,2004 年。

31. 白吉庵著:《章士钊传》,作家出版社,2004 年。

32. 罗国民著:《黄埔军校大传》,中国青年出版社,2004 年。

33. 李明著:《黄埔军校》,广东人民出版社,2005 年。

34. 杨牧、袁伟良主编:《黄埔军校名人传》,河南人民出版社,2005 年。

35. 黄修荣主编:《国共关系的历史回顾与"一国两制"理论研究》,中共党史出版社,2005 年。

36. 海峡两岸出版交流中心研究部编:《连战大陆行纪实》,九州出版社,2005 年。

37. 刘卫兵著:《随访连战的日子》,九州出版社,2007 年。

38. 刘丕林著:《北伐军兴始末》,崇文书局,2008 年。

39. 海峡两岸出版交流中心编:《两岸关系新里程——海协与海基会复谈纪实》,九州出版社,2008 年。

40. 杨奎松著:《国民党的"联共"与"反共"》,社会科学文献出版社,2009 年。

# 后　记

在近代和当代中国，中国共产党与中国国民党有着千丝万缕的联系，之间有过合作，也有过破裂，两党间的谈判除一段时间曾有过停滞外，一直都在进行着。为回顾国共两党关系史，总结两党谈判中的经验教训，我们特编著了《国共谈判六十年》一书。

本书主要描述自中国共产党成立以来与中国国民党接触中进行谈判的背景、主要内容、取得的成就，有些谈判失败的原因及其教训。

参加本书撰写、修改、资料搜集、校对和其他工作的还有戴晨京、刘佳宏、李成浩、李晓雨等人。

由于作者水平有限，也由于本书题材重大，涉及国共两党关系、中国近现代史中的若干重大问题，也涉及中国大陆与台湾地区的关系等问题，是否把握得非常准确，重大事实有无遗漏，也敬请读者批评指正。

作者

2015 年 12 月于国台办

责任编辑：郑　治
封面设计：石笑梦

**图书在版编目（CIP）数据**

国共谈判六十年/鞠海涛,朱晓艳 编著. -北京:人民出版社,2016.1
ISBN 978－7－01－014450－4

Ⅰ.①国…　Ⅱ.①鞠…②朱…　Ⅲ.①中国共产党-关系-中国国民党-史料
　Ⅳ.①K265.190.6②D618

中国版本图书馆 CIP 数据核字（2015）第 018979 号

**国共谈判六十年**

GUOGONG TANPAN LIUSHINIAN

鞠海涛　朱晓艳　编著

**人民出版社** 出版发行
（100706　北京市东城区隆福寺街 99 号）

北京中科印刷有限公司印刷　新华书店经销

2016 年 1 月第 1 版　2016 年 1 月北京第 1 次印刷
开本:710 毫米×1000 毫米 1/16　印张:29.5
字数:379 千字

ISBN 978－7－01－014450－4　定价:59.00 元

邮购地址　100706　北京市东城区隆福寺街 99 号
人民东方图书销售中心　电话（010）65250042　65289539